탐史

현대 역사학의 거장 9인의 고백과 대화

The New History

현대 역사학의 거장 9인의 고백과 대화

마리아 루시아 G. 팔라레스-버크 지음 | 곽차섭 옮김

훌륭한 선생이자 사상가이며 얘기 나누기를 좋아한

빌라로보스 교수님을 기억하며

역사학 거장들의 통찰력과 메시지

'인터뷰'란 말은 사이를 뜻하는 '인터inter'와 어떤 것을 보는 방향 또는 그것을 통해 본 광경을 의미하는 '뷰view'의 합성어이다. 그래서 여기에는 원래 견해와 견해 사이를 매개한다는 함의가 담겨 있다. 이러한 점에 충실하자면, 인터뷰를 통해 말을 주고받는 사람은 곧 서로의 견해를 온전히 주고받을 수 있어야 한다. 하지만 인터뷰 장르의 성격상 인터뷰어가 대담 내용을 일방적으로 편집하는 위험이 따를 가능성이 있다. 많은 사람들이 인터뷰 자체를 기피하는 이유가 여기에 있다.

하지만 인터뷰란 장르는 나름의 장점도 있다. 저자가 서문에서 밝히고 있듯이, 글을 읽는 것만으로 잘 드러나지 않는 측면과 글 밑바닥에 깔려있는 기본 가정을 드러내 보임으로써 텍스트 이해에 보완적 기능을 한다. 대담자의 인생행로와 지적 선택의 방향을 물음으로써 책의 학문적 내용에서는 전혀 피력되어 있지 않은 그/그녀의 인간적 면모를 접하게 해줄 수도 있다. 물론 이런 장점을 십분 살리려면 각별히 질문하는 사람이 인터뷰 대상이 된 사람을 깊이 있게 이해하는 노력이 선행되어야 한다.

이 책의 저자이자 인터뷰어인 팔라레스-버크는 이런 점에서 매우 성공적이다. 그녀는 20세기 후반의 이른바 '새로운 역사학'을 선도한 9명의 역사가를 선택한 뒤, 그들의 출신, 유년 시절, 역사학을 하게 된 동기, 지적 영향을 준 책 등 배경적 측면에서부터 저작의 의도, 내용상의 의문과 모순, 다른 문화에 대한 반응, 학문의 기본 방향 등 학문 전반을 보는 관점과 태도에 이르기까지, 그들의 '고백'을 끌어내고 '대화'를 이어가는 훌륭한 솜씨를 보여주고 있다. 이처럼 다수의 역사가를 한꺼번에 심층 인터뷰한 경우는 이 책이 거의 유일한 것으로 보인다.

팔라레스-버크는 서문에서 공통 사항을 정해 묻지는 않았다고 하지만, 책을 자세히 읽어보면 저자가 중점적으로 질문하는 몇 가지 점들이 눈에 띈다. 가장 두드러지는 것이 비교사에 대한 관심이다. 이는 저자 자신이 문화 혼합에 대해 큰 흥미를 갖고 있다는 점, 인터뷰 대상이 된 역사가들이 다양한 의미에서 비교사적 접근을 하는 경향을 보인다는 점 때문으로 보인다. 역사학과 인류학의 관계에 대한 질문도 반복해서 나타나는데, 이는 20세기 말 인류학이 새로운 역사학의 흐름을 선도한 데 따른 결과이다. 저자가 여성인 만큼 여성사에 왜 관심을 보이지 않는지, 약간은 공격적인 질문에 모두가 수세적인 응답을 하고 있는 것도 재미있다.

이 책 전체를 관통하는 가장 중요한 관점은 문화 혼합 또는 타 문화에 대한 포용적 태도이다. 많은 역사가들이 역사가 현재에 이르기까지 진보해 왔다는 단선적 발전론과 근대화를 곧 서구화로 보는 서구적 근대화론을 부정하고, 과거와 현재를 문화적 차이라는 시각에서 이해하면서 모든 문화는 문화 혼합의 결과임을 받아들이려는 자세를 보여준다. 이 점에서 가장 두드러지는 인물이 잭 구디이다. 가나에서 문명퇴치운동을 주도했던 그는, 그럼에도 과거에서든 현대에서든 구전적 지식의 함의가 재평가되어야 한다고 지적한다. 문자가 곧 진보는 아니라는 것이다. 특히 동서양에서 꽃을 사용하는 문화를 예로 삼아 비교사적 방법을 통해 서양의 독특성을 동양에 대한 우월성의 근거로 삼는 서구중심사관에 일침을 가하는 장면은 압권이다. 민족주의와 인종주의를 멀리하고 경계를 넘어서는 사고를 지향하며 스스로의 문화적 혼혈성을 직시하라는 내털리 데이비스의 부드럽지만 예리한 경고도 경청할 만하다. 역사가를 문화의 번역자로 보는 피터 버크나 스스로를 서구적 합리성에 기초한 '지방사가'로 겸손하게 규정하는 퀜틴 스키너의 태도도 이와 맥을 같이 한다.

또 한 가지, 우리에게 시사적인 점은 과거가 현재에 어떤 의미를 가지는 것인가에 대한 역사가들의 반응이다. 이는 달리 말하면 왜 역사를 연구하는가라는 약간은 진부한 물음과 같다. 데이비스는 '희망으로서의 과거'를 옹호한다. 현재가 아무리 침체하고 절망스럽다 해도 과거는 언제나 변화가 일어날 수 있다는 사실을 우리에게 일깨워준다는 것이다. 긴즈부르그는 역사 연구를 통해 과거의 사람들이 서로 달랐고 앞으로도 다를 것이라는 점을 인식함으로써 상상력의 경계를 넓히고 과거와 현재에 대한 편협성을 줄일 수 있을 것이라고 말한다. 이는 역사학을 현재의 문제에 대한 성급한 치유책으로 쓰려는 상투적인 태도를 거부하면서, 역사는 통찰력이지 지식이 아니라는 점을 일깨워준다.

나는 이 책을 읽으며 곳곳에서 여러 상념에 잠기곤 했다. 꽃의 문화를 비교한 구디를 보며 수로부인에게 꽃을 꺾어 바쳤다는 향가의 한 대목을 떠올리기도 했고, 빅토리아 기의 물건을 고찰한 에이사 브릭스와 프랑스혁명기의 패션을 연구한 다니엘 로슈에게서는 물건을 다룬 《오주연문장전산고》의 전통을 되새기기도 했다. 데이비스를 읽으며 역사학이란 다양한 목소리들로 이루어진 대화이며 '라프로쉬망'의 학문이라는 생각을 다시금 상기했고, 언제나 주변부 지식인으로 남고 싶다는 긴즈부르그의 말에서 권력과의 거리두기를 새삼 일깨울 수 있었다. 신화 만들기를 경계한 케이쓰 토머스, 포르노그래피라는 계몽주의의 하위 문화에 참신한 시각을 제공한 로버트 단턴, 르네상스의 다양한 면모를 제시한 피터 버크, 그리고 나의 주요 관심사 중 하나인 정치사상사에서 새로운 길을 연 스키너도 즐거운 기억으로 남아 있다.

본서는 Maria Lúcia G. Pallares-Burke, *The New History: Confessions and Conversations* (Cambridge: Polity, 2002)의 완역이다. 저자 팔라레스-버크는 문화 혼합에 많은 관심을 가진 브라질의 역사가이다. 현재 사웅파울루 대학 교수로 있으며, 한국에서도 여러 권의 역서를 낸 바 있는 피터 버크의 아내이기도 하다. 2002년

말 역자는 아마존에서 이 책 광고를 보았다. 이듬해 봄 책을 훑어본 뒤 푸른역사에 번역본을 내기로 얘기해 두었다. 하지만 지금에야 그 짐을 벗었으니, 4년이란 긴 시간이 흘러간 셈이다. 그동안 저작권을 갱신해가며 번역이 끝나기를 기다려준 푸른역사 박혜숙 선생에게 감사드린다. 또한 다니엘 로슈 부분의 초역을 읽고 유익한 조언을 주신 주명철 선생님에게도 고마운 뜻을 전한다. 이 책을 번역하면서 뛰어난 역사가들로부터 배운 깊은 통찰력을 독자들도 함께할 수 있다면 더 한 기쁨이 없겠다.

2006년 12월 금정산 자락에서 곽차섭

■감사의 글

인터뷰에 응해준 역사가들 모두에게 깊이 감사드린다. 잭 구디, 에이사 브릭스, 내털리 제이먼 데이비스, 케이쓰 토머스, 다니엘 로슈, 피터 버크, 로버트 단턴, 카를로 긴즈부르그, 퀜틴 스키너. 이들의 공감과 너그러움이 없었다면, 이 책을 쓰는 일이 그렇게 풍요롭고 가치 있는 경험이 되지는 못했을 것이다.

크리스토퍼 트라이브에게도 깊은 감사의 말을 전하고 싶다. 그는 이 책의 서론 및 각 인터뷰의 머리말, 그리고 다니엘 로슈와의 인터뷰를 원래의 포르투갈 어에서 유려한 영어로 번역해 주었다.

■ 서론

앙드레 지드(1869~1951)는 작품 속에 작가와 대화를 나누는 사람을 한 명씩 끼워넣어 자신의 생각을 비공식적이고 직접적이며 사적인 방식으로 독자에게 전달하기 좋아했다. 한번은 '가상 대담자'의 입을 빌려 다음과 같이 말했다.

독자들이 별로 즐거워하지 않는구먼. …… 이건 내 잘못이네. 질문을 좀더 잘 했어야 했는데. 자네도 말했듯이, 자네 생각은 책 속에 다 나와 있지. 대담자의 역할이란 은밀한 부분을 파헤치는 것인데 말이야. 스스로는 결코 하지 않을 얘기들을 자네 입에서 나오도록 만들어야 하는 것이거든.[1]

[1] *Interviews imaginaires* (Yverdon-Lausanne: Editions du Haut-pays, 1943), p. 31.

그들 자신의 삶과 저작에 대해 비공식적으로 얘기하다

여기서 내가 인터뷰를 하는 목적도 그와 별로 다르지 않다. 이 책에 함께 모아 놓은 역사가들 각 개인에게 그들의 저작을 읽는 것만으로는 잘 드러나지 않거나, 혹은 명료하지 못한 부분을 밝히도록 하는 것, 그리고 그들의 저작 밑바닥에 함축되어 있거나 가정假定으로 남아 있어 독자들이 비교적 접근하기 힘든 부분을 분명히 이해할 수 있게 만드는 것이 바로 내 목적이다.

'인터뷰(대담)'란, 단어 자체가 암시하듯, 비공식적 관례를 빌려 비교적 덜 조직적이고 체계적인 결과물을 산출해 내는 유동적 장르이다. 이 말은 본디 고대 프랑스어 '앙트러봐르entrevoir'에서 유래한 것으로, '힐끗 본다', '잠깐 또는 불시에 본다', 혹은 '희미하게나마 알아채고 이해한다'는 뜻을 가지고 있었다. 따라서 인터뷰는 완결성과 논지를 갖춘 학술논문과는 달리, 다소간 생각과 그것을 조리있게 옮긴 글 사이의 중간 어디엔가 놓인 장르, 움직이고 있는 어떤 생각을 잡아낼 수 있는 장르, 그리고 그것 자체는 좀더 조직화된 텍스트를 대신한다기보다는 보완하는 것으로 간주되어야 할 그런 장르다. 독자들이 인터뷰를 통해 볼 수 있는 것은 일련의 스냅사진과 같은 것으로, 역사가 개개인이 어느 특정한 시기에, 심지어는 어떤 특정한 순간에 무슨 생각을 했는지를 찍어놓은 것이다.

국제적으로 명망 있는 역사가들을 한 권의 책에 모아서 그들 자신의 삶과 저작에 대해 비공식적으로 얘기하도록 하겠다는 기획은 그야말로 우연히 떠오른 것이었다. 미국 역사가 로버트 단턴이 잠깐 옥스퍼드에 머물고 있을 때, 그의 책이 포르투갈 어로 번역되어

나왔다. 당시 사웅파울루의 한 일간지가 나에게 문화면 증보판에 들어갈 단턴의 인터뷰 기사를 부탁하면서, 번역된 그의 책에만 초점을 맞추기보다는 오히려 전반적인 문제들에 대해 좀더 많은 얘기를 해 보라고 주문했다. 그 기사가 나가자, 나의 동료 교수, 학생, 친구 등 많은 사람들이 다른 역사가들과도 같은 식으로 인터뷰를 한번 해보라고 권유하였다. 이미 그들의 저작에 관해 잘 알고 있지만 그 내부까지 꿰뚫어볼 더 큰 통찰력을 원하는 사람들에게는 물론, 역사 문제에 대해 조금이라도 관심을 가진 더 넓고 다양한 독자층에게도 이런 인터뷰가 유익할 것이라는 말이었다.

독창성을 넘어 혁신적인 역사가들

이 책에서 하필 단턴 등 여러 역사가들을 선정한 이유가 있다. 그들은 동료들에게서 해당 분야의 권위자로 인정받고 있을 뿐만 아니라, 이른바 '새로운 역사학'에서 각별한 위치를 차지하고 있기 때문이다. 그들 모두가 새로운 역사학의 혁신성이 가장 뚜렷이 나타나는 사회사와 문화사 영역에서 탁월하고, 저명하며 혁신적인 동시에 영향력 있는 역사가들이다. 부르디외 식으로 말하면, 그들은 '권위적 담론'을 언명하는 인물들로서, 다양한 자신들의 전문 분야에서 준거를 정하는 역할을 하고 있다고 생각된다. 잭 구디는 사실 인류학자로 더 명망이 있음에도 불구하고 새로운 역사학을 이끄는 학자들은 그를 같은 그룹의 일원으로 간주하며 그의 놀라운 재능과 대담한 발상에 찬사를 보내고 있다. 이 책에서 인터뷰 대상으로 삼은 아홉 명의 역사가들은 단순히 독창적이라는 데 그치지 않으며(좋은 역사가들은 독창적이다), 문체와 지적 접근방법 역시 무척 혁신적이다. 하지만 동일한 기준을 적용할 경우 내가 고르지 않은 다른 많은 역사가들이 선정될 수도 있었다는 가능성마저 부인하지는 않겠다.

내가 선택한 역사가들에게 항상 같은 질문을 던진 것은 아니었다. 왜냐하면 역사가로서의 역할 뒷면에 감추어진 인간적인 면모를 드러냄으로써, 학술성이 강한 책일수록 억눌려 있게 마련인 내면의 생각과 느낌을 표출할 기회를 만드는 것이 바로 내 질문의 의도이기 때문이다.

질문은 각각의 경우에 맞추어 고안되었지만, 대략 공통되는 점도 있어 응답자들의 인생행로와 지적 선택의 방향, 각자의 저작이 학계 안팎에 던지는 함축적 의미, 그리고 오늘날의 지적 조류와 운동에 대한 그들의 소감 등을 얘기해 보도록 짜였다. 대개의 경우, 응답자는 질문지를 미리 보내달라고 요청하지 않았다. 보내달라는 경우는 단 한 번 있었을 뿐이다. 물론, 내가 그들에게 똑같은 질문을 던지는 방식을 취했다면, 역사 주제와 접근방법에 대해 그들이 저마다 어떤 점에서 의견을 같이 하고, 어떤 차이가 있는지 더 명확히 알수도 있었을 것이다. 하지만 이러한 획일적인 질문 방식으로는 응답자들의 자발성과 유연성을 유도하지 못해 이들의 다기 다양한 개인성을 존중한다는 내 목표가 희석되어 버릴 위험이 있었다. 어쨌든 응답자들이 서로 동의하거나 또는 엇갈린 지점들과 관련하여, 어떤 저명한 학자들이 자신 혹은 그밖의 일반적 연구 분야의 발전에 큰 영향을 준 것으로 반복해서 언급되는 데 비해 다른 이름은 왜 빠져 있는지 알게 되는 것도 흥미로운 일이다. 응답자들 대부분이 자연스럽게 마르크 블로크와 야콥 부르크하르트의 이름을 언급한 반면, 토머스 쿤에 대해 얘기한 사람은 퀜틴 스키너가 유일했다. 에리히 아우어바흐와 로만 야콥슨 같은 언어학자나 문학비평가를 거명한 사람은 카를로 긴즈부르그뿐이었다. 또한 푸코를 가리켜 역사가의 훈련 과정에 중요한 인물이라고 말한 경우는 스키너뿐이었다.

이들 역사가들이 각자의 저작에 관해 얘기하다 보면 종종 역사 서술의 일반적 문제들까지도 자연스럽게 고찰되곤 했다. 이 경우 독자들은 역사가들이 이러한 문제들에 대해 서로 대화를 나누고 있다고 생각해도 무방할 것이다. 그러나 이런 일이 자연스럽게 일어나지 않을 때면 나는 그들을 그 주제로 밀어붙이려 하였고, 때로는 그들과 나 사이는 물론 그들 간에도 대화의 물꼬를 트려고 노력하였다. 이처럼 나는 우리의 대담에서 '맞춤형' 질문뿐 아니라, 동료 학자들이 제기한 좀더 일반적인 주제들도 다루려 하였다. 그들이 동의하고 시간이 허용되는 한에서 망탈리테사, 미시사, 아래로부터의 역사, 비교사, 여성사, 역사학과 인류학의 관련성 등과 같은 문제들도 논의했다.

모든 인터뷰는 내가 응답자를 직접 면담하는 식으로 이루어졌다. 케이쓰 토머스와 다니엘 로슈, 두 사람의 경우에는 내 남편 피터 버크가 배석했다. 그 역시 내가 인터뷰한 역사가들 중 한 명이다. 내가 관심을 가진 것은 단지 응답자의 지적 측면만은 아니었다. 좀더 세속적인 부분에도 흥미를 느꼈다. 패션의 역사를 연구하는 학자이자 '의복 문화'의 전문가인 다니엘 로슈는 과연 어떤 옷을 입고 있을까? 각각 로드Lord와 써Sir라는 귀족 칭호를 가진 에이사 브릭스와 케이쓰 토머스는 그 때문에 다른 사람들과는 무언가 다른 행동을 보일 것인가? 그 자신이 왕년에 《뉴욕타임스》의 기자로서 인터뷰에 뛰어난 로버트 단턴 앞에서 내가 신문쟁이 흉내를 내는 것은 또 얼마나 어려운 일이 될까?

역사가들 각자가 내놓은 답변도 그렇지만 아홉 개의 인터뷰는 길이가 들쑥날쑥 차이가 많다. 이러한 차이는 기본적으로 그들이 할애해 준 인터뷰 시간과 각각의 개인적 성품에서 비롯되었다. 당연한 일이지만 그에 따라 대담 분위기가 얼마나 스스럼없고 친근한지도 결정되었다. 잭 구디, 퀜틴 스키너, 그리고 (그 이유야 분명하지만 내 남편) 피터 버크를 비롯한 대담자 몇 사람은 나와 여러 번 만났고 길게는 여덟 시간이나 자리를 함께했다. 하지만 에이사 브릭스와 같이 어떤 역사가들은 단지 두 번 정도 만났을 뿐이고 그 시간도 두 시간을 넘지 않았다.

그들의 실제 이미지

케임브리지의 두 학자 중, 잭 구디는 품이 넓고 유유자적한 성품이었으나 퀜틴 스키너는 극히 대조적으로 매우 신중할 뿐만 아니라 자신의 감정을 조절할 줄 아는 인물이었다. 옥스퍼드에서 만난 케이쓰 토머스의 조심스러운 태도와 미묘한 어조는 볼로냐의 긴즈부르그에게서 느껴지는 열정적이고 때로 오만하기까지 한 기백과는 그야말로 양극적이었다. 두 사람의 말씨는 유독 영국계와 라틴

계의 성격을 서로 대비해서 보여주도록 부탁받은 듯한 느낌이었다. 로버트 단턴과는 중간 중간 너털웃음을 터뜨리며 편안하고도 활발한 대화를 나누었는데, 그는 자신의 가정사에 대해 스스럼없이 얘기해 준 사람 중 하나였다. 이런 면에서 그보다 더 터놓고 얘기한 경우는 그와 프린스턴의 친구이자 동료인 내털리 제이먼 데이비스 뿐이었다. 내가 만난 대담자 중에서 유일한 여성학자인 데이비스는 자신의 저작에 대해 얘기하면서 시종 따뜻한 태도를 견지하였고, 자신의 감정과 느낌을 표현할 줄 아는 재능을 보여주었다는 점에서 특히 기억에 남았다. 각별히 여성적이라 할 만한 그녀의 이러한 기질은 지극히 학문적 주제를 다룰 때조차 그대로 드러났다. 언제나 급히 서두르는 모습에다 대답할 때도 말보다는 마음이 앞섰던 에이사 브릭스는 대담자들 중 가장 직선적이고 비사교적인 분위기를 풍긴 인물이기도 했다. 다니엘 로슈도 비슷했는데, 시종 고요하고 침착하며 전혀 두드러지지 않은 어조를 지키면서 무어라 설명하기 어려울 만큼 놀라운 겸양의 태도를 보여주었다. 최근에 그는 명망 높은 콜레주 드 프랑스의 특별 교수로 선임되었다. 그곳은 일찍이 페르낭 브로델, 미셸 푸코, 클로드 레비스트로스, 피에르 부르디외 등과 같이 저명한 인물들이 몸담았던 곳으로, 창립 시기가 16세기까지 소급되는 국제적으로 이름 높은 연구기관이다. 하지만 겸손한 다니엘 로슈의 이미지는 우리가 보통 떠올리게 마련인 프랑스 지식인들의 이미지와는 사뭇 다르다.

인터뷰를 글로 옮기다

말로 나눈 인터뷰를 글로 옮기는 데는 몇 가지 문제가 있었다. 대담자가 원래 말로 표현한 것을 어느 정도까지 글로 옮겨 쓸 수 있을까? 이 과정에서 제스처나 얼굴 표정, 목소리에서 풍기는 느낌들은 필시 누락되기 마련이라 글로 옮긴 내용은 원래의 말과 얼마나 달라질 것인가? 그래서 말을 오해하기 쉽도록 만들지나 않을까? 독자들은 긴즈부르그가 취한 이탈리아 특유의 제스처를 볼 수가 없다. 또한 내털리 데이비스의 재빠르면서도 따뜻한 목소리를 들을 수 없고, 스키너의 놀라우리만큼 유창한 언변을 들으며 동시에 그의 얼굴에 떠오르는 표정 따위도 지켜볼 수 없으니, 무언가를 잃어버렸다는 것은 분명하다.

그러나 서로 얼굴을 맞대고 나눈 얘기를 말 그대로 적어놓은 인터뷰 원문을 편집하면서, 나는 말한 사람의 생각을 충실히 전달하기보다는 표현의 방식이나 어조에서 풍기는 그들 각각의 특징을 최대한 보여주려 했다. 이러한 이유로 나는 대담 중에 들은 유별난 어조를 전달하고 싶거나 대담 중에 때때로 목격된 감정이 실린 표현과 극히 열정적인 어투를 일부나마 보여주고 싶어서 본문에 감탄 부호를 사용하였다. 내가 사용한 감탄 부호의 숫자는, 문학에 종사하는 내 친구들이 이 정도면 괜찮다고 생각한 것보다는 많다. 하지만 이 정도도 내가 원래 쓴 것에 비하면 적은 숫자다. 이렇게 된 것은 대담자 중 몇몇이 자신들은 감탄 부호를 결코 '사용하지' 않았다고—심지어는 말할 때조차도!—주장했기 때문이다.

이처럼 나는 인터뷰가 비공식적이고 말로 하는 대화로서 지니는 본래의 특징을 최대한 살리려고 애썼다. 나는 대담 중에 반복된 주장이나 우물쭈물거림 또는 겉도는 말은 짤라내기도 하고, 문단을 축약하거나 문장을 다시 배열하거나 만드는 등의 작업, 즉 마치 청중(독자가 아니라)의 머릿속에서 자동적으로 일어나는 그런 종류의 편집 과정을 거쳐 대담자의 말에 참견하기는 했다. 하지만 나는, 말을 할 때 머뭇거리거나 정확하지 못한 표현을 쓰거나 되풀이하거나 이야기 주제를 금방 바꾸거나 모호하고 불안전한 대답을 하는 등, 대담자들이 보여준 여러 가지 구어적 특징을 가능한 한 바꾸지 않고 살리려고 최선을 다했다. 물론 그들이 피력한 생각을 이해하는 데 방해가 되지 않는 한에서 말이다.

인터뷰 당시 상황과 대담을 나눈 두 사람의 관계에 문제가 있을 수도 있다. 인터뷰 내용을 출판하는 것이 하나의 문화 행위로서 비교적 널리 퍼진 지도 근 한 세기가 넘지만, 인터뷰 자체와 인터뷰하는 사람에 대한 불신은 여전히 계속되고 있다. 역사는 인터뷰를 꺼리는 사람들의 예화로 가득 차 있다.[2] 많은 사람들은 스스로 맡은 역할에 불편해 하면서, 대담자나 나아가서는 대담 그 자체가 과연 자신들의 참모습을 제대로 보여줄 수 있을지 의심한다. 때로는 그럴 만한 충분한 이유가 없지 않다. 예컨대 루이스 캐럴은 '대담자에 대한 증오' 때문에 결코 인터뷰라는 것을 하려들지 않았고, 코난 도

---

[2] 1895년 12월자 《아이들러 *Idler*》에 실린 〈인터뷰는 축복인가 저주인가?〉와 같은 기사 제목을 보면 인터뷰가 얼마나 말 많은 것이 되었는지를 알 수 있다. '저명인사'를 인터뷰하려는 한 사람과, 그가 녹음기를 사용하지 못하도록 방해하면서 스스로 앞뒤가 맞지 않는 얘기로 시간을 보내는 그 저명인사의 얘기를 다룬 T. 토머스의 희극 작품 《인터뷰 *The Interview*》는 이런 의미에서 음미할 만하다.

일은 한때 '인터뷰하려는 사람이라면 절대 만나지 않겠다' 고 맹세까지 할 정도였다. 하지만 인터뷰를 하나의 '시련' 이라고 말한 H. G. 웰즈나 그것을 '부도덕한' 행위로 생각한 루디아드 키플링과 같은 사람들은 겉으로는 자신들이 싫어했던 그 역할을 떠맡기도 했다. 웰즈는 스탈린을 인터뷰했고 키플링은 미국 작가 마크 트웨인을 인터뷰한 적이 있다. 근래에 녹음기가 도입되면서 사람들은 대담자의 통제에서 벗어나 인터뷰 내용의 정확성을 보증하는 수단이 마련된 것으로 믿었다. 예컨대 영화배우 워렌 비티나 영화감독 로만 폴란스키, 영국 수상을 지낸 마가렛 대처 등은 자신들이 응한 인터뷰 내용을 자신들도 녹음해야 한다고 고집할 정도였다![3]

몇 십 년 전, 작가이자 저널리스트인 베드 메이타는 당시 역사 이론에 관해 격론 중이던 저명한 영국 역사가들과 인터뷰한 내용을 책으로 출간하여 큰 성공을 거둔 적이 있었다.[4] 지적으로 이런 일을 감당할 준비가 잘 되어 있던 그는 사상가로서나 개인으로서나 이들 역사가의 면모를 좀더 잘 알아야겠다는 생각에 그들을 만나기 시작하였다. 모임은 종종 그들의 집에서 이루어졌다. 그의 회상에 따르면 역사가들이 나눈 대화가 언제나 화기애애한 것만은 아니었다. 예컨대 그는 언젠가 A. J. P. 테일러에게서 '이별의 잽' (메이타의 표

[3] C. Silvester, ed., *Interviews: An Anthology from 1859 to the Present Day* (London: Viking, 1993), pp. 1~48.

[4] Ved Parkash Mahta, *The Fly and the Fly-Bottle: Encounters with British Intellectuals* (London: Weidenfeld & Nicolson, 1961). 메이타(1934년생)는 미국에 귀화한 인도 작가로서, 《뉴요커 *New Yorker*》 지誌에 기고한 일련의 글로 잘 알려지게 되었다. 위 책의 내용들이 처음 간행된 것도 바로 이 잡지를 통해서였다.

현)을 한 방 먹었다는 것이다. 즉 메이타가 테일러의 집을 나서 막 택시에 오르는 순간, 테일러는 다음과 같이 의표를 찌르는 한 마디 말을 남겼다.

당신도 나만큼 오래 책과 씨름하게 되면 사람보다 책이 더 좋아 지기 시작할 거요.[5]

여기에 함께 모아놓은 인터뷰에서 그런 일은 전혀 일어나지 않았 다. 모든 과정이 지극히 우호적이고 정중하며 화기에 찬 분위기 속 에서 이루어졌다. 물론 역사가들 중에는 상대적으로 훨씬 더 긴장 하기도 하고, 스스로 부주의한 말을 할까 봐 심하게 걱정하기도 하 고, 어떤 질문에 대해서는 답을 잘 하려 하지 않으면서도 대담을 받 아 쓴 글이나 혹은 포르투갈 어 및 영어 번역판을 검토하는 데 더 큰 관심을 쏟는 경우도 분명히 있었다.[6] 그러나 이들 중 어느 누구 도 자신들의 말이나 생각이 왜곡될지 모른다는 우려를 표시하지 않 았다. 포르투갈 어로 된 초고를 점검하면서 글의 내용을 바꾼 사람 도 거의 없었다. 케이쓰 토머스는 신중한 성격이라 인터뷰 중에 몇 번이나 "이건 알리지 말아 주십시오"라는 말로 녹음을 중단시켰을

---

[5] 위 책, p. 147.

[6] 이들 인터뷰의 내용은 (피터 버크와의 경우는 제외하고) 모두 브라질에서 발행되는 일간지들을 통하여 축약된 형태로 처음 간행되었고(《오 에스타도 데 사웅파울루 *O Estado de S. Paulo*》, 《폴하 데 사웅파울루 *Folha de S. Paulo*》, 《호르날 다 타르데 *Jornal da Tarde*》), 그 뒤에는 《다면多面의 역사: 아홉 개의 인터뷰》라는 제목 하에 책으로 나왔다(*As muitas faces da história: nove entrevistas* [S Paulo: Editora Unesp, 2000]).

정도인데, 그런 그 조차 자신이 말한 것을 고치려 하지 않았다. 하지만 영문 판의 경우, 적은 수지만 다양한 생각들을 피력하기 위해 몇 구절을 고쳐 쓴 사람들은 있었다.

이 책에 실린 인터뷰 내용은 대담자의 나이 순으로 배열되어 있다. 잭 구디가 제일 연장자이고 퀸틴 스키너가 가장 젊다. 별다른 대안이 없어서기도 하지만, 이러한 기준은 기본적으로 시간의 흐름을 다루는 직업에 종사하는 이들의 특징을 나타내기 위해서나, 지난 수 십 년간에 걸친 역사 서술상의 발전을 보여주기 위해서 가장 적절한 방법이라 생각되었다. 각 인터뷰마다 머리말이 붙어 있다. 이는 독자들에게 해당 역사가에 대한 배경 정보를 제공함으로써 이어지는 논의의 이해를 돕기 위한 것이다. 각 인터뷰 말미에는 대담자의 주요 저작들을 정리한 문헌 목록을 제시했다[때로는 원문에 없는 간행물을 첨가한 경우도 있다—옮긴이].

끝으로, 비록 내가 편집자로서 나눈 대화를 글로 옮기는 식의 참견을 하기는 했지만, 이것이 오히려 독자들에게 풍부하고도 자극적인 이들 대화를 공유하는 즐거움을 나누는 데 도움이 되기를 바란다. 우리는 이러한 대화 속에서 진지하고 심오한 생각들이 아무런 어려움도 없이 가볍고 유머러스한 것과 공존할 수 있음을 알게 될 것이다.

| 차 례 |

1

잭 구디 Jack Goody

폭넓은 연구 주제 그리고 '구디 식' 특징을 가진 접근방법이

관심과 찬사의 눈길을 보내고 있다. 예컨대 프랑스의 위대한 역사가 조르주 뒤비는 구디

서 '최고의 본보기'가 되어 역사가의 인식의 지평을 크게 넓혀주고 있다고 평했다.

저작에 대해서는 비단 인류학자와 역사가뿐 아니라 철학자, 교육학자, 경제학자까지도

켜 독자를 당혹하게 만드는 측면이 있기는 하지만 사실은 '완결성'과 예리함이란 점에

영국의 인류학자이자 역사가인 잭 구디(1919년생)는 현대의 지식인들 중에서도 가장 다재

다능한 인물로 알려져 있다. 대단한 박식에다 폭넓은 연구 주제 그리고 '구디 식' 특징을 가진 접근방법이 두드러진 그의 저작에 대해서는 비단 인류학자와 역사가뿐 아니라 철학자, 교육학자, 경제학자까지도 관심과 찬사의 눈길을 보내고 있다. 예컨대 프랑스의 위대한 역사가 조르주 뒤비는 구디의 저작을 가리켜 독자를 당혹하

게 만드는 측면이 있기는 하지만 사실은 '완결성'과 예리함이란 점에서 '최고의 본보기'가 되어 역사가의 인식의 지평을 크게 넓혀주고 있다고 평했다. 철학자이자 경제학자로서 1998년 노벨 경제학상을 받은 아마르티야 센은 동양과 서양의 차이에 대해 서양이 가지고 있는 왜곡된 견해를 교정할 수 있는 탁월한 치유책으로 구디의 저작을 추천하였다. 구디의 견해들에 대한 반향과 충격이 너무 커서 몇 년 전 프랑스에서는 그의 저작을 학술회의의 주제로 삼을 정도였다. 이는 생존 지식인을 대상으로 해서는 좀체 드문 일이었다.

잭 구디를 인류학과 역사학으로 인도한 길은 결코 곧게 뻗은 직선이 아니었다. 그는 1938년 케임브리지 대학에서 영국 문학을

읽으면서 고등교육에 접하기 시작했다. 당시 그는 E. P. 톰슨, 에릭 홉스봄, 레이먼드 윌리엄스 등과 교유했는데, 이들은 구디와 함께 현대 영국 지성계를 대표하는 세 거장들이다.

구디는 2차 세계대전이 일어나자 아프리카 사막의 전장으로 내몰렸고 그곳에서 독일군 포로로 잡혔다. 그는 3년 동안 중동, 이탈리아, 독일 등지의 포로수용소를 떠돌다가 가까스로 탈출해 6개 월 간 이탈리아에서 숨어 지냈다. 책과는 절연한 채 오랜 시간을 보낸 뒤, 구디는 훗날 자신의 지적 생활에 깊은 의미를 남기게 될 두 권의 책과 우연히 마주치게 된다. 그것은 아이러니컬하게도 아이크슈테트의 포로수용소에 수용된 때였다(놀랍게도 그곳에는 자체의 도서관이 있었다). 그 책들은 다름 아닌 인류학자 제임스 프레이저의 《황금가지 *The Golden Bough*》와 고고학자 고든 차일드의 《역사에서는 무슨 일이 일어났던가 *What Happened in History?*》였다.

1946년 대학에 복학한 그는 문학 공부를 포기하고 고고학 및 인류학부로 옮겨갔다. 그는 일정 기간 동안 성인 교육에 전념하다가—그는 친구 E. P. 톰슨과 마찬가지로 '세계를 바꾸는 데 일조' 하기를 원했다—아프리카의 어느 한 마을에 현지조사를 나가면서 인류학자로서의 경력을 시작했다. 그는 그곳에서 '조상들의 친구'가 되었다. 이후 구디는 몇 가지 새로운 연구 분야를 개척해 나갔다. 그는 항상 자신의 생각들을 거듭 되새기면서 끊임없이 한 주제에서 다른 주제로 옮아갔다. 그가 씨름한 주제만 해도 문자가 사회에 미치는 영향, 요리, 꽃의 문화, 가족,

잭 구디는 아프리카, 유럽, 아시아의 사회와 역사를 폭넓
게 비교 연구하면서 국제적으로 확고한 명성을 획득했다.
최근 그는 음식과 꽃의 고찰에까지 자신의 비교 방식의
연구 영역을 확대시켜 다양한 결과물을 내놓고 있다.
사진은 전통 의상을 입고 춤추고 있는 아프리카 여성
(1984).

페미니즘, 동서양 문화의 대비 등과 같이 다기 다양하였다.

구디가 인류학자로서 영국의 동료 학자들 사이에 인정받는 명성은 주로 가나 북부 지방의 곤자에서 수행한 현지조사와 그에 기초한 일련의 연구를 통해 얻어졌다. 재산, 조상, 기술과 국가 형태의 관계 등이 그의 연구 주제였다. 그는 아프리카, 유럽, 아시아의 사회와 역사를 폭넓게 비교 연구함으로써 국제적으로 확고한 명성을 획득했다.

그가 원래 관심을 둔 주제는 아프리카, 고대 그리스, 아시리아, 그리고 대부분의 전통 사회에서 사람들이 얼마나 글을 읽고 쓸 줄 알았는가 하는 것이었다. 구디가 영국 문학사가인 이안 와트와 공동으로 문자해득력에 관해 쓴 1963년의 논쟁적인 논문이 이 주제를 다룬 일련의 연구들 중 첫 번째 것이었다. 같은 주제로 가장 널리 알려진 것은 그의 저작 《야성의 순치 *The Domestication of the Savage Mind*》(1977)다.

구디가 비교에 능한 자신의 재능을 발휘한 또 다른 분야는 상속과 가족의 역사다. 이 방면에 기여한 그의 가장 유명한 저술은 《유럽에서의 가족과 결혼의 발전 *The Development of the Family and Marriage in Europe*》(1983)인데, 여기서 그는 교회가 친척간의 결혼을 금지한 이유가 근친혼을 통해 재산을 빼앗는 관습에 반발했기 때문이라고 설명하였다.

최근 구디는 자신의 비교 방식을 음식과 꽃의 고찰에까지 확대시켰다. 《요리 · 요리법 · 계급 *Cooking, Cuisine and Class*》(1982), 《꽃의 문화 *The Culture of Flowers*》(1993), 《사랑과 음식 *Love and*

Food》(1999) 등은 그가 아프리카에 대한 지식을 이용하여 아프리카와 유라시아 대륙의 문화를 비교한 연구들이다. 그의 설명에 따르면 유라시아는 청동기 '혁명'으로 도시와 문자가 나타난 이후 아프리카와는 상이한 방향으로 발전해 갔다고 한다. 간단히 말해, 잭 구디의 연구물을 읽어본 사람이라면 누구나 인정할 수밖에 없는 것이 있다. 그의 저작은 그 이면에 지극히 포용적인 사회관과 장기 역사에 대한 관념은 그 폭이 매우 넓어 독일의 사회학자 막스 베버나 프랑스 역사가 페르낭 브로델과 같은 학자들조차도 구디와 비교하면 제한적이며 유럽 중심주의적으로 보일 정도라는 사실이다.

잭 구디는 1954년부터 1984년까지 케임브리지 대학에서 사회 인류학을 가르쳤으나, 그와 동시에 일평생 연구자 또는 강연자로서 세계 구석구석을 돌아다녔다. 팔십이 넘은 나이에도 그는 여전히 역동적이고 생산적인 삶을 영위함으로써 많은 대학 동료들의 찬탄과 놀라움을 불러일으킨다. 그가 남긴 학문적 성과는 질과 양 모두에서 부러움을 사고 있다. 그는 세미나나 학술회의에서 언제나 자연스러우면서도 재기가 넘치는 모습으로 청중을 사로잡고 고무하는 특징을 가지고 있다.

구디는 쉴 새 없이 꽉 찬 스케줄에도 불구하고 시간을 내어 세인트존스 칼리지에 있는 자신의 연구실에서 이 인터뷰를 허락해 주었다. 케임브리지 대학에 소속된 이 칼리지는 1938년 이래 그가 처음에는 학생으로, 그 뒤에는 선생으로 일해 온 곳이다. 경탄과 함께 풍성한 객담도 가득했던 대담에서, 구디는 무척 대범하면서도 예의

있고 싹싹한 태도로 자신의 관심사와 그동안의 경험, 그리고 직접
경험한 지적 발전 과정에 대해 장시간 이야기해 주었다.

● 마리아 루시아 팔라레스–버크　　　당신은 놀라울 만큼 많은 주제에 관해 글을 써왔습니다. 단순히 당신의 관심사 일부만을 말해 보아도, 그 범위는 문자해득력의 증대와 교육 개혁의 결과에서부터 가족과 결혼 패턴에 이르기까지, 현대의 아프리카와 19세기 브라질에서 고대 그리스, 중국, 메소포타미아까지, 그리고 꽃과 죽음의 의례에서 사랑과 색정과 음식에까지 미치고 있습니다. 이렇듯 아슬아슬할 정도의 다양한 호기심과 백과사전적인 관심사는 어떻게 설명해야 될까요?

●● 잭 구디　　　글쎄요. 아마 그 이유의 일부는 내가 전쟁 중에 겪은 특이한 상황 때문일 겁니다. 한때 나는 사막에서 맞닥뜨린 베두인 족과 싸운 적도 있었고, 그 다음에는 전쟁 포로가 되어 인도인, 남아프리카 인, 러시아 인 등과 함께 생활한 적도 있지요. 또 어떤 때는 포로수용소에서 탈출해 아브루치 지방 출신의 이탈리아 농부 집에서 은거한 경험도 있습니다. 생각해 보니, 전쟁에서 귀환한 뒤 나는 이 모든 다양한 일들을 어느 정도나마 이해하고 싶어 한 것이 아닌가 합니다. 하지만 그것은 단지 이유의 일부에 지나지 않겠지요. 왜냐하면 마르크스와 베버를 읽으면서 나는 어떤 일이 왜 한 곳에서는 일어나는데 다른 곳에서는 일어나지 않는가 하는 식의 폭넓은 사회학적 문제에 관심을 가지게 되었으니까요. 그것은 오랫동안 나의 관심을 끌어온 문제입니다.

가나 북부의 한 마을에 현지조사를 나갔을 때였죠. 나는 그 마을에 콕 틀어박혀 있고 싶지는 않았어요. 좀더 넓은 맥락에서 그 마을을 이해하고 싶었죠. 사막 무역과 사하라 횡단로, 동양이나 남아메리카에서 시작되는 황금 무역 등이 마을과 어떻게 연관되어 있나 하는 물음인 거죠. 난 언제나 그런 종류의 연관성에 관심이 있었어요. 그래서 말입니다만, 내가 아프리카에서 연구한 특정 분야에 대해서는 전문가라고 생각하지만 그렇다고 나 자신을 아프리카 학자로 보고 싶지 않은 이유가 바로 그 점에 있어요. 내 은사였던 마이어 포어티스도 그랬죠. 다른 인류학자들 중에도 그런 사람이 있었다고 보지만, 포어티스도 자신을 단순히 어느 한 대륙의 전문가라기보다는 세계의 여러 지역에 존재하는 가족 제도들을 논하는 그런 학자이기를 바랐어요. 영국에서 아프리카연구협회African Studies Association가 창립되었을 때, 포어티스나 원로 인류학자 대부분이 그에 참여하지 않았던 것은 바로 그런 이유에서입니다. 그들은 좀더 일반적으로 접근하는 경제학자가 되고 싶어 했지, 아프리카 경제학자나 남아메리카 경제학자 또는 그와 유사한 존재로 보이고 싶어 하지는 않았다는 말입니다. 나로서는 그들의 말이 모두 옳다고 생각지는 않습니다. 왜냐하면 인류학은 경제학보다 훨씬 더 구체적이고 특수한 면을 가지고 있거든요. 하지만 그렇다 해서 우리는 결코 아프리카 학자나 해양 학자 따위가 되어서는 안 되겠지요.

● 당신이 인류학자이자 역사가가 된 것과 개인적인 경험 사이에는 어떤 관계가 있습니까?

●● 어린 시절의 어떤 경험이 나를 인류학으로 이끌었는지 확실치 않습니다. 학교 교육을 별로 받지 못한 부모님은 내 공부에 열성을 보이셨죠. 특히 스코틀랜드 출신인 어머니가 그랬어요. 성장기에 우리 집은 허트포드셔 웰린 가든 시티의 신시가지에 있었습니다. 나중에 우리 가족은 세인트 올번즈로 이사를 갔고, 그래서 형—그는 하버드 대학에서 천체물리학을 가르쳤지요—과 나는 그 근처에 있는 세인트 올번즈 [문법] 학교를 다녔습니다. 그곳에서 고고학에 관심을 갖게 되었죠. 그 당시 모티머 휠러가 바로 학교 옆에 있던 로마 시대의 도시 베룰라미움을 발굴하고 있었거든요. 하지만 나의 주된 관심사는 시사 문제와 역사였어요. 물론 고등학교와 대학 시절 가장 매력적인 과목은 영국 문학이기는 했습니다만, 학창 시절에는 독일과 이탈리아의 팽창, 무엇보다도 에스파냐 내전을 둘러싼 뉴스가 온통 범람했습니다(비록 인도의 장래가 관심사이긴 했지만, 그래도 '식민지' 문제보다는 이런 쪽에 더 귀가 솔깃했었지요). 그래서 문학에 대한 제 관심도 좀더 '사회적' 측면에 경도되어 있었어요. 케임브리지 대학의 몇 분 선생님들, 특히 리비스가 도저히 참기 힘들 정도로 말입니다.

● 가나에서 '조상들의 친구'로 살았던 현지조사 기간에 당신은 그 나라의 독립을 옹호하고 심지어는 총회인민당Convention People's Party에까지 가입했지요. 이러한 당신의 행동이 중립적인 관찰을 지향하는 인류학의 이상과 어떻게 조화될 수 있을까요?

●● 가나에서 나는 이른바 원시 부족을 관찰했을 뿐만 아니라 당시의 현실 정치 상황에도 관심이 많았습니다. 사실 관찰이라는 행위 역시 자기 자신이 어느 정도 참여하지 않으면 하기 힘들죠. 일이 어떻게 되어가고 있는지는 사람들이 보여주지 않으면 아무 소용이 없다는 말입니다. 그래서 만일 정치가 어떻게 되어 가는지 알고 싶다면 직접 정당에 가입해야 하는 겁니다. 하지만 나는 당원인 동시에 식민지 정부의 그 지방 담당관과도 아주 잘 아는 사이였기 때문에 양쪽을 조금은 다 알 수 있었습니다.

그러나 단순히 전략적인 의도에서 총회인민당에 가입한 것은 아닙니다. 나는 가나의 독립 과정에 정말 관심이 깊었고 결코 완전히 중립적인 입장도 아니었으니까요. 사실, 2차 세계대전 후 아프리카에서 활동한 사람이라면 누구나 이런 저런 방식으로 독립이라는 이념 또는 그들 나라에서 추진되던 사회 변화의 이념에 투신하고 있었고, 나 역시 그러한 목표를 향해 활동하고 있었습니다. 물론 교육이 사회에서 차지하는 역할을 좀 과대평가하고 있었던 것 같기는 합니다만.

● '세계를 변화시키려는' 노력의 일환으로 당신이 교육 문제에 관심을 가지게 된 기원은 전후 성인 교육에 종사했던 시기로 거슬러 올라갑니다. 이런 관심은 많은 아프리카 및 유럽 국가의 교육 제도를 관찰하면서 더욱 커지는 데요. 거의 20년 전이 됩니다만, 당신은 어린이를 대상으로 '부분적 탈脫학교 계획'을 세우는 등 급진적인 교육 개혁을 제안하기도 했습니다. 이런 방안이 문

"나는 교육 제도와 생산 체제가 서로 어긋나는 데서 연유하는 문제들을 고민했어요. 이는 문맹을 벗어나야 하는 기능적 이유가 거의 없는 아프리카의 경우 특히 더 극대화되는 그런 문제입니다."

사진은 아프리카 릴리데일에 있는 이안 맥켄지 고등학교의 한 교실 풍경.

맹 해소에 대한 당신의 관심과 서로 어울릴 수 있는 걸까요?

●● 문자가 소개되고 난 뒤에 오는 사회 변화에 대해 관심을 가지면서 나는 두 가지 점을 깨닫게 되었지요. 첫째는 구전적인 의사소통 수단이 문자의 도래로 그냥 사라져버리지 않는다는 것입니다. 둘째는 문자 문화—그리고 글을 읽고 쓸 수 있는 사람들—가 지배하게 되었다 해서 그것과 연관하여 글을 못 읽는 사람들을 경멸하는 행위는 통탄스러운 일이라는 점입니다.

내가 이 문제에 관심을 갖게 된 한 가지 이유는 딸아이가 난독증難讀症으로 고생한 경험 때문이었습니다. 그 애가 열 살인가 열한 살인가가 되었을 때 읽고 쓰는 데 큰 어려움을 겪자 학교에 가지 않으려고 했던 적이 있었거든요. 그래요. 이런 경우는 그들이 잘할 수 있는 다른 것으로 평가받아야 합니다. 원예를 예로 들죠. 실제 대학의 정원사 중에 읽고 쓰는 데는 문제가 있지만 원예에는 재주가 뛰어난 사람들이 있습니다. 이것은 개인적인 문제가 아니고—대개 인구의 10퍼센트 정도가 이런 문제를 안고 있다고 알려져 있어요—알파벳 해득과 관련된 일반적인 현상입니다. 내가 탈학교 계획을 마련한 것은 그것이 바람직하기는 하지만 그렇다고 역사의 흐름까지 뒤바꾸자는 생각에서는 아니었고 문자와 무관한 일, 그리고 말을 통해 이루어지는 작업들도 좀더 적극적으로 평가받아야 한다는 생각에서였어요. 교육에서 가장 불행한 결과는 사람들을 사회의 생산적인 활동, 살아있는 활동에서 떼어내 교실 안에만 가두어 놓는다는 것입니다. 이런 식이라면 지적인 것이 아닌 다른 종류의 일도 존중할 필요가 있다는 점을 배우기 힘들 것이 분명합니다. 내가 전후戰後 영국에서 교육 활동을 하고 있을 당시, 어느 시골에서는 아이들이 예를 들어 직접 감자를 관찰하고 감자 캐기를 도와주기도 하면서 감자라는 게 어떤 것인지 또 그것이 어떻게 커가는지 배우게 함으로써, 통상적인 생산 활동에 참여하도록 배려해 주었습니다. 유감스럽게도 이런 경험은 그리 오래 지속되지 않았습니다. 왜냐하면 교사들이 아이들을 생생한 활동 현장에서 빼내어 그들의 영토(교실)로 되돌아오게 하려고 노심초사했기 때문이지요.

그러나 그 문제에 대해 글을 썼을 때 마음에 담아두고 있었던 것이 하나 더 있었습니다. 나는 교육 제도와 생산 체제가 서로 어긋나는 데서 연유하는 문제들을 고민했어요. 이는 문맹을 벗어나야 하는 기능적 이유가 거의 없는 아프리카의 경우 특히 더 극대화되는 그런 문제입니다. 독립 운동 당시 나는 지식인이나 정치인들과 행동을 함께했고, 그러다 보니 경제가 성장하고 사회 전체가 발전하기 위해서는 좋은 학교와 대학이 있어야 한다는 생각에 빠져있었어요. 이 점은 스스로 인정합니다만 세상은 그런 식으로 움직이는 것이 아니었어요. 엄청난 돈을 들인 결과, 교육은 그런대로 성공했고 재능 있는 소설가나 극작가를 배출하기까지 했습니다만—많은 수가 지금 미국이나 유럽에 살고 있지요—생산 체제는 거의 그대로입니다. 돈은 많이 들어갔지만 그게 모두 사람들을 이주자로 만들어 해외에서 보잘것없는 직업을 얻도록 하는 데 사용된 셈이죠. 그도 그럴 것이 17, 8년을 공부하고 나면 아무도 다시 시골로 돌아가 농사 지으려 하지를 않는데, 그렇다고 달리 할 만한 일거리도 없거든요. 사람들은 전통적인 농경 사회에서 떠나게 되지만 그 외에 다른 일도 찾지 못하고 있는 거지요. 현재 시카고에만도 엄청난 수의 가나 인들이 살고 있는데, 바로 이런 이유에서입니다. 약 만 명 정도 되는 사람들이 택시 운전사나 그밖의 하급직에 종사하고 있고, 그중에는 20년간 학교 교육을 받은 사람들도 있어요. 사실 그들이 우리 서구인을 위해 하는 일이 우리가 그들에게 해주는 것보다 훨씬 더 많다고 여겨집니다만 그들(아프리카)이 진 빚을 탕감해 주거나 약간의 원조를 제공하면서 이만하면 큰일 했다고 생각하는 것은 아이러니입니다. 예컨대 미국이 아주 훌륭한 택시 운전사를 쓰고 있다는 거죠. 바로 이런 식으로 말입니다!

교육이 경제 수준에 맞게 이루어져야 한다는 내 주장은 물론 절대적 의미에서가 아니고 어떤 특수한 상황과 관련해서 그렇다는 것입니다. 모두가 읽고 쓸 수 있는 것만으로는 세계를 바꾸지 못하죠. 가나도 못 바꾼 것이 확실하잖아요! 그래서 교육 수준을 경제와 잘 조화되게 유지하는 것은 일단 논외로 하더라도, 문자로 하는 일 못지않게 말로 하는 일의 가치를 재평가해야 한다고 생각합니다. 그렇게 되면 위대한 발라드 제작자나 위대한 이야기 노래꾼들도 책을 쓴 위대한 작가와 나란히 칭송될 수 있는 거니까요.

● 당신은 최근 꽃의 문화를 다룬 민족지학적이자 동시에 역사학적 성격의 책을 썼지요. 그리고 그 서두에서 책의 주제가 겉보

기처럼 좁은 것이 아니라, 요리처럼 '삶 속의 진지한 일들'과 깊이 관계되어 있다고 독자들에게 경고성 발언을 해놓고 있습니다. 이러한 생각을 좀 풀어서 말씀해 주시겠습니까?

●● 그것은 이미 오래 전부터 품고 있던 생각이었습니다. 아프리카에서 장례 의식을 연구할 때인데, 그곳에서는 아시아나 유럽에 널리 퍼져 있는 꽃의 문화를 찾아볼 수 없다는 것을 깨닫게 된 거죠. 아프리카에서는 꽃을 거의 사용하고 있지 않을 뿐만 아니라, 노래에서든 이야기에서든 꽃에 부여된 상징성도 거의 없어요. 나는 보통 작업을 이런 식으로 시작합니다. 서로 상이한 점이 내 관심을 불러일으키는 거죠. 이 경우는 인도, 중국, 또는 유럽의 상황이 아프리카의 상황과 대비되는 셈입니다. 예를 들어 인도에서는 사람들이 항상 정치가들에게 화환을 걸어준다는 사실을 염두에 두고 아프리카에서는 왜 꽃을 사용하지 않는가라는 질문을 던지는 겁니다.

그래서 꽃을 사용하거나 사용하지 않는 것이 그 사회의 태도와 특징에 대해 많은 이야기를 해준다는 가정 아래, 이 주제에 대한 역사학적이자 인류학적인 성격의 책을 한번 쓰기로 작정했죠. 그후 나는 어디를 가든지 꽃에 얽힌 얘기를 수집하고, 묘지 주위를 거닐며 정원사와 대화를 나누거나 꽃 시장에 들리기도 하고, 도서관에서 관련 자료를 조사했습니다. 특정한 사회에서 꽃이 지니는 중요한 상징적 의미와 상이한 꽃 문화 간에 벌어질 수 있는 충돌의 양상을 발견하게 된 것도 바로 이런 방법을 쓴 덕분입니다.

"아프리카는 청동기 시대와 도시혁명의 변화를 경험하지 못했습니다. 문자 체계나 쟁기, 집약적 농업 같은 것도 존재하지 않았지요. 따라서 아프리카의 사회에서는 어디서도 특별한 요리법은 물론, 꽃 문화의 발전을 유도할 만한 대규모 사유지나 유한계급 또는 소비 경제를 경험하지 못했던 거죠."

한번은 홍콩 출신의 조교가 일을 그만두자, 한 이탈리아 친구는 그녀가 내게 가져다주던 노란 색 국화를 이제 화병에 그만 꽂으라고 말렸어요. 이탈리아에서는 노란 색 국화가 죽은 이에게 바치는 꽃이라는 겁니다. 거꾸로 중국에서는 장수를 뜻한다는 사실을 몰랐던 거죠.

아프리카에 꽃 문화가 없는 이유에 대해서 난 이렇게 말하고 싶습니다. 이 대륙은 청동기 시대와 도시혁명의 변화를 경험하지 못했습니다. 일찍이 고고학자 고든 차일드가 잘 설명한 바와 같이 유럽과 아시아에 엄청난 충격을 준 그런 변화들이 없었던 아프리카에는 문자 체계나 쟁기, 집약적 농업 같은 것도 존재하지 않았지요. 다양한 공예 기술도 없었고 原산업화 과정이라든가 회계 체계 같은 것도 경험하지 못했습니다. 따라서 아프리카 사회에서는 어디서도 특별한 요리법은 물론, 꽃 문화의 발전을 유도할 만한 대규모 사유지나 유한계급 또는 소비 경제를 경험하지 못했던 거죠. 그래요. 요리법을 세분화하거나 꽃을 심미적 용도로 사용하는 데는 경제적인 계층화가 전제되어야 합니다. 아프리카 족장 집을 한번 가보세요. 그의 정치적 지위는 높을지 모르지만, 먹는 음식은 공동체 내의 다른 사람이나 같을 겁니다. 그래서 아프리카에는 청동기 시대에 도시혁명을 겪은 사회에 비해 문화적 계층화가 훨씬 덜합니다. 아프리카 어디에 있든지 대개는 같은 음악을 듣고 같은 음식을 먹고 같은 의례를 행하게 되지요. 이러한 상황에서 꽃을 키워 어딘가에 사용할 만한 여유가 있겠습니까. 들꽃조차도 쓰지 않을 거예요. 꽃이라는 것을 과실을 맺거나 나무로 자라나는 전 단계로밖에 보지 않기 때문에, 꽃을 꺾는다는 것은 쓸데없는 일로 취급되는 겁니다. 그건 본질적으로 내가 사과나무 가지를 꺾으려 할 때 어머니가 보였음직한 태도였어요. 과실을 망친다는 거지요. 대규모 관개농업이 발달된 중국이나 인도에서는 들꽃을 집에서 화초로 가꾸었지만, 아프리카에서는 그런 일이 일어나지 않았습니다. 이는 생활에 더 긴요한 작물을 재배하는 데 훨씬 더 관심을 둔 나머지 꽃을 사용하는 것은 쓸데없는 일이라 생각한 데도 이유가 있습니다.

● 당신은 꽃 문화를 다룬 책에서, 프로테스탄트 신앙을 가진 북유럽의 경우 묘지에서나 장례식에서 꽃을 사용하는 예가 비교적 적다고 했어요. 그리고 이 점을 가톨릭을 믿는 남유럽, 특히 이탈리아와 비교해서 그곳에서는 고인에 대한 존경과 사랑이 꽃의 언어 속에 나타난다 할 정도로 꽃을 많이 사용한다는 점을 지적했습니다. 그렇다면 역시 프로테스탄트 국가인 영국이 다이아나 비(妃)의 장례식을 전후해서 몇 톤이나 되는 엄청난 양의 꽃―이는 이스라엘, 타이, 네덜란드, 케냐 등지에서 긴급 운송된 것입니다―을 그녀에게 바쳤다는 사실은 어떻게 설명할 수 있을까요?

●● 매우 흥미로운 사실이라 생각합니다. 왜냐하면 프로테스탄트 종교개혁이 사치와 정교한 의례 행위를 비난하여 꽃 문화에 심대한 영향을 준 것은 사실이니까요. 그래서 프로테스탄트 국가에서는 꽃의 사용이 훨씬 더 제한되지요. 스코틀랜드 장로교 출

신인 내 어머니라면 그것을 낭비라고 아마 질색했을 겁니다. 만약 누군가가 어머니에게 꽃을 주었다면 이렇게 말했겠죠. "차라리 달걀을 주시구려." 그러나 17세기 이후 상황은 바뀌어 영국 국교회를 탄생시킨 역사적 타협과 함께 꽃이 유행하기에 이르렀습니다. 그래도 영국에서는 장례식에서뿐만 아니라 다른 경우에도 프랑스나 이탈리아에서 하듯이 그렇게 많은 꽃을 선물하지는 않지요. 예컨대 19세기 프랑스에서는 젊은 숙녀라면 누구나 알아야 하는 꽃말에 관한 매우 흥미로운 책이 나올 정도였습니다.

그래서 나는 다이아나 비 사건이 이해가 잘 되지 않습니다. 그것은 분명히 독특한 표현이었어요. 그 일이 있기 얼마 전, 규모는 훨씬 작습니다만 비슷한 일이 브뤼셀에서 있었지요. 아동 도착증 환자 한 사람이 아이 하나를 살해하자 사람들이 정부에 대한 항의의 표시로 거리에다 꽃을 들이부은 겁니다. 다이아나 비 사건의 경우에도 그 표현 방식은 아래로부터 온 것이었습니다. 그것은 극적인 동정의 표현이었어요. 기존 권위에 반대하는 요소도 들어있었고요. 어쨌든 왕가가 그녀를 거부했던 것이니까요. 언론이 부추겨서 어느 정도 전염성도 있긴 했지만, 난 그것을 전적으로 언론 매체가 만들어낸 사건이라 말하고 싶지는 않아요. 사람들은 일이 진행되어 가는 것을 지켜보다가 그 사건에 직접 참여하기 위해 런던으로 점점 더 많이 몰려들었거든요. 유대교의 경우, 신에게든 고인에게든 제물을 바치려고 하지 않는 사람들도 묘지를 참배할 때면 무덤 위에 돌 하나를 올려놓아 자신이 그곳에 왔다갔다는 것을 표시합니다. 이와 똑같이 영국 사람들도 스

"다이아나 비 사건의 경우에도 그 표현 방식은 아래로부터 온 것이었습니다. 그것은 극적인 동정의 표현이었어요. 기존 권위에 반대하는 요소도 들어있었고요."
사진은 다이아나 비를 추모하기 위해 많은 시민들이 켄싱턴 궁 앞에 가져다 놓은 꽃들.

스로 흔적을 남기려 자기 몫의 꽃을 던진 게 아닐까요. 하지만 그 많던 성인聖人들과 함께 영국에서 오래 전에 사라져버린 가톨릭 관습이 재연되는 것을 지켜보는 것은 역시 흥미로운 일이겠죠.

● 아시아와 유럽을 비교 연구한 결과, 당신은 여태까지 사회학자, 인류학자, 역사학자들이 생각했던 것과는 달리 서구가 자본주의 혹은 근대화를 향한 특별한 경향도 갖지 않았다고 주장했습니다. 사실 당신은 한 걸음 더 나아가서 우리가 '서양의 독특성'에 대해 얘기하기보다 유라시아의 독특성, 특히 아시아가 기여한 부분에 대해 논의해야 한다는 제의까지 했습니다. 여기서 당신은 마르크스를 비롯한 많은 사람들이 주장한 정태적 동양 사회라는 관념이 사실은 서양이 만들어낸 신화일 뿐이라는 점을 말하려는 것입니까?

●● 그렇습니다. 나에게 그것은 분명히 서양이 만들어낸 일종의 신화로 보입니다. 왜냐하면 어떤 사회든 일정 시기에는 모두 정태적이었습니다만 동양이 매우 역동적인 때도 있었다는 것이 확실하니까요. 마르크스는 물론이고 베버도 어느 정도 그런 편인데 그들의 의견을 좇아 동양은 정태적이고 서양은 역동적이라고 주장하면서 양자가 뿌리 깊은 문화적 차이 때문에 서로 분리될 수밖에 없었다고 말한다면 사실과 어긋납니다. 서양의 발전이 그리스에서 시작하여 아무런 단절 없이 일직선상으로 계속되었다는 서양적 연속성에 대한 견해는 말하자면 서구의 민속적 지식에 불

과합니다. 마르크스가 생각한 것과는 달리, 동양에서도 상업 자본주의의 발전에 필요한 시민 사회의 제도와 상법 체계를 찾아볼 수 있어요.

인도와 중국의 방대한 인구를 두고 그것이 바로 실패의 지표인 양 여기는 태도가 상당히 널리 퍼져 있습니다. 완전히 난센스죠! 그와 같은 엄청난 인구가 있다는 사실은 반대로 그곳의 경제가 매우 성공적이었음을 증명합니다. 그렇지 않았다면 그들은 살아남지 못했겠죠! 조셉 니담의 걸작은 중국이 15세기까지 많은 측면에서 유럽에 앞서 있었다는 것을 잘 보여주고 있지요.[7] 어떤 비교의 잣대로 보더라도 중세의 유럽 사회는 상당히 정태적이었습니다. 반면 아시아는 지식의 축적이나 농업 경제의 관점에서 볼 때 훨씬 역동적이었지요. 수공업 경제도 마찬가지였어요. 예컨대 중국은 정교한 견직물과 도자기 제품을, 인도는 면직물을 생산하여 인도네시아와 아프리카에 수출했고 아프리카, 포르투갈이 무역을 선점하기 전까지는 일부가 유럽에까지 수출되었을 정도였으니까요.

물론 16세기에 이르러 양자의 균형이 뒤바뀌기 시작해 어떤 점에서는 유럽이 더 앞서게 되었다는 사실이 설명되어야겠죠. 하지만 내 생각으로는 그러한 설명이 결코 한 사회는 정태적이고 다른 사회는 역동적이라는 식으로 마감될 수는 없다고 봅니다. 산업혁

[7] Joseph Needham(1900~1995). 과학사가로서 7권으로 된 《중국의 과학과 문명 *Science and Civilization in China*》(Cambridge: Cambridge University Press, 1954)을 썼다.

명은 어떤 점에서는 아시아의 수공업품을 모방해 그것을 대규모로 생산해 낸 것으로도 볼 수 있다는 점을 기억해야 합니다. 맨체스터 산産 면직물은 인도 산 직물과 중국 산 견직물의 수입 대체품이었고, 웨지우드와 델프트의 생산품은 중국 산 도자기를 모방한 것이었지요.

● 당신은 굉장히 넓은 범위의 책들을 썼는데요. 그 뒤에 숨은 주요 동기가 '서양의 독특성'이라는 관념을 깨뜨리려는 것이었다고 하면 맞는 말일까요?

●● 그렇습니다. 그것이 중요한 요소 중 하나입니다. 아프리카에서 상속 관습을 연구하고 있을 때, 난 그 구체적인 특징뿐 아니라 서양과의 유사점과 차이점에도 관심을 가지게 되었죠. 어떤 사회든 사람들이 지닌 재화와 가치를 다음 세대로 물려주어야만 한다면, 물론 각각 방식에 차이는 있겠지만 공통점도 있을 겁니다. 꽃에 대한 책을 쓰기 시작하면서 인도네시아, 발리, 인도 등지를 다녀왔지요. 그곳 사람들이 목에다 화환을 건다든지 하는 식으로 꽃을 아주 빈번히 사용하는 모습을 보고 난 왜 아프리카에서는 꽃을 거의 사용하지 않는지 의문을 가지기 시작했습니다. 마침 그때는 자연에 대한 관심이 유럽 인에게만 독특한 것이며 특히 그것은 영국적인 특성으로서, 서구적 근대의 감성과 심적 상태의 일부라고 생각하는 듯한 케이쓰 토머스의 말에 좀 놀라고 있었던 참이었지요. 하지만 사실은 그 반대였어요. 중국에는 영국에 비

해 훨씬 더 집약적인 정원 문화가 있었고, 꽃의 상징적 의미도 중국에서 훨씬 더 중요했다는 것이 입증되었거든요. 따라서 영국이야말로 꽃과 대학 정원을 본격적으로 가꾸는 본고장이라는 관념, 많은 사람들이 가지고 있는 그러한 관념은 비교 연구를 통해 더 이상 설 자리가 없게 된 겁니다. 그래서 내 생각으로는 아시아가 정교한—유럽의 경우보다 더 정교한—꽃 문화를 가지고 있었다는 것뿐만 아니라 유럽은 꽃 문양은 물론이고 꽃을 구하기 위해서라도 아시아로 갈 수밖에 없었다는 것을 보여주는 게 중요합니다. 꽃 문제에 대해 사실이 이러하다면, 자연을 향한 다른 태도에 있어서도 마찬가지겠지요. 일찍이 이른바 애니미즘 신앙이라는 것이 존재하고 있었는데요. 이는 인간과 자연이 세계에 대해 나누는 대화의 일부라 볼 수 있습니다만, 우리의 생태적 관심이라는 것이 새롭게 창안된 것은 아니라는 점을 입증하는 또 다른 보기입니다. 간단히 말해, 자연을 통제하고 이용하는 태도와 그에 대한 상반된 감정들을 광범위하게 상호 비교해 볼 때, 서양이 더 앞서 있고 독특하다는 주장은 더 이상 견지될 수 없다는 거지요.

● 당신은 서양의 독특성에 대한 주장을 뒤집고, 그러한 주장이 '타자' 뿐 아니라 우리 자신의 과거와 현재에 대한 스스로의 이해를 왜곡하고 있다고 주장해 왔습니다. 당신이 말하려는 바는 '우리' 와 '그들' 에 대해 독특한 무언가가 아무 것도 없다는 것입니까? 그렇다면 이러한 식의 범주가 본래 잘못 설정된 것이라는 뜻인가요?

●● 모두 잘못되었다는 것은 아닙니다. 각 나라와 개개인이 독특성을 지니고 있다는 생각은 잘못되지 않았으니까요. 하지만 우리가 독특하다는 것은 어떤 방식으로 그렇다는 것일까요? 나는 나 자신을 매우 너그러운 사람이라고 간주하거나 혹은 너그러운 성품을 지니고 있기 때문에 내가 독특하다고 생각하는 경향이 있습니다만, 만일 누군가 다른 사람이 와서 나를 다른 사람들과 비교해 본다면 전혀 그렇지 않을 수도 있겠죠.

개인주의, 합리주의, 가족 구성 양식 등과 같은 이른바 서양적 특이성의 결과를 가지고 근대성을 설명하려 하였기 때문에, 우리는 그동안 서양은 물론 동양에 대해서도 깊이 이해할 수 없었던 겁니다. 내가 말하고 싶은 것은 서양이 독특하다는 관념이 어떤 의미에서 이제는 낡았다는 것입니다. 물론 영국은 어떤 면에서 독특하지요. 유럽이나 중국 역시도 이러저러한 면에서 독특하겠지요. 하지만 이런 관념은 낡은 것입니다. 왜냐하면 자본주의, 근대화 등을 창안해 낼 수 있었던 것은 바로 우리가 독특하기 때문이라는 생각이 공통적인 가정으로 그 밑바닥에 깔려 있었기 때문이죠. 그래요. 우리가 만일 산업자본주의에 대해 그렇게 생각한다면 이건 사실일 수도 있어요. 하지만 상업자본주의의 경우라면 그건 분명히 사실이 아닙니다. 왜냐하면 상업자본주의는 14, 15, 16세기에 서양에서만큼이나, 혹은 그 이상으로 동양에서 번성했기 때문이지요.

근대화의 측면에서 보더라도 홍콩이나 일본이 우리보다 더 근대적이지 않다고 말할 사람이 누가 있겠어요? 세상은 언제나 변하는 법이고, 한때는 이쪽이 또 한때는 저쪽이 더 근대적인 거죠. 나는 영국인이다 유럽인이다 하는 것과 같은 독특한 특징 때문에 내가 '근대화' 된 것은 아닙니다. 하지만 로렌스 스톤과 같은 역사가들은 바로 이런 방식으로 생각하지요. 예컨대 가족사의 서술을 보면, 서양의 특이성이란 관념이 얼마나 과도하게 강조되었는지, 또한 얼마나 오도된 이론을 이용했는지를 금방 알 수 있어요. 당신이 말할 수 있는 것은 단지 중국의 경우와 같은 다른 형태의 가족 제도들을 보면서 영국의 가족이 독특하다고 주장하는 것뿐입니다. 18, 9세기 영국 가족에 대한 자료를 기초로 독특성을 주장할 수는 없지요. 어떤 식으로든 그런 주장을 괜찮은 이론으로 받아들이기란 힘듭니다. 그것은 근대화다, 산업주의다, 자본주의다 하는 것들과 관련해서 과연 독특한 것이었을까요? 그런 문제점에도 불구하고, 그동안 제기되어 왔던 것은 바로 이러한 주장들이었던 거죠.

● 당신은 민족중심주의와 오도된 관념들을 피하는 한 방법으로 비교 연구의 중요성을 강력히 주장하고 있는데, 그 이유가 바로 이런 데 있는 것인가요? 그러나 비교와 대조가 초래할 수 있는 위험성도 있다고 보는데, 그 점은 어떻게 생각하십니까?

●● 예, 수많은 어려움이 있습니다. 여타 다른 사회들은 제쳐놓더라도, 한 사회에 대해서조차 잘 모른다는 사실부터 시작해서 어려움은 엄청날 정도로 많아요. 그래서 우리는 어쩔 수 없이 다

른 사람들의 저술에 의지하게 됩니다. 하지만 사실, 어떤 방면에서든지 우리가 작업하는 방식은 자료의 질을 충분히 검증하지도 못하고 어떤 완전한 처방도 가지지 못한 채 이것저것 인용하는 식일 뿐이지요. 인류학이 특히 그러한데요. 특정 집단의 사람들 중에서 오직 해당 연구자는 한 사람뿐이기 때문에, 유럽 사회와 같이 다양한 전망 속에서 고찰되어 온 경우에 비해 연구의 질을 평가하기가 훨씬 더 어렵습니다. 그러나 우리가 어떤 종류든 일반화를 하기 전에 상이한 각 사회들에 대해 무언가를 알아내야 한다는 것은 정말 필수적인 일이겠죠. 상당수의 역사 연구서들, 특별히 근대 초 유럽에 관한 것들이 역사 속에서 처음으로 무언가—예컨대 아동의 관념과 같은 것—가 일어나고 있다고 단언하는 경향이 있어요. 하지만 정작 이렇게 주장하고 있는 내용이 전혀 사실이 아닐 수도 있는데, 그 점을 확인하려고 주위를 둘러보는 데는 별 관심이 없는 것이 현실이지요. 특히 영국의 역사가들은 섬나라 중심주의에 젖어 있는 편이어서 자국의 독특성을 과도하게 강조하는 경향이 있습니다. 문제는 18세기 말 생산 조직과 에너지 통제라는 점에서 영국이 나중에 전 세계가 뒤쫓아올 어떤 특정한 발전들을 이룩해 냈다는 것이 의심할 수 없는 사실이란 점이에요. 이 일로 말미암아 영국의 역사가들은 영국 사회의 독특성에 대한 가정들을 추론하고 만들어냅니다. 사실여부는 알아볼 생각도 않고 말이죠. 이런 일은 가족 연구에서 특히 심각한데요. 맬서스의 견해대로 아시아의 가족 양식이 유럽과는 매우 달랐다고 가정한다든지, 근대화나 자본주의 따위가 증진된 것은 다름 아닌 서유럽적 양식의 독특성 덕분이라고 주장하는 경우가 그런 것이지요.

문제는 우리가 항상 그러한 관념들을 다른 지역에서 보이는 유사한 발전에 대해서도 맞추어보려고 한다는 점입니다. 한때 사람들은 일본이 발전하고 있는 이유가 영국처럼 작은 섬나라이기 때문이라든지, 혹은—세계에서 서유럽 봉건제도와 닮은 유일한 것이라 추측되는—일본의 봉건제도가 그들이 자본주의로 발전하는데 기여했다는 등의 말을 한 적이 있어요. 페리 앤더슨이 쓴 《절대주의 국가의 계보 *Lineages of the Absolute State*》를 보면 이것이 명백하다는 점을 당신도 알 수 있을 겁니다. 하지만 당신이 그렇게 말하자마자 곧 중국과 대만도 같은 식으로 발전하고 있다는 것을 알게 될 것이고, 그렇게 되면 이후 계속해서 이런 식으로 짜맞추기를 해나가지 않을 수 없겠죠. 그래서, 맞아요. 많은 어려움이 있습니다. 포스트모더니스트들을 비롯해서 많은 사람들이 비교를 전적으로 거부하는 것도 바로 이런 이유 때문이지요.

● 비교 연구의 문제점 가운데 하나는 서로 상이한 문화 속의 관념, 대상, 관습들을 각각에 의미를 부여하는 컨텍스트를 무시하고 상호 비교·대조한다는 것입니다. 이는 프레이저의 저작에 대해 종종 가해지는 비판이기도 합니다. 이 문제는 해결 가능한가요?

●● 아프리카 사회에 대한 연구가 유럽 농민들이 영위한 삶의 어

떤 부분을 얼마나 잘 조명해 줄 수 있는지 상상조차 할 수 없었던 내 선배 학자들은 프레이저를 강력히 비판했지요. 하지만 난 독일 아이크슈테트의 포로수용소 도서관에서 두 권으로 된 《황금가지 *The Golden Bough*》 축약판을 본 이후 그의 저작에 그만 매료되었습니다. 나의 관심을 인류학으로 이끈 것은 바로 이 책이고, 프레이저가 아니었다면 난 아마 이 분야로 들어오지 않았을 거예요. 물론 그가 어떤 관념들을 지나치게 분해해서 다룬 것은 사실입니다. 전 세계에서 나타나는 영혼의 관념들을 비교·논의한 데서 보듯이 말이죠. 지금은 누구나 하고 있는 현지조사의 경험이 그에게는 없었습니다. 우리를 역사가로 보든 인류학자로 보든 간에, 모두가 철저히 현지에서 작업을 해왔고, 그래서 일종의 시금석 같은 것을 얻게 되죠. 우리의 판단을 시험해 보고 또 어떤 관념이 특정 사회에 잘 들어맞는지의 여부를 알아보기 위해 되짚어 보는 그런 수단 말입니다.

하지만 프레이저의 저술은 훨씬 더 광범위한 영향력을 가졌다고 생각됩니다. 왜냐하면 그는 발전된 사회와 그렇지 않은 다른 사회들 간의 관계를 이해할 수 있도록 하는 데 기여했기 때문이죠. 그가 쓴 방법은 레비스트로스 정도라면 모르겠지만 그 외 다른 어떤 인류학자도 사용해 본 적이 없었던 것이니까요! 그는 사회과학이나 역사과학은 물론이고 문학에까지도 심대한 영향을 미쳤습니다. 엘리어트의 《황무지 *The Waste Land*》—나는 대학 시절 이 시집을 즐겨 읽었지요—에 대한 주석들을 살펴보면 프레이저에 관한 언급들로 가득 차 있다는 사실을 알게 될 겁니다. 우리는 지금 개별 사회들에 대해 모아 놓은 더 나은 자료를 가지고 계속해서 프레이저가 과거에 제기했던 중요한 문제들을 고찰해 나가야만 합니다.

● 당신은 스스로를 마르크스주의자라 규정하고 있지만, 동시에 마르크스가 말한 이른바 '정체적인 동양적 사회 형태'와 특히 '아시아적 생산양식'에 대한 관점이 서양의 이데올로기적 편향성을 키워놓았다는 것을 보여주기도 했습니다. 이런 사실에도 불구하고, 당신은 여전히 마르크스주의가 비교 연구에 어떤 기여를 했다고 생각하십니까?

●● 난 분명히 비非 마르크스주의자는 아닙니다. 왜냐하면 마르크스가 수많은 문제들에 대해 수많은 출발점을 훌륭히 제시했다고 보기 때문이죠. 내가 현재 마르크스의 일부 관념들에 대해 일종의 비판서를 쓰고 있는 것도 단지 그러한 관념들이 오늘날에도 여전히 중요하게 수용될 가치가 있다고 생각하기 때문입니다. 많은 사회과학자들이 갖지 못한 장기 역사적 차원을 그가 사회과학에 가져다준 것은 틀림없습니다. 마르크스의 이론은 사회가 어떤 한 전형에서 다른 전형으로 바뀌는 발전 과정을 다룬 것이었죠. 이는 일종의 일반 이론으로서 상당한 가치를 지니고 있어요. 물론 많은 점에서 좀 설익고 적절치 못한 측면이 있을 수는 있지만 말입니다. 아시아 사회들에 대한 그의 주장은 아마 틀렸을 겁니다. 유럽 사회의 특별한 성격에 관한 주장도 아마 그럴 겁니다.

하지만 그가 자극적인 문제들을 제기하고 이를 흥미로운 방식으로 다루고 있다는 점은 확실합니다.

고고학은 마르크스의 영향이 매우 긍정적으로 나타났던 분야죠. 역사의 흐름을 일반적인 측면에서 보게 만들어주었거든요. 내가 염두에 두고 있는 것은 특히 고든 차일드의 《역사에서는 무슨 일이 일어났던가 *What Happened in History?*》인데요. 포로수용소에서 재미있게 읽었던 또 한 권의 책이죠. 오스트레일리아 출신인 이 마르크스주의 역사가는 이 나라의 선사 시대 연구를 바꾸어 놓았을 뿐 아니라 그것을 훨씬 더 사회적인 방향으로 돌려놓았습니다. 내가 특히 그를 중요하게 생각하는 것은 역사 시대 전후의 주요 변화 과정에 사회적 차원을 부여해 주고 있기 때문이에요. 또한 청동기 시대에 일어난 커다란 진보—그것은 처음에는 메소포타미아에서, 그 뒤로는 인도 북부 지방과 중국으로 이어집니다만—에 대한 고든의 생각들은 마르크스나 베버가 말한 것과는 달리, 당시의 유럽과 아시아가 실제로는 서로 구별될 수 없는 상태였다는 사실을 보여주고 있어요. 굳이 차이가 있었다면 아시아가 유럽보다 좀더 진보된 상태였다는 정도겠죠. 그러니까 당시의 아시아 사회들은 이 두 사람이 생각했던 것만큼 정체되지도 전제적이지도 않았다는 거죠.

물론 마르크스나 베버는 동양 언어들을 배우지 못했기 때문에, 그들로서는 동양 사회가 겪은 상업과 공업상의 발전에 대해 알 수 없었습니다. 지금은 동양뿐 아니라 아프리카에 대해서도 서양 언어로 볼 수 있는 자료가 많이 늘어났기 때문에, 과거에는 양해

할 수도 있었을 오류도 이제는 그냥 넘어가기 힘들게 되었죠. 반면에 우리가 현재 가지고 있는 자료의 양이 늘어나면서 자료를 어떻게 정리하느냐 하는 문제도 덩달아 증대했어요.

● 비교적 최근에 역사학과 인류학이 융합되면서 결과적으로 미시사가 널리 각광을 받으며 확산되고 있습니다. 역사가들은 인류학자를 본받아 소규모 공동체와 이름 없는 개인을 연구하는 데 취미를 붙이게 된 겁니다. 아시다시피 명망 있는 역사가들은 이러한 새 경향을 비판해 왔지요. 그들은 미시사가 오직 미시적인 문제와 사소한 주제들만을 다룰 것이고, 그렇게 되면 그런 역사를 쓰는 사람도 자연히 자잘한 역사가로 전락하고 말 것이라는 우려를 표명하고 있습니다. 예컨대 존 엘리어트는 "마르탱 게르라는 이름이 마르틴 루터라는 이름만큼이나 잘 알려지거나 혹은 한술 더 떠서 그보다 더 유명하게 된다"는 것은 무언가 잘못되어도 크게 잘못된 것 아니냐는 극단적인 말까지 하고 있어요. 이에 대해 어떻게 생각하십니까?

●● 나는 어느 정도 엘리어트의 말에 공감하는 편입니다. 하지만 다행히도 역사학과 인류학의 수렴이 단지 미시사만을 도출하지는 않았습니다. 그것 말고도 이러한 미시적 연구에서 발견되는 재미있는 점들이 있었고, 그것이 매우 흥미로운 영역이라는 사실이 입증되고 있으니까요. 이는 특정한 장소와 시간에 있었던 특정한 개인에 대한 연구에서도 마찬가지로 적용됩니다. 이러한 점

들은 좀더 넓은 시야를 확보하는 데도 잘 들어맞는 측면이 있어요. 그래서 나는 개인적으로 마르탱 게르를 뭐라 평가하든지 별로 개의치 않습니다. 사람들이 미시사를 유일한 탐구 방법으로 간주해서 좀더 광범위한 비교 연구를 무시하지만 않는다면 말입니다. 사실 이러한 일은 때때로 인류학에서도 일어나거든요. 사람들이 일반적인 연구는 가치가 없다고 믿고 현지조사나 특수한 사례들에만 매달리는 경우가 그렇지요. 인류학에서 있을 수 있는 더 큰 위험은 단지 어떤 특정 종족에 대한 미시적 연구에서뿐만 아니라 그러한 종족을 대하는 관찰자의 반응에 대한 미시적 연구에서도 나타날 수 있어요. 후자의 경우 당신은 그 종족에 대해 무언가를 배우는 데 별 관심이 없는 겁니다. 더 넓은 시야에서 관계망을 바라보려 하지도 않고요.

● 그러면 역사학과 인류학의 수렴이 가져오는 이점은 무엇입니까?

●● 만약 당신이 아무런 역사 기록도 남아 있지 않은 어떤 문화 속으로 들어간다고 합시다. 이렇게 되면 이것은 항상 저것과 같다고 생각하는 무서운 위험성이 있어요. 예컨대 지바로 족이나 주니 족이 행동하는 방식에는 무언가 자연적인 것이 있다는 식의 생각이 그런 거지요. 어쨌든 우리가 꽤 확신할 수 있는 것 중 하나는 이러한 생각이 사실이 아니라는 겁니다. 오히려 그 반대지요. 문화란 항상 변하는 것이거든요.

나는 최근에 사람들이 이미지를 대하는 태도가 변한다는 점에 관심을 가지게 되었는데요. 문화가 언제나 우상 숭배의 경향을 띠는 것은 아니고 그것도 시간에 따라 변한다는 것을 알게 되었기 때문입니다. 그래서 중세의 영국처럼 쭉 가톨릭 국가였고 꽃을 아주 많이 사용해 왔던 사회도 일단 프로테스탄트 국가가 되자, 그런 풍습을 한쪽으로 밀어놓게 되는 거죠. 그러고 나서는 19세기에 또 변합니다. 계속 그런 식이에요. 긴 시간의 흐름에서 보면 개인이든 사회든 마냥 특정한 태도들에 갇혀 있지는 않는 법입니다. 이제 당신이 어떤 사회에 대한 스냅 사진 같은 것, 혹은 (인류학에서 종종 쓰는 말로 하자면) 동시적인 조망을 하고 있는 중이라고 합시다. 이런 것은 기본적으로 어떤 사회에 대한 현지조사를 할 때 가지게 되는 것인데요. 그때 당신은 문화란 것이 마치 거의 질료적 형태로 시간이 시작되는 시점으로 거슬러 올라가는 어떤 것이란 생각을 하게 됩니다. 예컨대 당신이 아샨티 문화에 대해 이야기할 수 있는 것도 바로 이런 가정 때문이죠. 어떤 의미에서 역사학은 인류학에는 없는 시간적 차원과 심도라는 것을 제공해 우리를 구해줍니다. 사실 인류학이 언제나 시간적 심도를 확보할 수 있는 것은 아닙니다. 연구 대상이 되는 문화에 대한 초기 자료가 부족하기 때문이죠. 하지만 적어도 인류학은 이러저러한 세계관, 그들이 관찰하는 태도들이 반드시 영속적인 특징이 아닐 가능성을 마음속에 새겨둘 수는 있습니다. 모든 사회가 그렇듯이 그러한 태도들은 자체 모순을 안고 있어 시간이 흐르면 변화될 잠재성이 있다는 겁니다. 그런 증거를 보여주는 것이 아프리카 종족들에 대한 최근의 연구들인데요. 이미지에 대한 그들의 태도가 조형 미술에서 추상적인 형태로 바뀌는 것을 관찰할 수가 있기 때문입니다.

문제를 거꾸로 생각해 보면, 인류학은 역사학에 이익을 줄 수 있습니다. 예컨대 혈족관계[원문에는 'kingship'으로 되어 있으나, 문맥상 'kinship'의 오자로 보아 이렇게 번역하였다─옮긴이]와 같은 어떤 논제들을 바라보는 이론적이고 일반화된 방식을 통해 역사학에 영향을 미칠 수 있는 거죠. 인류학은 역사가들이 혼인 규범이나 상속제도와 같은 문제들을 그동안 상이한 준거 틀에서 분석되어온 좀더 폭넓은 범위의 자료를 가지고 바라보는 데 도움을 줄수가 있습니다. 나 자신부터 E. P. 톰슨이나 조앤 썰스크와 함께 작업하는 것이 아주 흥미진진했습니다. 학술지 《과거와 현재 Past & Present》에서 발간한 상이한 상속제도들을 다룬 총서였지요. 좀더 넓은 틀에서 볼 때 유럽의 상속제도가 여러 가지 재미있는 문제들을 제기한다는 내용을 담고 있었는데요. 특히 여성에 관한 문제가 그렇습니다.[8]

● 당신은 원래 아프리카에 대한 연구로 시작해서 지금은 유럽에 대해서도 많은 글을 쓰고 있지요. 그런 점에서 사회과학계의 지성으로서는 좀 독특한 위치를 가지고 있다고 할 수 있겠는데요.

[8] Jack Goody, Joan Thirsk & E. P. Thompson, eds., *Family and Inheritance: Rural Society in Western Europe, 1200~1800*(Cambridge: Cambridge University Press, 1976).

당신이 보기에 이 두 세계 간의 중재가 어느 만큼이나 중요하다고 생각하십니까?

●● 글쎄요. 나는 나의 아프리카 경험이 매우 중요하다고 생각합니다. 왜냐하면 내가 생각하는 문제가 어떤 것이든, 그 지역이 유럽이든 혹은 다른 곳이든, 이것이 아프리카라는 맥락에서는 어떻게 보일까를 스스로 묻기 때문이죠. 그래서 나에게는 유럽적 경험의 어떤 측면들을 아프리카적 배경에 놓고 바라보는 것이 아주 중요했던 겁니다. 예컨대 상속제도처럼 아프리카 사회와 서양 사회의 일면에 존재하는 유사점과 차이점들을 관찰할 때, 나는 그 차이점을 어떤 식으로든 설명하려고 노력해 왔습니다. 단순히 야만족의 멘털리티가 빚어낸 결과라는 식이 아니고 말이죠.

내가 사회 안에서 문자해득력과 기록의 역할에 관심을 가졌던 것도 일부는 바로 이러한 이유 때문입니다. 내가 말하려고 했던 것은 이런 건데요, 유럽과 아프리카 간의 차이점들 중 어떤 것은, ―물론 그런 것이 있다고 할 때 국한됩니다만― 아프리카 인들이 문자 체계를 가지고 있지 않았다는 사실과 관련이 있다는 거죠. 바꾸어 말하자면, 아프리카의 여러 사회를 설명하면서 단지 진보된 멘털리티와 대비되는 야만족의 멘털리티에 대해 얘기하는 데 그치지 않고, 구체적이면서도 맥락을 고려하는 방식으로 바라본다면 우리는 문자와 학교가 도입된 결과 실제로 어떤 일이 일어났는지를 알 수 있다는 겁니다. 가나에서 나는 아주 짧은 시간 내에 실로 엄청난 변화가 있었다는 것을 목격할 수 있었습니다. 사람들의 시야가 열리고 사람들이 책을 쓴다든지 하는 것처럼 종전과는 전혀 다른 일들을 하게 되었지요. 내가 아는 사람들 중에는 문자도 쓰지 않는 아프리카의 벽촌 출신으로 세계 곳곳에서 대학 교수, 소설가, 사업가가 된 경우가 있어요. 심지어는 유엔 사무총장[코피 아난─옮긴이]이 되기까지 했다니까요!

● 상대적으로 고립된 특징을 갖고 있던 아프리카의 문화들을 계속해서 연구해 오셨는데요. 그렇다면 에드워드 사이드가 "모든 문화의 역사란 곧 문화적 차용의 역사이다"라고 단언한 데 대해서는 어떻게 생각하십니까?

●● 아프리카의 구전 문화들이 정체된 상태에 머무르면서 단지 외부로부터 어떤 관념들이 유입되기를 기다리고 있을 뿐이라는 생각은 아주 잘못된 겁니다. 우리는 상이한 여러 문화에서 진행 중인 독창적인 부분을 평가절하해서는 안 된다고 봅니다. 당신은 단지 문화 차용에 관해서 뿐만 아니라 인간 행위자들 안에 존재하는 창조적인 요소에 관해서도 함께 생각함으로써 인간 사회가 지닌 다양성을 설명할 수 있을 따름이죠. 이 두 가지 과정은 대부분의 문화에서 같이 가는 것이고, 모든 일이 완전히 내부의 독창성이나 혹은 외부로부터의 차용에 달려 있다고 생각하지는 않습니다. 우리는 한 부분씩 차례로 문제를 연구할 필요가 있어요. 예컨대 아프리카의 경우, 종교와 예술 영역은 창조적인 것으로 가득 차 있죠. 어느 시기에서나 새로운 종파와 새로운 관념들이 나

"1835년 살바도르 봉기에 참여한 노예와 자유민들은 문자해득력을 갖추고 있었죠. 이 사건은 이렇게 아랍 어를 습득한 사람들이 이후 이전보다 훨씬 더 광범위한 활동을 할 수 있었다는 것을 보여준 것입니다."
사진은 쇠사슬에 묶여있는 노예들.

타나니까요. 물론 때때로 테마가 될 만한 요소들을 차용해 오는
일도 더러 있습니다. 그렇지만 농경이나 기술, 문자 체계 같은 다
른 영역에서는 문화 차용이란 사실이 중요합니다.

● 넓은 범위에 걸친 당신의 작업 속에는 브라질도 빠지지 않았는
데요. 1835년 바이아 주州 살바도르에서 일어난 노예 봉기에 관
해 당신이 관심을 가졌던 점은 어떤 것이었습니까?

●● 봉기 일반에 대해 관심이 있다는 것도 일부 이유가 되겠습니
다만, 실제로 이 경우에는 사건을 이해하는 그 지방 경찰서장의
관점에 각별히 매료되었기 때문입니다. 그는 봉기가 비교적 성공
적이었던 까닭을 그 조직에서 문자가 차지한 역할이 컸다는 점에
서 찾았던 겁니다. 살바도르 봉기에 참여한 노예와 자유민들의
다수가 요루바 출신의 이슬람교도입니다만, 당시 비정규 이슬람
학교에서 아랍 어로 읽기와 쓰기를 배우고 있었고, 대부분의 지
도자들이 여행 경험이 많은 편인데다 아랍 어에 능통할 정도로
교육 받은 아프리카 인들이었어요. 반도叛徒들은 이런 능력을 갖
추고 있었기 때문에 서로 지시 내용을 담은 쪽지를 주고받을 수
있었지요. 1900년에 니나 로드리게스가 연구한 것도 당시 경찰이
압수·수집해 놓은 바로 이러한 자료들이죠.[9]

[9] R. Nina Rodrigues(1862~1906). 브라질 인류학자로, 《인종과 범죄의 책임 *As ras
humanas e a responsabilidade penal no Brasil*》(1894), 《브라질의 아프리카 인 *Os
africanos no Brasil*》(1933), 《바이아 주州 흑인의 물신 숭배적 애니미즘 *O
animismo fetichista dos negros baianos*》(1935) 등의 저서가 있다.

이 봉기가 실패한 다음 흑인 공동체로부터 위험한 요소들을 제거한다는 목적하에 아주 가혹한 조치가 취해졌습니다. 400명의 식자층 흑인들이 서 아프리카로 축출되었고, 이로 말미암아 그들은 장래의 봉기에서 더 이상 아무 역할도 할 수 없게 되었지요. 당신도 짐작할 수 있다시피, 문자해득력이 어떤 결과를 낳았는지에 대한 나의 초기 관심은 이 극적인 사건 때문에 촉발된 셈이었어요. 하여튼 이 사건은 일단 사람들이 아랍 어를 습득하고 난 뒤 이전보다 훨씬 더 광범위한 활동을 할 수 있다는 것을 보여준 것입니다. 나는 이 작업의 결과, 남북 아메리카의 다른 노예 봉기에서 문자해득력이 담당한 역할에 대해 관심을 가지게 되었습니다만, 실제로 이에 관한 작업은 별로 진척된 게 없었습니다.

● 지금까지 당신의 주요 목표 중 하나는 '우리'—문명화하고 선진적이며 논리적 · 경험적 성향의 민족—와 '그들'—원시적, 신화적 성향의 민족—을 가르는 종족 중심적 구분을 불식하는 것이었습니다. 동시에 당신은 문화상대주의 역시 '감상적 평등주의'라 부르면서 거부하고 있습니다. 문화상대주의에서 잘못된 점은 어떤 것입니까?

●● 문화상대주의란 것은 포스트모던적 유행이라는 측면이 아주 강해요. 물론 그러한 요소는 인류학 자체에서도 이미 오랫동안 있었습니다. 그런 주장을 편 사람들은 대체로 어떤 특정한 사회가 많은 사람들이 생각해 온 것만큼 우리와 다르지 않다는 점을

항상 지적하고 싶어 했고, 내 생각으로도 이는 옳은 말입니다.

하지만 유사점만큼이나 차이점을 인식하는 것도 중요하죠. 극단적인 형태의 상대주의란 곧 아프리카에 사는 사람들이 중국인이나 일본인과 같다고 말하는 셈입니다. 글쎄요, 만약 그들 모두가 같은 존재라면 그들이 남긴 업적들이 모두 같지 않은 것은 무슨 이유에서일까요? 모든 사회가 동일하다고 보는 최근의 관념은 문화사에 역행하는 것이라 생각돼요. 왜냐하면 문자가 없는 종족과 문자를 가진 종족의 업적을 동등하게 볼 수는 없기 때문입니다. 우리가 반드시 고려해야만 하는 사실은 내가 지성의 기술이라 부르는 것을 가지지 못한 사회가 그것을 가진 사회와 동일한 방식으로 지식을 쌓을 수는 없다는 겁니다. 물론 그들 역시 자연에 대해 나름의 지식 체계를 가지고는 있지만, 책이나 백과사전 혹은 사전과 같은 종류의 것들을 가지고 있는 사회와 동일한 업적을 이룩할 수는 없지요. 데리다 같은 철학자가 그랬듯이, 자연을 읽는 것은 곧 책을 읽는 것과 같다는 식으로 단순하게 말하는 것은 아주 잘못된 겁니다. 예컨대 별을 읽어낸다고 해서 그것이 우리가 브라질에 대해 책을 읽어서 얻을 수 있는 지식과 똑같은 종류의 지식을 전해 주지는 않지요. 내 생각으로는 바로 이러한 것이 문화상대주의의 잘못된 점이라고 봅니다.

이렇게 말한다고 해서, 내가 그들보다 더 낫다든가 혹은 더 똑똑하다는 뜻은 아닙니다. 난 펜과 연필을 사용하고, 책을 읽고 그것을 가지고 작업하는 능력을 가지고 있어요. 바로 이러한 것이 나로 하여금 다른 형태의 문화권에 있는 사람들이 얼마나 똑똑하고 재능이 있는가 하는 것과는 별개로, 할 수 없는 일을 할 수 있도록 해주는 거죠. 쟁기와 트랙터에 이를 적용해 볼까요. 내가 농부라고 할 때, 쟁기나 가축, 혹은 트랙터를 이용하면 아프리카에서와 같이 괭이를 사용하는 것보다 훨씬 더 많이 생산할 수 있습니다. 우리가 이처럼 여기에 앉아 여러 시간을 두고 얘기를 나눌 수 있는 것도 단지 우리의 생산 체계가 아주 정교해서 그동안 잉여생산이 가능했던 덕분이에요. 단순한 구전 문화에서라면 아마 우리는 식량을 얻기 위해 대부분의 시간을 밖에서 농사짓는 데 써야만 할 겁니다. 따라서 이러한 차이점들이 존재한다는 점을 인식하지 못한다면 그것은 명백한 실수입니다. 그것은 물론 도덕적 측면의 차이는 아닙니다.

● 당신은 망탈리테의 관념이 역사적 설명으로 적절한 방식이 아니라는 것을 강력히 주장해 왔습니다. 당신에 따르면 망탈리테의 역사는 지적 나태성을 드러내고 있다는 것이죠. 이러한 접근법에 대한 당신의 주장을 좀더 자세히 말씀해 주시겠습니까?

●● 필립 아리에스나 로렌스 스톤, 그리고 그밖의 많은 사람들이 그동안 그렇게 해왔습니다만, 역사 속에서 망탈리테의 변화를 발견해낸다는 것은 너무 안이하고 단순한 방법이라는 것이 내 생각입니다. 예컨대, '아동기의 발명' 이라는 것도 설득력이 없는 얘기에요. 비교 방법적 시각이 결여되어 있기 때문이지요. 만약 이러한 식의 발명이 특정한 역사적 시기에 유럽에서 일어났다는 것

을 확인하려면, 먼저 아동기라는 것이 과거에는 어떠했는지를 알 필요가 있고, 그 다음에는 과거와 현재의 다른 여러 사회에서는 그것이 어떤 식으로 생각되어 왔는지도 알아야만 하겠지요. 부부 간의 사랑이란 것이 18세기 유럽에서 나타났다는 생각에 대해서도 동일한 점이 지적될 수 있을 겁니다. 이러한 관념이 적절치 않다는 것은 단지 중세와 고대 로마로 되돌아가보면 알 수 있어요. 이안 와트—전에 케임브리지 대학 동료였고 소설의 출현에 대해 매혹적인 책을 쓴 사람이지요—와 내가 그리스의 위대한 업적들을 '그리스 인의 천재성' 이 낳은 결실로 설명하면 안 된다고 비판했던 것도 이러한 입장에서였습니다.

'천재성' 이라든지 '망탈리테' 등의 관념을 가지고 그리스의 성공을 설명하려 할 경우 그 근저에는 일종의 지적 나태성이 깔려 있어요. 이러한 측면에서 나는 제프리 로이드가 자신의 저서 《멘털리티의 탈신비화 Demystifying Mentalities》에서 제기한 비판적 논점들에 동의합니다. 아무 것도 설명하지 못하는 이러한 순환적 논증에서 빠져나가려면 이른바 '그리스의 기적' 을 이루는 데 기여한 요인들을 찾아내야 합니다. 이것이 바로 약간은 논쟁적이었던 1963년의 논문 〈문자해득력이 낳은 결과들 The Consequences of Literacy〉에서 해명하려 했던 거예요. 문자해득력 여부라는 범주들을 통해 인간의 발전이란 문제에 접근했던 겁니다.

● 하지만 당신이 제시한 문자해득과 문맹이란 이분법—당신은 이를 레비스트로스와 레비브륄이 사용한 야만-문명화 및 논리

적−전前논리적이라는 이원 대립항들과 대비하고 있는데요—은 당신이 종족 중심적이고 단순소박하다고 주장하는 다른 대립항들과 어떤 점에서 다른 겁니까?

●● 다른 이분법들은 인간 사회를 마치 고정된 것인 양 간주합니다. 그러한 방식으로는 사회들 간의 차이에 대해 설명하지 못하며 변화에 대한 확고한 관념과도 거리가 멉니다. 단순히 사회가 논리적인지 전前 논리적인지, 혹은 뜨거운지 차가운지 하는 식으로 말하는 것은 이러한 차이점들에 대해, 그리고 사회가 한 상태에서 다른 상태로 어떻게 옮아가는지에 대해 당신에게 아무 것도 말해주지 않아요.

그러나 내가 문자해득력 여부를 통해 입증하려는 것은 특정한 인간 사회 안에서 문자가 과연 어떤 방식으로 작용하여 문자가 없는 사회와 다른 양상을 보이는가 하는 바로 그 점입니다. 또한 나는 역동적인 요소를 도입함으로써 사회의 양식이 어떻게 바뀌어 가는지도 보여주려 합니다. 그래서 대립항들을 고정적인 것으로 보는 다른 방식과는 달리, 나는 그것들이 줄곧 고정된 상태에 있다고 생각하지 않아요. 문자의 도래가 체계 변화에 중요한 요소 중 하나가 되는 예처럼 변화의 메커니즘에 주목하고 있어요. 하지만 어떤 경우든 나의 대립항은 다른 경우와는 달리 결코 이분법적인 것이 아닙니다. 왜냐하면 나는 의사소통의 방식에서 일어나는 어떤 종류의 변화도 서로 관련이 있다고 보기 때문이지요.

사실 문자가 없는 상태에서 문자가 나타나는 상태로 이행한다는 것은 엄청나게 중요한 변화입니다. 그렇지만 또 하나 얘기하고 싶은 점은, 문자가 야기한 변화는 채택된 문자 체계가 무엇이냐에 따라 달라진다는 것입니다. 문자가 중국의 경우처럼 합자合字 체계[한자와 같이 하나 이상의 변이나 획이 합쳐져 한 글자가 이루어지는 것을 뜻함―옮긴이]였는지, 혹은 후기 근동에서처럼 알파벳 체계였는지에 따라 달랐다는 거예요. 또한 활판인쇄술의 발명과 서적 생산의 기계화 같은 후속 변화가 근대 세계에 크나큰 충격을 주었지요. 이러한 일들이 일어나기 전, 인간의 경험에 중요 변화를 초래한 것은 모두 구전 체계의 발전이었습니다. 그래서 나는 인간 사회를 이전과 다른 것으로 만든 일련의 구분을 전체적으로 파악하려 합니다. 이런 점에서 큰 변화에 주목하지만 여전히 단일한 구분에 머무는 내 동료들과는 다른 것이라 봅니다.

예컨대 역사가들은 종종 역사 시대와 선사 시대 간의 차이에 대해 얘기하곤 합니다. 전자는 기록을 가지고 있지만 후자는 그것이 없다는 거지요. 레비스트로스가 말한 뜨거운 사회와 차가운 사회의 경우도 그렇습니다만, 만약 그들이 어떤 특정한 변화의 메커니즘을 통해, 예컨대 사람들이 사건들을 기록하기 시작했을 때 무슨 변화가 일어나는지 입증하지 않는다면, 나는 이러한 구분들이 그다지 의미가 있다고 생각지 않아요. 사실 구전 사회가 아주 고정되어 움직이지 않는 상태에 있었다는 식의 가정은 대단히 잘못된 것으로 생각합니다. 왜냐하면 그러한 사회는 종이와 연필을 가진 우리와는 달리 어떤 고정적인 저장 체계를 갖추고 있지 않기 때문이지요. 따라서 그들은 참고할 만한 책이 없기 때문에 계속해서 새로운 어떤 것을 만들어내지 않으면 안 되는 거예요.

종교의 예를 살펴봅시다. 구전 문화의 경우 종교는 다양한 종류의 의례들이 공존하는 가운데 매우 유동적인 모습을 보이는 것이 보통이지만, 문자는 오히려 일을 보수적으로 만든다는 것이 나의 지론이지요. 문자를 가진 종교라면 언제나 이런 저런 방식을 통해 책으로 돌아가게 됩니다. 성서가 고정 텍스트가 되는 겁니다. 그래서 문자 사회와 비 문자 사회 간의 차이점들은 어떤 것이고, 또한 이러한 것들이 경제, 종교와 같은 인간 활동의 다양한 영역들에 얼마나 영향을 미치는지 탐구하는 것이 그동안 내가 추구한 목표였습니다.

《야성의 순치 *The Domestication of the Savage Mind*》를 썼을 때, 나는 다루려는 주제가 단지 이분법적인 것이 아니라 하나의 과정이라는 사실을 강조하기 위해 의도적으로 제목을 그렇게 붙였습니다. 순치의 과정, 그러한 이행 안에는 어떤 것이 내포되어 있는지를 보여주려 한 겁니다. 왜냐하면 레비스트로스가 뜨거운 사회와 차가운 사회의 속성으로 인식했던 것들 중 일부는—전부는 아니겠지만—의사소통 방식상의 차이라는 측면에서 좀더 잘 설명될 수 있을 거라고 생각했기 때문이지요.

내가 이런 점에 특별히 관심을 가지게 된 데는 두 가지 경험이 결정적인 역할을 했습니다. 첫째는 내가 중동과 이탈리아에서 전쟁 포로로 억류되어 어느 순간 갑자기 주위에 책이란 것이 전혀 없다는 것을 느끼게 되었던 것인데요(앞서도 말했다시피 독일 포로수용소의 경우는 놀랍게도 아주 훌륭한 도서관을 가지고 있었습니다). 전쟁이 끝난 후 나와 똑같은 경험을 했던—하지만 아이크슈테트의 도서관 같은 것은 누리지 못했던—이안 와트를 만나게 되었는데, 이때 우리는 의사소통의 방식이 인간 사회에 어떤 영향을 미치는지에 대해, 그리고 무엇보다도 문자가 없는 사회에서 기억은 어떤 역할을 하는지, 그리고 문자의 도입이 어떤 결과를 가져오는지에 대해 함께 연구해 보기로 결심했던 거지요.

두 번째 경험은 아프리카에서 '야성의 순치' 과정이 실제로 작동하는 것을 관찰할 수 있었을 때입니다. 레비스트로스는 두 가지 대립적 사회 양식에 대해 논했는데, 이것이 나에게는 마치 사람들을 그러한 구분의 틀 속에다 가두어버리는 것처럼 보였어요. 내가 아프리카에서 경험한 바로는 정확히 그 반대 같았거든요. 즉 사람들은 끊임없이 변하고 있었고, 특히 학교를 세워서 집중적으로 글을 깨우치게 해 더욱 그렇게 되었지요. 예컨대 재산 관념만 해도, 그들이 무려 수백 년 동안, 아니 어쩌면 수천 년 동안 농사를 지어왔던 땅을 등록하도록 함으로써 극적인 변화를 겪게 되었습니다. 그런 일이 있기 전까지는 땅 한 뙈기도 다른 수많은 사람들과 함께 소유하고 있는 식이었거든요. 다수가 모두 소유권을 가지고 있었던 셈이지요. 하지만 그들에게 '나 잭 구디는 이 땅 뙈기를 소유한다' 라고 기록하도록 했을 때, 이러한 행위는 자신이 아닌 다른 모든 사람들을 배제하도록 만들었던 겁니다. 그런 식으로 문서화된 매매 방식이 도입되자 소유권의 성격 전체가 바뀌어버렸습니다.

● 재현과 양면적 가치에 관한 책에서 당신은 문화에 대한 관념을 도입했습니다. 여기에는 당신이 '인식적 모순'이라고 이름 붙인 중요하지만 복잡한 성격을 지닌 어떤 요소가 포함되어 있지요. 이러한 관념은 어떤 역할을 하는 겁니까?

●● 이 모든 것이 약간이라도 모호하게 보인다면 죄송합니다만, 나에게는 조금도 모호하지 않거든요! 나는 평소에 사회란 결코 고정된 상태에 갇혀 있는 것이 아니며, 문화란 것은 명확한 형태를 가지고 그것이 시작된 때로 소급할 수 있는 그런 것이 아니라는 확신을 가지고 있는데요. '인식적 모순'이란 관념은 바로 이러한 확신에서 나온 것입니다. 나는 이러한 관념을 이용하여 문화적 변화의 몇 가지 측면들을 설명하려고 했던 겁니다. 모든 문화는 그것이 얼마나 단순하든지 간에 그 내부에 모순된 요소가 있다는 점을 보여줌으로써 말이지요. 재현은 인간의 생활에 본질적인 것입니다만, 어떤 일을 재현하는 전 과정에 대해서는 이렇게도 저렇게도 볼 수 있는 무언가 양면적인 가치라는 측면이 있어요. 각 문화 속에는 바로 이러한 모순이 내재되어 있기 때문에 비로소 변화의 잠재력이 존재하게 되는 겁니다.

앞서도 간단히 말했지만 내가 처음 맞닥뜨렸던 의문은 아프리카 종족들에게서 관찰된 것이지만, 그들의 예술이 어떻게 하여 조형적 형태에서 추상적 형태로 이행했는가 하는 것이었습니다. 예를 들자면, 어떤 아프리카 문화는 조형적 이미지를 가지고 있는데, 왜 이웃 종족들은 추상적 재현 방식을 가지고 있는가? 그리고 이러한 상황은 왜 시간의 흐름에 따라 변하는가 하는 것이지요. 이런 분포 상태가 결코 완전히 임의적이고 우연적인 것으로 생각되지는 않았어요. 오히려 그 반대로 거기에는 이미지의 형태에 대한 일반적인 의심 같은 것이 있었던 것처럼 보였던 겁니다. 어떤 집단은 아무런 문제 없이 조형적 이미지를 만들어 내는데, 다른 집단은 그것이 부적절하다고 보았다는 것이거든요. 동일한 현상이 초기 기독교 신앙에서도 나타납니다. 후에 엘리 대성당 현관의 조상彫像들을 끌어내린 프로테스탄트들에게서도 똑같은 것을 볼 수 있지요. 이러한 예들을 보면 한 문화 안에서도 시간의 흐름에 따라 왔다 갔다 하는 일종의 운동이 존재하고 있다는 것을 알 수 있습니다. 이와 유사하게 조형과 추상 사이를 왔다 갔다 하는 운동 또는 이행의 모습을 예컨대 유대교와 불교의 역사에서도 찾아볼 수 있어요. 우리는 오늘날 불교 사원이 부처의 이미지로 가득 차 있다고 생각하지만, 불교가 출현한 지 처음 500년 동안은 그런 조형적 이미지는 존재하지 않았던 거지요. 그런 이미지들은 승려들이 민중에게 신앙을 전파하기 위해 만들어 내기 시작한 것 같습니다. 현재도 선불교 같은 경우는 이미지에 별로 큰 관심을 두고 있지 않거든요. 선불교의 길을 걷는 승려들은 이미지보다는 말에 더 큰 관심을 부여해 좀더 세련된 형태의 신앙을 닦고 있다고 스스로 생각하고 있습니다.

많은 문화들에서 이미지를 사용하는 방식이 시간에 따라 큰 변화를 겪는다는 것을 보여주는 증거는 나에게 재현의 관념에 대한 모종의 양면적인 가치가 존재하는 것은 아닌가 하는 생각을 갖게 해 주었습니다. 재현물을 사물 그 자체가 아니라는 이유로 배척했던 플라톤의 해묵은 주장과 동일선상에 있는 것이 아닌가 하는 거지요. 플라톤의 말로는 그러한 재현물들은 모두 거짓입니다. 그 뜻은 이런 거예요. 이미지를 사용하고 있는 사람들은 '표현과 재현 사이의 차이는 무엇인가' 라는 질문을 던지게 될 것이고, 결국에는 재현물들을 거부하게 될 것이라는 겁니다. 마치 20세기 초에 러시아와 프랑스의 추상화가들이 그랬던 것처럼 말입니다. 한때 성물로 여겨졌던 성체가 단지 한 조각의 빵으로 보이게 된 것이 그 예지요.

그래서 나는 문화의 개념 속에 도입한 '인식적 모순' 이란 요소를 가지고 문화적 변화의 일부 측면들을 이해하려 노력했습니다. 그러한 변화에는 사람들이 엘리 대성당 천사상의 손을 잘라버렸다가 10년 뒤에 가서는 다시 붙여 놓은 것같이 아주 갑작스럽게 나타난 경우도 있었지요. 혹은 1648년 이후 런던에서 연극이 깡그리 사라졌다가 1660년대에 가서는 왕정복고의 드라마와 함께 연극 활동이 폭발적으로 부활했던 것도 동일한 예입니다. 흥미로운 점은 이들이 모두 같은 사람들, 즉 같은 런던 사람들로서 한때는 거부했다가 또 한때는 받아들였다가 한다는 거예요. 그래서 이러한 변화가 단순히 외부로부터 무언가가 부과됨으로써 나타난 것은 아니라는 것이 내 주장입니다. 반대로 그것은 문화와 그것을 향유하는 사람들이 그들 스스로가 하고 있는 행위에 대해 양면적인 가치라는 경향이 있음을 보여준다는 거지요. 왜냐하면 사람들은 연극이 온당한 행위인지 아닌지, 혹은 조형적 이미지가 적절

"문화란 것은 명확한 형태를 가지고 그것이 시작된 때로 소급
할 수 있은 것이 아니죠. '인식적 모순'이란 관념은 이런 확신
에서 나온 것입니다. 예를 들면 오늘날 불교 사원이 이미지로
가득 차 있다고 생각하지만, 불교가 출현한 지 처음 500년 동
안은 그런 조형적 이미지는 존재하지 않았던 거지요."
사진은 홍콩 란타우 섬에 있는 천단대불.

한 것인지 아닌지 등의 문제를 의심하고 있었기 때문입니다.

당신은 이런 종류의 변화 중에서 한 가지 극단적인 경우를 유대교에서 발견할 수 있을 겁니다. 처음 유대인들은 지상의 그 어떤 것도 이미지로 만들어서는 안 되며 또한 어떠한 우상도 절대로 섬겨서도 안 된다는 구약성서의 명령을 아주 진지하게 받아들였습니다. 하지만 그 뒤 모든 것이 아주 갑작스럽게 변하고 말았어요. 19세기만 해도 유대인들은 그림을 그리지도 연극에 적극성을 보이지도 않았지만, 그들은 결국 할리우드를 찾게 되었고, 영화, 회화, 조각, 연극을 비롯한 전반적인 예술 분야에서 극히 중요한 역할을 하게 되었습니다. 20세기 벽두에는 마르크 샤갈이 역사상 첫 유대인 화가라고 말했을 정도였으니까요!

● 당신의 관심 분야에 속하는 책들 중에서 내가 꼭 한번 써보았더라면 하고 생각할 만한 것이 있다면 어떤 것입니까?

●● 글쎄요, 소설이라면 내가 써보았더라면 하는 것들이 많지요. 하지만 논픽션 분야에서, 그리고 나 자신의 연구 영역에 제일 가까운 것으로서는 내가 인류학에 몸을 담기 전인 전쟁 중에 아이크슈테트의 포로수용소에서 보았던 두 권의 책 같은 것을 썼다면 큰 업적이 되지 않았겠어요? 인간의 초기 역사를 훌륭하게 종합한 고든 차일드의 《역사에서는 무슨 일이 일어났던가》와 많은 것을 생각하게 만드는 제임스 프레이저의 《황금가지》가 그것이지요. 비록 후자는 앞선 학자들에게 거의 받아들여지지 않았지만

말입니다. 이 책들은 나에게 아주 큰 영향을 미쳤을 뿐 아니라, 만일 내가 그러한 것을 썼다면 분명히 나의 가장 큰 야망을 채워 주는 것이 되었을 거예요.

하지만 내가 쓴 책 가운데는 아마 내 자신의 말을 하나도 담고 있지 않은 경우를 특히 자랑스럽게 여길 것입니다. 좀 이상하게 들릴 수도 있겠지만, 내가 가장 영속적인 업적이라고 생각하는 것은 바거 족의 신화를 기록·번역한 것입니다[1969년 그가 가나에서 채록한 것을 말한다. 이는 1972년 옥스퍼드 대학교 출판부에서 간행되었다. 이 장 말미의 저작 목록을 볼 것—옮긴이]. 물론 내가 어떤 문학 작품을 창조해 냈다는 것은 아니에요. 이 아프리카 신화를 기록하고 번역하는 과정을 통해 나는 어떤 의미에서 근원적이고 신학적인 문제들을 논하고, 한 구전 문화에 담긴 철학적 요소를 드러내는 문학 작품 한 편을 재창조했던 셈이라고나 할까요. 언뜻 보기에는 각별히 기독교나 이슬람교에만 관계된 듯한 신학적 문제들이 사실은 수많은 종교들에 널리 퍼져 있는 문제라는 점을 입증한 거지요. 그래요. 그러한 것들은 이 신화 속에 다 들어 있어요. 신의 본성이 물질적인지 비 물질적인지를 따져보고 창조주 신의 문제, 악의 문제—왜 신은 선과 함께 악을 창조했는지, 그리고 신은 왜 이 지상에 내려와서 그 모든 것을 바꾸지 않는 것인지 등—말입니다.

내가 그 책을 쓴 일에 대해 제일 기분 좋게 생각한 이유 중 하나는, 비록 이 모든 철학적 문제가 그 속에 들어 있기는 하지만, 만약 내가 그 특정한 시간에 그런 특정한 판본의 신화를 기록해 두

지 않았다면 그것은 사라져버렸을 것이기 때문입니다. 또한 이 일과 관련해서 놀라운 것은 오늘날 그 사람들 스스로가 나의 번역을 일종의 성스러운 책으로 우러러 본다는 겁니다. 기독교의 성서처럼 말입니다. 그래서 이제 나는 그들의 역사에서 중요한 일부가 되었어요. 나의 판본이 그들에게 흥미로운 것은 내가 그것을 썼기 때문이 아니라 그것을 지금으로부터 50년 전에 노인들에게서 채록했기 때문이지요. 만일 요즘 누군가가 그것을 기록하려고 한다면 그건 또 다른 판본이 되겠지요. 50년 뒤에 기록된 것이 될 테니까요. 그래서 그것은 마치 내가 현자들의 생생한 기억을 기록한 것처럼 보이는 거지요. 비유를 하자면, 그것은 마치 내가 호메로스와 함께 앉아 그가 부르는 대로 받아 적은 것과 같은 것이고, 반면에 다른 사람들은 나의 것과는 아주 다른 50년 후의 판본으로 호메로스의 시를 읽는 셈이 되겠네요. 기록을 통해 문화를 보존하는 우리 자신의 사회와는 달리, 구전 사회에서는 예외 없이 문화가 기억 속에 저장됩니다. 따라서 구전 사회의 경우 나이든 사람들이 권력과 지식의 원천으로서 특별한 위치를 점한다는 것은 명백한 사실입니다. 그들은 기억을 더 많이 가지고 있음으로써 정보 저장고의 역할을 하기 때문에 현자인 거지요. 만약 당신이 그들처럼 지식이란 오랜 시간 전부터 전해 내려오는 것이라고 믿는다면, 그 시대에 가장 가깝게 있었던 사람들이야말로 그것을 제일 잘 아는 사람, 즉 진리를 터득한 사람이 되는 겁니다.

하지만 나는 신화가 실제로 낭송되는 상태에서 그것을 기록한 것이 아니라는 점을 밝히지 않을 수 없군요. 일이 실제로 일어나고 있는 방에 들어가려면 나는 마치 프리메이슨 조직에 가담하는 것처럼 어떤 비밀 단체에 몸을 담지 않으면 안 되었겠지요. 내가 만일 그 신화가 낭송되는 단체의 입회식에 참가할 수 있으려면 오직 이 길 외에는 없었을 겁니다. 그래서 나는 어쩔 수 없이 그 의식에 참가했던 사람으로, 따로 나를 위해 그것을 낭송해줄 만한 누군가를 찾아낼 수밖에 없었습니다. 그 비밀 단체의 입회 절차란 것이 6주 가량이나 나무 밑에서 꼼짝 않고 조용히 앉아 있어야 하는 것이었는데, 내가 그 단체에 가담하지 않은 데는 이런 요구 조건에도 일부 이유가 있어요. 그것이 그곳에서 내 시간을 보내는 최선의 길은 아니었거든요!

1997년 10월과 11월, 케임브리지에서

Death, Property and the Ancestors: A Study of the Mortuary Customs of the LoDagaa of West Africa (Stanford: Stanford University Press, 1962).

Literacy in Traditional Societies (Cambridge: Cambridge University Press, 1968). 편저. 독일어와 에스파냐 어 역.

The Myth of the Bagre (Oxford: Oxford University Press, 1972).

The Domestication of the Savage Mind (Cambridge: Cambridge University Press, 1977). 에스파냐 어, 프랑스 어, 이탈리아 어, 일본어, 포르투갈 어, 터키 어 역.

Cooking, Cuisine and Class: A Study in Comparative Sociology (Cambridge: Cambridge University Press, 1982). 에스파냐 어, 프랑스 어 역.

The Development of the Family and Marriage in Europe (Cambridge: Cambridge University Press, 1983). 에스파냐 어, 프랑스 어, 이탈리아 어, 포르투갈 어 역.

The Logic of Writing and the Organisation of Society (Cambridge:

Cambridge University Press, 1986). 독일어, 프랑스 어, 이탈리아 어, 포르투갈 어 역.

....

The Oriental, the Ancient and the Primitive (Cambridge: Cambridge University Press, 1990). 한국어 역 [연국희 · 박정혜 옮김, 《중국과 인도의 결혼풍습 엿보기》(중앙M&B, 1999)].

....

The Culture of Flowers (Cambridge: Cambridge University Press, 1993). 프랑스 어, 이탈리아 어 역.

....

The Expansive Moment: Anthropology in Britain and Africa, 1918~1970 (Cambridge: Cambridge University Press, 1995).

....

The East in the West (Cambridge: Cambridge University Press, 1996). 프랑스 어, 이탈리아 어 역.

....

Representations and Contradictions: Ambivalence towards Images, Theatre, Fictions, Relics and Sexuality (Oxford: Blackwell, 1997). 에스파냐 어 역.

....

Love and Food (London: Verso, 1998).

....

The European Family (Oxford: Blackwell, 2000). 프랑스 어 역.

....

Capitalism and Modernity: The Great Debate (Cambridge: Polity Press, 2004). 에스파냐 어 역.

....

Islam in Europe (Cambridge: Polity Press, 2004). 에스파냐 어 역.

2

에이사 브릭스 Asa Briggs

브릭스가 쓴 방대한 양의 영국사 전체가 산업혁명으

어떤 장애물이나 반격도 겪지 않고 사회 구조 전체를 깡그리 바꾸어버렸다는 것이다. 브

사의 개척자 중 한 사람이 된 것은 동시대인 대부분의 경우와 다른 점이었다.

료된 그의 모습을 예증하고 있다. 그의 견해에 따르면, 북부에서 시작된 그 '장기 혁명'은

대에 속한 사람들과 마찬가지로 경제사에 매료되었으며, 자신의 관심을 확장해서 영국사

에이사 브릭스(1921년생)는 오늘날 영국에서 가장 저명한 사회사가 중 한 명이다. 브릭스가

현존하는 학자들 중 빅토리아 시대 영국에 대한 가장 뛰어난 전문가인 것은 사실이지만, 그렇다고 해서 자신의 연구 영역을 특정 시기나 지역에 묶어둔 적은 없었고, 이는 주제의 경우도 예외가 아니었다. 그의 넓은 관심의 폭과 엄청난 작업 역량은 이미 일찍부터 드러났다. 브릭스는 케임브리지 대학교에서 역사책을 읽으

면서도 다른 사람 몰래 런던 대학교에서 경제학을 공부할 정도였다. 대부분의 사람들에게는 역사학이든 경제학이든 어느 한 과정을 이수하는 데도 온 정신을 쏟고 고된 노력을 경주해야 하는 일이다. 들리는 말로 브릭스는 잠을 네 시간만 잘 뿐 아니라, 편지나 서평, 심지어 책을 써나가는 속도가 빨라 동료들이 늘 부러워한다는 것이다.

요크셔에서 태어나고 자란 브릭스는 출생 지역의 영향을 많이 받았다. 브릭스가 쓴 방대한 양의 영국사 전체가 산업혁명의 전리품들에 매료된 그의 모습을 예증하고 있다. 그의 견해에 따르면, 북부에서 시작된 그 '장기 혁명'은 어떤 장애물이나 반격

도 겪지 않고 사회 구조 전체를 깡그리 바꾸어버렸다는 것이다.

브릭스는 같은 세대에 속한 사람들과 마찬가지로 경제사에 매료되었으나, 자신의 관심을 확장해서 영국사회사의 개척자 중 한 사람이 된 것은 동시대인 대부분의 경우와 다른 점이었다. 그는 도시사가 독립적인 하위 연구 분야로 정립되기 전인 1963년에 이미 《빅토리아 시대의 도시 *Victorian Cities*》라는 연구서를 펴냈다. 이 책에서 그는 당시로서는 잘 쓰지 않았던 비교 연구 방법을 발전시켰다. 그는 빅토리아 시대 오스트레일리아 멜번을 다룬 연구에서 소규모 작업장을 가진 버밍엄과 산업혁명기의 전형적인 도시였던 근대 맨체스터를 서로 대비시켰는데, 이 연구는 아직도 그 유효성을 잃지 않고 있다. 《빅토리아 시대의 도시》는 빅토리아 시대나 도시 그리고 비교 연구에 관심을 가진 사람이라면 누구나 꼭 읽어봐야만 할 필독서다.

브릭스는 일찍이 1960년대로 거슬러 올라가 물질 문화의 역사란 것이 알려져 있지 않았던 시기에, '빅토리아 시대의 물건들'에 관한 책을 준비하고 있다고 말한 적이 있었다. 하지만 그가 맡은 행정 업무로 인해 1988년이 되어서야 비로소 《빅토리아 시대의 물건 *Victorian Things*》을 출간할 수 있었다. 제목에서 엉뚱한 것을 상상할 수도 있겠지만 이는 사실 골동품에 대한 책이 아니다. 이 책은 문헌뿐 아니라 물건들에 대한 연구를 기초로 쓴 사회사이다. 브릭스는 1963년의 한 강연에서 이 책의 집필 계획을 얘기하며, 누군가가 잔디 깎는 기계에 대한 사회사를 써야 할 것이라는 의견을 제시함으로써 자신의 접근방법을 생생하게 보여준 바 있다. 넓은 정원을 가지고 교외의 주택에 사는 중산층이 늘어나면서 집안 하인들이 줄어드는 등의 현상을 이 기계의 출현과 연결시킨 것이다.

브릭스는 또한 근대적 커뮤니케이션의 역사와 레저 산업의 발전에 관심을 보인 영국 최초의 역사가였다. 이 역시 그런 종류의 논의가 없었던 1960년에 한 강연의 주제로 발표되었던 것이다. 그러므로 그가 BBC의 역사에 대한 책을 의뢰받은 것도 별로 놀라운 일이 아니다. 그는 해를 거듭하면서 이와 같은 주제를 다룬 여러 권의 책을 펴내고 있다.

이러한 배경을 감안할 때, 우리는 브릭스가 결국에는 영국사회사란 것을 쓰지 않을까 하는 당연한 기대를 걸고 있었다. 그렇게 되면 이는 좀더 전통적 성격의 역사가 중 주요한 인물인 조지 머콜리 트레벨리언이 쓴 유명한 《영국사회사 *English Social History*》(1942)를 대체하는 첫 시도가 되는 셈이었다. 브릭스가 빅토리아 시대 사람들과 그 이전의 사람들에 오랫동안 관심을 쏟아온 것으로 보아, 사람들은 그의 책이 18세기 혹은 빨라봤자 중세 말 정도에서 시작할 것이라고 추측하였다. 하지만 그는 평소의 대담성을 유감없이 발휘하여 모든 사람들의 억측을 뒤엎고 자신이 쓸 《영국사회사 *Social History of England*》(1983)의 시작을 선사 시대로까지 소급하기로 결정했던 것이다! 한 가지 특기할 만한 사실은, 브릭스가 이 책을 쓸 때 브라질의 사회학자이자 역사가였던 길베르토 프레이레의 저작

에이사 브릭스는 빅토리아 시대 영국에 관한 한 현존하는 최고의 역사가다. 여기에 자신의 폭 넓은 관심과 지식으로 영국사회사의 개척자 중 한 사람이 되어 은퇴한 현재에도 왕성한 활동을 하고 있다.
위 그림은 18세기 런던 풍경.
아래 그림은 빅토리아 시대 화가 존 프티의 〈Two Strings To Her Bow〉(1882).

들에서 많은 영감을 얻었다는 점이다. 프레이레는 브릭스 자신도 인정하고 있듯이, 시각적인 것과 사회적인 것 사이의 관계를 인지하게 하고, 물건이 역사적 증거로서 중요하다는 것을 일깨워준 최초의 지식인이었다.[10]

80대 초반의 나이에도 브릭스는 여전히 자신의 전 지적 경력을 통해 점철되어 온, 모두의 부러움을 살 만한 활력과 용기를 유감없이 보여주고 있다. 그는 최근—피터 버크와 공저로—구텐베르크에서 인터넷에 이르기까지 미디어를 전체적으로 조망하는 역사서를 썼는데, 이 과정에서 실리콘밸리 현상이란 것을 이해하려는 목적으로 캘리포니아 여행까지 다녀왔다.

브릭스를 묘사하는 데 결코 빠질 수 없는 것이 교육과 정치를 향한 그의 신념이다. 그는 이 일들에 강력한 확신을 가지고 있다. 1960년대에 그는 개방 대학교Open University나 서식스 대학교처럼 교육 분야에 커다란 혁신을 가져온 기관들을 계획하는 데 일조하였다. 브릭스가 남해안 브라이턴 가까이에 신설된 서식스 대학교에 옥스퍼드 출신 소장학자들을 대거 임용했기 때문에, 사람들은 그 대학교를 '해변의 베일리얼' 이라 명명할 정도였다['Balliol-by-the-Sea' 란 옥스퍼드의 베일리얼 칼리지가 바닷가에 세워진 셈이라는 뜻—옮긴이]. 하지만 브릭스는 서식스를 옥스브리지 체제의 재판으로 만들 생각이 추호도 없었다. 그는 그곳을

---

[10] Gilberto Freyre(1900~1987). 브라질의 사회학자이자 역사가. 인종과 문화의 혼합 및 가부장제적 가족에 대한 연구가 가장 유명하다. 《주인과 노예 *Casa Grande e senzala*》(1933) 및 《대저택과 오두막집 *Sobrados e mucambos*》(1936)이 그 중 일부이다.

탁월성의 중심으로 창조하되 전혀 다른 모습을 가지도록 만들려 했던 것이다. 그는 인문학 연구에 학제적 접근방법을 도입해 학과가 없는 대학교를 꿈꾸었는데, 그의 말을 빌리면 "지식의 지형도를 다시 그리고" 싶었던 것이다. 이는 당시로서는 대단히 혁명적인 시도였다. 서식스에서는 역사를 역사학과 사회학 그리고 사회과학에 대한 철학 과정들을 결합해 놓은 사회학 대학에서 공부할 수도 있었고, 역사학을 철학 및 문학과 결합해 놓은 유럽학 대학에서 공부할 수도 있었다. 또한 역사학과 경제학 및 인류학을 결합해 놓은 아프리카·아시아학 대학에서도 가능했다. 정치 영역에서 브릭스는 노동자의 대의와 노동당에 대한 지지 덕분에 1975년 짐 칼라한하의 노동당 정부로부터 종신 작위를 수여받았다[그는 'Baron Asa Briggs', 즉 브릭스 남작이다—옮긴이].

브릭스는 1991년에 은퇴했지만 영국사회사학회 및 빅토리아학회와 같은 몇 개 기관의 회장으로서, 그리고 미국, 일본, 중국, 인도, 유럽의 많은 나라들의 초빙연사로서 대단히 정력적인 활동을 계속하고 있다. 그는 자신이 지닌 다수의 직함 덕분에 살고 있는 서식스와 상원, 그리고 몸담고 있는 런던의 이러저러한 기관들 사이를 부지런히 오가고 있는데, 이 때문에 인터뷰 날짜를 잡기가 쉽지 않았다. 마침내 브릭스는 런던에 있는 자신의 사무실에서 따뜻하고 유쾌한 분위기로 나를 맞아주었다. 그곳은 한때 빅토리아 시대의 대문호 쌔커리가 살았던 매력적인 저택 안에 자리잡고 있었다. 예상했던 바와 같이 그는 놀라울 정도의 달변과 속도와 간결함으로, 자신의 작업 내용과 길베르토 프레이레에 대한 관심, 자신이 밟아온 지적 여정, 빅토리아 시대와 영국 왕정의 미래 등을 얘기해 주었다.

● 마리아 루시아 팔라레스―버크　　　당신은 어떻게 해서 역사가
가 되기로 작정했습니까? 당신의 가족적 배경과 교육이 미래의 경
력에 영향을 주었다고 말할 수 있을까요? 브릭스라는 가문이 당신
의 행로에 결정적인 역할을 했던 겁니까?

●● 에이사 브릭스　　　나는 어렸을 때나 심지어 청년기였을 때
도 이 길을 가겠다고 마음먹은 적이 추호도 없었습니다. 내가 역
사가가 된다는 것을 처음으로 생각하기 시작한 것은 케임브리지
대학교의 시드니 서식스 칼리지로 진학했을 때인 것 같습니다.
하지만 간접적으로 브릭스 가가 역할을 하기는 했지요. 나의 할
아버지는 산업도시인 리드 출신이었는데, 아마도 새뮤얼 스마일
즈의 책에 나오는 인물들 같았다고 보면 될 겁니다[Samuel Smiles.
19세기 스코틀랜드 작가로 자립과 자조의 미덕을 강조하는 책들을 썼
다―옮긴이]. 실제로 스마일즈의 강연도 몇 번 들었던 적이 있어
요. 할머니는 할아버지보다 사회적 지체가 좀더 나은 집안 출신
이었는데요. 할머니가 겪은 이상한 경험은 분명 내가 역사에 관
심을 가지게 되는 데 일조한 것 같습니다. 그녀는 자신의 부모에
대해 아무 것도 알지 못했거든요! 어머니는 어려서 돌아가셨고
아버지 역시 그녀가 태어나기도 전에 세상을 떠났으니까요. 아버
지와 할아버지는 두 분 모두 기술직 직공장으로 손재주가 대단했
지요. 내가 기술의 역사에 점차 관심을 가지게 된 것도 이런 가족
적 뿌리에서 어느 정도 연유했다고 봅니다. 특히 할아버지는 역
사에 굉장히 관심이 많았어요. 내가 아주 어렸을 때 요크셔 지방

"나는 역사적 연속성과 변화가 서로 어떤 관계를 가지는가 하는 문제에 끌렸습니다. 빅토리아 기 영국은 엄청난 정도의 변화와 연속성이 공존한 시대였지요. 나는 여왕보다는 그 시대 전체에 관심이 더 많습니다. 물론 여왕도 흥미로운 대상이기는 하지만요."
사진은 여왕 즉위 50주년 당시 빅토리아 여왕 (1887).

의 키틀리 근교에 있는 수도원, 성채, 구 시가지들을 남김없이 찾아본 것도 바로 할아버지와 함께였으니까요. 우리는 수많은 얘기를 나누었죠. 다행히도 할아버지는 장수하셔서 내가 케임브리지에 진학하는 것을 볼 수 있었지요. 그에게는 그것이 대단한 일이었거든요.

나의 어머니 쪽으로 보면, 조상들이 모두 농부였는데 청과상을 해서 아주 성공한 경우입니다. 하지만 할아버지가 말년에 병을 얻어 의료비를 너무 많이 지출한 데다, 1930년대에 세계 대공황이 닥치는 바람에 집이 거덜나버렸지요. 나는 경제 공황 한가운데 살고 있다는 사실을 그야말로 뼈저리게 느끼면서 자라났습니다. 열 살 때 장학금을 받아서 구식 고전문법 학교에 진학했는데, 그곳에서의 교육은 아주 재미있었어요. 6학년이 되었을 때 역사가였던 교장선생님이 내 장래를 결정하는 데 큰 역할을 했지요. 나는 전적으로 그—위엄이 있으면서도 남을 설득시킬 줄 아는 사람이었습니다—덕분에 옛날 그가 다녔던 시드니 서식스 칼리지에 갈 수 있었던 겁니다. 그는 내게 역사책을 읽어야 한다고 주장했어요. 비록 내가 가장 잘 했던 과목은 아니었지만 말입니다. 그 때까지 나는 인문학을 할지 과학을 할지 결정하지 못한 상태였고, 가장 좋아했던 과목은 영어였어요. 어쨌든 나는 교장선생님의 조언에 따랐던 것이 아주 기쁩니다. 이 점은 조금도 의심한 적이 없었어요.

● 당신이 주요 연구 분야로 빅토리아 시대 영국을 택하게 된 것

은 무엇 때문입니까?

●● 나는 역사적 연속성과 변화가 서로 어떤 관계를 가지는가 하는 문제에 끌렸습니다. 빅토리아 기 영국은 엄청날 정도의 변화와 연속성이 공존한 시대였지요. 마치 내 유년 시절의 요크셔 지방이 그랬던 것처럼 말입니다. 나는 여왕보다는 그 시대 전체에 관심이 더 많습니다. 물론 여왕도 흥미로운 대상이기는 하지만요. 유례없는 변화가 진행 중이었던 바로 그 시기에 빅토리아 여왕이 즉위하여 연속성의 요소를 제공한 겁니다. 1837년에서 1901년 사이의 모든 주화에 여왕의 얼굴이 새겨져 있는 것을 볼 수 있는데요. 19세기 영국을 연구한 프랑스의 위대한 역사가 엘리 알레비는 바로 이러한 사실에 매료되었습니다.

● 빅토리아 시대를 상투적 관점으로 보는 시각에 도전하는 것이 당신에게는 아주 중요한 일이었습니까?

●● 나는 모든 것에 도전했습니다. 왜냐하면 사실 내가 막 그것에 관한 글을 쓰기 시작했을 때만 해도 사람들은 빅토리아 기 영국에 별 관심이 없었기 때문입니다. 영국사가들은 19세기보다는 17세기에 더 흥미를 보이고 있었거든요. 그래서 빅토리아 시대의 영국에 더 많은 관심을 기울일 책임이 나 자신에게도 일부 있다고 생각하고는, 당시의 사람들을 좀더 진지하게 보고 그들을 여러 관점에서 두루 살피려고 노력했습니다. 사실 이전의 견해들에

정면으로 맞선 것은 아니에요. 다만 빅토리아 기 영국을 보는 낡은 시각에 도전하고 있었을 따름이지요. 그건 그야말로 대단히 진부한 주장이었다고 할 수 있지요. 물론 때로는 라이튼 스트래치의 《고명한 빅토리아인들 *Eminent Victorians*》처럼 기막히게 잘 서술된 경우도 있지만 말입니다. 그래서 나는 빅토리아 인들을 제한적이고 위선적이며 엄격한 데다, 문화보다는 물질적인 것들을 생산해 내는 데 더 유능한 사람들로 보는 해석에 도전함으로써 정말로 새로운 일을 하고 있었다는 것이 내 생각입니다. 난 그들의 다양성을 이해하려 했던 거지요.

● 당신이 '개선改善의 시대'라 부른 시기를 에릭 홉스봄은 '혁명의 시대'라고 명명했습니다. 빅토리아 기 영국에 대한 당신의 견해를 홉스봄이나 E. P. 톰슨의 경우와 비교한다면 어떻게 될까요?

●● 내 생각으로는 두 용어가 각각의 사용자에게 적절한 면이 있다고 봅니다. 영국에 관해서라면 나의 '개선의 시대'라는 용어가 '혁명의 시대'보다 더 낫습니다. 하지만 홉스봄은―나는 그를 아주 잘 알고 있고 친구이기도 합니다만―유럽을 얘기하고 있었던 거지요. '혁명의 시대'라는 말은 영국보다는 유럽에 잘 들어맞는 표현이에요. 영국에 상세히 초점을 맞춘 반면, 그는 더욱 일반적인 견지에서 마치 만화경을 들여다보듯 유럽을 비롯해 세계 전체를 살핀 겁니다. 그는 내가 쓴 《개선의 시대 *The Age of Improvement*》에 대해 아주 우호적인 서평을 써주었고, 그래서 내 표현을

받아들인 셈인데요. 그것은 바로 당시 사람들이 자신들의 시대를 바라본 관점에 기초한 것이었어요.

우리가 서로 의견을 달리하는 문제는 오히려 다른 데 있습니다. 즉 내가 마르크스주의에서 출발하지 않는 한 그와 다를 수밖에 없는 거지요. 홉스봄은 나에 비해 역사 단계에 더 중점을 둡니다. 혁명에서 자본주의로, 자본주의에서 제국주의로 이행해 간다는 식이지요. 그래요. 이는 정말로 마르크스주의적 구분이에요. 하지만 역사란 그것보다는 더 복잡하다는 게 내 생각입니다. 추처럼 왔다 갔다 하는 데다가 모순과 모호함으로 뒤엉켜 있기 때문이지요. 홉스봄도 이를 인식하고 있고, 그래서 《극단의 시대 *The Age of Extremes*》라고 이름 붙인—재미있는 제목인 것 같습니다만—20세기에 관한 책을 쓸 때 자신이 살고 있는 시대가 안고 있는 모순들에 더 유의하고 있다는 것을 알 수 있습니다. 톰슨의 경우—사실 내가 리드 대학교 소장 교수로 있을 때부터 그를 아주 잘 알고 있었습니다만—자신의 연구 분야를 18세기와 19세기 초로 한정시켜 놓았습니다. 노동계급에 대해서라면 나는 톰슨보다는 홉스봄과 같이 영국 노동계급이 형성된 시기를 19세기 초가 아니라 19세기 말로 잡고 싶습니다.

그렇지만 톰슨은 세 가지 점에서 중요하지요. 우선 그는 영국의 계급 개념 전체를 상당히 심도 있게 검토했습니다. 두 번째로 그는 역사에서 배제된 사람들의 경험을 포함하여 사상보다는 경험에 더 관심을 두었던 역사가였어요. 그것이 바로 그의 마르크스주의와 홉스봄의 마르크스주의 간의 차이지요. 세 번째로 그는 한세대로 하여금 그뿐만 아니라 나에게도 흥미를 불러일으켰던 역사 주제들을 연구하도록 영감을 주었습니다.

● 당신의 역사 연구 방식이 발전하는 데 결정적이라고 할 만한 어떤 특별한 일이 있습니까? 당신이 스승이라고 생각하는 사람들은 누구입니까?

●● 내가 들었던 강의 중 가장 훌륭했던 것은 에일린 파워의 강의였습니다. 내가 런던 정경 대학교에서 경제학을 공부하고 있을 때였지요. 나는 그녀를 아주 잘 알게 되었고, 최고라고, 한마디로 굉장하다고 생각했어요. 내가 나중에 BBC의 역사를 쓴 것도 방송에 대한 그녀의 관심에 자극을 받은 덕분입니다. 나는 또한 해롤드 라스키에게도 배울 수 있어서 아주 운이 좋았던 셈이지요. 그는 그야말로 극적이고도 인상적으로, 놀랄 만한 열강을 했지요. 하이에크의 경우, 강의는 별로였지만 사람 자체는 매력적이었고 위엄이 있었어요. 다방면에 관심을 가진 진짜 유럽인이었다고나 할까요. 케임브리지에서 나는 대학의 전통 방식으로 역사학 과정을 이수했습니다. 근대사보다는 중세사에 더 많은 시간을 쏟았고, 정치사보다는 제도사—그리고 경제사—에 더 진력했어요. 마이클 오크쇼트는 최고의 선생이었지요. 나는 정말로 그에게 매료되었습니다. 그의 강의는 주제가 무엇이든 절대로 잊어버릴 수 없는 그런 것이었습니다. 나의 개인지도교수였던 어네스트 바커는 당시 노인이었는데요. 나에게 상당한 영향을

주었지요. 내가 정치사와 정치사상에 관심을 가지게 된 것은 대체로 이 두 선생님 덕분이에요. 나에게 독일 저술가들의 책을 읽으라고 한 사람이 바로 바커였지요. 그는 전쟁 위기의 한가운데에 있던 1940년에 기르케[11]의 말을 길게 인용하면서 독일어로 나에게 엽서를 보냈던 적이 있어요. 엽서를 받았을 때 이게 어째서 검열에 걸리지 않았나 하고 깜짝 놀랐던 기억이 납니다. 나는 또한 양차대전 사이의 자유주의에 반발한 사람들의 영향도 아주 많이 받았습니다. E. H. 카가 그 한 예지요. 트레벨리언은—나는 이미 대학에 오기 이전에 그의 책을 읽었습니다만—나에게 영향을 준 것이 조금도 없다고 말할 수 있습니다. 그는 강의도 형편없었고, 자기 스타일이란 것도 없는 사람이라는 생각이 들었어요. 내가 그를 평가하게 된 것은 그로부터 오랜 시간이 흐른 뒤의 일이었습니다.

● 당신은 《영국사회사》 서두에서 이 나라는 전통과 현재 있는 대로의 모습을 그대로 유지하는 데 깊은 애정을 가지고 있다는 말을 했습니다. 당신의 말대로, 다른 민족과는 달리 영국인에게 "나이는 재산이지 부채가 아니라"는 거지요. 그런데 바로 이 같은 나라가, 당신이 《빅토리아 시대의 물건》에서 잘 보여주었듯이, 전기와 철도에서부터 만년필, 성냥, '수세식 변소'에 이르기까지 19세기 사람들의 삶을 혁명적으로 바꾸어놓은 수많은 혁신들을 이

[11] 오토 폰 기르케Otto von Gierke(1841~1921). 독일의 법사학자로 중세의 조합과 단체들에 대한 연구로 특히 유명하다.

루어낸 건데요. 세계가 이 나라에 빚지고 있다는 역설을 어떻게 설명하면 좋겠습니까?

●● 영국 사회에는 중세까지 거슬러 올라가는 기업적 요소가 있기 때문이라는 것이 내 생각입니다. 예컨대 중세 영국의 농민을 유럽의 농민과 같은 식으로 얘기하기는 어렵습니다. 유럽의 경우 영국과는 달리 전통 복장을 한 단일 집단으로 다룰 수도 있을 겁니다. 영국의 마을 구조를 자세히 살펴보면, 농민들 간의 수입 격차가 크고 사회적 이동성도 뚜렷하다는 것을 알 수 있습니다. 그래서 나는 기업이 나의 연속성 관념의 일부라고 생각하는 겁니다. 영국인이 연륜을 존중한다고 해서, 이 말이 곧 새로운 것을 만들어내는 일과 양립하기 힘들다는 의미는 아닙니다. 발명의 개념 자체는 이미 1700년경부터 영국에 존재하고 있었고 18세기에 들면서 크게 확장되었어요. 그래서 혁신과 전통의 결합이라는 역설은 실제로 그렇다기보다는 단지 겉모습만 그러한 거지요. 이 두 요소는 역사라는 피륙이 직조되는 가운데 언제나 함께 존재하는 것이니까요.

1983년에 나온 《영국사회사》 초판에도 썼습니다만, 과거를 존중하는 이러한 감각이 지난 15년에서 20년 사이에 상당히 바뀌었다고 생각합니다. 관광산업은 여전히 '유산'을 이용하고 있지만, 우리는 사실 그동안 유서 깊은 제도들을 대대적으로 파괴해 온 거지요. 이제는 역사를 아예 배제한 채 미래를 생각한다고 하는 경우까지도 종종 볼 수 있을 정도니까요. 그래서 현재 우리가 처한 위치는 좀더 복잡합니다. 게다가 새로운 천 년으로 진입하면서 과거를 더욱더 뒤로 밀어내려 하고 있거든요. 《영국사회사》 4판은 초판과는 물론이고 2판과 3판과도 방향이 다를 겁니다.

● 우리가 자주 듣고 있는 '빅토리아적 도덕성'이란 어떤 유럽적 현상에 붙여져야 할 것을 잘못 부른 겁니까? 아니면 아예 서양적 현상인가요?

●● 그 명칭은 이전보다 덜 불려지고 있습니다. 하지만 나는 빅토리아적 도덕성이란 개념은 유지될 가치가 있다고 봅니다. 물론 빅토리아 시대 사람들의 태도 자체가 가진 다양성은 인정해야 되겠지요. 그들의 태도를 지나치게 상투적으로 보는 시각은 지금도 여전하니까요. 나는 그들의 시대가 권위와 권력의 세계에 새로운 사람들이 진입하고 있었던 데다가, 종교가 과학에 의해 도전받고 무관심 속에서 침식되던 그런 시기였다고 생각합니다. 그러나 영국의 빅토리아 기 사람들 다수가 어쨌든 삶에서 '현실적인 것'만큼이나 '당위적인 것'도 존재해야 한다는 개념을 견지하려 했던 것은 사실이에요. 그건 단지 영국적 현상만은 아닙니다. 당신은 그러한 것을 유럽 대륙에서도 찾아볼 수 있을 겁니다. 아마 브라질에서도 마찬가지일 걸요. 나는 빅토리아적 가치들이란 것이 한 사회에서 다른 사회로 옮아갔다고 생각합니다. 20세기에 들어와 그것을 잘못 해석하거나 혹은 피상적으로 다룬 경우가 자주 있기는 했지만, 그러한 가치들이 그곳에 있었던 것은 확실합니다. 중

요한 것은 그에 대한 고찰이 경제적 또는 종교적 맥락에서만이 아니라 문화적 맥락에서도 이루어져야 한다는 거에요. 산업화는 물론이고 그 이전의 계몽주의까지도 고려해서 말입니다.

● 빅토리아 기에 고도로 제도화된 도덕과 공덕심의 확립을 위한 투쟁이 광범위하게 있었고, 그것이 부패했던 정치 체제를 극복하는 데 어느 정도 성공적이었다는 것이 대체로 공통된 견해인데요. 이런 일이 실제로 일어났던 겁니까? 만약 그랬다면 그렇게 멘털리티를 바꾸어놓은 권력은 어디서 나온 걸까요?

●● 그래요. 1860년대쯤에 영국의 사정이 더 나은 쪽으로 바뀌기 시작했고, 이것이 후원 체제가 종식되고 재능에 따라 경력을 쌓을 수 있는 길이 열린 것과 관련 있다는 말은 분명히 사실입니다. 지금까지 영국사를 부패의 관점에서 제대로 다룬 연구는 없었어요. 도처의 부패 현상을 고찰하면서, 개인적 도덕성뿐만 아니라 제도적 도덕성의 발전에 대해 문화를 넘나드는 상세한 연구가 나온다면 대단히 흥미로울 것이라고 생각합니다. 나는 몇 년 전 제도적 도덕성의 기원에 관한 논문을 쓴 적이 있는데요. 이는 앞으로도 계속 천착하고 싶은 주제예요. 글래드스턴은 공공 재정에서 책임의 중요성을 주장한 사람이기 때문에 이 이야기에서 아주 중요한 인물인 셈이지요.
1850년대와 1860년대에 발생한 일들은 세 가지 상이한 세력들의 압력이 조합된 결과였습니다. 첫째, 최우선적으로 시행해야 할 일에 들어갈 돈이 얼마나 되는지 계산하는 것이 중요하다고 확신한 장관들이 있었다는 것이지요. 돈을 어떻게 쓸 것인지를 결정하는 것보다 우선해서 말입니다. 둘째, 빅토리아 기 영국에서 강세를 보였던 광범위한 자발적 단체들이 제도 개선을 위해 압력을 가하고 있었습니다. 셋째, '추문 사건'을 조사하려는 의지가 있었고 이에 대한 여론이 제기되었다는 것입니다.

● 만약 여론의 압력이 그렇게 중요한 역할을 했다면, 그것을 형성하고 나아가 제도적 도덕성을 중심 의제로 삼게 만든 것은 무엇이었을까요?

●● 단지 언론만은 아니었습니다. 특히 후원 체제보다는 시장에 의존하는 산업 경영자들은 자신들이 추구하는 바를, 전통적인 공공 제도상의 방종, 무기력, 비효율이라 생각했던 것과 비교했습니다. 이를 통해 그들은 이러한 단점들에서 벗어난 새로운 제도들을 창출하려고 했던 거지요. 그들 중에는 영국 교회 역시 그러한 제도의 하나라고 보는 종교적 반대자들도 있었고요. 한편으로는 제도적 도덕성이 중요하다는 것을 알리는 데 매진하여 일반 여론에 커다란 영향을 미친 소설가들이 있었습니다. 조지 엘리어트의 《미들마치 *Middlemarch*》는 영국 문학에서 가장 중요한 소설 작품 중 하나인데, 제도적 도덕성에 대해 많은 것을 이야기하고 있지요. 트롤로프의 소설들 역시 같은 주제를 빈번히 다루고 있습니다. 디킨스는 종종 고위 관직에서 야기되는 혼란과 우둔함, 그리고 그와

관련된 부도덕한 사건들을 주제로 삼고 있고요. 이런 유의 일을 한 시인들도 있었는데요. 예를 들면 아서 휴 클러프는 자신의 유명한 시 〈근대의 십계 The Modern Decalogue〉에서 조악한 음식을 포함해 당시의 모든 죄악을 비판적으로 읊은 적이 있지요.

● 당신의 저작을 보면 방금 말한 것처럼 문학에 대한 언급들이 빈번하게 나타납니다. 당신은 역사와 문학 간의 관계에 어떤 견해를 가지고 있습니까?

●● 나는 결코 역사가 단순히 사회과학의 한 분야라고 믿은 적이 없습니다. 역사가란 결국에는 사실과 숫자뿐만이 아니라 문학적 자료로 돌아오지 않을 수 없다는 생각 때문이지요. 한 가지 덧붙여야 할 것은 오래 전의 일입니다만, 나는 문학의 증거성에 관한 결론들에 도달했습니다. 우선 문학은 결코 단순히 기존의 주장을 예증하는 데 사용되어서는 안 됩니다. 역사가라면, 예컨대 내가 조지 엘리어트나 트롤로프의 경우에서 그랬던 것처럼 특정 작품 속으로 들어가도록 노력해야 한다는 거지요.

내 생각에 문학이 할 수 있는 일은 세 가지에요. 그것은 어쩌면 우리가 놓쳐버렸을 수도 있는 공통 경험에 접근할 수 있도록 해 줍니다. 또한 개인적 경험을 표현하고 그것을 공통적인 것으로 연결시킬 수도 있습니다. 끝으로 이러한 경험들을 어느 지점까지 초월하여 보편적인 인간 문제를 다루는 데까지 나아갈 수 있지요. 이러한 측면에서 문학은 분명히 철학과 연관이 있지만, 동시

"대처는 빅토리아 기 영국 자체가 의미심장한 변화
를 겪고 있던 현장이었고, 그녀가 얘기한 많은 가치
들이 모든 측면에서 통치에 똑같이 중요한 것만은
아니라는 점을 알지 못했어요."
사진은 마가렛 대처.

에 역사가의 분석에 활기를 불어넣을 뿐 아니라 상상력을 자극할 수도 있는 겁니다. 나는 인간이 자연의 왕국 전체—이는 빅토리아 기의 핵심 용어입니다만—나아가서는 신의 왕국과의 관계 속에서 어떻게 보일지에 지대한 관심을 가지고 있는데요. 이것은 쉽게 해낼 수 없는 벅찬 과제라는 점을 알고 있습니다. 그러나 문학에는 필요하면 적당히 인용하는 것보다 훨씬 더 중요한 것이 있다는 점은 확실합니다.

● 역사 연구에서 학자들이 좀더 관심을 기울일 만한 특별한 분야가 있습니까?

●● 역사가들이 당연히 많은 관심을 쏟아야 하는 데도 그렇지 못한 분야가 확실히 있습니다. 더 나은 정치사가 필요하고 아울러 외교사도 이전보다 더 많이 연구해야 한다는 것이 내 생각입니다. 보스니아와 코소보의 예는 결코 현대적 무기와 컴퓨터가 외교를 대신할 수 없다는 것, 그리고 국제관계가 장기간에 걸쳐 변화하는 방식들이 새로운 역사 연구의 중심 주제 중 하나가 되어야 한다는 것을 그야말로 극적으로 보여주었습니다.

● 마가렛 대처는 빅토리아적 가치들을 되살릴 필요가 있다고 얘기하곤 했지요. 더 최근에는 존 메이저 총리하의 하원에서 이른바 '기본으로 돌아가자'는 캠페인의 필요성에 대해 많은 논의가 이루어지기도 했습니다. 당신은 그러한 복고가 가능하다고 보십니까? 대처를 비롯

한 여러 사람들이 생각한 것이 정말로 빅토리아적 가치였습니까?

●● 그렇지 않습니다. 적어도 일부 사람들이 생각하고 있는 대로는 아닙니다. 대처 여사의 말은 정치적인 것이었고, 빅토리아 기 영국의 일면과 연관되어 있었을 뿐이에요. 즉, 일에 대한 신조를 중요시하는 정서, 추진력, 성격, 의무 등이 정말 문제라는 느낌 같은 것 말입니다—이런 것들은 그녀의 부친이 평신도 설교자로 봉직했던 감리교 예배당에서 배운 것들이지요. 하지만 그녀는 빅토리아 기 영국 자체가 의미심장한 변화를 겪고 있던 현장이었고, 그녀가 얘기한 많은 가치들이 모든 측면에서 통치에 똑같이 중요한 것만은 아니라는 점을 알지 못했어요. 사실 그러한 가치들에 대한 비판들이 있었습니다. 만약 그녀가 말하려 했던 것이 개인주의 시대에 사람들을 결속시키기 위해서 사회가 어떤 가치들을 가지는 게 중요한가였다면, 아마 이야기는 달라졌겠지요. 하지만 그녀가 생각한 바는 그런 게 아니었어요. 어떤 사회든 사람들을 격리시키는 것뿐 아니라 때로는 그들을 묶어주는 힘들을 가져야 할 필요가 있다는 점은 분명합니다. 또한 시장 중심적인 생각과 개인주의가 강조될수록 가치 문제와 더 얽히게 되겠지요. 블레어는 이러한 점을 이해하고 있는 것 같기는 한데, 어떻게 풀어가야 할지를 잘 모르는 것 같아요. 학교의 시민 교육으로는 단지 제한적 가치만을 가르칠 수 있을 뿐인데, 학교의 교육 내용을 새롭게 바꾸어야 하는 문제는 아직 문제화 되지 않고 있는 것 같아요. 더군다나 시험으로 순위를 매기는 것에만 의존할 수도 없

고요. 다른 위험성도 있습니다. 사회를 결속시키는 것과 같이 중요한 의제도 일단 논의가 시작되면 언제나 그렇듯 아주 평범한 것으로 바뀌어버릴 위험이 있다는 겁니다. 그리고는 막강한 언론이 작용하여 문제의 가치 그 자체보다는 오히려 추문과 타락상이 더 관심사가 되는 거지요. 존 메이저가 배운 것이 바로 그거에요.

● 에드워드 사이드는 비록 제국주의가 공식적으로는 사라졌지만, 그래도 여전히 서양 세계에서 오리엔탈리즘의 형태로 확연히 살아남아 있다는 것을 입증하는 데 많은 노력을 기울였습니다. 즉, 그것은 동양을 보는 서양의 관념 체계로서, 여기에는 특히 19세기가 중요한 작용을 했다는 것이지요. 빅토리아 기 영국이 근대 최강의 제국주의 세력이었다고 볼 때, 당신은 이에 대해 어떻게 생각하십니까?

●● 그의 견해는 아주 진지하게 받아들여져야 한다고 생각합니다. 왜냐하면 노골화된 제국주의가 있는가 하면 은밀하게 감춰진 제국주의도 있고, 경제적 제국주의가 있는가 하면 문화 제국주의도 있기 때문이지요. 그러나 빅토리아 제국과 관련해서는 제국에 대한 국내의 비판이 언제나 상존했다는 점을 마음에 새기는 것이 중요하다고 봅니다. 그것은 제국주의가 여러 형태로 진행되고 있던 다른 어떤 국가들에서보다도 훨씬 더 강했습니다. 나를 비롯한 여러 역사가들이 '제국 논쟁' 이라고 불러온 것이 있었다는 거지요. 예컨대 그 누구도 당시의 위대한 정치적 인물 중 하나였던

글래드스턴을 제국주의자라고 부르지 않을 거에요. 오히려 그 반대지요. 사실 영국에서는 19세기 말까지도 '제국주의'란 말이 별로 사용되지 않았습니다. 그것은 해외 제국들보다는 19세기 중반 나폴레옹 3세의 제국을 가리키는 말이었어요. 그리고 세기 말에 이르러 영국이 제국에 엄청난 크기의 영토에다가 자긍심까지 더하고는, 1897년 빅토리아 여왕의 즉위 60주년 축전에서 내놓고 자랑하게 되지만 그와 동시에 그것이 영원하지는 않을 것이란 정서도 표출되었습니다. 정치가들이 분열되고 민족 감정이 표면화된 것은 빅토리아 여왕이 서거했을 때가 아니라 남아프리카에서 전쟁이 일어났을 때(1899~1902)였어요.

사이드의 말로 돌아가면, 나는 영국과 다른 민족들의 관계에 대해 19세기에 나타난 많은 관념들이 제국의 붕괴에도 불구하고 지금까지도 여전히 강하게 살아남아 있다는 데 동의합니다. 그렇지만 그가 그런 얘기보다는 제국이 팽창하는 과정을 제국이 축소되는 과정과 비교하는 데 더 시간을 쏟았더라면 하는 생각이 듭니다.

● 빅토리아 기 영국을 당시의 수준으로 만드는 데 사립기숙학교가 한 역할은 어느 정도였을까요?

●● 아주 중요한 역할을 했다고 생각합니다. 영제국의 공무원들을 길러내는 데 특히 그렇습니다. 사립기숙학교의 주요 역할은 중산계급, 즉 수많은 젠트리 출신 남자 아이들과 일부 귀족계급

아이들을 위한 교육을 제공하는 것이었어요. 19세기가 시작되기 전만 해도 더 광범위한 계층의 아이들이 사립기숙학교에 다니고 있었지요. 19세기 들어 학교가 개편되자 낮은 계층의 아이들은 사실상 그곳에 가지 못하게 되었습니다. 학교는 새로운 역할을 자임했고, 독자적인 도덕관념을 반복 학습시켰습니다. 그리하여 이전보다 훨씬 더 효율적인 기관으로 변했던 거지요. 공개 경쟁 시험으로 공무원을 뽑게 되었을 때, 많은 자리를 차지한 사람들이 다름 아닌 바로 이 학교 출신들이었다는 것은 확실합니다.

그럼에도 그들이 끼친 영향에는 무언가 양가적인 요소가 있어요. 왜냐하면 그러한 학교가 만들어낸 모든 톰 브라운들, 즉 학교에서 배운 미덕과 가치를 신봉하는 사람들 중에도 그 반대의 면모를 보여준 사람들이 끼여 있었기 때문이지요. 학교에서는 학생 같지 않은 학생—당시 사람들은 이를 가리켜 '캐드cad'라 부르곤 했습니다—이고, 제국의 변방에서는 영웅과는 아주 거리가 먼 행동을 하는 인물들 말입니다. 그중에는 또한 폭도들도 있었고요. 남자들의 영역이었던 사립기숙학교의 역할에 초점을 맞추는 것은 다소 남성 편향적인 것이 되겠지요. 여성학이 중요한 이유 중 하나가 바로 이것입니다. 물론 다른 이유들도 많이 있겠지만요.

● 당신은 영국에서 브라질 학자 길베르토 프레이레의 중요 저작들을 알고 있는 소수의 사람들 중 한 명입니다. 당신은 어떻게 해서 그의 저작들을 알게 되었으며, 그것들이 지적 발전에 어느 정도로 중요한 역할을 했습니까?

●● 내가 그의 저작들을 알게 된 때는 서식스 대학교에 다닐 무렵이에요. 이전에는 말로만 듣고 있다가 한번은 영역된 그의 책 일부를 읽게 되었지요. 하지만 당시는 그가 얼마나 흥미로운 인물인지 제대로 인식했다고 말할 수 없습니다. 그의 가치를 알게 된 것은 내가 영상 역사와 사회사 간의 관계를 생각하기 시작했을 때부터입니다. 프레이레는 저택과 공예품 등에 아주 관심이 많았는데, 나는 역사가로서 그에게 즉각적으로 끌리게 되었습니다. 그는 내가 《빅토리아 시대의 물건》을 쓸 때 가장 염두에 두었던 학자지요. 《영국사회사》 중에도 그가 남긴 흔적이 일부 있습니다. 그의 시간 관념—그에 대한 글에서 나는 그가 시간을 프루스트적인 태도로 대한다고 쓴 적이 있습니다—과 공간 관념, 특히 공간에 대한 그의 시적 접근이 그런데요, 하여튼 양자 모두에 강력한 흥미를 느꼈어요. 냄새, 색깔, 심지어는 소음까지, 그가 보여준 날카로운 감각 역시 나에게는 굉장한 인상을 주었습니다. 그런 것들이 마음에 와닿았던 점들 중 일부였고, 그래서 나는 아직 영역되지 않은 많은 그의 글들을 제대로 읽어보기 위해 포르투갈 어를 더 배우려 했던 거지요.

내가 자메이카의 사회학자 페르난도 엔리케스와 만나게 된 것 역시 프레이레를 알게 되는 데 아주 중요했습니다. 그는 당시 서식스 대학교가 바르바도스에 설치한 다인종 연구소—아쉽게도 지금은 없어졌어요—를 운영하고 있었고, 색깔에 대한 프레이레의 태도에 대단한 관심을 가지고 있었거든요. 페르난도는 색깔을 사회적이기보다는 미학적 감각으로 대하고 있었고, 프레이레의 경

"프레이레는 20세기의 특출한 역사가 중 한 명이지만 사회사적 지형도에서 응당 받을 만한 위치가 부여되지 않았던 겁니다. 나로서는 프레이레만큼 가사나 플랜테이션 생활에 대해 상세하면서도 그렇게 독창적인 글을 쓰는 사람은 알지 못합니다."
사진은 브라질 학자 길베르토 프레이레.

우도 마찬가지였습니다. 색깔의 혼합 현상이 지니는 의미를 브라질 인의 정체성과 연관지어 조명했지요.

● 당신은 프레이레의 지적 중요성에 대해 어떻게 생각하십니까?

●● 나는 그가 당연히 그래야 할 정도로 진지하게 받아들여져 왔다고는 보지 않습니다. 그는 20세기의 특출한 역사가 중 하나였음에도 불구하고, 여태까지 사학사적 지형도에서 응당 그가 받을 만한 위치를 부여받지 못했던 겁니다. 그는 말하자면 아주 독특한 어떤 점을 지니고 있었지만, 그렇다고 그를 어떤 학파와 관련짓기도 쉽지 않아요. 아니 사실은 사학사적 전통에다 넣기도 어렵습니다. 그는 결코 무언가 자신이 말하지 않았던 것 때문에 부정적으로 다루어져서는 안 되는 인물이에요. 그는 자신을 인정해 달라고 큰소리로 외치고 있습니다. 하여튼 나로서는 프레이레 만큼 가사家事나 플랜테이션 생활에 대하여 상세하면서도 그렇게 독창적으로 글을 쓰는 사람은 알지 못합니다.

내가 알기로 영국에서 프레이레를 정말로 제대로 읽은 사람은 없어요. 물론 미국에 가면 그를 알고 있는 학자들이 있기는 합니다만, 사실 미국인들은 일반적으로 영국사보다는 브라질의 역사에 더 관심이 많으니까요. 영국에서는 당신말고는 지금까지 그 누구도 프레이레에 대해 나에게 물어본 적이 없어요. 더욱이 내 책에 대한 서평들 중에서, 내가 프레이레에 대한 글을 썼다는 점을 찍어서 말하거나, 혹은 내가 가장 관심을 두어온 역사가 중 하나가 다름 아닌 프레이레였다는 사실을 언급한 경우는 없는 것으로 알고 있습니다.

내가 프레이레에 관한 글을 썼을 때, 나는 그를 트레벨리언과 비교해 보는 것이 유용할 것이라 생각했어요. 두 사람 모두 몇 가지 중요한 점들을 공유하고 있으니까요. 그들은 장소와 건물, 그리고 자국사의 장기지속적 측면들에 대해 똑같이 관심을 가지고 있지요. 그들은 또한 기질상 '근대적 진보'를 확실하게 보여주는 측면들에 다소 적대적이에요. 나는 데이비드 캐너다인의 《트레벨리언 *Trevelyan*》을 읽고 좀 실망했는데요. 왜냐하면 나에게는 그가 정확히 지금 여기서 얘기하고 있는 그런 종류의 점들을 논의에서 깡그리 배제한 것으로 보였거든요. 비교의 방법은 특히 사회사가 문화사로 전환될 때 중요하게 되지요.

● 당신은 프레이레처럼 사료로 신문을 많이 사용했는데요. 프레이레가 일찍부터 그것을 광범위하게 사용했던 데서 시사를 받은 건가요?

●● 그가 신문을 사료로 삼은 것이 당시로는 특기할 만한 일이었다는 지적에는 동의합니다. 그 외에 예법서나 사진, 심지어는 요리책과 같은 가벼운 자료들을 이용한 것도 마찬가지 경우지요. 하지만 내가 신문을 사료로 사용한 것은 그에게서 시사받은 것은 아닙니다. 나는 프레이레를 읽거나 그를 만나기 전에도 신문을 굉장히 많이 사용했거든요. 물론 내가 그를 알고 난 다음에는, 그

런 자료들을 아주 비판적인 눈으로 보고 복합 매체의 진화라는 측면에서 어떤 전망을 가지고 그것들에 대해 쓸 수 있게 되었습니다. 사실 내가 프레이레를 알기 전에는 나의 관심을 그런 방향으로 충분히 발전시키지 못했지요. 그러나 그가 그랬듯이 나도 언제나 많은 양의 신문을 활용하고 있었습니다. 내가 뭘 하고 있는지 제대로 잘 알지는 못했지만 말입니다.

● 신문을 사료로 사용하는 데 위험성이 있지는 않습니까?

●● 물론 사료를 신문에 지나치게 의존하는 것은 굉장히 위험하지요. 하지만 그것을 이용하는 데서 얻는 이익도 그 위험성만큼이나 큽니다. 설사 어떤 학생이 나와 함께 연구 논문을 쓰고 싶어 한다고 해도, 나는 그가 그 시대의 자료에 상당한 정도로 빠져들 때까지는 일체 연구 개요를 받지 않아요. 신문은 시사성과 현장성을 가지고 있기 때문에 그것을 읽는 것은 자료에 대해 완전히 몰입하기 위한 중요한 연습이라고 생각합니다. 그렇게 해서 얻는 한 가지 이득은 그 시대에 사용된 언어에 대한 개념을 명확히 습득하게 된다는 거지요. 신문을 통해 당시 쓰이던 말과 핵심 개념들을 집어낼 수 있게 됩니다. 신문이 하나의 용어 사전 구실을 하는 거지요. 하지만 이런 작업만으로 역사에서 정말로 의미 있는 요소들을 파악해 낼 수 있다고 보지는 않습니다. 신문 외에는 사료가 없다고 생각해서는 당연히 안 될 것이고, 그것에만 의존할 수밖에 없는 상황에 이를수록 더 의심을 가지고 다룰 필요가 있어요. 신

문은 편향될 가능성이 높고, 극히 천편일률적인 경우도 종종 있으며, 역사를 짤막하게 토막 내기도 하거든요. 그러나 신문에 실린 광고나 삽화들은 '뉴스' 못지않게 흥미로운 것이 될 수 있어요.

● 당신도 알다시피 브라질 지식인들은 프레이레가 제시하는 개념이 이리저리 변할 뿐 아니라, 사회적 조화라는 미명 아래 브라질의 사회 발전 과정에서 나타나는 모순들을 은폐하는 권력적 이데올로기를 만들어내고 퍼뜨리는 데 기여했다고 비판해 왔습니다. 이러한 견해에 따르면, 문화적으로는 이종족異種族 혼교 풍습을, 사회적으로는 민주주의를 영위하는 특징을 가지고 있다는 브라질의 신화가 그에게서 연유한다는 것인데요. 당신은 이러한 비판들에 얼마나 동의하십니까?

●● 나는 이러한 비판들에 대해 아주 잘 알고 있습니다. 하지만 개념적 유동성이라는 문제에 대해서는 지금까지도 별로 개의치 않고 있어요. 그 대안 중 하나가 개념적 엄격성이 되겠지요. 이에 관해 그를 비판하는 사람들 다수가 역사적 상상력을 억제할 수도 있는 변종 마르크스주의적 인식 틀 내에서 작업하고 있는 경우에요. 사회적 조화의 문제는 오직 브라질 사람들만이 그것의 유용성 정도를 말할 수 있겠지요. 어쨌든 나는 그가 자신의 경험을 통해 사회적 조화야말로 한 시대의 통일을 이루는 열쇠라는 관념 쪽으로 기울어진 것이라 봅니다. 나는 브라질의 정치 상황에 대한 프레이레의 견해가 무엇이었는지는 잘 모릅니다만, 아마도

군사적 권위의 위험성을 직시하지 못했고, 브라질 사회가 지닌
자연적 조화의 측면들을 과대평가한 반면 갈등에 이르는 세력들
은 과소평가한 것이 아닌가 하는 짐작이 드는군요. 그러나 그의
저작에서 일관성이 결여된 경우는 보지 못했어요. 그의 저작들
은 놀랄 정도로 일체성을 가지고 있다고 봅니다. 내가 읽었던 프
레이레의 책 중에, 서로 다른 방법론을 택하거나 브라질에 대해
상이한 결론에 이른 경우는 전혀 없었거든요. 그는 또한 브라질
역사에 어떤 시간 차원이 있었다는 것, 그리고 그것이 북아메리
카 역사와 달랐다는 것을 애써 보여주려 했다고 생각합니다.

나에게 프레이레의 가장 중요한 점은 그가 문화사가라는 것입니
다. 이 용어는 그가 살아있을 당시에는 단지 제한적으로만 쓰였
지만, 지금은 아주 흔하게 사용되고 있지요. 나는 프레이레가 사
회학자로서나 사회심리학자로서 그리 큰 업적을 이루었다고 보
지는 않습니다. 하지만 그는 이 두 분야를 하나로 합치는 것이 중
요하다는 점을 알고 있었어요. 그는 사회학적으로 정교한 수준에
있지 않을 때조차도 사회학적 인식을 갖고 있었고, 사람들을 외
부에서 관찰할 때뿐 아니라 그들 내부로 들어가려고 노력할 때도
심리학적 인식과 함께하고 있었으니까요. 그래서 나는 그가 영국
의 사회사가들뿐 아니라 프랑스의 '망탈리테'를 연구한 역사가
들과도 비교될 만하다는 느낌을 갖습니다. 만약 그를 일반적인
사학사의 틀에 비정批正하려고 한다면, 영국사뿐 아니라 프랑스
사 내의 어딘가에 위치시켜야 할 것입니다.

● 프레이레의 태도와 작업에서 나타나는 성향입니다만, 그가 영국에 느꼈던 '물리적·신비적 사랑'의 혼합물, 즉 친영 감정을 당신도 알고 있습니까?

●● 그래요. 내가 보기에 그의 친영 감정은 분명합니다. 하지만 그것은 내가 미국에서 접한 다른 경우들에 비해 좀더 기분 좋은 감정이었지요. 나는 차라리 우리들이나 자신들의 사회에 정말로 비판적인 사람들을 만나고 싶어요. 그래서 친영 감정을 가진 사람들을 만난다고 해서 별로 기분이 좋아지지는 않는 편입니다. 하지만 프레이레의 경우 각별히 나를 압박한다는 느낌을 주지 않은 것이 사실이에요. 왜냐하면 나는 그에게 역사와, 사료로서의 신문과, 우리가 다룬 다른 많은 연구 주제들에 관해 얘기할 수 있었기 때문이지요. 영문학에 대한 그의 지식은 깊고 넓었는데, 이른바 이류 작가나 수필가들까지도 알고 있을 정도였습니다. 그러나 프레이레가 별다른 이유없이 영국 작가를 언급한 적은 없었어요. 치레 조로 그들을 끼워 넣은 것은 아니었다는 거지요. 그는 정말로 그들을 잘 알고 있었어요. 그들의 글을 읽었고, 기싱, 페이터, 디킨스 등의 작가들을 얘기할 때면 자신이 하는 말의 의미를 잘 알고 있었던 겁니다. 그는 영국의 언어와 산문 스타일을 좋아했고, 프랑스의 복잡한 스타일보다는 영어가 지닌 대화체의 색조를 더 선호했지요. 역사가로서 기억될 만한 좋은 글을 쓴다는 것은 그에게도 매우 중요한 일이었습니다.

나는 프레이레가 영국을 좋아한다는 점을 알고 있었기 때문에,

영국의 대학이 그에게 명예박사 학위를 수여해야 한다고 생각했어요. 1966년에 서식스 대학교가 그에게 명예박사 학위를 준 것은 당시 부총장이었던 내가 제안하고 페르난도 엔리케스가 강력히 뒤를 밀어주어서 성사된 겁니다.

● 프레이레는 '영문학 속에 스며든' '영국인의 눈'으로 포르투갈을 바라보았다고 말하곤 했습니다. 그렇다면 당신이 브라질을 방문했을 때 나는 프레이레의 눈으로 이 나라를 본다고 말했을 법도 한데요?

●● 난 정말이지 내 자신의 눈으로 브라질을 보았어요! 나는 베네수엘라와 멕시코에 간 적이 있고 카리브 해 쪽으로도 많이 가 보았습니다. 인종과 문화에 관한 문제들에 관심이 있었으니까요. 예컨대 다른 도시들과 비교하는 식으로 리오를 바라보았는데, 아마 프레이레라면 그렇게 하지 않았을 겁니다. 나는 이전에 여러 도시에 대한 글들을 쓴 적이 있었고, 사웅파울루에는 완전히 상이한 역사가 집단이 도시의 성장을 다루는 연구를 하고 있다는 것도 알고 있었어요. 그들 중에는 맨체스터와 로스앤젤레스를 두 예로 삼은 '격동의 도시shock city'에 관한 내 생각을 받아들여 사웅파울루에 적용한 경우도 있었지요. 실제로 캘리포니아와 맨체스터, 로스앤젤레스, 사웅파울루를 격동의 도시로 보는 데 대한 학술대회도 한 차례 있었습니다. 프레이레가 죽은 후 내가 브라질에 대해 배웠던 것들 중 일부는 다른 통로로 나에게 전해진 것이었어요. 브

라질이 극적 변화를 겪었다는 점, 그리고 지금의 브라질에는 프레이레가 미처 생각지 못한 변화를 요구하는 힘들이 있다는 점 등을 염두에 두어야겠지만, 그럼에도 나는 여전히 누구에게나 브라질로 가서 그를 읽어보라고 말할 겁니다. 분명히 그럴 거에요.

● 프랑스 역사가 자크 르 고프는 옥스퍼드 대학교에서 굉장한 소외감을 느꼈다고 하는데요. 그와는 반대로 프레이레는 마치 자신이 그곳에 소속되기라도 한 것처럼 놀라울 정도로 잘 지냈다고 말했지요. 직접 프레이레를 만났고 또 그의 저작들을 알고 있는 입장에서 볼 때, 영국인조차 편안함을 느끼기 힘든 기관에 이 젊은 브라질 사람이 그렇게 애정을 가졌다는 사실을 어떻게 해석할 수 있겠습니까?

●● 왜냐하면 옥스퍼드는 신구가 공존하는 곳이기 때문입니다. 옛 구조 안에서 새로운 것이 기능하고 흘러가는 거지요. 프레이레에게는 낭만적인 것과 유사한 종류의 감수성이 있습니다. 이 덕분에 그는 폐허에 대한 관념과 중국 시계와 워체스터 대학 호수 위를 백조들이 노니는 광경 등을 감상할 수 있는 겁니다. 나는 미에 대한 프레이레의 태도를 고려하지 않고는 결코 그를 이해할 수 없다고 봅니다. 그는 아름다움에 내재된 쇠퇴의 요소를 인식하고 있었지만, 동시에 아름다운 것들에 많이 끌리기도 했습니다. 그런 그에게 옥스퍼드는 그저 아름답게만 보였던 거고요. 그가 싫어했던 매연으로 뒤덮인 산업도시와는 매우 달랐던 겁니다.

"영국인은 왜 옥스퍼드 대학에 좋은 반응을 보이지 않는 걸까요? 그것은 우리가 영국의 다른 부분에 대한 경험을 통해 접근해 왔기 때문입니다. 또한 우리는 옥스퍼드에서 배우고 가르쳐온 지식들이 별로 적절한 것이 되지 못한다는 감정을 가지고 있죠. 나는 옥스퍼드에 대해 프레이레와 같은 편안한 느낌을 느낄수 없었어요."
사진은 옥스퍼드 대학 쉘도니언 극장(2003).

글쎄요, 영국인은 왜 그 대학에 좋은 반응을 보이지 않는 걸까요? 그것은 우리가 영국의 다른 부분에 대한 경험을 통해 옥스퍼드에 접근해 왔기 때문입니다. 또한 우리는 옥스퍼드에서 배우고 가르쳐온 지식들이 별로 적절한 것이 되지 못한다는 감정을 가지고 있습니다. 나는 옥스퍼드에 대해 결코 프레이레와 같은 편안한 느낌을 느낄 수 없었어요. 그곳은 내부적으로 그가 알고 있었던 것보다 훨씬 더 명암이 교차하는 곳이거든요.

● 19세기 브라질에 큰 영향을 미친 영국의 정책 중 하나가 바로 반노예제운동이었습니다. 일부 역사가들은 이 운동이 공공 정신과 도덕적 이상주의를 보여주기는커녕 오히려 다른 국가들의 경제력을 약화시키려는 기도였을 뿐 아니라, 나아가서는 선거권과 사회 개혁의 확대를 요구하는 국내 여론을 다른 방향으로 돌리려는 전략에 불과했다고 주장하고 있습니다. 당신은 이에 대해 어떻게 생각하십니까?

●● 나는 두 관점의 어느 쪽에도 동의하지 않습니다. 반노예제운동에는 여러 동기가 섞여 있었지요. 영국인들이 때로는 아주 위선적이었을 수도 있고, 또한 19세기 초 영국 산업 노동자의 일부는 플랜테이션에서 일하던 노예보다도 더 나쁜 처우를 받고 있었다는 주장에도 일말의 진실이 있어요. 내가 줄곧 관심을 가졌던 것이 잉글랜드의 한 부분인 요크셔의 경우인데요. 그곳은 내가 나고 자랐던 곳입니다만, 공장 개혁가들은 그곳 공장에서 일

하던 사람들의 상태를 노예와 비교할 정도였으니까요. 하지만 그 어느 때에도 반노예제운동은 사람들의 관심을 당시의 문제에서 딴 데로 돌리기 위해 이용된 적이 없습니다. 결코 그렇지는 않았어요. 또한 다른 민족의 경제를 파괴하려고 했다는 주장도 있지요. 19세기에 구식 경제가 완전히 파괴된 유일한 예는 인도로 보입니다만, 그곳에는 노예제가 없었습니다. 아프리카의 경우에 관해서라면, 트리니다드에 있을 때 난 에릭 윌리엄스와 얘기하기를 좋아했는데요. 그때 그는 식민지 노예제와 영국 자본주의의 관계에 대해 완전히 다른 문제들을 제기한 적이 있습니다. 그것들은 지금도 여전히 논의할 만한 가치가 있어요.

● 아마 공화주의적 배경을 가진 사회라면 어디서든 그렇겠지만, 브라질인들에게도 당신처럼 노동운동이나 노동당과 유대를 가진 사람이 귀족 칭호를 받고 특권을 누린다는 것이 좀 이상하게 보일 수도 있을 텐데요. 이 점에 대해 한 말씀 해주시겠습니까?

●● 이런 질문은 이곳 사람들보다는 영국 밖의 사람들에게 훨씬 더 흥미로울 겁니다. 몇 년 전 중국에 갔을 때입니다. 당시 나는 썩 괜찮은 젊은 통역사와 함께 이리저리 돌아다녔는데요. 그는 영국에 대해서는 한 마디도 묻지 않았습니다. 우린 줄곧 중국에 대해서만 얘기하고 있었는데, 내가 떠나기 직전 마지막 날 아침에 그가 이렇게 묻는 겁니다. "아주 사적인 질문 하나 해도 될까요? 귀족이 되는 건 어떤 느낌인가요?" 그래서 내가 말했지요.

"귀족이 아니라고 해도 별로 느낌이 달라지지 않아요."

내가 노동당 의원으로서 1975년 당시 수상이었던 제임스 칼라한에게서 귀족 작위를 수여받은 이유는 한창 새로운 대학들이 출범하던 시기의 대학 정책 입안에 깊이 관여해 온 데다가, 영국에서는 교육 경력상의 탁월성이 어떻게든 의회에서의 대표성으로 나타나야 한다는 정서가 있었기 때문입니다. 그리고 또 다른 이유가 있다면, 보모의 노동 환경 및 교육과 훈련을 논의하는 위원회 의장을 지냈기 때문이기도 하지요. 보모 예산이 의회에 상정되었을 때, 정말로 그 내용을 잘 알고 그래서 그것이 통과되는 데 일조할 누군가가 그곳에 있는 것이 매우 중요한 일이라고 생각한 겁니다.

이 두 가지 점을 지적하면서, 나는 결코 정치가로서 상원에 가지 않았다는 것을 거듭 강조하고 싶군요. 만약 내가 정치가가 될 생각이었다면, 아마 훨씬 더 일찍 하원의원으로 입신했을 겁니다. 상원은 지금은 당시와 구성이 달라졌지만, 내 인생에서 아주 사소한 부분에 불과합니다. 나는 귀족 작위를 주로 정보 수집의 수단으로 사용할 뿐이에요. 칭호가 있다고 해서, 나의 생활 태도나 행동 방식상의 그 무엇도 바뀌지 않았습니다. 그것은 어떤 종류의 특권도 주지 않아요. 나는 언제나 내 이름난欄 아래 에이사 브릭스라고 쓰지, 결코 '써 브릭스'라고 쓰지는 않습니다. 해외에서도 결코 써 브릭스라고 부르지 않습니다만, 재미있는 것은 앞서 말한 대로 이러한 점이 사람들의 관심을 가장 많이 끈다는 사실이에요. 그 까닭을 그들이 변화보다 연속성에 더 관심이 있기 때문이라고는 생각지 않습니다. 단지 신분에 매료되기 때문이겠죠.

● 앞으로의 일로 눈을 돌려보면, 최근 왕가의 가치를 놓고 논쟁이 눈에 띄게 증가하고 있는 것을 볼 수 있습니다. 영국 왕정이 위신을 잃었다는 말이 종종 들리고 있는 데다가, 심지어는 존속시켜야 할 이유가 없다는 주장까지 나오고 있는 실정입니다. 당신은 왕정 폐지를 찬성하는 흐름이 정말로 존재한다고 믿습니까? 아니면 그것을 존속시킬 만한 이유가 여전히 있다고 보십니까?

●● 나는 왕정 폐지를 위한 강력한 운동 같은 것이 있다고는 생각지 않습니다. 아마도 왕정의 역할이나 혈통을 바꾸라는 압력은 있을 수 있겠지만, 제도 자체를 없애버리라는 건 아니라고 봅니다. 빅토리아 여왕 이전에는 왕통이란 것도 누더기처럼 조각조각 덧대어져 온 상태였지요. 역사를 긴 안목으로 바라보면, 왕가의 개념을 발전시킨 장본인이 바로 빅토리아 여왕이었어요. 여왕의 숙부들은 그녀나 혹은 그녀의 신하였던 다른 사람들에게 큰 압력을 받지 않았습니다. 빅토리아 여왕의 남편이 죽고 그녀도 일종의 은퇴를 했을 때, 어느 정도 비판이 있었고 심지어 공화주의로 바꾸자는 얘기까지 나왔어요. 사람들은 그녀가 자신의 일을 하지 않고 있다고 느꼈던 겁니다. 하지만 그때도 그녀는 비판보다는 동정을 더 많이 받았어요.
물론 어떤 제도도 영원히 지속되지는 않을 겁니다. 하지만 아주 우스꽝스러운 어떤 일이 일어난 것도 아닌데, 21세기 초에 왕정

을 폐지하라는 거센 압력이 있다면 그게 놀라운 거겠지요. 나의
《영국사회사》 최신판에는 앞서의 설명과 다른 부분들이 있는데
요. 그 이유는 블레어와 '신노동당' 뿐 아니라 다이아나 왕세자 비
妃에 대한 것을 소개하지 않으면 안 되었기 때문이라는 말을 꼭
덧붙여야겠군요. 영국에서는 여전히 공화국이라든가 대통령이라
든가 하는 관념들에 별로 열광하는 분위기가 아니에요. 영국의
왕정은 정치권력을 거의 가지고 있지 않지만 그래도 아직 상징적
힘은 강력하거든요.

● 로버트 단턴은 구체제의 몰락에 프랑스 언론·출판이 결정적
역할을 했다고 주장했습니다. 즉, 언론과 출판물이 루이 14세와
마리 앙투아네트를 비롯한 왕가 구성원들의 명예를 실추시키는
스캔들을 배포해 왕정이란 제도에 대한 존경심을 떨어뜨리고 그
것이 신성하다는 생각을 바꾸도록 하는 데 기여했을 뿐 아니라,
종국에는 그것이 지닌 권위를 약화시키기에 이르렀다는 겁니다.
당신은 현대의 영국 매체들이 구체제하 프랑스의 경우처럼 현재
왕정이 처한 위기에 큰 책임이 있다고 보십니까?

●● 나는 단턴이 이런 유의 문헌에 관심을 기울인 것은 옳다고
봅니다만, 어떤 의미에서든 그것 때문에 프랑스혁명이 일어났다
고 보지는 않습니다. 내 생각으로는 재정적 위기와 그것을 해결
할 수 없는 프랑스 왕정의 무능력, 여기에다가 계몽주의의 확산
이 가세해서 구체제가 몰락했다고 보는 것이, 상스럽게 스캔들을

"왕가의 섹스 스캔들을 싣는 매체는 결국 그 위상이 약화될 것으로 봅니다. 하지만 이런 측면이 그렇게 심각하다고는 생각하지 않습니다. 세상에는 언제나 멜로드라마 연속물 같은 요소가 있기 마련이고, 영국이든 외국이든 사람들은 그런 것에 더 많은 관심을 보이는 법입니다."

사진은 엘리자베스 여왕 2세의 대관식 당시 여러 왕실 가족이 함께 버킹엄 궁 발코니에 선 모습.

까발리는 간행물들의 확산 때문이라고 보는 것보다 더 적절한 설명 같군요. 하지만 이러한 간행물들도 나름의 역할을 하기는 했습니다. 왕정 몰락 이후 사람들을 다르게 행동하도록 만든 것이지요. 바꾸어 말해, 그것은 바스티유 함락과 왕의 처형 이후에 비로소 중요한 요인이 되었다는 겁니다.

영국의 경우, 상스러운 스캔들을 담은 간행물들은 단턴이 말한 지하 간행물들과 달리 훨씬 더 강력한 매체 조직과 연결되어 있습니다. 이들 매체들이 비단 왕가의 경우에 국한하지 않고 스캔들이라면 과도할 정도로 집착하고 있다는 점은 확실한데요. 그럼으로써 사회를 유지하는 다양한 요소들의 통합을 어렵게 만드는 거지요. 타블로이드판 신문들뿐 아니라 매체 대부분이 정보를 제공한다든가 토론을 유발한다든가 하는 의도보다는 대중적 편견에 의해 움직이는 일이 아주 빈번합니다. 나는 《더 타임즈 *The Times*》의 소유자가 가장 대중적인 신문인 《선 *Sun*》도 소유하고 있다는 게 이상한 일이라고 생각해요. 고급 수준의 신문 제작 능력을 아주 저급 수준의 저널리즘을 만들어내는 데 사용하고 있다는 겁니다!

왕가의 섹스 스캔들을 싣는 매체는 결국 그 위상이 약화될 것으로 봅니다만, 나로서는 이런 측면이 그렇게 심각하다고는 생각지 않습니다. 세상에는 언제나 멜로드라마 연속물 같은 요소가 있기 마련이고, 영국인이든 외국인이든 사람들은 그런 것에 더 많은 관심을 보이는 법입니다. 아마 영국인 자신보다는 외국인에게 더 큰 관심사가 되겠지요. 내가 외국에 나갔을 때 사람들이 주로 던지는 질문이란 것도 귀족 작위에 대한 궁금증 아니면 왕가가 하는 일이 무엇이냐는 것 정도가 아니겠어요?

1996년 7월과 10월, 런던에서(1999년 7월에 다시 수정 · 증보되었음)

Victorian People (London: Odham, 1954).

....

The Age of Improvement, 1783~1867 (London: Longman, 1959).

....

Mass Entertainment: The Origins of a Modern Industry (lecture, Adelaide, 1960).

....

The History of Broadcasting in the United Kingdom. 5 vols. (Oxford: Oxford University Press, 1961~ ; New edn., 1995).

....

Victorian Cities (London: Odham, 1963).

....

A Social History of England (London: Weidenfeld & Nicolson, 1983).

....

Collected Essays. 3 vols. (Brighton: Harvester, 1985).

....

Victorian Things (London: Batsford, 1988).

....

The Story of the Leverhulme Trust (London: Leverhulme, 1991).

(With Peter Burke). *A Social History of the Media: From Gutenberg to the Internet* (Cambridge: Polity Press, 2001).

3

내털리 제이먼 데이비스Natalie Zemon Davis

과거에

대한 연구란 다름 아닌 희망을 배우는 것이다. 왜 대안들이 열려 있는 법이기 때문이다. "현재가 아무리 침체하고 절망스럽게 보일지라

아무리 횡포하다고 하더라도 사람들에게는 언제나 자신만의 역사를 만들어나갈 수 있는
에게 변화가 일어날 수 있다는 사실을 일깨워준다."

1998년

내털리 제이먼 데이비스는 스스로 지적 여정을 되돌아보며, 자신이 비록 "계속해서 사람들을 구조하는 임무에 참가한" 정도로 그치기는 했지만, 그래도 끊임없이 일련의 집단들을 역사의 무대에 올리려는 노력을 경주했다고 기술한 바 있다. 그보다 몇 년 전 그녀는 자신과 과거 사이의 관계를 가리켜 "일부는 어머니 같은 측면"이

있다고 말했던 적이 있다. 그녀가 역사를 쓴다는 것은 "마치 어머니가 아이를 낳고 싶어하는 것처럼 사람들에게 다시 한번 생명을 불어넣고자" 하는 것과 같았다는 것이다. 이러한 말의 색조를 음미해 볼 때, 우리는 내털리 데이비스가 40년 이상이나 지켜온 최상의 학문적 기준들을 훼손하지 않으면서도, 동시에 자신의 느낌과 감정들을 표현하는 특출한 재능이 있음을 알게 된다.

내털리 데이비스는 16세기 프랑스 연구의 확고한 권위자이며, 또한 근대 초 사회사와 문화사 분야에서뿐 아니라 여성사 분야에서도 오늘날 가장 저명하고 존경받는 역사가 중 하나이다. 캐나다에 여성사 과정이 처음 설치된 때는 1971년이었는데(이는 이후 1970년대와

1980년대 서구 대학에서 가장 인기 있는 과정 중 하나를 위한 모델이
된다), 내털리 데이비스와 동료 질 커 콘웨이가 바로 이를 조직
한 장본인이었다.[12]

　그러나 1960년대에 내털리 데이비스가 명성을 얻게 된 것
은 16세기 리옹의 역사에 관한 전문가로서였다. 그녀는 도시
공간, 무역, 이민, 가톨릭과 프로테스탄트 간의 관계, 성별 관
계 등 다양한 관점에서 리옹을 다룬 일련의 개척자적인 논문
들을 썼던 것이다. 자신도 인정하듯이 당시 그녀는 기본적으
로 노동계급에 관심이 있었다. 그래서 리옹의 노동자 폭동은
그녀가 매료되어 있던 주요한 문제들, 즉 계급, 계급투쟁, 종
교적 변화, 사회적 세계와 지적 세계 간의 관계 등을 언급할
수 있는 이상적인 소재로 보였다. 그녀는 역사가로서의 경력
초기 마르크스주의에 크게 경도되어 있었지만, 이후 인류학
을 공부하면서 자신의 참조 틀을 넓힐 수 있었고, 현실에 담
긴 상징적 차원과 그것에 내재된 관계들의 복수성複數性을 자
신의 작업에 포함시킬 수 있었다. 그리하여 내털리 데이비스

---

[12] Jill Ker Conway(1934~)는 오스트레일리아 출신의 학자로서 19세기 및
20세기 여성사가 전문 분야이다. 그녀는 토론토 대학교에서 교수와 부총장
을 지냈고, 현재는 매사추세츠 공과대학교MIT에서 가르치고 있다. 그녀는
《18, 9세기 미국 여성의 경험 *The Female Experience in Eighteenth and
Nineteenth Century America*》(New York: Garland, 1982)의 저자지만,
더 최근에는 미국에서 1년간 베스트셀러를 유지한 《쿠어레인으로부터의
여정 *The Road from Coorain*》(London: Heinemann, 1989)과 《진정한 북
부: 한 회상록 *True North: A Memoir*》(London: Hutchinson, 1994) 등 자
전적 성격의 저작을 간행한 바 있다.

의 명성은 1970년대를 거치면서 그녀의 새로운 역사 인류학적 탐구와 함께 높아졌다. 예컨대 폭력의 제의를 다룬 선구적 연구는, 그 것이 비록 16세기 프랑스에 초점을 맞추고 있기는 하지만, 국외자에 대한 도시 폭력을 정당화하는 제의의 사용에 관해 훨씬 더 광범위한 의문들을 제기한 것이었다. 따라서 인류학은 지방사를 더 일반적인 논제 제시를 위한 기회로 이용하는 내털리 데이비스의 주요 특징을 향상시켰다고 말할 수 있겠다.

1980년대 초 내털리 데이비스는 학문적 베스트셀러 《마르탱 게르의 귀향 The Return of Martin Guerre》을 펴내고, 1982년에는 다니엘 비뉴가 감독한 동명同名의 영화에 컨설턴트로 참가함으로써 국제적으로 더 잘 알려지게 되었다. 스스로도 회상하고 있듯이, 그녀는 툴루즈의 법관 장 드 코라스가 1560년 자신이 재판한 어느 유명한 재판 사건에 대해 쓴 책을 읽은 뒤 "이건 정말 영화감이야!"라고 혼자 중얼거렸다는 것이다. 이는 랑그독의 한 농민 가족이 연루된 극적인 일들에 대한 것이었다. 12년 동안이나 종적을 알 수 없었던 한 남자가 홀연히 다시 나타나, 이후 3, 4년 동안 가족과 마을 사람들에 의해 진짜 마르탱 게르로 인정받으며 살다가 결국 아내 베르트랑드에 의해 가짜라고 고발당하게 된다는 것이다. 이야기는 가짜가 재판부를 설득하여 자신이 진짜라고 믿게 만들 찰나에 진짜 마르탱 게르가 당도하는 대목에서 절정에 달하는데, 흥행에 성공할 만한 모든 요소를 골고루 갖추고 있었던 셈이다. 프랑스의 유명한 배우 제라르 데파르디외는 진짜와 가짜 마르탱 게르 양쪽을 연기해 그 이야기를 널리 알리고, 학자들뿐 아니라 대중들에게 역사가 내

16세기 리옹 역사의 전문가로 명성을 얻은 내털리 제이먼
데이비스는 이후 근대 초 유대인 문화와 여성 문화를 연구
하는 역사가로서의 능력을 보여주었다. 현재 연구자, 강연
자로서 세계 곳곳을 누비며 왕성한 활동을 하고 있다.
위 사진은 프랑스 리옹의 현재 전경.
아래 그림은 19세기 리옹의 모습.

털리 데이비스의 인지도를 높이는 데 일조하였다. 그녀는 다시 한 번 지방사를 일반적 의문 제기에 이용하는 탁월한 기술을 보여주었다. 즉, 한 프랑스 마을의 가짜 신원 사건을 다룬 미시사가 정체성의 형성과 계급 관계에 관한 의문들을 논의하는 데 이용되고 있는 것이다.

이와 동시에 내털리 데이비스는 새로운 방향으로 나아가, 근대 초 유대인 문화와 여성 문화를 연구하는 역사가로서의 능력을 보여주었다. 그녀의 가장 야심작이라 할 만한 《주변부의 여성들 *Women on the Margins*》(1995)이 간행되기에 이른 것도 바로 이러한 관심사 덕분이었다. 그녀는 여기서 각각 유대인, 가톨릭, 프로테스탄트인 세 명의 17세기 여성을 대상으로, 그들이 프랑스나 유럽뿐 아니라 다른 대륙에서 겪었던 이력과 모험담을 서로 비교, 대비시키고 있다. 그녀의 설명에 따르면, 이는 "내가 과거에 가졌던 모든 관심 분야, 즉 사회학적, 인류학적, 민족지학적, 문학적인 것들을 함께 교직하는 동시에 새로운 바다와 땅에 스스로를 내던져본" 작업이었다는 것이다. 그녀는 현재 이와 동일한 방식을 따라 북아프리카 대상로隊商路의 탐색을 통해 문화적 혼합을 다룬 또 한 권의 책을 쓰고 있다[*Trickster Travels: A Sixteenth-Century Muslim Between Worlds* (New York: Hill & Wang, 2006)—옮긴이].

1995년 66세의 나이에 간행된 《주변부의 여성들》은 새로운 길을 개척하려는 내털리 데이비스의 지칠 줄 모르는 단호한 의지를 반영하고 있는데, 우리는 이와 동일한 대담성을 그녀의 생애에서도 볼 수 있다. 그녀는 이 점에 대해서 놀라울 정도로 개방적이고 솔직한 면모를 가지고 있다. 그녀는 1929년 디트로이트의 부유한 유대인 가정에서 태어났는데, 1930년대의 대공황에도 별다른 영향을 받지 않았다. 냉전이 시작될 무렵까지 평온한 생활을 하던 그녀는 하버드 출신의 젊은 수학자 챈들러 데이비스를 만나 결혼 한 뒤 50여 년을 보냈다. 그녀는 이상적인 교육을 받았는데 디트로이트 근교의 고급 사립학교에 다녔고, 이어 미국의 여성 인문대학으로 가장 권위 있는, 이른바 '일곱 자매Seven Sisters' 대학 중 하나인 스미스 대학에서 수학하였다. 하지만 이 시기에 사회적·정치적 양심이 날카롭게 성장하면서, 인종주의에 반대하고 표현의 자유나 노동조합 등을 옹호하는 정치적 논쟁과 행동에 적극적으로 참여하기 시작하였다. 내털리 데이비스는 그녀의 집안과 같은 특권층 가정의 경우, "흑인들은 단지 청소와 다림질을 하거나 식탁을 차리는 일을 하기 위해 집에 들어올 뿐이었다"고 회상한다. 그럼에도 그녀는 일찍부터 인종주의에 반대하여 버스를 탈 때면 언제나 의도적으로 흑인 옆자리에 앉아 관습에 대항하는 행동을 꺼리지 않았다는 것이다.

그러나 그녀의 인생은 1948년 챈들러와 만난 뒤 완전히 바뀌고 말았다. 첫째 이유는 (구애한 지 몇 주도 채 지나지 않아서) 그녀처럼 젊은 유대인 여성이 '이방인'과 결혼하겠다는 것은 가족들로서 도저히 받아들일 수 없는 결정이었기 때문이다. 그녀 스스로 말하고 있듯이, 챈들러는 유대인도 부자도 아니었다. 그가 "미남에다 영리하고 좌파적 성향이며 지적인 여성을 좋아한다"는 것이 가족의 반대에 아무런 영향도 줄 수 없다는 사실을 그녀도 잘 알고 있었다. 그래서 그녀는 19세밖에 되지 않은 나이에 집을 뛰쳐나와 부모에게 알리지도 않고 그와 결혼해버렸다. 심지어는 스미스 대학에도 알리지 않았다(그런데도 대학이 그녀를 퇴교시키지 않은 것은 이례적인 일이었다). 두 번째 이유는 챈들러와의 만남이 FBI나 매카시즘과 맞닥뜨린 무용담의 시작을 알리는 사건이 되었기 때문이다. 그동안 그들의 여권은 압수되었고, 챈들러는 몇 달 동안 감방에 갇혔다. 이러한 문제들은 그들이 캐나다로 이주한 1962년에야 끝났는데, 둘 다 토론토 대학교에 자리를 얻을 수 있었다. 내털리 데이비스가 아이 셋을 낳고 미시간 대학교에서 박사학위를 받은 것도 바로 이 어려운 시기 동안이었다. "아이들을 낳고 기르는 재미가 당시 겪고 있었던 정치적 산고產苦보다는 훨씬 더했지요"라고 그녀는 말한다. 그리고는 아무런 어색함도 없이 이렇게 덧붙인다. "아이들을 갖는다는 것이 내가 역사가가 되는 데 도움을 주었어요. 그것이 나를 인간적으로 만들었으니까요. 덕분에 나는 심리학과 사적 관계를 배울 수 있었고, '물질적 결핍'이니 '몸'이니 하는 추상적인 말들의 의미를 생생하게 느낄 수 있었지요."

내털리 데이비스는 최근 (버클리 소재 캘리포니아 대학교에서 6년간 재직한 뒤) 1978년 이후 자신이 몸담아왔던 프린스턴 대학교에서 은퇴했지만, 연구자로서 또는 강연자로서 여전히 세계 곳곳을 누비며 대단히 적극적으로 활동하고 있다. 그녀가 보여준 역할 모델은 새 세대의 여성 학자들은 물론 역사가 일반에서도 확고한 것으로 남아 있다. 그녀가 역사가들과 일반 독자들에게 보내는 메시지가 있다면 그것은 이런 것이다. 즉, 과거에 대한 연구란 다름 아닌 희망을 배우는 것이라는 점이다. 왜냐하면 사회가 아무리 횡포하다고 하더라도 사람들에게는 언제나 자신만의 역사를 만들어나갈 수 있는 대안들이 열려 있는 법이기 때문이다. "현재가 아무리 침체하고 절망스럽게 보일지라도, 과거는 우리에게 변화가 일어날 수 있다는 사실을 일깨워주는 것이다."

대단히 우아하고 매력적인 자기만의 방식을 가지고 있으며, 풍모도 나이보다 더 젊어 보이는 내털리 데이비스는 런던에 있는 자신의 친구 리자 자르딘의 집에서 나를 맞아주었다. 우리는 다정하면서도 열정적 분위기로 근대 역사 서술의 조류, 그녀의 이력과 관심사 등 아주 다양한 얘기를 장시간 나누었다.

● 마리아 루시아 팔라레스-버크　　당신은 유대인 가정에서 자라났습니다만, 스스로 "그들에 관한 기억이 너무 불쾌해서 아이들에게는 알리고 싶지 않을 정도"라고 말했습니다. 당신은 무엇 때문에 과거의 연구에 인생을 바치게 되었습니까?

●● 내털리 제이먼 데이비스　　우선 나는 그것이 과거와 단절되었다는 것, 말하자면 뿌리가 없다는 느낌 때문이었다고 생각합니다. 내 가족은 유대인 출신 유럽 이민자들로 이루어져 있었죠. 조부모와 증조부모는 러시아나 폴란드에서 겪었던 과거사에 대해서는 아무런 말도 할 필요가 없다고 생각하는 분들이었지요. 그곳 생활이 아주 혹독했거든요. 그렇다고 그 분들이 미국에서 경험한 과거가 있는 것도 아니었어요. 미국에 온 많은 유대인들이 그랬던 것처럼, 그들 역시 과거가 아닌 미래를 향해 나아갔기 때문이지요. 내가 과거로 인한 충격을 처음 느꼈을 때는 중등학교에 진학해서 이 나라의 과거에 깊이 뿌리박은 미국 전통 가문 출신 학생들과 친해지기 시작했을 무렵입니다. 당시 나는 아주 훌륭한 역사 선생님에게 배울 수 있었는데, 내가 그리스사와 유럽사, 계몽주의, 프랑스혁명과 미국혁명 등에 대해 알게 된 것도 그 덕분이지요. 이때 갑자기 내가 이 먼 과거 사건들에 연루되어 있다는 느낌을 받았고, 그리하여 나 자신을 지극히 유럽적인 과거사 속 어딘가에 위치시키게 되었습니다. 대학에 갔을 때도 이런 관심은 여전했지요. 동시에 문학과 글쓰기에도 깊이 빠져들었어요.

이런 관심은 가족적 뿌리를 가지고 있는데, 아버지가 인기 있는 희곡 작가였거든요. 몇 주 전 내 고희 잔치에서 딸이 "부모님의 딸"이라는 제목으로 회고담을 얘기했는데, 그 애는 어린 시절에 타이프라이터 치는 소리를 들은 기억이 있다는 거에요. '타닥타닥' 하다가 생각하느라 잠시 쉰 뒤에 다시 타닥거리는 그런 소리 말입니다. 그 얘기를 들으니 나 역시 어릴 때 똑같은 소리를 들었던 기억이 되살아났어요. 아버지도 희곡을 쓰면서 타이프라이터를 치다가 쉬곤 하셨거든요. 그래서 글쓰기와 상상해서 무엇을 만들어내는 것은 아주 어릴 적부터 내 관심의 일부가 된 셈입니다.

역사가 중요했던 것은 내게 없었던 과거에 대한 감각을 주었기 때문만은 아니었어요. 역사는 정치에 대한 나의 깊은 관심에 호응하는 면이 있었지요. 대학에 간 이후 지금까지, 나는 정치적 이유로 인해 역사에 대해 알아야 할 필요가 있었던 것이 아닌가 생각해요. 마르크스는 이렇게 말한 적이 있지요. 사람들을 미래로 인도해 줄 유일한 학문은 역사학이라고요. 그리고 나는—여성이나 유대인으로서가 아니라 (당시에는 어느 쪽 정체성이든 나에게는 그다지 흥미로운 문제가 아니었어요) 그저 한 개인으로서—인간성의 위대한 물결에 동참한다는 생각에 빠져 있었습니다.

일생을 나로 하여금 역사에 관심을 기울이도록 만들었던 것은 현재 우리가 당면한 의문의 답을 과거 속에서 찾아보겠다거나, 그것의 처방을 얻겠다거나, 혹은 어떤 명확한 교훈을 배우겠다거나 하는 것이 아닙니다. 이런 식의 교훈이란 것은 설사 있다고 해도 극히 모호한 법이거든요. 방금 말한 견해가 냉소적인 역사관으로 비칠지도 모르겠지만, 나는 냉소적인 사람은 아닙니다. 나는 종종 르네상스 휴머니스트였던 조반니 피코 델라 미란돌라가 인간에 대해 한 말을 생각합니다. 즉, 인간은 한편으로 천사의 업적에도 이를 수 있는 존재지만, 동시에 악마와 같이 무서운 짓을 범할 수도 있다는 겁니다.[13] 피코의 말은 우리에게 아주 커다란 위협감을 주기도 하지만 희망의 느낌도 함께 주지요. 지금보다 젊었을 때만 해도 나는 더 낙관적인 인간 경험의 특징들을 찾으려는 경향이 있었고, 심지어 그러한 특징들이 어디쯤에서 억압과 지배의 경험을 헤치고 나타나는가를 탐색하기도 했습니다. 오늘날에도 여전히 이런 식으로 글을 쓸 수는 있겠지요. 예전보다는 좀더 냉정하면서 때로는 애도의 정을 표하기도 하면서 말입니다. 하지만 나는 훨씬 복잡다단하고 넓은 범위의 경험들을 가진 것으로 보이는 인간성에 대해 얘기할 준비가 되어 있어요. 그래서 과거의 중요성에 대한 내 감각이 아주 다양한 주제들을 포괄할 만큼 증대되고 확장되었다고 말하고 싶어요. 예컨대 25년 전 나는 여성을 연구하기 시작했고, 최근에 와서는 유대인의 역사와 비유럽적인 주제들도 그 대상이 되었지요. 이렇게 관심사가 넓어진 것이 과거를 연구하는 데 많은 이점을 가져다주었습니다.

● 학창 시절 이후 당신은 시대적 논쟁이나 사건들에 적극적으로 참여해 왔습니다. 마셜 플랜과 매카시즘에 반대했을 뿐 아니라,

[13] Giovanni Pico della Mirandola(1463~1494). 이탈리아 휴머니스트로 《인간 존엄성에 대한 연설 *Oratio*》을 썼다.

"나는 종종 르네상스 휴머니스트였던 피코 델라 미란돌라가 인간에 대해 한 말을 생각하곤 합니다. 즉, 인간은 한편으로 천사의 업적에도 이를 수 있는 존재지만, 동시에 악마와 같이 무서운 짓을 범할 수도 있다는 겁니다." 그림은 피코 델라 미란돌라의 초상화.

버스에서는 언제나 흑인 옆자리에 앉아 인종 차별에 항의하기도 했지요. 참여 지식인으로서의 자신에 대해 말씀해 주시겠습니까? 당신이 역사를 쓰고 있는 것은 참여 행위를 위해서인가요?

●● 내가 참여 지식인이 되고 싶어 한다는 점은 확실합니다. 하지만 참여 방식은 시대에 따라 달라져왔어요. 학생 시절에는 정치에 적극적이었지만 그것도 아이들을 가지기 전의 일이지요. 이후로도 나는 여전히 나날이 일어나는 일들에 관심을 기울이기는 했지만, 대개 항의문과 편지에 서명을 한다든지, 돈을 보낸다든지, 드문 일이지만 캠페인 조직을 후원한다든지 하는 정도에 그칠 뿐이었어요. 물론 민권운동 기간이나 베트남 전쟁 중에는 이리저리 뛰어다니기도 했습니다만. 최근에는 걸프전―이는 미국 정부가 저지른 정말로 끔찍한 실수였습니다―에 반대하기도 했고, 토론토 대학교가 전 미국 대통령 조지 부시에게 명예박사 학위를 수여하려는 것에도 반대했어요. 또한 팔레스타인 사람들이 정주자들의 잠식에 대항해 무너진 집을 다시 세우고 땅을 보호하는 것을 도와주고 있는 이스라엘 친구들을 지원하기도 했지요. 하지만 이 같은 경우를 제외하면 나의 참여라는 것은 내가 하는 일과 관련되어 있습니다. 예컨대 좀더 참여적인 형태의 대학 생활이나 학과 안의 반反 위계적 구조 같은 것을 옹호하는 경우들이지요. 그러나 설사 학과에서 하는 일들이 나 자신의 정치적 가치에서 연유하는 것이라 해도, 역사가로서의 작업이 정치에 봉사하는 것은 아니라는 말을 덧붙이고 싶군요. 내 작업이 칼날처럼 비

판적인 면을 가지고 있는 한 언제나 그랬으면 하는 희망을 가지고 있습니다만 그것이 곧 하나의 참여가 아닌가 합니다. 왜냐하면 역사가로서의 나의 첫 과제는 과거를 이해하고, 가능한 많은 증거를 모으기 위해 자료조사를 하고, 그리고는 증거를 검토해서 제기된 일련의 의문들과 자료가 보여주는 것들을 합당한 방식으로 해석하는 데 최선을 다하는 것이기 때문이지요. 대학 시절 마르크스주의자로 내 생애에서 가장 행동가적인 나날을 보내고 있을 때조차도 나는 결코 교조주의자는 아니었답니다. 마르크스주의가 나에게 유용한 통찰력을 제공한다는 점을 알았지만, 그래도 나는 언제나 내 자신의 연구를 통해 발견한 것을 존중했어요. 역사는 그것이 당신에게 주는 전망을 통해, 당신으로 하여금 현재를 바라보고 이해하도록 해주는 이점을 통해, 그것이 당신에게 주는 지혜나 인내를 통해, 그리고 변화의 가능성에 대한 낙관적인 희망을 통해 봉사하는 겁니다.

● 그러면 당신은 역사가란 항상 중립적이고 불편부당해야 하며, 결코 어떤 주의주장을 가져서는 안 된다고 보십니까?

●● 지난 10여 년 동안 독일 점령하의 프랑스를 연구해 오면서 내가 직접적으로 다룬 것이 바로 이 문제입니다. 나는 1970년대 초 16세기 종교 폭력을 연구할 때 이미 그 문제를 생각하기 시작했어요. 하지만 지금은 심지어 나치당에 부역했던 역사가들마저도 이해하려 애쓰고 있습니다. 그래서 우리가 글의 주제로 삼고

있는 사람들이 도대체 어디서 나오는 것인지를 머리 속에 그려보는 것이 아주 중요하게 되지요. 나는 언제나 과연 무엇이 그러한 역사가를, 또한 그들의 도덕성을 형성케 했을까 묻고 있습니다. 그렇다고 해서 그들이 내 눈에 옳은 존재로 비치는 것은 아니에요. 다만 그들 삶의 궤적과 그 시대의 어떤 가치들이라는 측면에서 그들을 알려 할 뿐입니다. 달리 말하면, 그들을 일종의 정신 분열증이나 정신 질환 혹은 단순한 시기심 등으로 설명하지 않고—그렇게 하는 것은 아마도 일정 정도의 환원주의가 될 테지만—그들을 내 목소리가 아니라 그들 자신의 목소리를 통해 이해하려 하는 것이야말로 더할 나위 없이 중요하게 보인다는 겁니다.

반면에 역사가는 작업 과정에서 어떻게 해서든 그 혹은 그녀의 목소리를 넣고 싶어하겠지요. 물론 이는 글쓰기 스타일의 문제입니다만. 16세기의 폭력적 제의를 주제로 글을 쓸 당시, 내가 하려 했던 것이 바로 이런 것이었어요. 나는 그처럼 까닭 없이 잔혹한 폭력적 행동들을 환원주의적이지 않은 방식으로 이해하려 노력했습니다. 동시에 그 주제를 아무런 판단 없이 대하거나 혹은 어떤 논점에 나 자신을 개입시키지 않은 채 그냥 내버려두고 싶지도 않았어요. 그래서 나는 그 글 말미에다 폭력의 제의는 결코 폭력에 대한 권리가 아니라고 썼습니다. 그리고는 동시대의 몇몇 사건들과 함께 현재에 대한 언급으로 끝맺었지요. 만약 이런 식으로 개입한다면, 독자들에게는 우리가 무엇을 하고 있는지, 어디에서 와서 어디쯤에 서 있는지가 명확하게 보일 겁니다. 바꾸어 말해서 우리는 해설적 혹은 문학적 장치를 통해 이야기의 목소리가 바뀌고 있다는 것, 그리고 지금 듣고 있는 것이 다름 아닌 우리의 개인적 목소리라는 것을 보여주어야 한다는 거지요. 나는 작가가 지향하는 가치들이 언제든지 그 혹은 그녀가 쓰고 있는 것에 영향을 미친다는 점을 충분히 알고 있습니다. 하지만 나는 최근의 몇몇 작가들이 주장하는 것과는 달리, 역사가가 자신을 의식하여 매 순간 글 속에 개입해야 한다고는 생각지 않아요. 사실 그건 아주 지루한 일이 될 수도 있지요.

● 1950년대라면 당신은 아이들 셋을 데리고 박사학위 논문을 쓰고 있었을 텐데요, 또한 여러 극적인 경험을 하며 인생을 헤쳐나가고 있던 때이기도 하고요. 당신과 남편은 반공反共 선서를 거부하다 기소되었고, 남편은 요주의 인물로 몰려 미국 대학교에서 안정된 자리를 얻을 수 없었던 데다가, 종국에는 의회를 비난했다는 죄목으로 투옥되기까지 했죠. 당신도 말했지만 학문적 삶이란 측면에서 볼 때 "이 시기 최악의 부분"은 바로 학문적으로 고립 상태에 있었다는 것입니다. 하지만 어떤 집단에도 속하지 않았다는 점이 오히려 당신에게 커다란 이점이 되었다는 것, 그리고 역사 연구에서 당신이 이룬 많은 혁신적 측면들이 바로 이렇듯 강제적인 고립 상태 덕분이었다고 생각지는 않으십니까?

●● 아주 좋은 지적이라고 생각합니다. 당시 상황이 그처럼 긍정적인 측면도 가지고 있었다는 것은 확실합니다. 난 누구의 조교가 될 필요도 없었고, 누군가에게 잘 보이려고 애쓸 필요도 없었

어요. 내가 그들에게 잘 보여야 할 그런 상황에 있지 못했으니까요. 심지어 학위논문을 제출하려던 곳에서는 연구도 하지 못했고, 미시간 대학교에서 대학원 첫 해를 보내고 난 뒤에는 학생 그룹에 끼지도 못하는 형편이었답니다. 그때 우리는 주로 뉴욕에서 생활하고 있었고, 나는 그저 내 일을 하고 있을 따름이었어요. 이런저런 학술 잡지들을 구독하고 뉴욕 공립도서관에 가서 책을 읽고 학술 모임에도 참석하면서 말이지요. 이런 모임에 갈 때면 물론 재미도 있었지만 약간은 외로운 느낌이었어요. 당시 그곳에는 아는 사람이 아무도 없었거든요. 사실 나처럼 아이들을 키우느라 애쓰면서도 역사에 커다란 흥미를 가지고 있던 친구가 한두 명만 있었더라면 참 좋았을 거에요. 나는 당시 뉴욕의 컬럼비아 대학교에서 한 학기 야간 강의를 맡은 적이 있었는데, 로잘리 콜리를 만난 게 바로 그때였습니다.[14] 나는 내 책 하나를 그녀에게 헌정했어요. 그때 우리가 나누었던 이야기들은 지적으로 나에게 아주 중요했거든요. 그녀는 선생의 위치가 아니라 오히려 나이 많은 친구였다고나 할까요. 이 때문에 어느 정도 동등한 입장에 있는, 두 여성 사이의 독립적인 이야기가 가능했던 거지요.

5, 6년 전 《주변부의 여성들》에서 화가이자 박물학자인 마리아 시빌라 메리안에 관해 썼을 때, 나는 그녀가 아무런 후원자도 없다는 대목에서 나 자신의 경험을 떠올렸다고 생각해요. 그런 상

[14] Rosalie Colie(1924~1972). 북미의 문학 비평가. 저서로는 다음과 같은 것들이 있다. 《파라독시카 에피데미카: 르네상스 파라독스의 전통 Paradoxica Epidemica: The Renaissance tradition of Paradox》(1966); 《셰익스피어의 살아있는 예술 Shakespeare's Living Art》(1974).

황에 익숙해 있었다는 사실이 나에게 어떤 통찰력을 주었고, 또한 그녀가 스스로의 방식으로 일을 헤쳐나갈 수 있는 이점을 가지고 있었다는 말을 할 때 단순히 나 자신을 그녀에게 투영한 것만은 아니라는 희망을 갖고 싶었어요. 나 역시 그녀처럼 내 식대로 일을 해나갔을 뿐이고, 누가 내 학위논문을 검토할 것인지에 대해서는 아무런 걱정도 하지 않았거든요. 내가 글을 쓰고 있을 당시 머릿속에 있던 사람들이라고는 막스 베버처럼 이미 죽었거나, 혹은 베버의 프로테스탄티즘 테제에 대해 이제 막 글을 쓰기 시작한 사람들뿐이었는데, 그들은 나와 개인적으로 모르는 사이였습니다. 나는 이 사람이 이렇게 말할 것이고 저 사람이 저렇게 말할 것이라는 따위의 생각은 하지 않았어요. 나와 주로 얘기한 사람은 남편이었는데, 그도 역사가는 아니었으니까요.

● 1950년대 초 박사학위 논문을 준비할 무렵, 당신은 크리스텐드 피장에 관한 글을 썼던 적이 있습니다. 하지만 그럼에도 당신은 학위논문으로 여성사를 택하지 않았지요. 그것이 정말로 하나의 돌파구가 될 수도 있었을 텐데요. 예컨대 케이쓰 토머스는, 1950년대 말 자신이 여성사를 계속 연구하지 못한 것은 당시 그 주제에 대한 관심이 전반적으로 희박했기 때문이라고 말했습니다. 그때 당신이 여성사를 연구하는 데 장애가 되었던 것은 무엇이라고 생각하십니까?

●● 나는 당시 여성사가 지적 측면에서나 직업적인 면에서 내가

택할 바른 길이 아니라고 생각했던 것 같아요. 물론 크리스텐의
《숙녀의 도시 *Livre de la Citédes dames*》를 읽고 그것에 매료되어
용기를 얻었던 것은 사실이에요. 그녀에 대한 글을 쓰는 것이 즐
겁기도 했고요. 그래서 크리스텐을 알았다는 것이 기쁘기는 하지
만, 그 시점에서 여성사를 공부하지 않은 데 대해서는 전혀 후회
가 없습니다. 무엇보다 나는 프로테스탄트 종교개혁기의 장인들
과 계급, 사회 변혁 등을 계속 연구하는 편이 더 중요하다고 생각
했으니까요. 당시 그 분야는 내가 하고 있었던 것 같은 고문서 작
업에 거의 관심을 보이지 않고 있었거든요. 둘째로, 당시 나는 여
성사가 역사 연구에 새로운 차원을 열 것이라고 생각지 못했습니
다. 최초의 전문 문학 여성이었던 이 인물을 대했을 때 그녀를 사
회적으로 비정批正하려고는 했지만, 마르크스주의적 관점을 가
졌던 내게는 상층부 여성을 연구한다는 것이 별다른 새로움으로
보이지 않았던 거지요. 그보다는 전인미답인 분야로 더 가고 싶
었어요. 가령 내가 초기 노동조합에 대해 알아냈던 내용과 관련
된 지적 논제들에 훨씬 더 가까운 것들 말이에요. 당시 《관념사학
보 *Journal of the History of Ideas*》가 크리스텐에 대한 나의 글에 관
심을 표했음에도, 내가 그것을 수정하거나 간행하지 않은 데는
이러한 이유도 한몫 했습니다. 그때 나는 그것을 그냥 한쪽으로
쓱 밀어놓고는 곧장 나의 장인들에게로 돌아가버렸던 거지요! 셋
째로, 단지 내 자신이 여성이라는 이유로 여성에 관한 것을 연구
하고 싶지는 않았던 것이라고 생각합니다. 1950년대 초 내가 크
리스텐에 대한 글을 썼을 무렵, 우리는 냉전과 한국전쟁의 외중

"최초의 전문 문학 여성이었던 이 인물(크리스텐 드 피장)
을 대했을 때 그녀를 사회적으로 비정하려고는 했지만, 마
르크스주의적 관점을 가졌던 내게는 상층부 여성을 연구
한다는 것이 별다른 새로움으로 보이지 않았던 거지요. 그
보다는 편안미답인 여런 것으로 더 가고 싶었어요."
그림은 14세기 프랑스 최초의 여류저인 크리스텐 드 피장.

에 있었고, 그래서 더 절박했던 주제는 여성보다는 평화의 문제였습니다.

● 젊은 시절 마르크스주의와 사회주의에 끌린 것은 당신 자신도 얘기했듯이 "과거를 구성하는 큰 길들을 제공해 주었기" 때문이라는 건데요. 당신은 지금도 여전히 마르크스와 그를 따르는 사람들의 저작이 일정한 가치를 갖고 있다고 보십니까?

●● 나는 사실 마르크스주의로 개종한 것 같은 경험을 한 적이 없었어요. 물론 마르크스주의 저작 중 어떤 것들은 흥미롭고 중요하다는 생각을 항상 했습니다만, 실제로 난 약간 절충주의자였거든요. 마르크스 자신은 역사적으로 매혹적인 사람이고, 정말로 19세기의 위대한 인물 중 하나지요. 어떤 면에서 지금 우리는 그의 한계점과 위대함을 모두 평가할 수 있는 더 나은 위치에 있다고 할 수 있어요. 냉전도 끝났고, 그가 틀리느니 맞느니 하는 논쟁 속에서 그를 평가하지도 않으니까요.

이렇게 말하고 싶어요. 나는 앞으로도 계속해서 마르크스를 만날 것이고, 또한 흥미롭고 자극적인 후기 마르크스주의적 문제들에 의해 고무된 다른 사람들도 만날 것이라고요. 그들은 세계가 단지 텍스트일 뿐이라는 생각에서 벗어나게 해줄 뿐 아니라, 한 문화를 이해하는 데 갈등이 얼마나 중요한 요소인지를 새삼 일깨워 주거든요. 사실 한 시대를 당시 사람들을 분열시켰던 깊은 갈등의 측면에서보다는, 오히려 사람들이 깊이 믿고 있었던 것들의 측면에서 바라보는 편이 더 낫다는 생각이야말로 나에게는 아주 이상하게 느껴지는—그래서 학생들을 가르칠 때 많이 얘기했던—것 중 하나에요[원문에는 두 측면의 순서가 바뀌어 있으나, 문맥으로 보아 이렇게 배열하는 것이 더 적절하다고 판단하였다. 추측컨대, 인터뷰를 정리하면서 순서가 뒤바뀐 것이 아닌가 하는 생각이 든다—옮긴이]. 즉, 어떤 시기의 문화가 유지되는 것은 사람들이 깊이 공유하고 있는 공통적 생각에 의해서이기도 하지만 동시에 불확실성에 의해서이기도 하다는 것입니다. 실제로 나는 모든 사람들이 이런저런 것을 믿기 때문에 한 시대가 유지된다고 말하는 편보다, 그런 관점이 과거사를 개념화하는 데 훨씬 더 유용한 방법이라고 생각합니다. 그래서 나는 그것을 나의 접근방법으로 택했고, 이것은 아마 마르크스주의적 사유방식과도 맞아들어갈 것 같습니다.

● 당신만의 역사철학이 있습니까?

●● 예, 어느 정도까지는요. 하지만 발전 단계에 대한 믿음을 포함할 정도는 아닙니다. 1998년 나는 폴란드 역사가 예르지 토폴스키를 기념하는 책에 〈발전을 넘어서: 비교사와 그 목표들 Beyond Evolution: Comparative History and Its Goals〉이라는 제목의 글을 썼던 적이 있어요. 여기서 나는 근대화 이론에 대한 견해들을 다루었습니다. 마르크스주의적이든 비 마르크스주의적이든 발전 단계들에 대한 믿음을 공유하는 이론들 말이에요.[15] 나는 이러한 견해에 전혀 동의하지 않아요. 왜냐하면 역사에 어떤 단일한

궤적이 존재한다고는 믿지 않기 때문이지요. 글쎄요, 나이가 더 들면 내 마음도 다시 바뀔지 모르지요. 하지만 지금은 내가 대학원 학생일 때 믿고 있었던 발전 이론의 틀을 거부합니다. 이제 나는 역사에 복수의 궤적과 복수의 길이 있다는 생각을 가지고 있습니다. 만약 여기에 철학 같은 것이 있다면, 합의나 통일성보다는 논쟁을 기대하는 그런 것이겠지요. 그것은 철학이라기보다는, 공통의 틀 내에서 작업을 하더라도 그 길이 다양하다는 인식을 갖고, 역사적 운동들 속에서 동의보다 오히려 분쟁과 불화의 측면에 주목하는 과거에 대한 비전 같은 것이 될 겁니다.

● 당신은 오랫동안 리옹을 집중적으로 연구했습니다. 당신은 그 도시의 어디에 그렇게 끌렸습니까? 또한 당신은 책을 쓰기보다는 그 도시에 대한 많은 에세이를 쓰겠다고 작정한 것 같은데요. 이렇게 된 것은 의식적으로 에세이라는 글의 형식을 더 좋아하기 때문입니까? 아니면 그냥 우연인가요?

●● 우선 난 종교와 자본주의에 대한 주장을 검증해 보고 싶었는데, 앙리 오제의 저작들을 통해 리옹이 내가 필요로 하는 모든 것을 가지고 있었던 곳이라는 사실을 알았습니다.[16] 그곳에는 특기

---

[15] "Beyond Evolution: Comparative History and Its Goals" in *Swiat Historii* (Posnan: Instytut Historii UAM, 1998), pp. 149~157.

[16] Henri Hauser(1866~1948). 프랑스 사회사가. 다음과 같은 저작이 있다. 《구체제 프랑스의 노동자와 상인 *Travailleurs et marchands dans l'ancienne France*》(1920); 《16세기의 근대성 *La modernité du 16e siècle*》(1930).

할 만한 장인 운동들이 있었고, 출판업자, 은행가, 상인, 실크와 같은 다양한 산업, 게다가 라블레까지 있었거든요. 그는 여러 해 동안 그곳에서 살았습니다. 어쨌든 리옹에는 사례 검증을 위해 필요할 만한 것들이 다 있었다는 거지요. 또한 파리가 아닌 주변적인 곳, 말하자면 중심을 벗어난 곳에서 작업을 한다는 생각에 끌린 것도 사실이에요. 더욱이 그곳에는 고문서 자료가 아주 풍부했기 때문에, 이후 몇 년간의 연구는 그 자료들로 충당될 정도였습니다. 예컨대 나는 수많은 공증인들이 작성한 유언장 서류들을 모두 볼 수 있었어요. 인근 지역 전체를 망라하는 완전한 서류철을 말이에요. 지금 나는 선물에 관한 책을 쓰고 있는데, 여기서도 리옹 자료를 아주 많이 사용하고 있다니까요[*The Gift in Sixteenth-Century France* (Madison: University of Wisconsin Press, 2000): 김복미 옮김, 《선물의 역사: 16세기 프랑스의 선물 문화》(서해문집, 2004)—옮긴이].

그런데 왜 내가 에세이 대신 아예 리옹에 관한 책 한 권을 쓰지 않았을까요? 사실 그 문제를 다룬 박사학위 논문을 책으로 출간할 수도 있었습니다. 하지만 그렇게 하지 않았어요. 사정이 이렇게 된 것은 내가 고립된 생활을 한 결과라고 봅니다. 난 그때 실수를 한 겁니다. 지금 학생들에게 결코 범하지 말라고 말하고 싶은 그런 실수 말이에요. 나는 예컨대 인류학 같은 다른 분야에 아주 관심이 많았는데요. 그러다 보니 나의 지적 야심이 발동하여 새로운 자료를 바탕으로 학위논문을 다시 써보리라 마음먹었던 거지요. 당시 나에게는 그냥 논문 그대로 출간해야 한다고 말해

줄 만한 선생님이 없었어요. 다른 이유는 그 10년 사이에 내가 아이들을 갖게 되었다는 것이죠. 그래서 아이들을 돌보느라 바빴고, 강의도 맡게 되었던 데다가 여기저기에 글도 써내야 하는 형편이었지요. 하지만 가장 큰 이유는 내가 리옹에 그렇게 많은 관심을 가지고 있었음에도, 다른 주제들에 대한 글을 쓰고 있었다는 것입니다. 난 그 당시 상업 산술을 주제로 논문을 두세 편 썼답니다. 결국 내가 책을 저술하는 일보다 주로 에세이를 쓰는 데 집중하도록 만든 것은 내 삶의 이력과 생활의 무대, 다양한 관심사 등이 한 데 엮어진 그런 조합물의 일종이라고나 할까요. 그 이면에 에세이에 대한 철학 같은 것은 없었습니다. 하지만 나의 《근대 초 프랑스의 사회와 문화 Society and Culture in Early Modern France》를 되돌아보면, 나는 각각의 장章들이 다른 장으로부터 발전해 나왔다는 것을 느껴요. 그래서 비록 그 글들이 14년이란 시간 동안 개별적으로 씌어졌다고 하더라도 그 밑에는 단일한 지적 주제가 놓여 있었던 셈입니다.

● 당신은 16세기, 특히 프로테스탄트 신앙에 대해 많은 연구를 했습니다. 당신은 스스로 기독교인이 아니라는 것을 이점이라고 보십니까, 혹은 불리한 점이라고 보십니까? 당신의 이러한 위치가 내부자에게 보이지 않는 어떤 통찰력을 주었다고 생각하십니까?

●● 나에게는 그것이 이점이었어요. 하지만 필요조건이었던 것

은 아니에요. 왜냐하면 설사 가톨릭의 틀 안에서 작업한다 해도, 일종의 거리두기와 복수적 전망을 성취할 수 있다는 것을 장 들 뤼뫼의 경우가 대단히 잘 보여주고 있기 때문이지요. 그렇지만 1950년대에 신앙을 가지고 있지 않았다는 것이 나에게는 좀 독특한 이점으로 작용했다는 느낌은 있습니다. 당시는 여전히 신앙을 밑바닥에 깔고 있는 글들이 많았던 때였어요. 물론 다들 좋은 역사 서술이기는 했지만요. 프로테스탄트 신앙을 가진 학자들은 프로테스탄트적 경향의 학술 잡지에 글을 싣고, 가톨릭 신앙을 가진 학자들은 가톨릭 쪽에 글을 싣는 식이었지요. 나는 유대인에 관한 글을 쓰지도 않았고 이런저런 신앙을 가지고 있지도 않았기 때문에 한발 뒤로 물러설 수밖에요. 나에게 가장 큰 변화의 계기는 발전의 관점에서 멀어진 것이라고 말할 수 있을 겁니다. 좀더 옛날 식 표현을 쓰자면 '진보적' 관점 말이에요. 인류학과 여성사에 관심을 갖기 시작하면서, 나는 가톨릭 신앙도 새로운 시각에서 보게 되었습니다. 내 시야를 열어준 것은 종교에 대한 인류학적 접근과 더욱 다양한 형태의 종교 연구였어요. 그 덕분에 나는 가톨릭 신앙을 역사의 뒤안길로 처지게 될 하나의 체제로서가 아니라 프로테스탄트 신앙과 동등한 행위자로서 바라보게 되었지요. 그리고 내가 국외자라는 사실 덕분에 이러한 변화가 좀더 쉽게 일어난 것이라고 생각합니다.

● 상황을 뒤집어 생각해서 만약 당신이 신앙인으로서 유대인 문제를 다룬다면, 내부자로서의 감정 때문에 전망의 감각을 잃게

될 가능성이 있다는 건가요?

●● 그래요. 나는 그런 위험이 있다고 봅니다. 나에게는 그것이 유대인 연구를 위해 더 나은 길이었어요. 프로테스탄트나 가톨릭 문제를 국외자로서 연구한 경험이 이러한 주제에 가져다줄 수 있는 이점과 같은 거지요. 나는 감정이입의 기법을 연구에 활용하려고 했습니다. 주제를 바깥에서뿐만 아니라 안에서도 바라보려 한 거에요. 유대인 문제의 경우 나는 정말로 그렇게 하려고 했어요. 사물을 국외자로서 바라보려는 각별한 노력을 했지요. 특히 내가 그 문제를 아주 잘 알고는 있음에도 불구하고 나에게 충격적인 경우는 더욱 그랬습니다. 그러한 경우에는 유머 감각이나, 유대인 특유의 자기 풍자적 성질로 자신의 문화를 보고 웃고 즐기는 능력 같은 것들이 도움이 될 수도 있겠지요. 예컨대 나는 《주변부의 여성들》 서문을 쓰면서 내가 연구한 여성 유대 상인 글리클에게 이렇게 질문을 던졌어요. 왜 그녀는 언제나 자신의 아들들에게는 랍비(경칭의 일종)라고 부르면서 딸들에게는 특별한 이름을 붙여주지 않느냐고요. 나는 내 방식대로 유대인의 과거에 내재된 성차별적 관습을 지적하려 한 겁니다. 그건 사실 율화를 치밀게 만드는 유대인 문화의 한 특징이기도 하지요. 어쨌든 나는 국외자로서 유대교의 일면을 드러내려고 했습니다. 자신을 우스개의 대상으로 만들어 아주 친숙한 것들과 거리를 둘 수 있을 거에요. 난 내부자이면서 동시에 국외자가 되는 것을 아주 좋아한답니다.

● 당신이 쓴 선구적 논문 중에 16세기 폭력의 제의를 다룬 것이 있지요. 이러한 관심은 주로 연구를 통해 발견한 것들의 결과물인가요? 아니면 당신의 시대에 미국을 비롯한 여타 지역에서 보이던 도시 폭력에 대한 반작용인가요?

●● 둘 다에다가 유대인 대학살이 더해진 결과지요. 첫째, 나는 리옹에서 일어난 폭력과 봉기 사건에 오랫동안 관심을 가지고 있었는데, 그중에서도 특히 1529년의 '르베인rebeine'이 내 마음을 끌었습니다. 이 놀라운 식량 폭동은 이미 호제에 의해 연구된 바 있습니다. 난 내가 찾아낸 리옹 자료를 검토해서, '르베인'의 발발 동기가 종교적인 것, 즉 프로테스탄트 신앙과 경제적인 것 둘 다에 있다는 호제의 주장이 옳은지 아닌지를 알아보고 싶었어요. 그리고 내가 발견한 증거는 그가 틀렸다는 점을 말해 주었지요. 내가 리옹에 대해 작업하면서 검토한 주요 폭동들은 종교적인 성격의 것이었지만, 이 식량 폭동은 특수한 초점과 전통적인 정당화의 측면들을 가지고 있었어요.
둘째, 그 시대, 즉 1970년대 초는 한마디로 난국이었습니다. 미국에서는 베트남 전쟁의 종전이나 민권운동 등과 관련하여 수많은 폭력 행위들이 있었습니다. 대학 행정이 문제가 되었을 때는 대학생들이 행정을 장악한 적도 있었을 정도였으니까요. 개인적으로 나는 버클리를 비롯한 이곳저곳에서 수많은 반전 시위에 참가했습니다. 때로는 집회가 폭력적으로 변하기도 했습니다만, 우리 쪽에서 그런 것만은 아니고 오히려 경찰 쪽에서 그렇게 만든 경우가 많았어요. 나는 이런 모습들을 수없이 목격했는데, 그래서 군중 행위란 것에 깊은 관심을 가지게 된 겁니다. 셋째, 유대인 대학살이 야기한 자극이 잠재의식 속에 있었어요. 2차 세계대전 중에 일어난 그 무시무시한 폭력 말입니다. 미국의 예는 그렇게 극단적인 것이 아니었어요. 비록 민권운동이나 반전운동에서도 순교자들이 발생하기는 했지만, 유대인 대학살 같은 대규모의 잔인성을 표출하지는 않았거든요. 그런데 16세기에 일어난 학살 사건들을 보면 많은 점에서 유대인 대학살과 유사한 점이 있었습니다. 학살이 소규모로 일어난 경우에도 제의적 측면을 포함해서 20세기 독일에서 발생했던 것을 상기시키는 일면이 있었다는 거지요. 그래서 나는 16세기 폭력의 제의를 연구하면서 동시에 유대인 대학살을 이해하려 애쓰고 있었던 것이 아닌가 생각해요.

● 폭력의 제의와 인간의 살해 충동에 대한 당신의 연구에 프로이트나 여타의 심리학자들은 어느 정도로 활용될 수 있을까요?

●● 프로이트가 보여준 통찰력 중 일부는 세계를 문화적으로 바라보려는 우리 방식의 한 부분이 되었습니다. 부모 자식 관계에서 나타나는 갈등에 대한 견해들이 그 같은 경우지요. 나는 그러한 점들은 받아들여서 이용합니다. 마르크스도 그렇지만 프로이트 역시 인간적으로 아주 흥미로운 경우예요. 나는 카니발에 대한 글을 쓰면서 그에게서 도움이 되는 착상들을 얻었습니다. 하지만 결코 프로이트적 접근방법을 사용하고 싶지는 않았어요. 왜

냐하면 역사학적 작업을 한다는 것은 내게 심리학 혹은 정신분석학 이론을 확인하는 것이 아니었기 때문입니다. 그것은 아마 심리사학psychohistory에서나 하는 것일 테지요. 나에게는 그것이 환원주의적인 것으로 비칩니다.

내가 프로이트적 시각을 사용한 예로는, 몇 년 전에 썼던 칼뱅파 지도자 테오도르 드 베즈를 다룬 에세이가 있어요. 나는 그가 아버지에 대한 반항 행위로서 프랑스의 휴머니스트 친구들과 결별하고 칼뱅파로 개종한 뒤, 하녀와 일을 벌여 결혼까지 하는 일련의 과정을 해석하려 했습니다. 나는 이러한 베즈의 반항 행위에 큰 관심을 갖고, 그가 스위스에 간 뒤 처음으로 쓴 책이 아브라함이 이삭을 희생시키려 하는 비극에 관한 것이었다는 것, 즉 아버지와 아들에 대한 희곡 작품이었다는 것을 강조하려고 했습니다. 그래서 보다시피 내가 쓴 프로이트의 방법이란 것은 그동안 우리 문화 일반의 한 부분이 되어온 프로이트적 통찰력을 활용하는 정도에요. 더 이상 나아가고 싶지는 않아요. 그건 역사가로서의 내 목표가 아닙니다.

● 당신은 종종 다른 학문 분야의 학자들을 인용하곤 합니다. 예컨대 폭력의 제의를 다룬 논문에서 엘리아스 카네티, 메리 더글러스, 닐 스멜서 등을 인용했지요. 그들이 역사가들에게서는 얻을 수 없는 것을 줄 수 있었던 겁니까?

●● 내가 〈폭력의 제의 The Rites of Violence〉[《사회와 문화》]에 재수

록됨]에서 인용한 많은 학자들은 버클리에 있던 사람들이었고, 그 래서 그들이 내 지역 관계망의 일부였다는 점을 말씀드려야겠네요. 학문적 작업에서는 사람이 속해 있는 공동체, 즉 그 혹은 그녀가 말을 거는 공동체를 정밀하게 바라보는 것이 대단히 중요하다고 생각합니다. 왜냐하면 우리 모두는 일반적 전망과 함께 지역적 전망도 가지고 있는 법이니까요. 하지만 내가 인용한 수많은 저자들이 나의 지역적·학문적 공동체의 일부였다고 해도 메리 더글러스는 그렇지 않았어요. 그녀는 당시 인류학에 쏟고 있었던 내 관심사의 일부였거든요. 그리고 오염 문제—이는 당시 역사가들이 연구하고 있지 않았던 주제였어요—에 대한 그녀의 이론화는 대단히 귀중한 것이었어요. 나는 그때 여성의 일들에 대해 막 작업을 시작한 참이었는데, 그녀가 말한 월경으로 인한 오염 관념이 각별히 유용하고 날카로운 것이라는 사실을 알았습니다. 생각해 보면 어떤 학자를 인용할 것인가 하는 것은 그들이 나에게 어느 정도로 놀라운 사실을 알려주는가에 달려 있었다고 말할 수 있겠네요. 한 측면에서 보면 그들의 작업이 상당히 넓은 틀 안에서 이루어지고 있었다는 점을 지적할 수 있어요. 내가 역사학적 작업으로는 다 훑기 어려울 만큼 광범위한 자료와 시대를 관통하고 있었으니까요. 다른 측면에서 볼 때 그들은 어떤 종류의 이론들, 혹은 일반적인 진술들을 찾고 있었다고 할 수 있어요. 역사가들도 때때로 그렇게 하지만 폭력의 분야에서 반드시 그래야 하는 것은 아닌 그런 것 말입니다.

● 당신의 작업에 특별히 중요한 특정 이론가들이 있습니까? 아니면 그저 도구적인 이유로 그들을 선택하는 겁니까?

●● 주로 도구적인 이유에서이긴 합니다만, 그렇다고 그들을 존경하지 않는 것은 아닙니다. 무슨 말인고 하니, 내가 가장 책임감을 느끼는 사람들은 이론가가 아니고—물론 그들을 존경합니다. 개인적으로 알고 있는 그들 중 일부에게는 애정마저 느끼고 있어요—바로 내 글의 대상이 되고 있는 사람들이라는 거지요. 아마도 내가 연구한 16세기의 주제들과 또한 그 시대의 위대한 관측자였던 라블레나 몽테뉴에게 나의 최종 책임을 돌려야 할 거예요. 내 생각을 검토할 때면, 언제나 다시금 되돌아가고 싶은 인물들이 바로 이 두 사상가입니다. 그들은 결코 이론가가 아니었지만 자신들이 살았던 시대를 매우 잘 알았던 날카로운 관측자였어요. 여성 문제는 예외입니다만, 내가 만일 올바른 길을 가고 있다면 라블레와 몽테뉴에게서 반드시 반향을 들을 수 있을 것이라고 느끼는 이유가 바로 여기에 있습니다. 여자 문제라면 난 마르게리트 드 나바르에게로 돌아갈 거예요. 예컨대 선물을 다룬 내 책의 경우, 나는 뒤르켐과 모스를 다시 읽어야 한다고 생각했어요. 그들은 교환 이론들에 관해 정말로 오랜 시간을 생각했던 사람들이기 때문에 중요했던 거지요.
하지만 그렇다고 해서 언제나 그들에게 경의를 표하고 그들이 말한 것이라면 무엇이나 존중해야만 한다는 뜻은 아니에요. 이는 내 저작에 대해서도 동일합니다. 비록 내가 문화 혼합에 대해 비

유럽적인 시각에서 사물을 바라보려고는 했지만 말이지요. 나는 사료를 풍부하게 사용해 왔고 나 자신만의 착상들도 가지고 있기는 하지만, 탈식민주의 작가들과 학자들이 이 주제에 대해 무슨 말을 하고 있는지도 알고 싶습니다. 나는 때때로 그들이 한 말에 어떤 영감을 받기도 하는데요. 내가 최근에 만났던 모로코 출신의 위대한 문학비평가 아브델파타 킬리토가 바로 그런 경우지요. 하지만 그들을 절대적 인도자로 생각하는 건 아니에요.

● 여성운동의 초기 단계에 간행된 당신의 첫 저작 《근대 초 프랑스의 사회와 문화》는 당신을 여성사의 한 모델로 만드는 데 일조했지요. 여성의 역사적 발전 중에서 혹시 입장을 같이 하고 싶지 않은 흐름이 있습니까?

●● 내가 여성운동에서 나타나는 어떤 것들을 비판한다고 해서 그것을 적으로 생각하는 게 아니라는 점을 먼저 말하고 싶네요. 현재의 여성운동 내에는 수많은 투쟁 양상이 존재하고 있어요. 하지만 단서를 붙인다면 나는 결코 사람들을 쫓아내려는 생각으로, 혹은 모든 것을 다 안다는 식으로 비판하지는 않을 겁니다. 물론 모두에 동의하지도 않을 거고요. 나는 이것이 문제를 푸는 절대적 열쇠라든지, 다른 것은 모두 팔아치우거나 다만 틀렸다고 주장하는 여성사 서술은 좋아하지 않습니다.

내가 좋아하는 여성사는 여성을 단지 희생자로서만 보지 않고—구체적으로 어떤 책을 마음에 담고 말하는 것은 아니에요—여성이 남성과 협력하거나 심지어 공모하는 수많은 상황들을 조망할 수 있게 하는 그런 종류의 것입니다. 1970년대에 여성사 연구 상황을 개관하는 글을 쓴 적이 있는데, 여기서 역사가들에게 17, 8세기 카탈로그에서 부르고 있는 식의 이른바 여성 명사名士들로부터 벗어나라고 촉구했습니다. 그런 종류의 연구가 물론 당시의 특출한 여성을 집중 조명하는 장점을 가지고 있기는 했지만, 단순히 그러한 장르의 현대판을 생산하는 데 그쳐서는 안 된다는 것이 내 생각이었던 거지요. 그렇다고 해서 여성을 주인공으로 삼는 연구들이 쓸모없다는 의미는 결코 아니에요. 사실 나의 《주변부의 여성들》이 바로 그런 경우입니다. 거기에는 남자들도 나오지만 내 초점은 어디까지나 세 명의 여성에게 맞추어져 있으니까요. 그러나 우리는 언제나 여성이 속해 있는 관계와 연줄의 범위를 기억해야만 합니다. 그렇지 않으면 그들이 처한 위치가 어떤지 알지 못하게 될 위험이 있어요. 삶에는 그것을 관통하는 몇 가지 체계가 있기 마련이고, 그 전체를 조망하기 위해서는 그것의 존재를 항상 염두에 두어야 합니다.

요 전날 난 베를린의 한 연구회에 참석했는데요. 그곳에서 내 친구인 바바라 한―그녀는 18세기 말에서 19세기 초의 베를린 여성 문인들, 특히 유대인 여성들을 연구하고 있습니다―이 유대인 여성들과 관계를 맺고 있는 독일 남성 기독교인들에 대한 흥미로운 글을 발표했어요. 그녀가 발견했던 것은 남자들이 자신들과 알고 지내는 유대인 여성들을 조소하는 편지들이었는데, 다른 학자들도 이미 그것은 알고 있었습니다. 하지만 그녀는 남자들이 유대인 여성들에게 보낸 애정이 담긴 간청 조의 편지들도 함께 보았지요. 그들 간의 관계를 더 잘 이해하려면 이 모든 편지들을 반드시 함께 읽어야만 합니다. 그들이 여자들에 대해 잡담 조로 얘기하고 있는 것만을 골라서는 안 되고, 잠자리를 같이 했던 여자들에게 썼던 것들도 함께 봐야 된다는 거지요. 바꿔 말하면 여성을 더 넓은 시야 속에서 바라보는 것이 중요하다는 얘기입니다.

● 여성학에 주도적으로 참여하고 또 그 발전을 지켜본 입장에서, 당신은 이 분야가 그동안 투쟁적인 여성운동과 관련되어 왔다는 사실이 이점으로 작용했다고 보십니까? 아니면 오히려 불리하게 작용한 것일까요?

●● 이점이 있었다면 열의 같은 것이겠지요. 한 세대 전체가 공유했을 뿐 아니라, 또한 정치 행동과 이 시대의 자극적이고도 훌륭한 강의들에서 나타나는 열성적인 분위기 말입니다. 불리한 점이라면 투쟁성이 만사의 열쇠라는 믿음이었어요. 사실 그렇지 않거든요. 내 세대의 사람들이 대개 그렇지만, 나 역시도 여성사 서술로 학자로서의 경력을 시작한 것이 아니라는 게 큰 차이점이지요. 나는 다른 종류의 역사를 하다가 나중에 여성사를 하기 시작한 겁니다. 물론 내가 여성사를 하게 된 데는 여성운동에 참여한 경험이 자극제가 되기는 했습니다만, 더불어 앞에서 얘기한 그 이전의 관심사들 덕분이기도 합니다. 나에게는 이 시기가 커다란 도전이었어요. 왜냐하면 이 새로운 주제를 연구하고 싶기도 했지

만 반면 그것에 갇히고 싶지는 않았기 때문입니다. 맞아요, 사실 그것은 도전이었어요. 난 이렇게 부르는 것을 좋아합니다. 시야를 협소하게 만들지 않는 것, 여성에 대해 쓰되 반드시 그들만을 연구 주제로 삼을 필요는 없다는 것 등의 목표는 첫 세대 대부분의 여성사가들에게 난점이라기보다는 차라리 도전적인 과제였다는 거지요.

● 몇 년 전 E.P. 톰슨은 '아내 판매'[아내 판매wife sale'란 18, 9세기 영국 하층계급에서 행해졌던 공동체적 관습으로서, 말 그대로 남편이 아내를 다른 사람에게 파는 것을 말한다. 톰슨은 이 제의적 관습이 아내의 동의를 전제로 하고 매매가격도 상징적 수준에 그쳤다는 점 등을 들어, 이를 단순히 무식과 비례非禮의 결과가 아니라 현재의 혼인생활을 끝내고 새로운 삶을 꾸리고자 하는 하층문화의 일면으로 해석하였다. 다음을 볼 것. E. P. Thompson, *Customs in Common* (New York: The New Press, 1993)--옮긴이]가 여성에 대한 남성의 억압을 표현한 것이기도 하지만, 동시에 여성들이 스스로의 독립성과 성적 활력을 보여주는 기회이기도 했다는 주장을 한 적이 있지요. 그래서 일각에서는 그를 질 나쁜 반 페미니스트 역사가로 매도하기도 했습니다. 지금이라면 그런 식의 반응이 나오지 않을 거라고 보십니까? 아니면 지금까지도 여성사는 여전히 여성이 희생자라는 관념에 지배되고 있다고 보십니까?

●● 당시 모두가 그렇게 반응했던 건 아니에요. 내가 그렇지 않

았다는 것은 확실합니다. 이러한 제의들이 때로는 남편과 아내가 이혼하기 위해 함께 행하기도 한 것이 분명했으니까요. 아마 그 것이 남편으로선 체면을 세울 수 있고, 아내로선 비록 수치스러운 방식이기는 하지만 그래도 연인과 다시 결혼할 수 있는 길이 었을 거에요. 어쨌든 지금에 와서는 그런 반응이 별로 일어날 것 같지는 않군요. 왜냐하면 그러한 반발 뒤에 놓여 있었던, 여성이 희생자라는 관념은 이제 많이 줄어들었으니까요. 좀더 진지한 사람이라면 차라리 이렇게 얘기할 것이라고 생각합니다. '아내 판매'를 다룬 매력적인 이 논문을 제외하면, 톰슨의 저작들이 여성에 각별한 관심을 표한 적이 없다고 말입니다. 이건 사실이에요. 그의 주요 관심은 영국 남성 노동자 계급과 사회주의 및 전前 사회주의 사상이었기 때문이지요. 그래서 나로서는 그에게 이러한 여성에 대한 침묵, 생략을 문제 삼고 싶은 겁니다. 이런 태도는 좀 받아들이기 힘든 것이거든요. 오늘날 만약 톰슨이 겪었던 그런 유의 반응을 야기할 만한 논제가 있다면, 그것은 아마도 유대인 학살이나 인종주의 같은 것일 거에요. 학자들 중에는 만사를 박해와 희생의 측면에서만 해석하려는 사람들이 있거든요.

● 여성사에는 여전히 스스로 인정하기 어려운 문제들이 있다고 보는데요. 즉, 페미니스트 사상에서 남성이 하는 역할(예컨대 여성과 남성 간의 평등에 대해 생각할 수 있는 인식론적 조건들을 만들어준 베니토 페이호[17]와 풀렝 드 라 바르[18]의 경우)이나, 남성에 의한 여성 억압 문제를 붙잡고 늘어지는 '남성' 텍스트들이 지니는 중요성,

그리고 남성 작가가 쓴 텍스트를 여성 작가의 텍스트와 상호 직조하여 결실을 맺게 할 가능성 등이 그런 것이지요. 여성은 여성의 역사를 가진다고 믿는 사람들에게 당신은 무어라 말할 겁니까?

●● 오늘날 여성사가 씌어지는 방식을 생각할 때, 나는 이러한 어려움이 반드시 불가피한 것만은 아니라고 생각합니다. 하지만 우리는 그동안 남성과 여성 간에 일어나는 사회적 공모와 협력의 관계에 대해서는 제대로 연구하지 못했어요. 여성이 남성과 함께 일하는 상황에 충분한 관심을 기울이지 못했던 거지요. 왜냐하면 당신이 지금 얘기하는 어떤 남성이 글을 쓴다고 할 때, 그 뒤에는 아마도 그에게 협력하는 여성이 있을 것이기 때문입니다. 즉, 그가 여자라고는 전혀 찾아볼 수도 없는 베네딕트회 수도원에 앉아서 혼자 그 글을 쓰지는 않는다는 거지요. 물론 책을 쓰는 데 주

---

[17] Benito Jerimo Feyjóo(1676~1764). 에스파냐의 베네딕트 교단 수도사이자 에스파냐 계몽주의에서 주도적인 역할을 했던 인물. 그의 저작 모음집 《비판 · 보편 극장 Theatro critico universal》(1726~1739) 안에는 논쟁을 불러일으킨 〈여성에 대한 옹호〉가 들어 있다.

[18] François Poullain de la Barre(1647~1723). 페미니스트 · 데카르트적 논고 《양성 兩性 평등론 De l'éalité des deux sexes》(1673)의 저자. 익명의 한 영국 작가는 이 저작을 일부 표절하여 《남성보다 열등하지 않은 여성 Woman Not Inferior to Man》(1739)을 썼다. 1832년 브라질의 페미니스트 니시아 플로레스타는 이를 다시 포르투갈 어로 완역했는데, 그녀는 여기서 이것이 마치 메리 울스톤크라프트의 《여성의 권리들에 대한 옹호 Vindication of the Rights of Woman》를 번역한 것처럼 말하고 있다. (Maria Lúcia G. Pallares-Burke, Nísia Floresta, o Carapuceiro e outros ensaios de tradução cultural [São Paulo: Hucitec, 1996]).

도적 역할을 한 쪽은 그 남성이었겠지만, 이면에는 협력 관계가 있을 가능성이 아주 큽니다. 내가 보기에 지금까지 우리 여성 역사가들은 권력에서 대단히 불평등했던 남녀 양성兩性 간의 관계를 포함해, 경계를 넘어 서로 협력하는 상황들은 별로 생각지 못한 게 아닌가 합니다.

이것이 바로 내가 문화 혼합 연구에 몰두하고 있는 이유들 중 하나입니다. 그동안 노예와 자유인 간의 경계를 가로지르는 긴밀한 관계라는 어려운 문제를 생각해 온 것도 그 때문이고요. 이 모든 것이 권력과 친교의 문제들을 포함하는 관계들이지요. 문제는 이런 얘기를 가능케 할 만한 적절한 언어가 없다는 것인데요. 경계선을 가로지르는 협력 관계를 기술하기 위해서는 그런 언어가 반드시 필요합니다. 사랑에 대해서는 오랫동안 많은 글이 씌어졌지만, 막상 사랑과 권력 간의 불균형한 상황들을 얘기하려면 특별한 언어가 필요하게 된다는 겁니다.

우리는 학문적인 틀 내에서 지적 협력을 모색하는 데는 익숙하지만, 비공식적인 협력에는 큰 관심을 기울이지 않았습니다. 나이와 성性이 다른 사람들의 관념이 서로 만나 열매를 맺는 것을 진지하게 살핀 적이 거의 없었다는 거지요. 이런 경우는 수천 가지도 더 됩니다. 과학사를 비롯한 모든 형태의 지식의 역사 속에서 다양한 관념들이 그런 식으로 얽히고 있는 거지요. 물론 여성사에서도 마찬가지고요. 예컨대 풀렝 드 라 바르를 보세요. 우리는 그가 쓴 텍스트는 알고 있지만 그가 알았던 여자들은 모릅니다. 그의 아내에 대해 약간 알 뿐이고요. 만약 그가 여인들과 생각을 나누면서 서로에게 반응하는 모습을 볼 수 있다면 대단히 흥미롭겠지요.

● 당신은 초기 논문 중 하나인 〈도시 여성들과 종교 변동 City Women and Religious Change〉[《근대 초 프랑스의 사회와 문화》에 재수록됨]에서, 프로테스탄티즘이 여성 성인聖人을 배척하고 여성을 위해 격리된 종교 조직들을 없애버림으로써 여성이 모든 영역에서 더 종속적인 존재로 전락하는 데 일조했다고 주장했습니다. 당신은 프로테스탄티즘이 여성 해방을 향한 길을 열었다고 하는 일반적인 견해에 의식적으로 반대한 건가요?

●● 프로테스탄트들이 그러한 결과에 일조했다는 게 내 생각입니다. 물론 그들이 장기적으로 여성 해방, 특히 퀘이커와 같은 교파들의 발전에 기여했다는 것을 부인하고 싶지는 않습니다. 그들은 여성에게 유익한 문자해득력과 예배식이라는 공통의 세계를 열어주었습니다. 그들이 여성의 문자해득력에 관해 말했던 것들, 그리고 내가 그 논문에서 '스타일의 동화'라고 명명했던 것들이 긍정적인 결과를 가져왔다는 점은 의심의 여지가 없습니다. 달리 말해, 비록 남자들이 더 상위에 있기는 하지만 여자들도 다함께 찬송가를 부르고 성경을 읽는 등의 일을 했다는 거지요.
하지만 나는 그 논문에서 이러한 점을 분명히 하면서도 동시에 프로테스탄티즘이 보편화한 종교로서의 유일무이한 해결책이었다는 생각에는 반대했어요. 난 다른 요인들도 작용했다는 점을 제시하려 했습니다. 왜냐하면 여성이 결혼을 하는 데 따른 법제상의 종속적 지위가 아닌, 일종의 격리된 공간에서 그들 자신을 위하는 수녀원과 같은 여성 공동체가 있었기 때문입니다. 거기에는 중요한 형태의 초기 페미니즘이 존재하고 있거든요.

● 당신의 책 《마르탱 게르의 귀향》에 대해서는 활발한 논쟁이 있었고, 엠마뉘엘 르 루아 라뒤리의 《몽타이유 Montaillou》나 카를로 긴즈부르그의 《치즈와 구더기 Il formaggio e i vermi》와 함께 포스트모던적 역사 서술의 전통에 속한다는 찬사를 받아왔습니다. 당신은 이런 견해에 찬성하십니까?

●● 나는 사실상 서로 다른 목표를 가지고 있는 이 세 권의 책을 포스트모던이라는 범주에 넣는 것이 그리 유용하다고 생각지 않습니다. 긴즈부르그의 책은 한 공동체 전체를 연구한 나머지 둘에 비해 민속학적인 면이 덜합니다. 나에게는 포스트모던이라 하면, 우리가 말하는 방식으로부터 생각하는 방식에 이르기까지 모든 면을 조건 지우는 것으로서 문화와 언어의 중요성을 강조하는 특징이 생각납니다. 또한 일반화의 경향들을 약화시키고 일관적 전체보다는 파편들에 대해 얘기하는 것을 더 선호하는 접근방법이라는 생각도 나고요. 이 세 권의 책은 모두 지방 문화를 진지하게 다루고 있고, 경험뿐 아니라 장기적 사고의 전통과 구조들에도 관심을 두고 있지요. 나는 포스트모던이라는 이름표가 무언가 훨씬 더 나은 것을 보태준다고 생각지는 않아요. 그리고 이 책들이 일반화를 거부하기 때문에 포스트모던적이라는 주장에는 이렇게 대답하고 싶습니다. 이 책들은 비록 서로 상이한 면이 있기

는 하지만, 그럼에도 개별적 사례를 넘어서는 과정들에 어떤 통찰력 같은 것들을 던져줄 수 있었으면 하는 희망을 담고 있다고 말이에요. 이 저작들은 단지 유사성의 가능성을 통해서뿐만 아니라 의사소통망과 권력 체계를 통해 다른 사례들에 어떤 시사점들을 던져주고 있어요. 내 말은 뉴스는 퍼져나간 반면, 재판관과 이단신문관은 바깥에서 안으로 들어왔다는 거죠. 마르탱 게르 재판 소식이며, 동떨어진 마을과 산촌에 살았던 이단들의 거친 관념 같은 것들이 여기저기로 퍼져나갔다는 말입니다.

● 당신은 《마르탱 게르의 귀향》을 긴즈부르그와 르 루아 라뒤리가 쓴 다른 중요한 미시사 저작들과 어떤 식으로 구별하고 있습니까?

●● 먼저 이렇게 말하는 것이 좋겠군요. 그 연구에서 나 자신을 민속지民俗誌 기술記述은 물론이고 사람들이 행하는 행위에도 관심을 둔 인류학자로 생각하고 있었던 것은 사실이지만, 나를 미시사가라는 범주에 넣는 것에도 별로 개의치 않는다고 말입니다. 왜냐하면 인류학자가 되는 데 따른 이점이 있다면 그 하나는, 사람들을 관찰하고 직접 말을 걸 수 있을 뿐 아니라 일생을 통해 일이 실제로 어떻게 일어나고 경험되는지 그것을 드러낼 수 있는 행위들을 지켜볼 수 있다는 것이기 때문이지요. 일기나 고문서에서는 잘 드러나지 않는 일들이 있기 마련이거든요. 세카르 카푸르가 감독한 영화 〈엘리자베스 *Elizabeth*〉를 보면 내가 정말로 생

생하게 얘기하려 하는 것을 예증하는, 아주 귀에 쏙 들어오는 구절이 나옵니다. 비록 역사적으로는 정확하지도 입증 가능하지도 않을지 모르지만, 순간적으로 통찰력을 보여준다는 것은 분명해요. 당신은 미래의 여왕이 의회에서 행할 중요한 연설을 미리 연습하는 모습을 보게 됩니다. 난 그 장면이 너무 좋아요. 비록 그녀의 말이 실제 그대로는 아니었을 것이고 또 그 자리에는 선생이 같이 있었을 수도 있겠지만, 우리에게 숨겨졌을 것 같은 것, 고문서에 기록되지 않았을 것 같은 어떤 것을 실연하는 모습을 본다는 것은 대단히 흥미로운 일이기 때문이에요. 그런 종류의 리허설을 상상해 본다는 생각은 나에게 아주 매력적으로 보였던 거죠.

내 책을 긴즈부르그나 르 루아 라뒤리의 저작과 비교한다면 한 가지 눈에 띄는 점이 있습니다. 민속지적·인류학적 관심이라는 면은 우리 모두가 공유하는 것이지만, 난 특히 이야기의 갈래에 관심을 가졌어요. 긴즈부르그와 르 루아 라뒤리도 재판 이야기를 하고 있기는 하지만, 같은 이야기가 다양한 형태로 존재한다는 점에 대한 관심은 덜한 편이었지요. 내가 말하는 '이야기의 갈래'라는 것은 마르탱 게르의 이야기(집을 떠나는 남자와 돌아오는 남자), 아내의 이야기, 전체 마을의 이야기, 재판관이 하는 이야기 등을 의미합니다. 나는 이처럼 상이한 형태의 이야기들이 존재한다는 것을 충분히 인식하고 있었고, 이 때문에 하나의 이야기가 어떻게 말해지며 사람들은 상이한 이야기들을 어떻게 하나로 묶어내는가를 생각할 수 있었지요. 내 연구가 문학적 방향으로 흘러가게 된 것도 바로 이 때문입니다.

● 이 미시사 저작을 펴낸 뒤 당신의 국제적 명성이 크게 올라간 것 같습니다. 당신은 무시해도 좋다거나 혹은 주변적인 것으로 간주되었던 현상을 역사로 되살려 냄으로써, 차후 이런 방향의 연구들을 끊임없이 산출해 내도록 길을 선도했다고 봅니다. 당신은 이러한 연구들을 좋게 평가하고 있습니까? 아니면 존 엘리어트가 가한 비판에 어느 정도 동의합니까? 예컨대 그는 "마르탱 게르라는 이름이 마르틴 루터라는 이름만큼 혹은 그보다 더 유명해"진다면, 이는 무언가가 크게 잘못되고 있는 것이라고 말했지요.

●● 글쎄요. 난 존 엘리어트가 했다는 이런 비판을 들은 적이 없습니다만, 어쨌든 그 말은 분명히 재치가 넘치는 군요. 사실 그는 절친한 친구이고, 내 책을 아주 재미있게 읽었다는 것도 알고 있습니다. 난 그가 한 말이 무슨 의미인지는 알 것 같아요. 그리고 만약 그 말이 사실이라면 나 역시 무언가가 잘못된 거라고 생각할 것이라는 측면에서는 그의 의견에 동의합니다. 하지만 나는 그것이 사실이라고 생각지 않아요. 좋은 미시사 저작이란 어떤 것인지 잘 모르는 사람들이 많은 것 같아요. 이렇게 말하고 싶군요. 그러한 역사가 잘 씌어진 것이 되려면 자체로서 풍부한 심층 연구여야 할 뿐 아니라 외부의 다른 역사 과정 및 사건들과 연관성이 있음을 보여주어야 한다고 말입니다. 긴즈부르그와 조반니

레비를 비롯한 여러 미시사가들도 이에 동의할 겁니다.

미시사 쓰기가 쉽게 보일 수도 있을 거에요. 하지만 절대로 그렇지 않습니다. 사람들은 흔히 미시사란 것이 재미있는 이야기 하나를 찾아내서 그것을 써내려가면 된다는 식으로 생각하지요. 예컨대 수많은 부분들을 다 다루어야 하는 교과서 쓰기보다 더 쉽다고 믿는 거지요. 그러나 사실은 다릅니다. 교과서는 일반적인 내용을 담고 있기 때문에 미세한 모든 것을 일일이 연구할 필요가 없겠지만, 좋은 미시사를 쓰기 위해서는 세세한 측면들과 증거, '전체사'의 조망이 동시에 요구되거든요.

나는 어떤 역사가에게 미시사 외에는 아무 것도 하지 말라고 조언하지는 않을 겁니다. 마치 여성사만 하고 다른 것은 하지 말라고 조언하고 싶지 않은 것과 같이 말입니다. 이상적 측면에서 볼 때, 개개의 역사가는 연구 환경이 어떤지, 그리고 국부적인 틀과 일반적인 틀 사이의 관계가 어떠한지를 바라보는 방식에 따라 상이한 방식으로 작업할 필요가 있다고 봅니다. 예를 들면, 마르탱 게르의 경우 만약 근대 초 프랑스 국가의 사법 체계와 당시 널리 퍼져있던 사회적 유동성에 대한 희망의 분위기를 감안치 않는다면 전혀 이해할 수 없는 것이 되고 말 거에요. 역사가는 첨예한 초점을 가진 연구들과 그보다 더 넓은 범위를 지닌 연구들 간에 일종의 대화를 유지해야만 합니다. 그 말에 함축된 모든 의미에서 대화를 발전시켜 나가야 한다는 거지요. 이는 학생을 가르칠 때, 서로 관련된 측면들을 만들어내고 그것들을 한 곳에 모으기 위해 대화를 유도하는 것과 일면 비슷한 데가 있어요. 사실 강의에서 우리는 언제나 이렇게 하고 있습니다. 이 책 저 책, 이런 유형 저런 유형의 연구 등을 이용하면서 말이지요.

마르탱 게르와 마르틴 루터에 대한 엘리어트의 말로 돌아가자면, 나는 그것이 본질적으로 어떤 진술이라기보다는 경고 같은 것이었다고 말하고 싶습니다. 왜냐하면 게르라는 이름이 루터라는 이름보다 더 유명하지는 않다는 것이 맞는 말이기 때문이지요. 내 책이 강좌에서 과제로 주어지는 일이 종종 있기는 하지만 그건 어디까지나 부수적인 읽을거리로서 그런 것이고, 마르탱 게르의 재판 사건이 공식 교과과정의 한 부분을 차지하는 것은 아니에요. 사람들이 그의 이야기를 특히 영화로 만들어진 후 더욱 재미있어 하고, 루터보다 그를 더 많이 얘기하고 있다는 것은 사실입니다. 하지만 그건 피상적이고 단기적인 일일 뿐이에요. 내가 지금 바라는 변화는 마르틴 루터 같은 인물들이 더 이상 마르탱 게르 같은 인물들과의 관계를 무시한 채 연구되지 않는 겁니다. 독일의 미시 연구들이 밥 스크리브너, 린달 로퍼를 비롯한 흥미로운 독일 연구자들의 새로운 발견을 감안해서 새롭고도 더욱 재미있는 루터를 제시했으면 하는 것이 나의 바람입니다.

● 역사영화의 제작은 당신의 오랜 열망 중 하나였습니다(당신 스스로가 얘기했듯이 학창 시절에 기록영화를 만들어보겠다는 계획을 세웠던 적이 있지요). 영화 〈마르탱 게르의 귀향〉의 제작에 조력한 이후 당신은 "좋은 역사영화는 신빙성 있는 의상이나 소도구만으로 이루어지는 것이 아니라 훨씬 더 많은 것을 필요로 한다. 즉, 과

"영화는 행위를 보여주는 능력 덕분에 미시사의 몇몇 이점들을 가지고 있을 수도 있어요. 영화는 단지 글로 쓰기만 할 때에는 잘 생각하지 못할 수도 있는 어떤 행위가 어떻게 일어났는지 그 면면들을 상상할 수 있게 해주지요."

사진은 영화 〈마르탱 게르의 귀향〉 중 한 장면으로 마을 사람들과 어울리고 있는 마르탱 게르(제라르 드파르디유)의 모습.

거에 대해 진실한 어떤 것을 제시해야 하며, 글로 씌어진 참 진술과 시각적으로 동등한 것이어야 한다"고 말한 적이 있습니다. 당시라면 당신은 역사영화와 역사 서술이 진실의 획득과 관련하여 동일한 한계점들을 공유하고 있으며, 따라서 영화의 '허구성'과 역사가의 담론은 동일하다는 헤이든 화이트의 주장에 어떻게 대답했을 것 같습니까?

●● 헤이든 화이트를 비롯한 여러 학자들은 역사 산문을 서술할 때 문학적인 특징들이 영향을 준다는 점을 지적함으로써 우리에게 아주 큰 기여를 했습니다. 우리가 그 문제를 자각할 수 있게 해준 뛰어난 업적이었다는 점은 의심의 여지가 없어요. 그럼에도 그의 입장을 역사 서술의 의미에 대한 전체적인 관점으로 보기에는 한계가 있습니다. 왜냐하면 그러한 입장은 역사가가 행하는 노력과 사례를 논증하기 위해 따르는 증거의 규칙들을 간과하고 있기 때문이지요. 두 가지가 동시에 작동한다는 것이 나의 생각이에요. 헤이든 화이트는 역사가가 사용하는 문학적 장르의 문제에만 초점을 맞춘 나머지 산문 서술의 관례들을 고려하지 못하고 있는 겁니다. 그러한 관례들은 과거 2천 년간 발전되어 온 것으로서, 독자들로 하여금 역사가가 어느 부분에서 확신에 차서 말을 하고 있는지, 어떤 주장을 의심하는지, 혹은 언제 복수적 관점이 존재하는지를 알 수 있도록 하지요. 그리고 역사 서술이 이러한 관례들만으로 이루어지는 것도 아니에요. 그 이상의 많은 것들이 요구됩니다. 그래서 헤이든 화이트가 역사 서술이 서사적 장르에

기초하기 때문에 허구성을 가진다고 주장한 것은 산문의 관례들에 의해 열려져 있는 수많은 가능성과, 역사가 문학적 구성의 세계와 증거의 세계 양쪽에 모두 발을 딛고 서 있다는 사실을 무시하는 것입니다. 예를 들면, 내가 전에 재직했던 프린스턴 대학의 동료 앤터니 그래프턴과 라이오넬 고스만은 각주가 문학 장르인 동시에 증거의 장르에 속한다는 것을 멋지게 얘기했지요. 이는 수많은 가능성 중 단지 하나에 불과해요.

역사영화에 관해 말해볼까요. 영화의 시각적·극적劇的 관례들 안에 증거의 규칙과 그것이 역사 산문에서 진술되는 방법이 포함되기까지는 오랜 시간이 필요했지요. 예컨대 어느 날 '아마도' 혹은 '이것을 해석하는 데는 여러 길이 있다'와 같은 구절들의 뜻에 상응하는 표현을 할 수 있는 영화상의 기법들이 만들어진다고 생각해 봅시다. 문제는 이런 거지요. 우리가 글을 쓸 때는 이 모든 언어의 사용 방법을 알고 있지만, 영화상으로는 우리가 바라는 것을 표현하고 진정성眞正性의 문제를 성공적으로 다룰 수 있는 극적 혹은 시각적 방법이 아직 알려져 있지 않다는 것입니다. 그래서 역사영화 제작에는 개선의 여지가 많이 남아 있는 셈이죠. 비록 영화 제작자 자신이 역사가는 아닐지라도 만약 시각 매체 지향적인 역사가의 조언을 구할 태세가 되어 있다면 연구를 좀더 할 필요가 있어요. 영화를 통해 이야기를 해나가는 데는 아마 방법상의 한계가 있을 겁니다. 그리고 글로 이야기하는 것이 시각적인 경우보다 더 나은 영역들이 있다는 것은 틀림없습니다.

물론 상황이 역전되는 경우도 있을 겁니다. 예컨대 영화는 행위를 보여주는 능력 덕분에 미시사의 몇몇 이점들을 가지고 있을 수도 있어요. 영화는 단지 글로 쓰기만 할 때에는 잘 생각하지 못할 수도 있는 어떤 행위가 어떻게 일어났는지 그 면면들을 상상할 수 있게 해주지요. 이미 〈엘리자베스〉의 예를 든 바 있습니다만, 〈마르탱 게르〉의 경우도 같습니다. 그것은 나로 하여금 역사 영화가 어떻게 역사 서술이 결코 하지 못했던 방식으로 표현되었는가를 생각하게 해주지요. 당신은 역사에서 일반적 세력들의 역할에 관해 추호도 의심치 않았을 수 있지만, 영화는 그뿐만 아니라 우연적인 세력들도 어떤 역할을 한다는 것을 보여줄 수 있어요. 그러한 세력들은 일기나 신문에서는 단지 희미한 단서만을 남길 뿐이지만, 영화 속의 어떤 장면이 전개되는 것을 실제로 보고 있노라면 바로 그때 모습을 드러내게 되는 거죠. 간단히 말해서, 영화란 대개 실험실에서 하는 실험 같은 것이라고 보아야 할 겁니다. 즉, 진실 이야기라기보다는 사고 실험이라는 것이지요.

● 당신의 책 《기록보관소 속의 허구 *Fiction in the Archives*》는 서사적 전통이 이른바 과거에 대한 사실적 입증 속에서 어떤 식으로 살아있는지를 생생하게 보여주고 있습니다. 그렇다면 당신은 역사와 허구 사이의 구별이 희미하다는 이론을 지지하는 쪽입니까?

●● 역사 서술과 역사 연구에는 상상적 요소가 내포되어 있습니다. 그래서 이 두 장르는 우리가 생각하고 글을 쓸 때 겹치기 마

련이지요. 그렇지만 역사가란 자신의 모든 진술을 증거로 뒷받침하는 것으로 되어 있어요. 만약 명백한 증거가 없다면 '틀림없이 그랬을 것이다' 라든가 '아마 그랬을 것이다' 는 식의 관례적 어구들을 사용하겠지요. 어제 소설가인 베릴 길로이[19]와 이야기를 나누면서도 말이 나왔습니다만, 바로 이러한 것이야말로 두 장르 간의 크고도 중요한 차이점이에요. 허구를 대상으로 작업하는 작가라면 어떤 사항을 대조하기 위해 텍스트로 되돌아가지 않고 플롯이 전개되는 대로 일이 일어나도록 내버려두어도 별 상관이 없을 겁니다. 하지만 역사가는 그렇게 할 수 없어요. 역사가의 규칙에 충실하려고 하는 한, 이런 일은 결코 허용될 수 없는 법이지요. 우리는 단지 스스로의 마음만을 참조하지 말고 자신의 외부에 있는 것, 고문서나 필사본들, 그림이든 다른 무엇이든 과거로부터 전해온 것들도 함께 참조하라는 정언명령을 받고 있는 셈입니다. 그리고 자신 외부의 어떤 것을 기꺼이 받아들이겠다고 말해야만 하는 거지요.

● 오랜 시간 당신은 주로 프랑스, 특히 리옹을 연구해 왔습니다. 하지만 《주변부의 여성들》은 세계의 수많은 지역들에 관심을 표명하고 있는데, 이는 지적 방향이 변한 결과입니까 혹은 앞의 연

[19] Beryl Gilroy. 영국령 기아나에서 영국으로 이주해온 교육자이자 소설가. 저작으로는 《흑인 선생님 *Black Teacher*》(London: Bogle-L'Ouverture, 1976), 《침대 속에서 *In Bed*》(London: Macmillan, 1977), 《할아버지의 발자국 *Granpa's Footsteps*》(London: Macmillan, 1978) 등이 있다. 그녀는 데이비스가 문화 혼합에 대한 연구에서 다루고 있는 네 명의 20세기 인물 중 하나이다.

구에서 자연스럽게 나온 것입니까?

●● 변화의 느낌이 있었습니다. 물론 앞의 연구와 무관한 것은
아닙니다만. 사실 난 이전에 했던 것을 바탕으로 작업하고 있다
고 느꼈어요. 그냥 프랑스에 머물 수도 있었는데, 만일 그러한 지
리적 범위의 연구 주제를 택했다면 나는 유럽사 연구자로서 매우
다른 느낌을 가지게 되었을 겁니다. 나는 유럽적 시각으로 사물
을 보지만 동시에 비 유럽적 시각으로도 보고 있습니다. 이러한
점이 나 자신으로 하여금 세계를 다르게 보도록 만들었지요. 난
세계의 다른 지역 사람들과 어떤 유대감을 가지고 싶은데, 사물
을 다르게 보는 것이 바로 그러한 감정을 느끼게 해주는 길이지
요. 그래서 이제는 유럽적 연구 계획을 듣게 될 때, 만약 그것이
더 넓은 세계에 관심을 갖지 않는다면 이상하게 보일 정도가 되
었습니다. 이전의 나는 결코 이러한 노선의 연구에 반대한 적이
없었어요.

내가 비 서구적이고 비 유럽적인 주제를 연구하기로 작정했을 때
그것은 정말이지 이상한 느낌으로 다가왔습니다. 왜냐하면 가톨
릭과 프로테스탄트 간의 대립이라는 나의 출발점을 훨씬 넘어서
는 것을 의미했기 때문이지요. 내가 내린 첫 번째 결정은 비 기독
교와 유대인을 연구하되, 그것을 단지 한 목소리로 뭉뚱그린다든
가 혹은 그들에 관한 자료를 학생들과 함께 읽는다든가 하는 것
과는 다른 방식을 택한다는 것이었습니다. 이는 큰 변화였는데
요. 왜냐하면 연구 자료를 완전히 새로운 것으로 바꾸어야 했으

니까 말이에요. 난 영어와 프랑스어로 번역된 많은 자료들을 읽었습니다만, 유대어로 된 자료나 고문서를 연구할 수는 없었어요. 내가 《주변부의 여성들》을 쓸 때 17세기에 대해 배워야 했던 것도 또 다른 변화입니다. 물론 그 시대를 학생들에게 가르칠 만큼은 알고 있었습니다만, 그것을 넘어 다수의 새로운 자료들 속으로 푹 빠져 들어가야 할 필요가 있었어요. 예컨대 천년왕국운동에 관한 자료 같은 것 말입니다. 내가 연구하는 여성들의 삶을 관통했던 유토피아적 실마리를 이해하기 위해서는 그렇게 해야 했던 겁니다. 또한 수리남의 아프리카 인들에 대해 연구하기 위해서는 새로운 학문적 도구가 필요했어요. 난 이런 것을 배워나가는 것이 아주 재미있었습니다. 물론 이 모든 변화에는 엄청난 수고가 따랐어요. 하지만 그러한 것에 개의치 않을 때 비로소 나 자신이 인생이란 무대의 주인공이 될 수 있는 것 아니겠어요.

이 모든 새로운 경험 중에서도 내가 배운 한 가지 가장 중요한 점을 말하고 싶어요. 그것은 나에게 역사가의 출신지가 연구에 미치는 상관성을 인식하게 해주었고, 아울러 수많은 곳에서 역사가 이루어진다는 것을 기억하도록 했어요. 나는 지난 봄 파라마리보에서 개최된 카리브 지역 역사가 협의회 모임에 참석했었는데요. 이는 나에게 각별한 의미가 있었어요. 지금까지 많은 학회에 참석해 왔지만, 그곳에서의 논제들만큼 내가 비 서구적, 비 유럽적 관심사라 부를 만한 것에 의해 그렇게도 명료하게 규정된 경우를 본 적이 없었거든요. 내가 종종 참석했던 국제역사학대회에서조차도 이렇게 하기는 힘들어요. 그 모임은 그들이 중요하다고 느끼는 주제들을 중심으로 잘 조직되어 있었습니다. 물론 내 눈에 그 주제들이 항상 중요한 것으로 보인 것은 아니었지만요. 어쨌든 난 그 모임에 그냥 매료되어버렸고 기분도 참 좋았어요. 내가 수리남에 대해 연구해왔던 것을 나누고, 발견한 것을 얘기함으로써 그들의 반응을 구할 수 있으리라는 생각에 짜릿한 느낌이었지요. 나는 발표 원고로 유대인에 관한 논문을 택했는데요. 내 주제는 그들의 관심사와는 다소 거리가 있는 문제들을 다루는 것이었습니다. 역사는 다양한 곳에서 다르게 진행되고 있습니다. 나에게는 이 사실이 적어도 헤이든 화이트의 발견만큼이나 중요한 것입니다. 아니 어떤 점에서는 그 이상이에요. 그는 사람들이 글을 어떻게 쓰는지를 고찰하는 것이 중요하다는 걸 일깨워주었습니다. 하지만 세계의 상이한 지역들에서 역사가 어떻게 씌어지는지를 안다는 것 역시 대단히 중요합니다. 말하자면, 여기에 있는 나는 유럽인으로서 아프리카를 주제로 글을 쓰고 있는 거지요. 그래서 그들이 우리를 다룬 글을 어떻게 쓸지 아는 것은 중요한 일이라는 겁니다.

● 비교 연구 방법은 과거를 이해하는 데 어느 정도로 중요합니까? 잭 구디는 비교야말로 역사 및 사회과학에서 우리가 마치 과학자들이 하는 실험과 마찬가지의 것을 수행할 수 있게 해주는 소수의 방법 중 하나라고 했는데요. 당신은 이 말에 동의하십니까?

●● 나는 비교 연구가 대단히 중요하다는 데 그와 견해를 같이 합니다. 그리고 나는 미시사 유의 역사 서술이나, 어떤 측면에서는 영화 역시 일종의 실험이 아닌가 생각합니다. 왜냐하면 제대로 작업이 이루어진다고 할 때 이를 통해 어떤 일이 실제로 일어났던가를 상상해보려고 하기 때문이지요. 매력적이지 않습니까? 나는 1998년에 쓴 〈발전을 넘어서: 비교사와 그 목표들〉이라는 논문에서 우리가 하는 거의 모든 진술이 비교를 포함하고 있다는 주장을 한 적이 있어요. 물론 이를 의식적으로 얘기하는 경우는 공간적으로 멀리 떨어져 있거나 아주 상이한 것들을 서로 비교할 때뿐이기는 하지만 말입니다.

우리가 할 수 있는 비교에는 세 종류가 있는데, 각기 나름의 문제가 있지요. 첫 번째 유형은 내가 《주변부의 여성들》에서 해보려 했던 것인데요. 난 여기서 사실상 동일한 사회에 속해 있었지만 무시되었거나 지금까지 비교적 다루어지지 않았던 집단의 사람들을 연구 대상으로 삼았습니다. 그들은 모두 유사한 부류의 중산층 장인이거나 상인 출신으로, 도시 생활을 하지만 종교는 가톨릭, 프로테스탄트, 유대교로 제 각각이에요. 이런 유의 비교에서는 더 많은 조합들이 가능하지요. 예컨대 마녀사냥의 측면에서 유대인과 기독교인을 비교해 보는 것은 아주 시사적입니다. 왜 유대인들은 기독교인들과 달리 마녀를 박해하지 않았나 하는 경우와 같이 아직 답이 나오지 않은 질문을 던질 수 있기 때문이지요. 사실 무엇이 마녀사냥을 부추겼는가에 대한 우리의 가설로 보아 오히려 유대인들이 그렇게 했을 법한 개연성이 크거든요.

그들 자신이 외부인으로부터 제의살인이나 마법사라는 죄목으로 박해를 받았던 데다가, '흉안凶眼 [Evil Eye: 사람을 응시함으로써 재난을 가져온다는 눈을 말함―옮긴이]에 관심이 컸을 뿐 아니라, 실제로 그것에 사로잡히기도 했으며, 죽은 자의 영혼에 씌울까봐 걱정하기도 했습니다. 그래서 그들은 마녀사냥을 일으킬 만한 관념적 경향을 가지고 있었지만 그런 일은 일어나지 않았지요.

두 번째 유형은 시공간적으로 서로 격리된 사회를 비교하는 것입니다. 이 경우 질문들이 단지 우리 자신이 판단하는 역사적 중요도에 따라 제한되어서는 안 되며, 반드시 비교 대상이 되는 사회에서 받아들여지는 중요도도 감안해야만 한다고 봅니다. 예컨대 비교 대상이 영국과 독일뿐이라면 제기되는 문제들은 별로 다르지 않을 겁니다. 하지만 만일 비교가 일본과 프랑스 사이에 이루어질 때라면 문제는 훨씬 더 분명하지요. 이건 내가 앞의 논문에서 얘기하려 한 경우와 같아요. 에도[도쿄]와 파리를 다룬 책이 있는데요. 이것을 보면 모든 질문을 미국 대학의 관심사라는 측면에서만 짜놓은 오류를 범하고 있어요. 잘만 했더라면 아주 흥미로운 내용을 담을 수도 있었을 텐데 말이죠.[20] 그런 방법이 제대로 작동하게 하려면, 책에서 제기되는 질문 중 일부는 일본의 역사 서술로부터 나오는 것이 이상적이겠지요. 그런데 진짜 재미있는 것은 기고자의 3분의 1가량이 일본 학자이고, 게다가 공동 편집자에 일본인 한 명이 끼어 있었는데도 당연히 제기되어야 마땅한 질문들이 아예 고려되지도 않고 있다는 점이에요.

세 번째 유형은 프랑스와 일본처럼 서로 아주 유사한 종류의 것들이 아니라, 프랑스 출신의 예수회 사제가 17세기 퀘벡의 아메리카 원주민 문화와 조우하는 경우와 같이 서로 전혀 다른 것들을 비교하는 것입니다. 네덜란드의 인류학자 요하네스 파비안이 지적한 바와 같이, 이러한 비교가 부닥치는 난점 중 하나는 어느 한 쪽을 다른 한 쪽의 선구자인 것처럼 취급하지 않고 같은 시기에 존재하고 있는 사회들을 기술해야 한다는 것이지요. 그것은 결코 쉬운 일이 아닙니다. 왜냐하면 기술 체계와 의사소통 체계가 상이한 사회들을 다룬다고 할 때, 우리는 "그래, 이 사람들은 사실 동시대에 살고 있지 않은 거야"라는 식으로 말하기 십상이거든요. 간단히 말해서 비교가 제대로 된 결과를 낳기는 매우 어려운 일이지만, 그래도 그것은 노력할 만한 가치가 있다는 겁니다.

● 요즘 당신은 문화 혼합에 대해 연구하고 있는데, 그러한 작업이 긍정적 함의들을 담고 있다고 낙관하는 것처럼 보입니다. 왜냐하면 당신의 말처럼 "그러한 연구들은 우리에게 민족주의와 인종이라는 불순한 제단들을 멀리하라고 경고하며, 경계를 넘어서 사고하기를 촉구하고, 자신 안의 혼혈성을 직시하라고 우리를 일깨우기" 때문이지요. 하지만 만약 어떤 역사가가 인간적 비교 대신에, 문화 혼합에서 이해가 아닌 불화의 예와 함께 불관용의 전통이 지닌 힘과 작은 차이들의 자기도취적 증거들을 찾는다면,

[20] James L. McClain, John M. Merriman, & Ugawa Kaoru, eds., *Edo and Paris: Urban Life and the State in the Early Modern Era* (Ithaca: Cornell University Press, 1994).

"시공간적으로 서로 격리된 사회를 비교할 경우 질문들은 단지 우리 자신이 판단하는 역사적 중요도에 제한되어서는 안 되며, 반드시 비교 대상이 되는 사회에서 받아들여지는 중요도도 감안해야만 한다고 봅니다. 예컨대 비교 대상이 영국과 독일뿐이라면 제기되는 문제들은 별로 다르지 않을 겁니다. 하지만 만일 비교가 일본과 프랑스 사이에 이루어질 때라면 문제는 더 분명하지요."

왼쪽 사진은 일본 도쿄의 센소지池草寺.
오른쪽 사진은 프랑스 파리의 성당 사크레 쾨르.

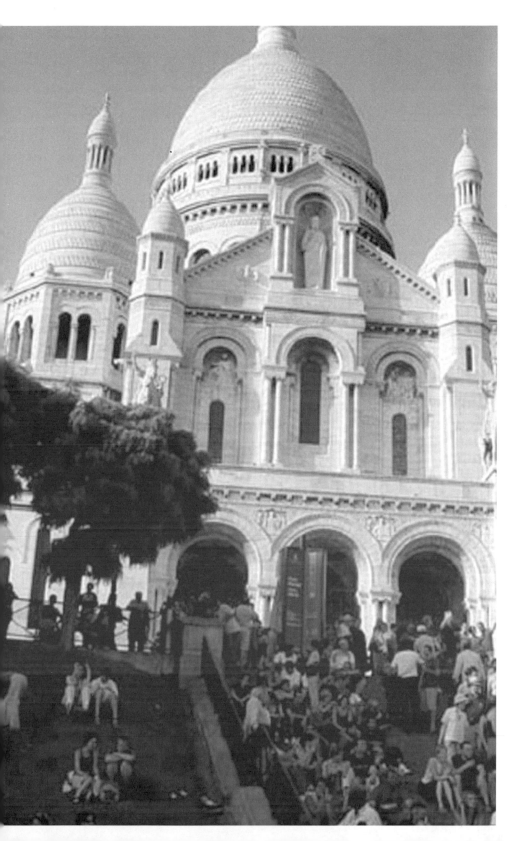

당신은 이에 대해 무어라 할 겁니까?

●● 물론 부정적인 측면도 있다는 것, 그리고 이주민이 분노할 만한 어떤 상황이 존재한다는 것을 부인하지는 않겠습니다. 내가 책에서 다룬 예 중 프랑스로 이주해 온 유대계 루마니아 인으로 19세기 말에서 20세기 초에 걸쳐 살았던 한 인물이 있어요. 그는 흥미롭고 창조적인 문헌학자로서, 라블레에 대한 중요한 저작을 내놓았던 라블레 전문가였는데요. 지금도 그 책을 읽고 있을 정도입니다. 내 생각으로는 마니아 인이라는 출신 배경이 라블레 연구에서 그가 이룬 혁신적 측면들에 본질적 요소로 작용한 것처럼 보입니다. 하지만 슬픈 일은 그가 완전히 좌절되고 소외된 상태로 삶을 마감했다는 것이에요. 당시 선구적 단체였던 파리언어학회의 기록들을 들여다보면, 그의 삶이 겪었던 굴곡들이 보입니다. 자신이 결코 받아들여지지 않는다는 느낌 때문에 그의 성격이 얼마나 무뚝뚝하게 변해갔는지도 알게 되지요.

하지만 난—노예제를 다룬 경우와 같이—인간의 잔인성과 회한으로 가득 찬 이런저런 얘기들을 칙칙한 방식으로 말하고 싶지는 않습니다. 그러한 상황에서도 인간적 유대의 실마리가 나타나는 계기는 있게 마련이거든요. 유대교도가 된 수리남의 아프리카 노예들이 이런 경우를 아주 분명하게 보여줍니다. 처음에는 노예라는 사실 때문에—유대인이 그들을 싫어한 이유에는 피부색도 들어 있었으리라고 생각해 볼 수 있겠지요—편견이 있었으나, 일단 해방이 되자 그들은 예배의식에 참석하고 통혼을 하는 등 대부분

유대인 공동체의 일부가 되었습니다. 난 이것이 단지 인간적인 사랑이나 동정의 결과라고는 말하지 않겠어요. 이러한 과정에 대한 나의 주장은, 유대교가 법의 종교이며, 법이 명하고 있는 것 중 하나는 만약 유대교도라면 곧 유대인이라는 것, 그리고 누구도 그 점을 회피할 수 없다는 것이지요. 또한 남성 유대교도라면 누구나 예배의식에 참석할 권리가 있다는 겁니다. 이는 물론 인간적 동정과 공감으로 가득 찬 얘기는 아니겠지요. 하지만 일종의 인간적 유대에 대한 얘기라는 점은 분명합니다.

문화 혼합을 주제로 한 연구에서 내가 강조하려는 점은 다음 세 가지에요. 첫째, 언제나 잘못된 진정성을 추구하는 사람들은 있겠지만, 그래도 문화 혼합은 존재한다는 것입니다. 둘째, 이러한 현상을 다룰 수 있는 보다 나은 기술적記述的 도구와 형태론들을 가질 필요가 있다는 것입니다. 이는 내가 앞서 언급했던 상호연관성을 기술하기 위해 좀더 정밀한 어휘를 가져야 하는 것과 같은 것이지요. 셋째, 문화 혼합이 불운한 특징들을 가질 수도 있겠지만, 반면에 긍정적인 특징을 가질 가능성도 있다는 것입니다.

● 당신은 언젠가, "내 책을 읽어주는 최고의 일반 독자는 수학자이자 작가인 내 남편 챈들러 데이비스"라고 고백한 적이 있지요. 하지만 당신이 작업하고 있을 때, 남편 외에 어깨 너머로 그것에 대해 비판하거나 함께 토론하는 사람을 상상할 수도 있겠지요?

●● 《주변부의 여성들》 프롤로그에서, 글리클 바스 유다 레입, 마

리 드 린카르나숑, 마리아 시비야 메리안—이 셋은 바로 책의 주인공들이죠—과 나 자신이 이야기를 나누는 장면을 상상해서 보여주려고 했는데요. 이처럼 나는 종종 내 글을 읽는 사람들만큼이나 내 글의 주제가 되는 사람들을 생각하지요. 과연 그들이 글에 대해 무어라 할 것인지 또 어떤 느낌을 받을 것인지 추측해 본답니다. 그것은 생각하는 데 도움이 되는 좋은 방법이에요. 왜냐하면 그렇게 함으로써 그들과 관련한 증거에 대한 책임뿐 아니라 한때는 이 세상에 살다가 죽은 사람으로서의 그들에 대한 책임도 되새길 수 있기 때문이지요. 나에게는 물론 같은 시대를 살면서 대화를 나누는 다른 사람들도 있기는 합니다만, 그 대상은 언제나 바뀌게 마련입니다. 내가 무엇을 쓰고 있느냐에 따라, 만약 이 사람이라면 이런 접근방법을 어떻게 생각했을까, 혹은 저 사람이라면 이런 방식을 좋아했을까 등의 의문을 가지게 된다는 겁니다. 나는 종종 사료와 나누는 대화 속에 완전히 빠져버려서 오직 그것들만 생각하다가 책이 출판된 후에도 조언을 구하는 일을 잊어버리는 경우가 있어요. 난 남편인 챈에게 작업 중인 내 글을 보여주길 좋아하지요. 주로 내가 쓴 것이 명료한지, 이해 가능하고 말이 되는 것인지를 확인하기 위해서입니다.

● 당신은 자신이 전공과 출세 제일주의로 엮인 직업적 역사가로 불리기를 좋아하지 않지요. 그리고 이미 '급진적 역사가'로 묘사된 바도 있습니다. 당신은 이 호칭을 좋아하십니까? 아니면 이렇게 불렸으면 더 좋겠다 싶은 다른 호칭이 있는지요?

●● 학생들을 가르치는 일이나 학술적인 문제에 관련한 상황, 그리고 일종의 정치적 연대나 충성이 요구되는 상황에서 직업에 충실하다는 것이 내게는 그리 문제가 되지는 않습니다. 하지만 스스로를 직업적 역사가로 생각하는 것을 좋아하지 않는다는 것도 사실이에요. 왜냐하면 이 '직업적'이란 말이 과거를 말하는 다른 방식들, 내가 듣고 싶어하고 참여하기를 바라는 방식들을 배제해 버리는 듯한 인상을 주거든요. 나 자신을 '급진적'이라고 부를 거냐고요? 천만에요. 그 말 역시 한계를 함축하고 있고 다른 많은 길들을 배제한다고 생각하기 때문이지요. 굳이 나를 지칭하는 말을 택하라면 '급진적'이란 말 대신 '비판적'이란 말이 더 나을 것 같군요. 왜냐하면 나는 비판적인 방식으로 작업하고 있다고 생각하기 때문입니다. 그것이 시야가 더 넓은 말이고, 복수적인 방향으로 작업하도록 해주기 때문이에요.

● 당신의 작업은 많은 추종자들을 낳았을 뿐 아니라, 논쟁을 불러일으키고 비판을 야기하기도 했는데요. 그런 비판들 중에 당신의 생각을 발전시키거나 재편하는 데 도움이 된 것도 있습니까?

●● 오래 전에 내가 첫 논문인 〈베노이트 리고의 프로테스탄트 신앙에 대하여 On the Protestantism of Benoît Rigaut〉를 발표했을 때인데요. 친구 하나가, 글이 현학적이고 인간적 관심사를 드러내는 방식이 아니라고 말한 적이 있었습니다. 난 당시 대학원 학

생이었고, 단지 교수들의 마음에 들기 위해 글을 쓰는 것이 아니라는 생각을 가지고 있던 때라, 친구의 비판과 제안들이 어떻게 해야 얘기가 더 잘 풀려나갈 건지를 생각하는 데 큰 도움이 되었어요. 최근에 나는 《마르탱 게르의 귀향》에 대한 로버트 핀레이의 비판으로부터 여러 가지를 배웠지요. 내 작업을 논의하고 명료화하는 기회로 삼으면서 비판에 어떻게 대응해야 하는지 말입니다. 알다시피 그의 비평은 좀 공격적인 면이 있었습니다만—그리고 나에게 보내온 원래의 글은 좀 무례하기까지 했어요—난 어떤 일이 있어도 사적인 측면에서 생각하지는 않으리라고 결심했어요. 그래서 나는 그의 서평에 대한 대답—두 글은 《미국역사학보 *American Historical Review*》의 같은 호에 실렸지요[이 두 글의 한국어 역이 곽차섭 편, 《미시사란 무엇인가》(푸른역사, 2000)에 실려 있다— 옮긴이])—을 책 속에서 더 압축되었어야 했을 내 생각들을 정교화 하는 기회로 이용했습니다. 흥미롭게도 두 글이 미국 전역과 영국에서까지 대학교의 방법론 과정에서 사용되고 있고, 나보다 핀레이 편으로 기우는 학생들도 일부 있다고 들었습니다. 하지만 괜찮아요. 글쓰기의 주요 목적은 독자로 하여금 글에 대해 토론하고 생각하게 하는 데 있는 것 아니겠어요. 그렇게 함으로써 독자들은 전혀 다른 방식으로 저자의 글을 자신의 것으로 만들겠지요.

《주변부의 여성들》은 세 이야기를 하나로 융합시키지 못했을 뿐 아니라 '주변부' 란 말을 썼다고 해서 비판받았습니다. 무엇보다도 나는 이러한 비판으로부터 독자의 이해를 구하기 위해서는 같은 얘기라도 반복해서 자꾸 말해야 한다는 것을 배웠어요. 난 이 문제를 프롤로그에서 다루었고 그래서 분명하게 얘기했다고 스스로 생각해 버린 겁니다. 어쨌든 나는 이 책을 통해 간절히 이루려 했던 것을 이루었습니다. 세 여성을 통해 오늘날의 사람들이 17세기의 삶을 경험해 보기 바랐고, 그런 삶에는 하나의 방식만 있었던 것이 아니라는 것을 깨닫게 하고 싶었지요. 이 책이 미국의 학부와 대학원 과정에서 사용되고 있고, 몇몇 외국어로도 번역되었다는 점을 생각하면, 그래도 나의 주요 메시지는 잘 전달되고 있는 것으로 보여요.

● 당신은 한때 당신처럼 혁신적인 역사가였던 마르크 블로크와 에일린 파워에게, "당신을 가르친 선생님들과 어떤 관계입니까? 누가 당신과 개혁을 함께할 사람으로 보십니까? 어떤 종류의 후계자를 기대하십니까?"라는 질문을 한 적이 있는데요. 당신에게 똑같은 질문을 해도 될까요?

●● 나는 물론 과거 학자들과 대학 은사들을 존경하고, 또 그 분들에게서 많은 것을 배웠습니다만, 그렇다고 특별한 무게를 느낄 정도는 아닙니다. 정말이지 나는 무엇이든 하고 싶은 것을 하는 데 아무런 제약도 느끼지 않고 완전히 자유롭습니다. 이것은 내가 자유의 감각을 가졌고, 더불어 헤럴드 블룸의 표현을 빌리면 '영향력을 향한 갈망'도 전혀 느끼지 않았던 정치적 세대의 일원이라는 데도 일부 이유가 있어요. 예컨대 난 매우 독자적이어야

하기 때문에 학자들이 이미 말했던 것을 반복할 수는 없다고 생각하지는 않았습니다. 반대 주장을 나쁘다고 느낀 적도 없었고, 또한 나 자신이 완전히 독창적이지 않다고 해서 좌절감을 느낀 적도 없었어요. 단지 그것을 문제로 보지 않았던 겁니다. 이런 태도는 아마도 내가 여성이라는 젠더적 문제와 어느 정도 관계된 것이 아닐까 싶은데요. 난 결코 아버지란 인물에 대해 근심하는 아들의 입장이 아니었고, 어머니 같은 스승들은—초년기에는 그런 사람도 많지 않았지만—차라리 나이 많은 언니에 더 가까웠거든요.

미래의 내 후계자들 말인데요. 물론 작업 방법에 대한 나의 조언에 귀를 기울이는 학생을 좋아합니다만, 독립적인 학생도 좋습니다. 만약 어떤 학생들이 내가 해놓은 작업에 명백히 비판적인 방향으로 가려 한다면 나의 견해를 왜곡하지 말고 내가 쓴 것을 공정하게 대하면서 그 자신의 주장을 해나갔으면 하고 바랍니다. 이 경우, 다시 젠더적 특징이 있을 수 있는데요. 이는 내가 때때로 여성이 쓴 서평에 대해 지적해 왔던 것이지요. 서평을 쓸 때, 그들은 종종 책 내용을 대단히 정확하고 주의 깊게 요약하려 애를 쓰지요. 이어서 바로 그것을 공격하려는 경우조차도 그래요. 끝으로, 독립적 태도를 취하는 학생들에게 해주고 싶은 지적은 그들이 나에게서 어떤 생각을 취했으면서도 그 계보를 인정치 않으려는 데 관한 것이에요. 이런 경우 어떻게 해야 할까요? 물론 그 생각이 나에게서 비롯된 것임을 인정케 하고는 싶지만, 그게 여의치 않을 때 난 언제나 우디 앨런의 영화 〈맨하탄 Manhattan〉

에 나오는 한 인상 깊은 대사를 기억하지요. 주인공은 자신의 유년 시절을 회상하면서 아버지와 어머니가 물건을 훔치는 버릇이 있는 흑인 하녀를 두고 다투던 일을 머리에 떠올립니다. 어머니가 그 하녀를 내쫓을 거라고 하자 아버지는 이렇게 말하죠. "그러면 이제 걔가 누구 물건을 훔칠 것 같애?" 내가 그런 학생들을 대하려 하는 방식이 바로 이런 것이지요. 아이디어를 주는 것 말고 내가 그들을 위해 무얼 할 수 있겠어요? 중요한 것은 사고의 진전이기 때문에 그대로 가도록 내버려두는 겁니다. 이런 태도가 남자보다 여자에게서 더 많이 나타나는지 어떤지는 생각해 볼 만한 흥미로운 문제가 될 거에요. 여성들은 남성들보다 아이가 자라나는 것을 더 많이 지켜보는 편이기 때문에, 그들을 독립적인 존재로 만들고 싶어할 가능성이 더 높습니다.

개혁을 함께할 사람이라면, 많은 사람들 중에서도 카를로 긴즈부르그를 꼽겠어요. 난 그와 거의 동일한 대의를 위해 싸우면서 서로가 아주 가깝다는 느낌을 갖습니다. 비록 견해가 항상 같은 것은 아니지만 말이에요. 또 다른 사람이 있다면 엠마뉘엘 르 루아 라뒤리일 텐데요. 특히 그의 책 《몽타이유》, 《랑그독의 농민 *Les paysans de Languedoc*》, 《로망스의 카니발 *Le carnaval de Romans*》에서 그런 느낌을 받아요.[21] 한때 거의 소외된 상태에서 작업하고 있었을 때 발견한 모리스 아귈롱 역시 내가 인류학적 방법을 취하는 데 대단히 중요한 역할을 했지요. 사실 《남부적 사교성 *Sociabilité méridionale*》을 읽으면 그의 관심사가 나와 아주 비슷하다는 느낌이 있습니다.[22] E. P. 톰슨의 경우는 그의 저작들에 찬사를 보내는 것과 별개로, 그가 '러프 뮤직rough music'에 관심을 보인 때와 내가 샤리바리를 연구한 때가 정확히 일치했다는 점이 놀라웠어요. 그는 나에게 편지를 보내왔고, 우리는 서로의 길이 합쳐진 것을 음미했죠. 내가 여성과 젠더의 역사에 대해 작업을 시작했을 때, 질 콘웨이와 아주 가까워졌어요. 그녀는 진짜 선구자에요. 그리고 루이스 틸리와 조앤 스캇도 훌륭한 동맹자지요.

● 당신이 학문 세계에서 인정받고 있다는 것은 그동안 당신에게 수여된 30개의 상과 명예박사 학위, 그리고 10개 이상의 외국어로 번역된 책들이 잘 말해 주고 있는데요. 이런 성공적인 경력들 중에서도 어떤 것이 가장 자랑스러운 업적이라고 보십니까?

●● 상을 받는다는 것은 물론 좋은 일이지요. 하지만 이런 명예를 얻을 때 난 그것을 단지 나를 위한 것만이 아니라 오히려 다른 사람들에게 더 의미가 있을 수도 있는, 근본적으로 사회적 사건의 일종으로 봐요. 그것이 젊은 학자들에게 도움과 자극을 줄 수도 있다는 의미에서죠. 하지만 내 저작들의 경우에는 어떤 것이 특별히 나를 자랑스럽게 만들었다고는 생각지 않습니다. 내 글들 중 내가 각별히 좋아하는 것은 없다는 거지요. 다만 내 책들이 때때로 사람들의 삶에, 학자든 좀더 일반적인 독자든 양쪽 모두의 삶에 말이죠, 약간의 즐거움과 통찰력, 희망을 줄 수도 있을 거라

21 .E. Le Roy Ladurie, *Montaillou* (Paris: Gallimard, 1975).
22 .Maurice Agulhon, *Pénitents et franc-maçons: Sociabilité méridionale* (1968)

고 생각하면 기뻐요. 나를 가장 자랑스럽게 한 업적이라면, 아이
들과 손주들을 남겼다는 것보다 더 중요한 일은 없다고 생각합니
다. 그 이상 뭐가 있겠어요.

1998년 11월, 런던에서

Society and Culture in Early Modern France (Stanford: Stanford University Press, 1975). 독일어, 에스파냐 어, 프랑스 어, 이탈리아 어, 일본어, 포르투갈 어 역.

"Anthropology and History in the 1980s: The Possibilities of the Past," *Journal of Interdisciplinary History* 12.2 (Autumn 1981): 267~275.

The Return of Martin Guerre (Cambridge, Mass.: Harvard University Press, 1983). 독일어, 에스파냐 어, 프랑스 어, 네덜란드 어, 이탈리아 어, 일본어, 스웨덴 어, 포르투갈 어, 러시아 어. 한국어 역 [양희영 옮김, 《마르탱 게르의 귀향》(지식의풍경, 2000)].

Fiction in the Archives: Pardon Tales and Their Tellers in Sixteenth-Century France (Stanford: Stanford University Press, 1987). 독일어, 프랑스 어, 이탈리아 어, 일본어 역.

" 'On the Lame'," *American Historical Review* 93 (1988): 572~613. 한국어 역 [곽차섭 편, 《미시사란 무엇인가》(푸른역사, 2000), 9장 (< '절음발이에 대하여'>), pp. 354~407 (본문 일부 생략)].

"Censorship, Silence and Resistance: The Annales during the

German Occupation of France," *Literaria Pragensia: Studies in Literature and Culture* 1 (1991): 13~23.

. . . .

"Women and the World of the Annales," *History Workshop Journal* 33 (1992): 121~137.

. . . .

Natalie Zemon Davis & Arlette Farge, eds. *A History of Women.* 5 vols. (Cambridge, Mass.: Harvard University Press, 1992~1994). Vol. 3: *Renaissance and Enlightenment Paradoxes* (1993). 독일어, 에스파냐 어, 이탈리아 어, 프랑스 어, 네덜란드 어, 일본어, 한국어 역 [조형준 옮김, 《여성의 역사: 르네상스와 계몽주의의 역설》(새물결, 1999)].

. . . .

Women on the Margins: Three Seventeenth-Century Lives (Cambridge, Mass.: Harvard University Press, 1995). 독일어, 핀란드 어, 프랑스 어, 이탈리아 어, 포르투갈 어, 스웨덴 어 역.

. . . .

The Gift in Sixteenth-Century France (Madison: University of Wisconsin Press, 2000). 한국어 역 [김복미 옮김, 《선물의 역사: 16세기 프랑스의 선물 문화》(서해문집, 2004)].

. . . .

Slaves on Screen: Film and Historical Vision (Toronto: Vintage, 2000).

. . . .

Trickster Travels: A Sixteenth-Century Muslim Between Worlds (New York: Hill & Wang, 2006).

4

케이쓰 토머스Keith Thomas

기본적으로

급진적 역사가이며, 혹은 그동안

대로자신의 혁신적 측면들을 자랑하고 싶어하지 않는 '조용한 혁명가' 로 남아있다.

케이쓰

토머스 혹은 공식적으로 알려진 바대로 써Sir 케이쓰는 오늘날 영국에서 가장 저명하고 혁신적인 역사가 중 하나이다. 대부분의 역사가들이 서술식 정치사에 집중하고 있을 무렵 역사가로서 발을 내디딘 그는 과거에 대한 사회·문화적 연구라는 새로운 분야에서 눈부신 업적을 이루었다. 그를 유명하게 만들었고 그에게 명망 높은 월프슨상을 안겨주었던 저작은 《종교와 마법의 쇠퇴 *Religion and the*

Decline of Magic》(1971)인데, 이는 사람들이 왜 마법을 행하는 이웃을 고발했는지 그 이유들을 논의한 것으로 잘 알려져 있다. 이 책은 거의 하룻밤 사이에 베스트셀러가 되어 비학秘學 전문 서점 판매대에 진열되었고, 이후 관련 학자들뿐 아니라 초능력에 열성적인 일반 독자들까지도 탐독하는 책이 되었다. 이 저작은 1994년 일단의 저명 지식인들이 뽑은, 1945년 이래 서양의 공공 담론에 가장 큰 영향을 미친 100권의 책 중 하나로 선정되어 훨씬 더 큰 명성을 누리게 되었다. 혁신가로서 그의 명성을 공고하게 만든 또 하나의 저작은 《인간과 자연 세계 *Man and the Natural World*》(1983)다. 토머스는 이 책에서 선구적으로 문학 자료를 역사적 증

거로 사용하면서, 16~18세기 동안 동물과 자연에 대한 인간의 태도가 어떤 변화를 겪었는지 다루었다. 크리스토퍼 힐과 같은 열성적 평자들은 이 저작이 역사의 본질과 그 방법을 다시 음미하게 할 것이라고 보았다. 몇몇 외국어로 번역된 이 두 책으로 케이쓰 토머스는 '역사인류학' 분야의 선두에 나서게 되었다. 그는 역사가 엠마뉘엘 르 루아 라뒤리 및 카를로 긴즈부르그와 이러한 위치를 공유하고 있는데, 이들은 토머스가 가장 칭송해 마지않는 학자들로서 그와 마찬가지로 과거를 지나간 시간이 아닌 마치 현재의 외국인 것처럼 생각하고 접근하는 방식을 취하고 있다. 토머스는 같은 웨일즈 출신의 인류학자로 옥스퍼드 대학에서 만난 적이 있던 써 에드워드 에반스 프리처드의 열렬한 찬양자였다. 그는 중앙 아프리카 아잔데 족의 마법, 신탁, 마술에 대한 에반스 프리처드의 저작에 고무되어 17세기 영국의 문화와 사회에 대한 자신의 연구를 발전시킬 수 있었다.

국제적으로 그리 잘 알려지지는 않았지만 책만큼이나 중요한 것이 토머스가 쓴 많은 기사, 기조강연, 논문들이다. 이들은 학술지와 신문에 흩어져 아직 책으로 한데 묶이지 않았다. 1950년대에 씌어진 두 편의 글은 여성사를 다루었는데, 그것은 이러한 형태의 역사 서술이 유행은커녕 아예 주목도 받기 전의 일이었다. 지그문트 프로이트는 말할 나위도 없고(토머스의 저작은 우리가 얼핏 보는 것 이상으로 그에게 크게 빚지고 있다), 미하일 바흐친, 노베르트 엘리아스, 브로니슬라우 말러노프스

오늘날 영국에서 가장 저명하고 혁신적인 역사가로 알려진 케이쓰
토머스는 과거에 대한 사회 · 문화적 연구자라는 새로운 분야에서
눈부신 업적을 이루었다. 특히 17세기 영국의 종교와 마법, 자연과
인간, 문화와 사회 등에 대한 연구를 발전시켜 왔다.
그림은 앙투안 카롱의 ⟨Astronomers Studying an Eclipse⟩(1571).
천문학자들이 일식을 관찰하고 있는 모습이다.

키 등과 같은 사회 이론가들의 저작에 고무된 그의 글들도 넓은 범위의 다양한 주제를 다루고 있다. 그중에는 웃음, 청결과 경신敬神, 건강, 과거의 사회적 기능, 아이들, 세대간의 관계, 문자해득력, 학교 규율과 무규율 등에 사람들이 어떤 태도를 취했는가에 관한 역사가 들어있다.

젊은 시절 토머스는 역사 연구에서 사회과학이라면 어떤 식이든 사용하려 하지 않았던 보수적인 동료들에게 통렬한 비판을 가함으로써 그들을 분노하게 한 적이 있다. 이제는 훨씬 온건한 태도로 전통을 음미할 줄 알게 된 토머스는 역사 방법에서 대변화가 일어날 가능성에 대해 신중하고 회의적인 입장을 보이고 있다. 하지만 접근방법에서 기본적으로 급진적 역사가이며, 혹은 그동안 평가되어 온 대로 자신의 혁신적 측면들을 자랑하고 싶어하지 않는 '조용한 혁명가'로 남아있다.

만약 퀜틴 스키너가 본질적으로 케임브리지 맨이라 묘사될 수 있다면, 토머스야말로 옥스퍼드 맨의 정수精髓이다. 그는 거의 50년간 옥스퍼드에서 살고 일한 것을 대단히 행복해 하고 자랑스러워한다. 또한 그가 태어난 웨일즈의 촌마을과 비교하면 인구 20만 명의 이 도시는 진짜 대도시라고 생각하기도 한다. 런던은 그의 취향이 아니며, 몇 년 전 사웅파울루 대학 강연에 초대를 받았을 때 그가 던진 첫 질문은 "사웅파울루는 얼마나 크죠?"라는 것이었다. 당연한 일이기는 하지만, 그는 그 초청을 거절해 버렸다!

그는 1950년대 베일리얼 칼리지(당시 옥스퍼드 대학에서 가장 명성이 있던 칼리지)에서 공부를 마친 후 박사학위도 없이 바로 올소울즈 칼리지의 펠로로 경력의 첫 발을 내디뎠다. 거기서 세인트존스 칼리지로 옮겨갔는데, 그곳에서 거의 30년간 개인지도교수로서 12명의 학생을 지도했고, 일주일에 두 차례 영국사와 정치사상사를 강의했다. 1986년 토머스는 이 일을 마감하고 하이스트리트의 다른 동네로 이사갔는데, 이는 케임브리지 대학의 코르푸스 크리스티 칼리지 총장으로 선출되었기 때문이다. 그는 2000년 은퇴할 때까지 이 직위에 있었다.

지난 10여 년에 걸쳐 토머스는 영국 지식인이라면 누구나 탐낼 만한 최고의 영예를 그것도 두 번씩이나 얻게 되었다. 즉, 그는 여왕으로부터 '역사에 대한 공헌'으로 기사 작위를 받았으며, 영국학술원장으로도 봉직해 왔다(이곳에서 그가 행한 연례 연설들은 그 재기발랄함과 위트 덕분에 오래 기억되고 있다). 키가 크고 마른 체격에다 검은 머리칼과 사람을 끄는 미소를 가진, 나이보다 훨씬 젊어 보이는 토머스는 코르푸스 크리스티 칼리지의 연구실에서 우리를 맞았다. 칼리지 건물(18세기에 건립되었다)의 '새로 지은' 익면翼面에 위치한 그의 방들은 계몽주의 시대의 매력과 우아함을 가지고 있었다. 높다란 천정, 아름다운 정원 쪽으로 열리게 되어 있는 커다란 창문, 고풍스러운 가구와 그림들이 방을 장식하고 있었고, 서가에는 책이 가득 꽂혀 있었는데, 그중 많은 수가 17세기 판본이었다. 토머스는 대화 도중 때때로 자신이 말하고 있는 것을 예증하려고 안락의자에서 일어나 책을 빼오기도 했다. 그와 몇 시간 동안 다정하기는 하지만 그렇게 강하지는 않은 어조로 얘기를 나누었는데, 이 때문에 그에게 습관적으로 배어있던 아이러니한 말투도 거의 알

아차릴 수 없을 정도였다. 그는 자신이 살아온 지적 궤적과 관심사
와 경험들을 오랜 시간 얘기해 주었다.

● 마리아 루시아 팔라레스-버크　　당신은 웨일즈의 농촌이라는, 지적 생활과는 거리가 먼 환경에서 성장했는데요. 어떤 계기로 과거사 연구를 하게 되었습니까?

●● 케이쓰 토머스　　그렇습니다. 난 농촌에서 자랐고, 지금도 가족 중 농군이 아닌 사람은 나뿐입니다. 농촌이란 세계는 자기 충족적이라 내적 성찰이 부족하고, 게다가 돈에 대해 상당한 존경심을 가지고 있지요. 그곳의 관점으로는 농군과 농군 아닌 두 부류로 사람들이 구분되곤 하는데요. 특히 학문 세계란 것을 기생충 같은 존재로 보지요. 하지만 어머니는 카르디프 대학에서 영문학을 공부한 학교 교사였기 때문에 내가 책읽기를 좋아하는 아이로 보이자 나를 격려해 주셨습니다. 반면 내 남동생들은 그것에 반발하여 농군이 되었고, 결국에는 크게 성공했지요. 지금은 나보다 훨씬 부자라니까요!

어릴 때 나는 굉장히 많은 역사 소설을 읽었습니다. 지금은 아마 아무도 찾지 않는 것들일 겁니다. 해리슨 에인스워드나 월터 스코트 같은 사람들이 쓴 작품 말이에요. 나는 또 도로시 마가렛 스튜어트가 쓴 아동용 역사책도 많이 읽었습니다. 하지만 그 때문에 내가 지금 이런 일을 하고 있다고는 생각하지 않아요. 학생 시절 난 다방면에서 성적이 좋았기 때문에, 당시 사람들이 A레벨이라고 불렀던 상급학교 진학증명서를 따기 위해 역사를 하게 된 것은 그냥 단순한 우연이었을 뿐입니다. 원래 영어, 라틴어, 불어를 할 생각이었지만, 만일 그렇게 했다면 결과가 최악이었을 거에요. 왜냐하면 라틴어 실력은 고전을 읽기에 부족했을 것이고, 프랑스 어는 외국어로는 충분치 않았을 것이고, 또 영어는 …… 글쎄요 모르겠어요. 당시 내가 다니던 학교에는 좀 새롭게 보이는 역사 선생님이 있었는데, 아주 좋은 분이었지요. 나는 학생들이 자신이 택한 분야를 정해야 하는 장소로 가다가 우연히 그를 만나게 되었습니다. 그가 말했죠. "역사 할 거지? 아니냐?" 난 이렇게 대답했어요. "글쎄, 잘 모르겠어요. 하지만 선생님이 그렇게 말씀하시니 그런 것도 같네요." 난 언제나 마지막으로 만난 사람이 하라는 대로 한답니다.

그래서 6학년 때 역사를 했고, 급속히 역사가 나의 주 과목으로 변한 것도 바로 이때지요. 나는 이 테이피언 필립스라는 웨일즈의 젊은 좌익 선생님 덕을 많이 보고 있습니다. 그는 토니의 《종교와 자본주의의 발흥 Religion and the Rise of Capitalism》을 읽게 했을 뿐 아니라, 내가 옥스퍼드 대학에 응시해야 한다고 주장했지요. 비록 교장선생님은 웃기는 얘기라고 하셨지만 말입니다. 당시 우리 학교 출신 소년에게는 말도 안 되는 소리였거든요! 하지만 어쨌든 난 베일리얼 칼리지로 갔고, 당시엔 최고로 여겼던 브라컨베리 장학금도 탔어요. 생각해 보면 난 그때 거의 루터, 칼뱅, 그리고 그들과 관련된 주제에 대한 에세이들을 기초로 그렇게 할 수 있었어요. 이 글들은 토니의 책과 필립스의 수업 내용을 섞어놓은 것이었죠. 그때 나는 완전히 역사에 코를 꿰고 있던 상태였습니다.

또한 꼭 언급해야 할 것은, 웨일즈의 문법학교인 배어리 카운티

스쿨은 역사적 전통이 강했다는 사실입니다. 케임브리지 대학의 저명한 고고학자였던 글린 대니얼, 옥스퍼드 대학 지저스 칼리지의 경제사 교수이자 학장이 된 하박 쿡, 케임브리지 대학의 경제사 교수였으나 요절한 데이비드 조슬린, 그리고 내 뒤로는 현재 케임브리지 대학 경제사 교수인 마틴 돈튼 등이 여기 출신이에요. 경제사 교수가 세 명이나 되네요. 나는 여기에 필적할 만한 학교들이 과연 얼마나 있을지 의문이 듭니다. 아, 그리고 뛰어난 웨일즈 출신 역사가 데이비드 윌리엄스가 있었군요. 그도 그곳에서 가르쳤죠. 그래서 내가 다닌 문법학교가 지적 전통이 매우 강했다고 하는 겁니다.

● 옥스퍼드 대학과 크리스토퍼 힐을 알게 된 것이 당신의 태도와 관심사에 어느 정도로 중요한 영향을 미쳤습니까?

●● 베일리얼 칼리지로 갔을 때 나는 이미 크리스토퍼 힐에 대해 듣고 있었고 그 뒤 그가 누군지 알게 되었습니다. 사실 난 《모던 쿼털리 *Modern Quarterly*》라는 제명의 마르크스주의 학술지에서 그의 글을 읽은 적이 있었지요. 또 그가 쓴 《1640년의 영국혁명 *The English Revolution of 1640*》이란 소책자도 보았고요. 하지만 내가 그를 처음 만난 것은 베일리얼에서 시험을 치르고 인터뷰하는 날이었습니다. 인터뷰 뒤 다른 응시자와 함께 이 보잘것없는 방에 앉아 있으려니까 갑자기 크리스토퍼 힐이 나타나서 나를 부르는 겁니다. 내가 아주 잘했다고 하면서 말이에요. 내 생

각에 그가 날 부른 진짜 이유는 만약 베일리얼 칼리지 장학금을 받게 되면 상급학교 진학증명서는 필요 없다는 것을 일러주려고 한 것 같아요. 그는 절차상 꼭 장학금을 받아야만 하는 것은 아니라는 것, 그리고 내가 언어 공부를 더 열심히 하는 편이 좋겠다는 것 등을 설명해 주었지요. 글쎄요. 어쨌든 이 일로 해서 크리스토퍼 힐이 내 뇌리에 깊이 각인된 것이라고 봅니다.

또 하나 꼭 얘기해야 할 것은, 내가 비록 역사 과목으로 장학금 시험을 치르기는 했지만 그것은 어디까지나 법을 공부해서 장차 공무원이나 법률가가 되기 위해서였다는 겁니다. 내가 대학 학부 과정을 시작하여 앞으로 학자가 되겠다고 작정한 시점은 2년 동안 군 복무—이는 내가 애초에 싫어했던 경험이었지요—를 마치고 돌아온 후였습니다. 그리고 생각해 보면 법을 포기한 것은 역사학 개인지도교수가 "너 이제 법 공부는 안 할 거지? 어떠냐?"라고 말했을 때입니다. 나는 이렇게 대답했지요. "그럼요. 물론입니다." 난 아주 나약한 성격이어서 바람 부는 대로 휘둘린답니다. 내가 처음으로 경험한 역사 연구도 틀림없이 이런 결정에 일조했을 겁니다. 나는 대학에서 수여하는 스탄호프 에세이 상賞을 목표로 앤터니 우드에 관한 글을 썼습니다. 그때까지 난 수상 대회 주제로 제시된 우드란 사람이 누군지도 몰랐죠. 아마 당신도 잘 모르실 걸요. 그는 17세기 옥스퍼드에 살았던 고대 연구가였어요. 그가 살았던 곳이 여기서 불과 문 두 개 지나서였다니, 참 재미있는 아이러니죠? 그는 《옥스퍼드의 학인學人 *Athenae Oxonienses*》이라고, 옥스퍼드 대학을 거쳐갔던 모든 사람들의 전

기사전을 썼고, 대학사와 옥스퍼드 시에 관한 다른 저서들도 썼어요. 그가 쓴 많은 양의 일기가 남아있는데, 20세기 초에 잘 편집되어 나왔지요. 그의 원고들을 모두 옥스퍼드 대학의 보들리 도서관에 보관되어 있습니다. 그의 필체는 단정하고 예뻐서 식별하기 쉽고, 그래서 학부 학생이라도 이 필사본 원고를 어렵지 않게 읽을 수 있을 정도에요. 도서관에 앉아 내가 알고 있는 곳에 대해 몇 백 년 전에 씌어진 원고를 읽는다는 것, 그리고 그 내용을 완전히 이해할 수 있었다는 것은 정말로 강렬하고도 즐거운 경험이었습니다.

학업을 이수하는 동안 나는 대체로 크리스토퍼 힐이 가르치는 과목들을 택했습니다. 베일리얼에는 그만큼 유명한 다른 개인지도 교수들도 있었고 또 나중에 그들과 더 가까워지기는 했지만 말입니다. 휴 스트레튼을 예로 들 수 있는데요. 그는 19세기를 연구하는 오스트레일리아 출신의 역사가였는데, 영민한 사람이라 아주 재치있는 에세이 주제를 내놓곤 했어요. 이런 식이죠. "미스터 에스퀴쓰의 초상화는 홀과 상급 펠로 사교실 두 곳에 걸려있는데, 이 중 어느 쪽이 더 나은가?" 그리고 나중에 나와 친구가 된 중세사가 딕 사던도 있었습니다. 어쨌든 내가 근대 초기를 연구하는 역사가가 된 것은 앤터니 우드에 대한 에세이 콘테스트에 참가한 경험—내가 그 상을 받았죠!—을 통해서였고, 아울러 크리스토퍼 힐이란 인물 덕분이기도 합니다.

● 당신은 크리스토퍼 힐의 정치적 태도에 공감했습니까?

"나는 마르크스주의자로서의 크리스토퍼 힐보다는 그의 성격에 놀랐던 것 같습니다. 그는 이것저것 자상하게 이끌어 주는 스타일이 아니었어요. 말하자면 바로 앞에서 학생이 쓴 에세이를 읽고 난 뒤에도 말 한마디 하지 않아요. 그러면 학생은 무언가 할 말이 없나 생각할 것이고, 그런 와중에 긴 침묵이 흐르고, 학생은 이에 당황해서 또 무언가 할 말을 생각하는 식이지요."
그림은 크리스토퍼 힐.

•• 나는 마르크스주의자로서의 크리스토퍼 힐보다는 그의 성격에 놀랐던 것 같습니다. 그는 이것저것 자상하게 이끌어주는 스타일이 아니었어요. 말하자면 바로 앞에서 학생이 쓴 에세이를 읽고 난 뒤에도 말 한마디 하지 않아요. 그러면 학생은 무언가 할 말이 없나 생각할 것이고, 그런 와중에 긴 침묵이 흐르고, 학생은 이에 당황해서 또 무언가 할 말을 생각하는 식이지요. 그래서 크리스토퍼 힐이 학생들 앞에서 마르크스주의를 강요한다는 것은 우스꽝스러운 생각입니다. 주위에 마르크스주의를 느낄 만한 것은 정말이지 거의 없었고, 우리가 그것을 토론하는 데 별로 시간을 쓴 것 같지도 않아요. 그는 마르크스주의는 물론, 그 어떤 것도 강요하지 않았습니다. 심지어 무엇을 써야 할 것인지도 말한 적이 없었기 때문에, 에세이 제목을 각자 알아서 택해야만 할 정도였답니다. 스스로 무엇을 할 것인지 생각하지 못한다면 능력이 없는 것으로 간주되었다니까요! 하지만 그는 오직 최고의 기준을 가져야만 나올 수 있는 아이디어에서는 단연코 탁월했어요.

당시 베일리얼 칼리지에 있던 많은 사람들은 매우 진지한 마르크스주의자였어요. 사실 그 측근의 지적인 학부 학생들 다수가 행동적 마르크스주의자들이었기 때문에 우리가 마르크스주의를 잘 인식하게 된 것도 당연한 일이었지요. 예컨대 라파엘 새뮤얼이나 찰스 테일러가 나와 정확히 같은 시기 사람들이에요. 그들은 지금 보면 가톨릭 파 마르크스주의자라 할 수 있겠지만, 당시에는 분명히 아주 좌파에 속했습니다. 그리고 다른 사람들도 있었습니다. 유명한 좌파이기는 했지만, 학자가 아니어서 아마 당신도 들어보지 못했을 겁니다. 나는 '과거와 현재 학회'에서 활동하고 있었는데, 그 전신이 칼 마르크스 학회였어요. 이 학회의 강연자 중에는 휴 세튼 와트슨 같은 인물도 있었지만 반드시 실천적 마르크스주의를 표방하지는 않았지요.

나는 당시 상당한 정도로 속류 마르크스주의자였다고 할 수 있지 않을까 싶어요. 이런 의미에서입니다. 만일 그때 내가 마르크스주의가 무엇인지 정의해보라는 요청을 받았다고 하면, 난 역사적 중요성의 순위를 먼저 물질적 조건, 다음으로 사회·정치 구조, 마지막으로 일종의 상부구조로서의 문화와 관념 같은 부류의 차례로 매겼을 겁니다. 마르크스주의의 기본 가정들을 공유하고 있었던 셈이죠. 당시 마르크스주의는 나에게 도대체 종잡을 수 없는 정치적 경험론을 대체하는 유일한 대안으로 보였습니다. 어떤 유의 인류학, 사회학, 정치과학도 눈에 들어오지 않았어요. 적어도 나에겐 그랬지요. 마르크스주의냐 혹은 다른 엉터리냐 하는 식이에요.

● 하지만 당시 그에 대한 대안을 제시한 것이 바로 아날학파 아니었습니까?

●● 학부 시절 《아날》 지에 실린 논문들은 읽은 적이 없다는 사실을 솔직히 말해야겠군요. 나는 리처드 서던—그는 현존하는 가장 위대한 영국 중세사가입니다—이 마르크 블로크에 대해 각별히 좋은 평가를 하지 않는다는 점을 알고 있었거든요. 짐작입니다

만, 블로크가 지나치게 세속적인 역사가라 생각해서 그랬던 것 같아요. 비록 강의계획표에는 별 도움이 되지 않았지만, 그래도 페르낭 브로델은 나에게 어느 정도 깊은 인상을 주었습니다. 필립 2세를 다룬 대작의 하반부는 너무 세세해서 어디에도 도움이 되지 않았고, 지리적 결정론의 관념을 전개한 상반부 역시 다른 역사와도 잘 들어맞지 않았어요. 브로델의 책을 대작이라고 말하는 것이 상례적 평가이기는 하지만, 사실 좀 소화하기가 힘든 것이었습니다. 그래서 블로크나 페브르의 경우처럼 브로델도 당시의 내게는 가까워지지 않았어요.

● 영국을 분열시켰던 1956년의 정치 위기에 당신은 어떻게 대응했습니까?

●● 유감인 것은 내가 수에즈 운하 위기나 헝가리 침공 사태 어느 쪽에도 열정적으로 참여하지 못했다는 점입니다. 당연히 그랬어야 했는데 말이죠. 회상해 보면 참여하는 체 할 수도 있었습니다만, 실제로는 그러지 않았습니다. 인생의 그 시점에서 나는 현재보다는 과거에 좀더 관심이 있었고, 따라서 당시의 정치에 정열적으로 뛰어들지 않았습니다. 하지만 성장 배경을 고려할 때 나의 정치적 관점은 옥스퍼드 대학 시절 이후 많이 변해온 것이 사실입니다. 농군이었던 내 부모님은 아주 보수적이었죠. 지금도 기억합니다만, 1945년 선거에서 카르디프에 3명의 노동당 의원

이 선출되자 그날 우리 집 분위기는 엉망이었어요. 내가 어떤 환경에서 자랐는지 아시겠지요? 유권자가 되었을 때 나는 노동당을 찍었지만, 그래도 마르크스주의자는 아니었습니다.

● 당신은 오늘날의 마르크스주의를 어떻게 보십니까? 당신은 그것을 총체적으로 거부하십니까? 아니면 오늘날에도 여전히 과거와 현재의 이해를 위해 도움이 될 수 있다고 보십니까?

●● 아니요. 마르크스주의를 총체적으로 거부하지는 않습니다. 나는 어느 지점까지는 상호 이익이 충돌하는 사회계급들이 지금도 존재하며, 그러한 이익 관계는 비단 정치만이 아니라 예술, 종교, 사상에서도 어느 정도 반영되고 있다고 생각합니다. 또한 자본주의가 독점으로 귀결되는 경향이 있다는 마르크스의 지적도 옳았다고 봅니다. 하지만 그 밖의 점에서는 마르크스주의가 어떤 예견력을 가지고 있다고 생각지는 않아요. 그리고 계급 관계에 의해 문화생활이 결정된다는 것은 단연코 믿지 않습니다. 그 반대죠. 오히려 문화적 가정들이 계급 관계의 인식 방법에 영향을 미치니까요.

● 과거 혹은 현재에 당신이 지적으로 흠모하는 인물이 있습니까?

●● 그것은 우리가 어떤 시대에 대해 얘기하느냐에 달렸지요. 지

금 나는 사실 마르크 블로크를 높이 평가하게 되었고, 뤼시엥 페브르의 연구 방침 역시 많이 받아들이고 있습니다. 하지만 학부 시절 내가 최고라고 생각했던 역사가는 새뮤얼 가디너와 찰스 퍼쓰였어요. 난 공화국과 섭정기에 대한 특별 연구를 할 당시 그들의 책을 읽었습니다. 나는 이들이 그 주제에 대해 쓴 내용을 읽고 깊은 인상을 받았어요. 퍼쓰의 경우는 50년 전이고 가디너의 경우는 70년 전의 일이군요. 그들의 글은 아주 상세하면서도 정치적 서술만은 아닌 그런 종류의 것이었습니다. 이런 부분은 그들보다 더 잘 쓰기 어려운 일이었고, 그건 지금도 마찬가지에요. 그때 내가 인상적으로 보았던 것은 바로 그 부분이었어요. 글이 언제나 조리가 있었다든지 하는 것은 아니었고요.

하지만 나중에 또 다른 숭배자가 생겼죠. 내가 학부 시절에 만난 또 하나의 중요한 학자는 존 프레스트위치였는데요. 그는 당시 내가 만난 최고의 역사가들 중 한 사람이었어요. 중세의 세속사를 다룬 그의 연구는 매우 수준이 높았고 매우 독창적이었지만, 실제로 책을 출간한 적은 거의 없었습니다.

● 1970년대에 이르러 여성운동은 역사 속에서 여성이 한 역할에 전무후무한 관심을 보이게 되는데요. 그보다 훨씬 앞서 당신은 그 분야에서 선구적인 글들을 썼습니다. 어떤 동기가 있었습니까?

●● 나도 잘 기억이 나지 않습니다. 하지만 모든 일이 어떻게 시

작되었는지 오래 전으로 거슬러 가보면 대답에 도움이 될지도 모르겠네요. 대학을 졸업한 뒤, 나는 당시 최대의 지적 논제로 떠올랐던 이른바 '젠트리 논쟁,' 즉 젠트리의 상승이란 주제로 박사학위 논문을 쓰고자 작정하고 있었습니다. 저명한 학자들이 참여한 논쟁에서 휴 트레버 로퍼, 로렌스 스톤, R. H. 토니가 그 배후에 있었고, 크리스토퍼 힐도 약간 관여했어요. 최대의 문제는 영국 지주계급들의 권위가 어느 정도로 토지와 관직에 기초하고 있는지 그 상대적 중요성을 따지는 것이었습니다. 처음에는 엘리자베스 및 제임스 1세 시기의 정치가였던 로버트 세실에 대해 학위 논문을 쓸 작정이었어요. 그의 재정 활동은 이 모든 논쟁과 밀접한 연관이 있었거든요. 고故 J. P. 쿠퍼가 당시 나의 지도교수로 내정되었는데, 그는 런던에 있는 세실 전문가 조엘 허스트 필드에게 편지를 보냈습니다. 하지만 필드가 곧 세실의 삶을 다룬 결정판을 내놓을 예정이라고 회답하는 바람에 나는 그 주제로 글을 쓸 수 없게 되어버렸어요. 그런데 말입니다. 그는 결정판이든 아니든 이후 세실에 대한 어떤 전기도 간행한 적이 없다는 것 아닙니까!

어쨌든 그 때문에 난 약간 연구 대상을 옮겨 제임스 1세의 궁정으로 정하려고 작정했지요. 특히 관직 보유자들을 살피면서, 그들이 과연 누구였는지, 관직으로 얻은 이익은 어떤 것이었는지 등을 논하려 한 거죠. 만약 그 작업이 이루어졌다면, 제럴드 에일머가 찰스 1세 시대의 관직 보유자에 관해, 그에 이어 섭정 시대와 찰스 2세 시대에 관해 진행했던 연구와 비슷한 것이 되었을 겁니다. 하지만 내가 올소울즈 칼리지 펠로로 뽑히자 곧 사람들은 박사학위는 품격을 낮추는 일이니 오히려 그 시간에 더 광범위한 독서를 할 수도 있지 않겠느냐는 말들을 넌지시 해주었어요. 나는 그 말을 그대로 따랐지요. 당시 나는 얼마간 가르치는 일을 하고 있었기 때문에, 내 관심사는 그 주에 무엇을 가르치느냐에 따라 달라졌어요. 그야말로 아무런 체계도 없었던 거지요. 처음에 나는 17세기의 고대 연구의 흐름에 관해 어느 정도 작업을 진행했는데, 앤터니 우드에까지 소급하는 것이었습니다. 하지만 그 뒤에는 1640년대 종교적 관용에 관해 연구하고 있었던 연유로 당시에 유명했던 토머스 에드워즈의 《강그라이나 Gangraena》를 읽었지요.

에드워즈는 장로교파로서, 1646년에 그가 출간한 책은 종교적 관용의 관념과 종교 분파를 공격하는 내용을 담고 있었습니다. 요컨대 관용을 베풀 수 없는 이유가 가정이 무너질 것이기 때문이라는 것이었어요. 아내가 남편과 다른 종교를 갖고, 아이들이 부모와 다른 종교를 믿는 사태가 온다는 거지요. 이 문제를 탐구한 작업의 결과가 〈여성과 내전 분파들 Women and Civil War Sects〉이라는 논문으로 나왔습니다. 나는 그 글을 스탑스 학회에서 발표했는데, 크리스토퍼 힐은 학술지 《과거와 현재 Past and Present》에 투고해 보라고 권했어요. 이 논문에서 내가 논증한 것은, 내전 분파 일부가 여성에게 언론과 설교의 자유를 허용했을 뿐 아니라, 신앙에 대해 논의하고 목회의 운영에서 일정 정도의 평등을 향유하도록 해 여성해방의 한 형태를 제공했다는 것이었지요. 내가 좀더 일반적인 여성사를 쓰게 된 계기는 바로 그 논문에서 연유한 것이었습니다.

그 다음 단계는 성 도덕에 적용된 이중 기준을 주제로 한 논문이었는데요. 하지만 이 글에 대해서는 내가 1957년 세인트존스 펠로십에 지원했을 때 차라리 언급하지 않는 편이 낫겠다는 조언을 들었어요. 좋은 인상을 주지 못할 게 뻔하다는 거죠. 이중 기준이란 논제는 사실 내가 그 해 세인트존스 칼리지에서 6회에 걸쳐 강의한 주제 중 하나였을 따름입니다. 전체 강의명은—1년 전에 공지해야만 했어요—"영국에서의 성별 간 관계: 종교개혁에서 1차 세계대전까지"였던 것 같아요. 그런데 그 강의를 들으러 온 사람이 겨우 다섯이나 되었을까요!

최근에 《뉴욕 서평 *New York Review of Books*》에서 대단히 얼빠진 논쟁이 있었지요. 여성을 다룬 올웬 휴프턴의 책에 대해 누군가가 쓴 서평에서 비롯된 것이었죠. 올웬은 당시 내 강의에 학생들이 거의 오지 않았다는 사실을 1950년대에는 아무도 여성사에 관심을 가지지 않았다는 징후로 받아들였습니다. 그런데 서평을 쓴 사람은, 그 이유가 여성에 관심이 없어서가 아니라 세인트존스의 이름도 모르는 연구원을 아는 사람이 아무도 없었기 때문이라고 주장했어요. 학생들이 왜 그 강의를 듣겠느냐는 거지요. 어쨌든 두 설명은 모두 틀렸어요. 왜냐하면 이 '이름도 모르는 연구원'은 다음 강의 주제로 아리스토텔레스, 홉스, 루소를 택했는데—그것이 의무 평가 사항이었거든요—학생들이 너무 많아서 강의실을 세인트존스에서 이그제미네이션 스쿨즈[옥스퍼드 대학의 모든 시험을 행정적으로 뒷받침하는 기관—옮긴이] 건물로 옮겨야만 했기 때문입니다. 그들이 강의에 온 것은 내가 유명한 강사여서가 아니라 그것이 교과목의 하나였기 때문이지요. 따라서 학생들이 여성에 관한 강의에 가지 않았던 이유는 그 주제가 교과목에 들어 있지 않았기 때문이었습니다. 학부생들이 강의를 들으러 가는 것은 오직 시험을 위해서이거든요.

내가 왜 이처럼 여성에 관한 주제에 관심을 가지게 되었는지 제대로 설명하지 못했군요. 글쎄요, 나도 사실 잘 모르겠어요. 하지만 여성 문제는 매우 중요한 주제라고 생각했던 것 같아요. 여성은 인류의 반이니까요. 그렇지만 주제의 중요성에 비해 적절히 연구된 것 같지는 않았습니다. 일단 연구에 착수하자 관련 서적들을 읽기 시작했는데, 인상적인 책들이었지요. 그중에서도 당시 나에게 깊은 인상을 준 것은 시몬 드 보부아르의 《제2의 성 *Le Deuxième Sexe*》이었습니다. 그 책이야말로 내가 그 주제에 대해 읽고자 하는 이론에 가장 근접한 것이 아닌가 생각했어요. 나는 많은 책을 읽었고, 여성을 다룬 19세기 소책자들을 다수 모았습니다. 후에 내가 연구 영역을 옮기게 된 것은 그에 대한 관심이 없어졌기 때문입니다만, 바보짓을 한 거죠.

● 당신의 저술 목록에서 인상 깊은 것은 1950년대 이후 역사 속의 교육과 여성을 다룬 다수의 논문들을 써왔다는 점입니다. 이러한 관심사는 동일한 뿌리에서 비롯된 것인가요?

●● 이 모든 것이 사실상 서로 연관이 있다고 봅니다. 여성사 연구의 저변에 깔린 나의 접근방법은 인간 본성과 태도들이 매우 유연하고 가소성可塑性이 있어서 이런저런 종류의 사회적·문화적·지적 압력에 의해 형성된다는 것입니다. 그리고 이런 압력 중에서도 가장 형성력이 크고 계몽적인 요소가 바로 공식적 학교교육이라는 겁니다. 그래서 모든 것이 서로 연결되는 거지요. 한 시기의 교육관은 그 시기에 어떤 사람들이 창조되는가에 영향을 미칠 뿐만 아니라 당시에 풍미하던 가치들에 대해서도 많은 것을 말해 주기 때문에 대단히 시사적입니다.

난 물론 남성과 여성 간에 태생적 차이가 있다는 것을 부인하지는 않았습니다만, 그 대부분이 사회적 산물이라고 생각했던 것 같습니다. 지금에 와서 보면 그 정도는 아니고 물론 많은 부분에서 여전히 그렇기는 하지만, 그렇다고 모든 것을 사회의 산물로 보기는 힘들다고 생각해요. 내가 설명을 잘 하고 있는 것 같지는 않습니다만, 어쨌든 난 처음에 존 로크 유의 심리학에 영향을 받은 것 같아요. 사실 이는 별로 정치精緻하지 못한 것이었거든요. 하지만 당신이 이해해야 할 점은 당시 대부분의 사람들이 그랬듯이 나도 역사 외에는 다른 어떤 분야에 대해 실질적 교육을 받지 못했다는 것입니다. 그 문제에 관한 어떤 종류의 심리학, 사회과학, 혹은 자연과학 교육도 받은 적이 없었다는 거지요. 그래서 역사적 행위를 이해하기 위해 제기된 가정들이란 것이, 사람들이 보통 상식이라 부르는 것, 즉 시대적 편견과 우연히 읽게 된 책들의 혼합물 같은 것에 지나지 않았습니다.

나에게 큰 영향을 미친 또 다른 책은, 사실 거의 반대 방향이기는 합니다만, 프로이트의 《문명과 그것에 대한 불만 Civilization and Its Discontents》이었어요. 이 책은 내가 1950년대에 가장 좋아하던 것이었는데요. 사회가 이런저런 종류의 인간 감정을 어떻게 억압하는가를 예증한 책이지요.

● 당신은 대단히 날카로운 한 논문에서 문자해득력이 상승하던 17세기의 세계에서도 문맹이라고 해서 '정신적 암흑' 속에서 살지는 않았다는 것을 입증했습니다. 오히려 그 반대로 그들은 종종 사업에서 성공을 거두었고, 종교적·정치적 변동의 선두에 서 있었다는 거지요. 이러한 사실은 여전히 교육을 만병통치약쯤으로 생각하는 사람들에게 어떤 교훈이 될까요? 공식적 교육이 필연적으로 발전을 가져다 준다는 것을 회의하는 비판자들(잭 구디와 같은)처럼, 당신은 예컨대 가나에서 사람들을 교육하는 일이 그들을 더 불만스럽게 만들 것이라고 생각하십니까?

●● 문자해득력이라는 것이 지금은 다른 의미를 가지고 있다는 점을 지적하고 싶군요. 지금 문제가 되는 것은 컴퓨터를 해득하는 것입니다. 만약 컴퓨터에 무지하다면 당신은 어떤 일도 잘 하기 힘들 거에요. 그런 상태에서는 사업에서든 행정 혹은 정치에서든 잘 해나갈 수가 없을 겁니다.

공식적 교육에 관해서라면 난 구식인 편이에요. 이 점에서 내가 동의하는 인물은 존 스튜어트 밀입니다. 제 말은 그처럼 교육에 믿음을 가지고 있다는 뜻입니다. 교육은 지평을 넓혀준다고 생각합니다. 비록 내가 인생의 많은 시간을 이런저런 종류의 민중 문화 연구에 바치기는 했습니다만, 그렇다고 그것을 낭만화하고 싶지는 않습니다. 그래서 나는 일부 사람들이 어둠 속에서 살고 있다는 관념이 완전히 우스꽝스러운 것이라고는 보지 않아요. 예컨대 평균적인 미국인의 지리적 지식에 대해 생각해 봅시다. 아마 극히 미약하겠지요. 보통의 미국인들은 옥스퍼드가 콘스탄티노플의 동쪽에 있는지 서쪽에 있는지도 잘 모를 겁니다. 나는 그런 종류의 무지가 사물을 이해하는 데 장애가 된다는 것을 알고 있어요. 그래서 교육을 믿는 겁니다. 지식이라는 게 있고 또 그것을 획득하는 것이 좋다는 것을 믿는다는 거지요. 물론 나는 여전히, 완전히 문맹인 사람들, 교육이라고는 받은 적이 없는 사람들이라 할지라도, 상징적 의미에서 우리들 못지않게 나름대로 풍요로운 세계 속에서 살 수 있다는 것을 결코 부인하지 않습니다. 그리고 그들 역시 의미 있는 삶을 가질 수 있고 그 외의 것도 가능하겠지요. 하지만 난 그들이 잃는 것이 많다는 생각에는 변함이 없어요.

● 1989년 당신은 역사가들에게 어린이의 역사라는 매우 중요한 주제를 적절한 방식으로 연구하라고 촉구했지요. 당신의 주장에 따르면, 그때까지 역사가들은 어린이의 역사가 아니라 어른이 어린이를 대하는 태도의 역사를 써왔다는 것이었습니다. 이후 그 주제에 진전이 있었는지요?

●● 글쎄요. 약간 진전이 있기는 했지만 눈에 띌 만큼은 아닙니다. 1970년대 인류학 분야에서 샬롯 하드먼의 연구가 있었습니다. 당시의 사회에서 어린이를 인류학적으로 탐구한 것이었어요. 그녀는 옥스퍼드셔의 운동장에서 노는 아이들을 이오나 오피[Iona Opie. 남편 Peter Opie와 함께 유럽 민속과 어린이 거리 문화의 세계적 권위자. 《학동의 전승과 언어 *The Lore and Language of Schoolchildren*》(1959) 등의 저작이 있다—옮긴이]의 전통에 따라, 약간 더 정교하게 연구했지요. 하지만 역사 분야에서는 놀랄 정도로 관련 업적이 거의 없습니다.

반면 어린이들이 어떤 물질적 환경 속에서 사는가에 대해서는 좀 더 많이 알려져 있어요. 예컨대 미국 역사가 바바라 해너월트가 밝힌 대로, 아주 어린 나이의 여자아이와 남자아이의 사고사에 대한 검시 자료를 살펴보면 그들의 삶을 알 수 있고, 여자아이는 요리 냄비의 끓는 물에 델 확률이 높은 반면 남자아이는 연못에 빠지거나 나무에서 떨어질 확률이 더 크다는 사실을 확인함으로써 그들 간의 차이를 추론해 내는 것이 가능합니다. 달리 말해, 어린 아이들의 삶에 성별 간의 차이가 존재한다는 것을 입증할 수 있다는 거지요. 하지만 어린이 문화는 본질적으로 구전 문화이기 때문에 행동이 아닌 다른 것을 통해 연구하기가 아주 어려워요. 그럼에도 난 여전히 더 많은 노력을 경주할 수 있다고 생각합니다.

예컨대 어린이의 일기와 관련한 문제점은 일기 쓰기가 모든 활동 중에서도 자발성이 가장 덜한 데다가—재능이 뛰어난 아이가 아니라면 말이죠—무엇보다도 다른 글쓰기 모델의 영향을 깊이 받고 있다는 겁니다. 아마 어른이 어떻게 반응하는가에 달렸겠지요. 나는 어린이 일기를 수없이 읽어보았는데요. 때로는 꽤 흥미로운 경우와 마주치는 적도 있어요. 하지만 나는 여전히 그것이 어린이의 마음으로 가는 직접적인 길이라고 생각하지 않습니다. 그것은 대개 우연적인 정보를 제공할 뿐이지요. 나도 어렸을 적 쓴 일기를 아직도 갖고 있습니다. 열세 살 때인데요. 굉장히 사치스러운 비로Biro 펜을 선물로 받았을 때인 것 같습니다만, 특히 그때는 더 그렇게 느꼈다는 것을 이 일기가 보여주고 있어요. 이 자료는 비로 펜이 사치품이었던 때가 언제인지는 잘 알려주고 있지만, 정작 어린이에 대해서는 아무 것도 말해 주고 있지 않습니다.

● 1961년 당신은 '역사와 인류학'이란 제목의 강연을 한 적이 있지요. 그 제목만으로도 당시 학문 공동체의 관심을 끌기에 충분했습니다. 인류학을 진지하게 받아들인 역사가가 전무하던 시기에 당신으로 하여금 이 학문 분야에 관심을 가지도록 한 것은 무엇입니까?

●● 인류학에 관심을 갖게 된 것은 내가 수년간 《옥스퍼드 매거진 *Oxford Magazine*》의 편집자로 있던 중에 한 출판편집자가 에반스 프리처드가 쓴 소책자 《인류학과 역사학 *Anthropology and History*》을 보내왔을 때였다고 생각합니다. 나는 그 책을 읽자마자 큰 감명을 받아 1961년 6월 이 주제에 관한 논문을 썼습니다.

"에반스 프리처드의 책을 읽고는 그것이 전하고 있는 생각에 그만 홀딱 빠져버렸습니다. 즉, 여타 다른 세계에서는 일상생활에 대한 집중이 우연적이거나 주변적인 것이 아니라 완전히 정상적이며, 심지어는 중심적인 경우까지도 있다는 것이었지요."

사진은 젊은 아잔데 족과 함께 있는 에반스 프리처드 (1928). 그는 중앙 아프리카 아잔데 족의 마법, 신탁, 마술에 대한 혁신적인 저작들을 내놓았다.

그 당시 나는, 내가 하고 있던 여성사 연구를 사람들이 진정한 역사로 보지 않고 우스꽝스럽게 생각하는 데 약간은 분개하고 있었던 것 같아요. 그런 차에 에반스 프리처드의 책을 읽고는 그것이 전하고 있는 생각에 그만 홀딱 빠져버렸습니다. 즉, 여타 다른 세계에서는 일상생활에 대한 집중이 우연적이거나 주변적인 것이 아니라 완전히 정상적이며, 심지어는 중심적인 경우까지도 있다는 것이었지요. 이를 보는 즉시 나의 관심사가 단지 상투적인 정치적 차원보다는 다양한 차원의 인간 경험을 이해하는 데 있다는 점을 인식하게 되었습니다. 그 저변에서 나를 이끈 가정은, 우리가 과거 사람들에 대해 아무 것도 모른다는 걸 전제로 출발해야 한다는 것, 그리고 단지 그들이 우리에게 자연적이고 인간적이며 정상적인 존재로 보인다는 이유만으로 실상은 우리 것에 불과한 감정이나 신념 혹은 반응을 그들의 것으로 전가해서는 안 된다는 것이었어요. 그 후 나는 두 가지 상반된 관점, 즉 과거 사람들은 우리와 아주 다르다는 견해와 우리와 똑 같다는 견해 사이를 오가고 있습니다. 사실 두 관점을 뒷받침할 만한 주장들이 얼마나 많겠습니까! 하지만 난 여전히, 과거 사람들은 틀림없이 우리와 비슷할 것이고 따라서 우리라면 그러한 상황에서 이렇게 행동할 것이라는 식의 가정보다는, 실제로 발견할 수 있는 과거에 기초해 그들에 대한 상像을 쌓아올려야만 한다는 견해가 지적으로 더 성실하다고 생각합니다.

에반스 프리처드의 소책자를 읽은 때로 다시 거슬러 올라가면, 당시 작은 규모의 세미나를 운영하던 로렌스 스톤이 내게 인류학과 역사학에 대한 글을 발표하라고 요청한 것이 바로 내가 《옥스퍼드 매거진》에 그 책의 서평을 실은 직후였습니다. 나는 글을 쓰기 위해 인류학연구소에서 많은 관련 저작들을 읽었고, 로렌스 스톤은 발표를 들은 후 《과거와 현재》에 게재하자고 제안했어요. 고백컨대 당시 난 여전히 관례적 역사학에 관심을 두고 있던 상태였습니다. 그 분야의 강의도 계속했고 관심도 왕성했거든요. 하지만 그 이후, 어쩌면 그 조금 전부터, 나의 지적 활동과 강의 방향은 달라졌습니다. 이런 생각까지도 드는군요. 사실 난—내 학생이었던 피터 버크가 들으면 무슨 소리냐고 하겠지만—내가 앞서 연구했던 주제에 대한 글을 제대로 써본 적이 없다고 말입니다. 그런 점에서 난 약간 정신이 이상한 상태였다고 해야 할 것 같아요!

● 자메이카에서의 군인 경험이 당신으로 하여금 인류학에 관심을 가지도록 하는 데 일조했다고 보십니까? 아울러 16, 17세기 영국인들을 외국인처럼 보게 만드는 데도 기여한 면이 있나요?

●● 글쎄요. 그것은 내가 겪은 첫 해외 경험이었어요. 처음의 충격 이후 나는 18개월 동안 자메이카에 살면서 그곳 각지를 두루 돌아볼 수 있는 이 기회를 음미하게 되었지요. 그곳에서 약간의 현지조사 같은 것을 했는데요. 휴가를 이용해 몇몇 사람들과 함께 콕피트 칸트리Cockpit Country[자메이카 내지의 굴곡이 심하고 접근이 힘든 지역을 가리킴—옮긴이]로 갔거든요. 그곳은 머룬 족—그

들은 도망 노예의 후예로 그곳에다 자치적이고 반독립적인 공화
국을 세웠지요—이 사는 지역입니다. 우리가 그곳에 들어간 것은
우연이었는데요. 우리는 비교적 정중한 방식으로 그들에게 잡혀
재판정에 서게 되었습니다. 난 이때의 일을 아주 생생하게 기억
하고 있어요. 재판은 석유 등으로 불을 밝힌 커다란 헛간에서 열
렸는데, 이런 질문을 했지요. 1730년경의 조약하에 영국 군인이
머문 족 나라에 들어온 것이 과연 타당한 행동인가 하는 것이었
어요. 우리는 그때 짐을 나르는 일을 돕기 위해 나귀를 모는 조그
만 체구의 자메이카 젊은이를 데리고 있었는데요. 그런데 한밤중
에 누군가가 그를 끌어내었고, 그는 결국 손목을 잘리고 말았습
니다. 일종의 부두 마법(?)을 행한 것이었어요.

그 단계에서 내가 이 모든 일에 흥미를 느끼게 되었다고 말할 수
도 있겠지만 이는 사실이 아닙니다. 그건 놀라운 경험이었지만,
내가 이후 인류학에 관심을 두게 되는 데에 추호의 영향도 미치
지 않았어요. 문제는 정말 이런 거지요. 본시 사람의 삶이란 게
그렇기는 하겠지만, 적어도 내 삶은 그래야 하는 것 이상으로 더
어수선하다니까요!

● 어떤 종류의 인류학이 당신을 끌었습니까? 말러노프스키, 에
반스 프리처드, 레비스트로스, 기어츠 등은 그 지적 스타일이 매
우 다름에도 모두 당신의 각주 어디에선가 인용되고 있습니다.
당신은 그들 중 누군가를 어떻게 선택합니까? 혹은 아예 선택이
필요 없는 건가요?

●● 당신은 아마, 정작 이들은 서로를 믿지 않는데 도대체 내가 어떻게 이들 모두를 믿을 수 있느냐고 묻고 있는 것 같군요. 나는 인류학 서적을 읽을 때 모든 신화학을 해명하는 어떤 체계나 열쇠, 혹은 모든 문을 열 수 있는 길을 찾는 것이 아닙니다. 내가 정말로 찾으려 하는 것은 역사적 상상력에 대한 자극이지요. 그리고 이 모든 저자들이 각기 서로 다른 방식으로 나의 역사적 상상력을 자극하기도 했고요. 이렇게 말하면 대답으로서는 좀 미약하겠지만, 궁극적으로 내가 조심스럽게 짜여 있고 잘 방어되면서도 정의되는 지적 입장을 가지고 있지 못한 것은 사실입니다. 난 불면 날아가버리고 마지막으로 읽은 책을 믿어버리는 그런 사람이라니까요!

이런 얘기도 흥미로울 것 같군요. 내가 《과거와 현재》에 실린 역사와 인류학에 관한 논문의 별쇄본을 에반스 프리처드에게 보내자, 그는 놀랍게도 조롱조의 답장을 보내왔는데, 대충 이런 내용이었어요. "대단히 고맙소. 당신은 인류학자들의 책을 나보다 훨씬 많이 읽었군요. 난 그 대부분이 엄청난 과장에다 전문용어가 난무하여 도저히 읽을 수도 없는 것이 아닌가 우려되오." 나 역시 대체로 뒤에 나온 인류학 저작들이 금방 이해되지는 않았어요. 난 영국의 전통 사회인류학이 이후 저작들의 좀더 부풀린 주장들보다는 훨씬 더 명료하다는 점에서 그의 말에 동의합니다.

내가 한창 인류학 책들을 읽었던 시기가 1960년대 초라는 사실을 꼭 말해야겠군요. 무슨 말이냐 하면 그때는 레비스트로스 같은 사람들을 읽지 않았다는 뜻이에요. 당시 서가에 놓여 있던 책과 논문들은 모두 1950년대에 씌어진 것이었고, 아마 40년대 것도 있었을 겁니다. 그러니 그 대부분은 기능주의적이거나 혹은 구조기능주의적이라 불리던 영국 사회인류학 연구서였을 거예요. 내가 이런 책들을 읽고 있을 때, 그 주제를 연구하는 제대로 된 학자들은 레비스트로스에 대해 얘기하고 있었던 거죠. 난 그를 좀 늦게 알았거든요. 나는 그런 유의 구조주의 인류학이 저변에 깔고 있는 기본 가정들에 공감했습니다. 하지만 어쩐지 그것을 역사 서술에다 연결하기가 어렵다는 걸 알았어요. 바로 이것이야말로 《종교와 마법의 쇠퇴》가 지닌 결점이라는 것은 의심할 여지가 없습니다. 난 그 방향대로 좀더 심사숙고했어야 했습니다.

● 1970년대 초 당신은 새로운 역사의 가장 열렬한 지지자로 일컬어졌던 적이 있습니다. 당신은 일찍이 1966년에 "사회과학에 대한' 역사가들의 "보다 더 체계적인 고취'를 촉구하는 선언서를 쓰기도 했지요. 지금도 여전히 그런 입장입니까?

●● 〈도구와 직업 The Tool and the Job〉이란 논문은 분명히 많은 고통을 가져다주었습니다. 만약 유명한 중세학자인 K. B. 맥팔레인이 자신의 학생들에게 보낸 흥미로운 서간집을 살펴본다면, 그가 죽기 직전에 쓴 마지막 편지에서 《타임즈 리터러리 서플먼트 *Times Literary Supplement*》에 게재된 내 글을 비난하고 있다는 것을 알게 될 겁니다. 문제는 [내 글이] 아주 오만한 투로 씌어졌다는 점이었어요. 젊은 시절의 객기였겠죠. 20세기 역사학은 완전히

잘못된 방향으로 흘러갔다는 식이었습니다. 즉, 앞서 '상투적인 역사가들'이 이룩했던 이 모든 뛰어난 업적도 단지 시간 낭비일 뿐이었다는 의미였지요. 물론 이는 전혀 사실도 아니고 그 표현 방식도 정말 정당화하기 힘든 것이었습니다.

솔직히 말하면 그 서평지의 편집자가 "역사학과 사회과학에 관한 글을 한 편 써줄 수 있겠습니까?"라고 간단히 요청했을 때, 난 그 주제를 별로 깊이 생각해 본 적이 없었습니다. 그들은 '새로운 역사학 방법들'에 대한 일련의 특별 증보판을 기획하고 있었고, 난 누가 그러한 요청을 하도록 자문했는지도 몰랐죠. 짐작컨대 제프리 바라클로우가 그중 한 사람이었고, 홉스봄과 모지즈 핀리도 밀접한 관계가 있었던 것 같아요. 어쨌든 나는 그 주제에 열이 올라 좀 공격적인 글을 쓰게 된 것이었어요. 그때 난 글을 쓰려고 그냥 의자에 앉았는데, 마치 펜이 저절로 미끄러지는 것 같았습니다.

나는 그 논문의 한 측면만은 옹호하고 싶습니다. 당시는 계량적 역사, 통계경제학적 역사가 마치 모든 것의 대답이라도 되는 양 불붙고 있던 시기였습니다. 비록 실천에 옮기지 못했지만, 그런 방식의 역사학은 사실에 반해서 묻는 방법에 기초하고 있다는 생각에서 나 역시 그것을 지지했지요. 만약 철도가 없었다면 세계는 어떻게 달라졌을까와 같은 의문들도 계량화해서 풀 수 있을 것 같았거든요. 사실 대부분의 역사는 사실에 반하여 묻는 것이죠. 무엇이 얼마나 큰 차이를 가져왔나를 알아내려고 하는 겁니다. 계량적 역사는 한때 그러한 의문들에 답하는 길인 것처럼 보였습니다. 하지만 결국 그렇지 않았지요. 그래서 그쪽에 대한 열성은 곧 식어버렸습니다. 반면 내가 그 논문에서 얘기하려 했던 것은 그러한 분야에 우리가 체계적으로 배울 수 있는 많은 종류의 과학이 있다는 것이었어요. 비록 지금에 와서는 그러한 것들이 당시 내가 생각했던 것만큼 과학적으로 보이지 않지만, 그럼에도 나는 여전히 가능하면 폭넓게 독서하는 역사가를 신뢰하고 있습니다. 왜냐하면 역사란 결국 역사가가 가져오는 것일 뿐이니까요. 만약 역사가의 가정이나 참조 틀의 문화적 범위 등이 편협하다면 그 결과 역시 편협할 것이기 때문이지요.

● 그동안 당신이 역사를 연구하는 데 노베르트 엘리아스는 어느 정도로 중요했습니까?

●● 나는 노베르트 엘리아스를 알고 있었고, 1978년 그의 대작이 영어로 번역되었을 때 서평을 쓰기까지 했습니다. 알다시피 그의 저작 《문명화 과정 *Über den Prozeß der Zivilisation*》은 1939년 독일어로 간행되었지만, 이후 몇십 년간 흔적도 없이 잊혀진 상태였어요. 그는 번역에 아주 까다로웠다고 알려져 있습니다. 그래서 몇 종류가 계획만 되었다가 실제로 간행되지는 못했어요[노베르트 엘리아스의 저작 중 한국어로 번역된 것은 《매너의 역사》, 유희수 옮김 (신서원, 1995), 《문명화 과정》, 박미애 옮김 (한길사, 1996), 《궁정사회》, 박여성 옮김 (한길사, 2003) 등이 있다―옮긴이]. 나는 풍습에 관한 그의 연구에 매우 감명을 받았지만, 금지가 점점 강화되어

가는 것을 설명하려 한 이론은 전반적으로 발전주의적 관점을 노골적으로 드러내고 있어서 별로 그럴듯하게 보이지는 않았습니다. 난 프린스턴 대학에서 그를 만났고, 한 번은 점심도 함께 한 적이 있었지요. 그는 아주 유쾌하고 정말로 대단한 인물이었습니다. 당시 그는 나이가 꽤 들었는데, 그때 들은 강연은 대단히 인상적이었습니다. 하지만 난 그의 연구 주제에 큰 관심이 있었음에도 불구하고 접근방법에는 찬성하고 싶은 생각이 없었어요. 어떤 의미에서 엘리아스는 프로이트와 막스 베버를 섞어놓은 인물 같았죠. 물론 그 자신만의 아이디어는 있었지만 말입니다.

● 인류학에 대한 당신의 관심을 모두가 얘기하고 있습니다만, 당신의 저작에서 심리학과 심리학자를 언급한 부분에 대해서 뭐라고 하는 사람은 거의 없습니다. 당신은 심리사학을 쓰는 것이 가능하다고 보십니까?

●● 과거에 난 그러한 접근방법에 약간 열중한 적이 있습니다. 그리고 인류학자 C. R. 홀파이크의 저작에 관심이 지대했지요. 그는 좀더 인정을 받았어야 합당한 인물일 겁니다. 그가 쓴 《원시사상의 토대 *Foundations of Primitive Thought*》는 일종의 발전심리학적 접근방법을 좀더 단순한 사회 연구에 적용해 보려 한 것입니다. 이 책을 보면 우스운 대목이 나오는데요. 농민들에게 삼단논법의 개념이 얼마나 이해하기 힘든 것인가에 대해 러시아의 발전심리학자인 알렉산더 루리아가 조사한 내용에서 인용한 겁니

다. 루리아는 물론 홀파이크보다 더 중요한 학자죠. 그는 중앙아시아에서 문맹인 우즈벡 농민들을 대상으로 다음과 같은 대화 내용을 채록했습니다. 질문자가 이렇게 묻습니다. "독일에는 낙타가 없지요. 베를린 시는 독일에 있고요. 그러면 베를린에는 낙타가 있나요?" 농민들이 대답합니다. "모르겠어요. 난 독일에는 가본 적이 없어요." 그래서 다시 한번 질문자가 묻습니다. "독일에는 낙타가 없죠. 그런데 베를린 시는 독일에 있지요. 그러면 베를린에는 낙타가 있나요?" 농민이 다시 대답합니다. "예, 그곳에는 낙타가 있을 거예요." 다른 농민에게 묻자 이렇게 대답합니다. "베를린은 큰 도시니까 낙타가 있을 겁니다. 큰 도시에는 틀림없이 낙타가 있을 거거든요." 그러자 질문자가 이렇게 반문합니다. "하지만 난 독일에는 낙타가 없고, 이 도시는 독일에 있다고 말했는데요." 어쨌든 농민들은 삼단논법의 개념을 도저히 이해할 수 없었기 때문에 이러한 문답은 계속 되었겠죠. 혹은 적어도 루리아가 입증하려고 한 것이 바로 이런 것이든지요.

우리는 이런 종류의 심리학적 접근방법이 호소하는 측면을 이해할 수 있습니다. 만약 과거를 마치 외국인 양 간주하고 사람들을 우리와는 상이한—좀 피상적인 것이겠지만—추론과 신념들을 가지고 사는 것처럼 생각한다면 심리학적 접근방법은 유용한 것이 될 수 있을 겁니다. 하지만 내 생각으로는 결국 그건 작동하지 않을 거예요. 나로서는 루리아가 어떻게 해서 이런 유의 대화를 나누었는지, 설명하기가 좀 힘듭니다. 사람들이 가진 인식 장치는—적어도 우리가 관심을 두는 역사 시기에서—우리와 다르다기보다는 비슷하다고 가정하는 편이 낫다고 봅니다. 물론 이는 시죄법試罪法과 같은 제도나 기적에 대한 믿음 등의 현상과 마주하는 역사가들에게는 문제를 야기하겠지요. 그것을 어떻게 다룰 것인가? 그 한 방법은 사람들이 각각 다른 심리적 발전 단계에 있기 때문에 서로 다르게 추론할 뿐이라고 답하는 것입니다. 하지만 전혀 설득력이 없죠.

● 당신이 몸담아온 영국의 경험론 전통은 당신의 지적 발전에 어느 정도로 중요했습니까? 이론에 대한 관심과 그러한 전통 사이에 어떤 긴장 관계는 없습니까?

●● 글쎄요. 내가 비록 영국의 경험론적 접근방법에 반대하는 입장에서 글을 썼다고는 하지만, 사실상 나도 그 전통의 산물이라고 봐야겠지요. 난 분명코 문제를 발견할 필요는 없다고 말한 제프리 엘턴과 견해를 같이 하지는 않습니다. 그저 기록보관소로 가서 자료를 보면 된다는 것인데, 난 그 정도의 경험론자는 아니에요. 물론 기록보관소로 가는 것이 새로운 의문들을 시사해 줄 수도 있겠지만, 그래도 실제로 무언가를 묻고 있어야만 합니다. 그렇지 않으면 도대체 어디에 초점을 맞추겠습니까? 모든 지식은 가설을 세우고 그것을 시험해 보면서 진전되는 것이지, 그냥 모아진 사실에서 무언가가 나오기를 기대하는 그런 종류의 것은 아니에요. 반면 나는 어떤 의문들을 제기했을 때 이론에 기대기보다는 비교적 관례적인 종류의 증거를 산출함으로써 진전이 이

루어지기를 바라지요. 이런 의미에서 보면 내가 비록 이론과 경험이라는 두 접근방법 사이의 긴장 관계를 목도하기는 하지만, 연구방법과 논증 양식이 그다지 모험적인 편은 아니라고 말할 수 있겠습니다. 나의 연구 주제는 20세기 전반기의 '문화가 뒤진' 역사가 세대와 많이 다르지만, 논증 양식은 그리 다르지 않은 셈이지요.

물론 영국 문화의 어떤 요소 때문에, 예컨대 프랑스 학자들처럼 좀더 이론적인 접근방법을 채택하기 힘든 경우가 있다는 점은 분명합니다. 르 루아 라뒤리의 《몽타이유》에 대해 영국의 두 출판사가 어떻게 반응했는가를 보면 이 점이 잘 드러납니다. 나는 그 원고를 조판 교정쇄 상태의 프랑스 어로 읽었는데요. 케임브리지 대학 출판부와 펭귄 출판사는 번역을 생각하고 나에게 검토를 의뢰했지만, 양쪽 다 출판을 주저했어요. 나는 출판사에다 이 책은 명석하고 놀랄 만한 것으로서 정말로 깊은 인상을 준다고 누누이 얘기했지만, 그때마다 그들은 "그렇지요. 하지만 그건 결국 14세기 초의 한 마을에 대한 얘기일 뿐이 아닙니까?"라고 말했습니다. 당시까지만 해도 이 책은 아직 프랑스에 알려지지 않았을 때였는데, 일단 원고가 나오자마자 그 첫날에 프랑수아 미테랑 출판사가 달려들었고, 이후 세계적인 베스트셀러가 되었죠! 두말할 나위 없이 펭귄 출판사는 뒤늦게 아주 비싼 값을 주고 판권을 사지 않았겠어요?

사실 《몽타이유》는 경험론적 입장에서 볼 때 분명히 몇 가지 결점이 있었습니다. 일부 중세사가들은 르 루아 라뒤리가 증거를 사용하는 데 좀 부주의했다는 점을 지적하기도 했어요. 하지만 그 책은 역사를 쓰는 한 가지 훌륭한 방식을 예증하고 있습니다. 그 것은 한 목적을 위해 수집된 자료들을 사용하여 어떤 다른 점을 조명하고 있을 뿐 아니라, 완전히 사라져버렸다고 생각된 한 공동체의 물질적·정신적 세계를 재창조하려 하지요. 난 그것이 정말로 놀라운 책이라고 생각합니다. 비록 르 루아 라뒤리가 너무 앞서 가는 바람에 글이 좀 짜임새 없이 씌어진 감이 있기는 하지만, 역사가라면 무엇을 해야 하는가에 대한 그의 가정들은 나도 공유하고 있는 것입니다.

● 존 엘리어트는 미시사 연구에 대해, "마르탱 게르라는 이름이 마르틴 루터만큼 혹은 그보다 더 유명해진다면, 분명히 무언가 잘못된 것"이라는 극적인 표현을 썼습니다. 당신은 이러한 견해에 어느 정도로 동의하십니까?

●● 내가 하고 싶었던 말이 바로 그거에요! 나는 결코 그것에 노심초사하는 정도는 아닙니다. 하지만 조그만 미시사가 너무 먼 길을 가고 있는 것 같군요. 카를로 긴즈부르그의 《치즈와 구더기》 나 르 루아 라뒤리의 《몽타이유》는 훌륭한 책입니다만, 내가 보기에 핵심적으로 볼 만한 미시사 저작은 그쯤에서 끝날 것 같아요. 물론 내가 모르는 좋은 미시사 책이 있을 수도 있겠고, 또 다른 것을 배제하지 않는 한 그들이 미시사 저술을 계속 한다고 해서 잘못될 일도 없겠지요. 어떻게 생각할지는 모르겠지만 난 역사가

의 활동에서 다원주의를 지지합니다. 각자 하고 싶은 일을 하는 거지요. 단지 나는 일종의 유행이라는 측면에서 미시사에 그다지 끌리지는 않습니다. 무엇보다도 그 일을 제대로 하려면 약간은 천재적 재능이 필요합니다. 정말로 그래요. 그건 기계적으로 할 수 있는 그런 종류의 일이 아니에요. 쉬울 것처럼 보일지 모르지만 절대로 그렇지 않습니다. 이런 유의 연구에 적합한 주제들이 있기는 하지만, 대부분의 경우 필요한 자료를 얻지 못할 겁니다. 나는 새뮤얼 페피스의 일기를 여러 번 읽었습니다만, 그 때마다 페피스를 다룬 미시사를 쓴다면 17세기의 광범위한 주제들을 깊숙히 조명해 볼 수 있을 것이라고 생각하곤 합니다. 하지만 그동안 내가 읽었던 미시사 저작들 중에는 아주 지루한 것들도 있었어요. 천재의 재능이 필요하다는 점은 제쳐놓더라도, 모든 주제, 모든 사람이 반드시 이런 유의 역사에 흥미로운 것은 아니라는 말입니다.

● 당신은 《과거와 현재》에 실린 〈역사학과 인류학〉이란 논문에서 새롭고 흥미로운 사회문화사 연구 주제들, 예컨대 꿈의 역사, 고통에 대한 태도의 역사, 음주 습관의 역사 등을 제안했습니다. 그렇게 다양한 주제가 있는데도, 당신은 왜 마법의 쇠퇴라는 주제로 두꺼운 책을 쓰는 데 그렇게 많은 노력을 들이려고 작정했습니까? 그 책을 쓰는 데 많은 시간을 보내지 않았습니까?

●● 글쎄요. 그때 이후 여러 역사가들이 내가 제안한 주제 대부

분을 연구해 왔다고 봅니다. 《종교와 마법의 쇠퇴》에 대해 말하자면, 당신의 생각과는 달리 난 그 책에 별로 많은 시간을 들이지 않았어요. 1년 남짓이죠. 그것을 시작한 것도 우연이었고요. 난 존 쿠퍼와 함께 공화정과 섭정 시대에 관한 특별 주제를 강의하고 있었습니다. 우리는 둘 다 그 강의를 진지하게 생각했는데, 물론 약간은 서로에 대한 경쟁심도 없지 않았지요. 그래서 매주 한 주제를 정해 그것을 열심히 연구해야 했습니다. 내게 온 주제 하나가 수평파였는데요. 그와 관련된 필사본이 없나 하고 보들리 도서관을 이리저리 돌다가 에쉬몰 필사본에서 리처드 오버튼이 남긴 짧막한 글을 언급하고 있는 대목과 만났어요. 오버튼은 수평파에서도 가장 합리적인 인물로서 《죽음의 운명을 타고난 인간 *Man's Mortality*》이란 제목의 책을 썼고, 일반적으로 근대 세속주의를 예기한 사람이라고 생각되고 있었지요. 그 필사본은 점성술사 윌리엄 릴리에게 전달된 작은 서류 스크랩인 것으로 드러났는데, 그곳에 적힌 말은 요약하면 이런 것이었어요. "점성술 지식으로 판단할 때, 당신은 내가 계속 수평파로 남아야 할 것인지 아닌지 말해 줄 수 있겠습니까?" 이는 릴리가 자신의 고객들과 나눈 상담 내용을 기록한 것으로, 그가 보관했던 한 케이스 북에 숨어 있던 것이었습니다.

처음엔 나도 별 주의를 기울이지 않고 넘어갔지만, 곧 이 케이스 북들—17세기에 에쉬몰이 필사본들을 수집한 이래 그 누구도 살펴본 적이 없었던 것이었어요—이 17세기 사람들의 두려움, 근심, 혹은 희망을 탐색하는 데 최고의 자료가 될 잠재적 가능성이 있음을 알아차렸습니다. 왜냐하면 릴리의 사업 규모는 대단해서 1년에 대략 2,000명이나 되는 손님을 받을 정도였으니까요! 그래서 이 책중에 처음 씌어진 부분은 점성술에 대한 것이었어요. 고객들이 점성술사에게 들고온 문제들 중에 마법에 걸렸던 적이 있는가의 여부를 묻는 것이 들어 있었다는 사실을 알게 된 것은 점성술 연구 과정에서였습니다. 그에 앞서 나는 영국의 사회인류학, 특히 에반스 프리처드에 대한 독서를 통해 마법이 인류학 연구에서 큰 논제라는 점을 잘 알고 있었지요. 이것이 바로 내가 마법을 연구하게 된 이유입니다. 그리고 나는 그것을 언제나 큰 그림의 일부라고 생각했습니다.

● 이 저작은 종종 마법에 대한 것으로, 혹은 마녀재판의 쇠퇴에 대한 것으로 다루어져 왔습니다. '토머스 테제'에 대한 이러한 견해는 정당한 것입니까?

●● 마법으로 시작했지만 쓰다 보니 이것저것 망라하게 되었습니다. 책에는 예언이나 요정 같은 것에 관한 장章들이 들어있지요. 결국 넣지는 못했지만, 비합리적 공포에 관한 현상들까지도 쓰려고 했을 정도에요. 따라서 이 책은 마법에 관해 끊임없이 논하고 있기는 하지만 그것이 본질은 아닙니다. 내가 보기에 마법에 관한 부분은 다른 부분에 비해 더 낫지도 못하지도 않아요. 어떤 의미에서 《종교와 마법의 쇠퇴》는 제목 때문에 피해를 본 경우입니다. 난 도통 제목이 떠오르질 않았고, 그래서 책이 다 될 때

까지도 정하지 못한 상태였어요. 그러다가 이 제목에 꽉 매여버렸죠. 아마도 제목 속에는 책에서 완전히 얘기되지 못한 테제가 함축되어 있을 겁니다. 어쨌든 이 책의 약점 중 하나는 거의 어떤 입장도 뒷받침할 수 있는 점들을 그 속에서 찾아낼 수 있다는 점입니다. 물론 그것이 또한 강점이 되기도 했습니다만. 사실 1700년 이후에도 마법 행위는 여전히 많았습니다. 내가 진정으로 말하려 한 것은 마법이 차지하는 법적 위치가 현저히 변했다는 것, 그리고 젠트리나 고위층 성직자와 같은 사회적·지적 엘리트 대부분의 마법에 대한 태도가 바뀌었다는 것이었어요. 아울러 사회 하층의 경우도 상황은 크게 다르지는 않았다는 것을 말하고 싶었습니다.

● 당신은 어떻게 해서 인간과 자연 간의 관계를 주제로 책을 쓰게 되었나요? 그것은 환경에 대한 최근의 관심을 반영한 것인가요?

●● 아니, 결코 그렇지 않습니다. 그것은 내가 《종교와 마법의 쇠퇴》라는 책을 썼다고 해서 비학秘學에 관심을 가지고 있을 거라 생각하는 것과 다를 바 없습니다. 사실 난 조금도 비학에 끌린 적이 없고, 오히려 어느 정도 통상적이고 때로는 지루하기까지 한 방식이지만 합리적으로 처신하려 애쓰고 있습니다. 난 으스스한 취향도 아니고, 《인간과 자연 세계》를 쓸 때도 각별히 안색이 창백한 편도 아니었다니까요! 내가 환경 문제에 감각이 있다고 하

더라도 다른 사람 이상은 아닐 거라는 우려가 앞서네요. 트레벨리언 강좌에 초빙받은 것이 이 책을 쓰게 된 계기였습니다. 이 일련의 강좌를 준비하기 위해 주제를 생각하던 중, 나의 노트 색인에서 제일 두꺼운 봉투가 바로 '동물들'이라는 표제가 달린 것이라는 사실을 알게 되었어요.

문제는 내가 왜 그러한 주제의 봉투를 준비해 놓았는가 하는 것인데요. 사실 정말로 모든 사항에 대한 노트를 만들고 있었기 때문이 아닌가 생각합니다. 찰스 오먼 경이 슈롭셔의 시골 저택에 있던 로드 액튼의 서재에 관해 들려준 놀라운 얘기는 당신도 들어보았을 테지요? 액튼은 자유에 관한 대작을 쓰기 위해 모든 것에 대해 노트를 했다는 것 아닙니까. 인간 학문의 허무함에 관련된 것까지도 말입니다. 이 왕성한 지적 호기심을 가진 독자는 물론 자유에 관한 대작을 결코 끝내지 못했을 뿐 아니라, 사실 다른 어떤 것도 쓰지 못했다는 거에요!

난 액튼을 별로 좋아하지 않습니다만, 근대 초 영국에 대한 일종의 전방위 민속지를 쓰는 것이 진정 내가 품고 있는 야망입니다. 나는 정치를 비롯해 모든 차원에 관심이 있어요. 그래서 동물과도 만나지 않을 수 없었습니다. 일이 그렇게 된 거죠. 그건 매일 그 주제를 의식적으로 생각한 결과가 아니었다고 봅니다. 물론 이상한 아이러니로 인해 평소의 생각이 반영되어 이루어진 것 같기도 하지만 말이에요. 하지만 결코 나 자신이 의식해서 한 일은 아닙니다. 딴 생각은 없었어요. 1980년대의 시대적 유행이 무엇이 될 것인지는 전혀 생각한 바 없었다니까요! 정말 그랬어요. 난 단지 강의에는 도대체 무얼 들고 나가나 하는 생각만 하고 있었거든요!

● 인간과 자연 세계 간의 관계를 다룬 당신의 저작은 비교 방법을 쓰지 않았고, 그래서 서양의 독특성을 주장하는 학계의 인종중심주의 전통을 답습했다는 비판을 받아왔습니다. 당신은 이러한 비판에 무어라 답할 겁니까?

●● 사실 인류학자의 연구를 포함해서 우리가 하는 모든 일이 인종중심주의적이지요. 하지만 그게 특별한 겁니까? 야심 찬 주제에 뛰어들었는데, 왜 비교의 방법을 충분히 사용하지 않느냐고 비판하다니요! 만약 내가 1832년의 선거법 개정안에 관한 책을 쓰고 있었다면, "브라질 사람들은 어쨌는지 등을 왜 고려하지 않는지 정말 놀랍다"는 말 따위는 아무도 하지 않았겠죠. 그것이 삶의 어려운 부분입니다. 주제가 야심 찬 것일수록 사람들은 더 넓게 보기를 기대하는 법이지요. 내 대답은 이렇습니다. 난 결코 책의 범위를 전 세계에 걸친 것으로 그리지는 않았다는 겁니다. 그 책은 원래부터 비교사적으로 쓸 의도가 없었다는 거죠. 나의 관심은 다른 곳보다도 주로 영국, 더 좁게는 잉글랜드적 상황의 주요 특징들을 식별해내는 데 있었습니다. 하지만 《인간과 자연 세계》가 비 영국적, 유럽적 혹은 유럽 이외의 상황을 언급하지 않은 것은 아닙니다.
비교사적 접근이 흥미롭다는 데는 나도 동의합니다만, 그것은 목표가 무엇인지에 달려 있습니다. 만약 어떤 시기 혹은 장소에 무엇이 특징적인지를 식별하려 한다면, 그때는 암묵적이든 명시적이든 비교의 방법을 쓰지 않을 수 없다는 것이 분명합니다. 문제는 비교의 방법은 일단 제쳐놓더라도, 특정한 컨텍스트 속에서 상황이 어떻게 되어 있었는지를 확립하는 데만도 어려움이 많고 대단한 노력이 필요하다는 데 있어요. 만약 비교를 하려 한다고 해도 무슨 자료를 무엇과 비교할 겁니까? 설사 영국과 어떻게 비교되는지를 살펴보려고 해도, 다른 모든 나라의 경우를 다룬 '인간과 자연 세계'들이 있는 것도 아니거든요! 아마도 그 일을 혼자 다 해야 할 겁니다.

● 당신의 저작에 대한 비판들이 아이디어를 발전시키는 데 어느 정도로 기여했습니까?

●● 나는 항상 다른 연구 주제로 옮아가는 경향이 있기 때문에 비판을 흡수하고 그것에 충분히 공정한 평가를 내릴 수 없었던 것이 사실입니다. 하지만 만약 분량을 크게 늘려 《인간과 자연 세계》의 개정판을 내기 위해 글을 다시 쓴다면, 당연히 나에게 가해진 수많은 비판들을 책에 반영하겠지요. 조나단 배어리의 《마법과 근대 초 유럽 *Witchcraft and Early Modern Europe*》은 원래 내 책의 출간 20주년을 기념하려는 취지에서 비롯된 것이었지만, 그 속에는 지금 다 얘기할 수 없을 만큼 많은 비판으로 가득 차 있습니다. 하지만 솔직히 말하면 내 책이 이후 관련 주제를 다룬 연구

자들에 의해 각별히 논파되었다거나 거부되었다고는 생각지 않아요. 물론 《인간과 자연 세계》가 한 시대의 산물이라는 점은 사실입니다. 그동안 조금 변하기는 했지만, 그래도 당시로서는 어지간히 최신 경향으로 간주된 가정들을 반영하고 있습니다. 만약 그런 작업을 다시 했다면 똑같이 되지는 않았을 것이라고 말할 수 있겠지요. 특히 내가 사용한 어휘들이 달라졌을 것이라고 봅니다. 또한 후에 사람들이 이러한 행위들에 붙인 꼬리표와는 달리, 당시 사람들이 쓰던 범주들에 더욱 체계적인 주의를 기울였을 것 같습니다. 하지만 이렇게 말한다고 해서 내가 마법에 대해 생각하고 있지 않은 것은 아니에요. 왜냐하면 사실 '마법magic'이란 용어는 16세기 논쟁에서 널리 쓰이던 말이니까요. 따라서 그 말에 각별히 시대착오적인 성격이 있는 건 아닙니다. 사람들은 자신이 무엇을 얘기하고 있는지 완벽할 정도로 잘 알고 있던 거죠.

'인간과 자연 세계'라는 제목도 요즘이라면 붙이지 않았을 겁니다. 물론 '인간man'이란 말이 성별을 나타내는 개념은 아니었습니다만, '니그로Negro'란 말이 받아들여질 수 없는 것처럼 그 말역시 받아들일 수 없고 정치적으로도 잘못된 것이 되어버렸죠. 하지만 꼭 언급하고 싶은 부분은 60대에 들어 나는 더 이상 기능주의자가 아니라는 점입니다. 물론 그동안 나의 관점은 변해왔습니다. 단지 지난 15년의 삶을 살았다는 것만으로 말입니다! 나는 지금 문화사에 훨씬 더 많은 관심을 가지고 있어요. 그 시대에는 존재조차 인식하지 못했을 개념이지요. 난 물질적 환경보다 정신적 가정들에 더 관심을 쏟고 있습니다. 적어도 지난날에 그랬던 것보다는 훨씬 더 그래요. 이런 분야가 반드시 더 중요하다는 것은 아니지만, 지금은 훨씬 더 흥미롭다는 것을 알게 된 겁니다. 난 세계 전체가 구조이고 실재라는 것은 없다는 등의 생각은 하지 않습니다. 난 전혀 포스트모더니스트가 아니에요!

● 당신은 종종 문서 자료뿐 아니라 문학적 자료도 사용하고 있습니다. 문학적 자료는 '문서'가 줄 수 없는 어떤 것을 제공해 주나요?

●● 그건 마치 우등졸업시험에 나오는 문제처럼 들리는군요! 글쎄요. 문학적 자료는 본질적으로 더 넓은 경험의 폭을 제공하지요. 심각한 해석상의 문제를 야기하는 것은 분명하지만, 그렇다고 전통적인 문서 자료에 비해 더 심각하지는 않아요. 내 말은 희곡이나 시가 분명히 문학 장르에 속하기는 하지만 어떤 관례들을 따르고 있고 어떤 범례들의 영향을 받기 때문에 당신은 그것을 인용할 때 주의를 기울이지 않으면 안 된다는 뜻입니다. 하지만 설사 그렇다 해도, 공문서국의 자료들도 동일한 방식의 영향 아래서 만들어질 수 있다는 것 역시 사실이에요. 그곳에 보관된 문서들 또한 해석을 요하고 예민하게 다루어야 한다는 거죠. 그러면 문학적 자료는 우리에게 무엇을 말해 줄까요? 그래요. 그것은 인간의 감정과 가치와 감수성의 양상들과 관계되어 있고, 이러한 양상들은 종종 그것이 안내하는 삶 속에서는 아주 중요한 것들이죠.

● 1988년 당신은 사실과 허구 사이의 구별이 한 시대를 주도하는 관례의 문제일 뿐이라고 주장하면서, 당시의 강력한 흐름과는 반대로 역사와 문학 간의 화해를 촉구한 적이 있습니다. 당신은 지난 10년간 그러한 측면이 너무 지나쳤다고 보십니까?

●● 그래요. 너무 지나쳤던 것 같습니다. 나는 사실과 허구 간에 차이가 있다고 믿습니다. 바로 그것이 나를 특징짓게 하는 거죠. 7월 28일 목요일 우리가 여기 앉아 있는 것이 나에게는 진실이지 허구가 아닙니다. 그래서 장르를 흐리는 경향은 분명히 도움이 되지 않는다고 생각해요. 신 역사주의를 어느 정도 환영하지만 그들의 역사 혹은 역사적 차원이 나에게는 그리 엄정해 보이지 않습니다.

나는 헤이든 화이트와 라카프라 등이 쓴 저작들 대부분이 약간 실망스럽다고 느꼈는데요. 그것은 그들이 정작 우리가 실제로 읽고 있는 역사가들은 다루지 않기 때문이에요. 예컨대 나는 쥘 미슐레가 사용한 특정 표현법들이 어떤 것인지를 듣고자 하는 것이 아닙니다. 나는 미슐레의 글을 이용하고 있지 않기 때문이죠. 만약 그들이 《과거와 현재》 최신호에 실린 글을 대상으로 그것들에 사용된 표현법에 대해 무언가를 얘기한다면, 아마 훨씬 계몽적일 텐데 말입니다. 이러한 작가들을 다룬 사례를 보면 역사에 대한 글을 쓴 해석적 철학자들이 생각나는 면이 있습니다. 그들이 논의한 것은 언제나 역사가들이 실제로 하는 것으로부터 아주 멀리 떨어져 있었거든요.

● 당신은 한때, "아주 세심한 역사가라 할지라도 자신이 인식하든 안 하든 간에 신화를 만들어내느라고 바쁜 법"이라고 말한 적이 있습니다. "새로운 사회적 필요에 맞추기 위해 우리의 계보들을"(당신의 표현을 빌리자면) 교묘히 조작하지 않고도 우리 자신을 훈련할 수 있는 길이 없을까요?

●● 신화 만들기에 수많은 등급이 있지만, 그중에서도 가장 효과적인 것은 상당히 미묘해서 금지하기가 매우 어렵다고 생각되는 종류의 것입니다. 근대 페미니즘이나 레즈비어니즘 혹은 무슨 '이즘'이든 간에 계보를 찾으려 하는 사람들이 약간은 조악한 방법으로 그것을 만들어내고 있다는 것은 분명합니다. 그것은 튜더 왕조가 자신들을 브루투스와 트로이 인들의 후예라고 주장하는 것과 하등 다를 게 없지요. 그리고 대학의 강의계획서와 교과과정 역시 항상 새로운 계보를 만들기 위해 개정되고 있는데, 가장 최근의 이민 공동체를 강의계획서 요목 속에 넣음으로써 그것을 계보화하려는 것 등이 그 예의 일부라는 것도 사실이지요. 하지만 신화 만들기 중에서도 더욱 미묘하고 흥미로우며 근절이 어렵다고 생각되는—사실 거의 불가능에 가까운—것은 우리가 과거 인간 활동을 다룬 모든 문장 속에 나타나는 그런 종류입니다. 불가피한 일이겠지만, 그 속에는 사람들이 어떻게 행위하는가, 아니 종종 어떻게 행위해야만 하는가, 무엇이 합리적이며 무엇이 비합리적인가, 그리고 무엇이 당황스러운 일이며 무엇이 그렇지 않은 일인가에 대한 암묵적 가정들을 포함하고 있어요. 또한 이

러한 것들은 그 내용이 무엇이든 언제나 각 시대의 상식을 강화하고 있는 거지요. 달리 말해서 역사나 소설을 쓴다고 할 때, 당신은 인간 행위와 인간적 가치, 인과 관계, 선호하는 사항 등에 관한 엄청난 수의 가정들을 사용하지 않을 수 없습니다. 당신은 그러한 것들에 대해 새삼 논의할 시간을 갖지는 못할 테죠. 아마 스스로 거의 인지하지도 못할 겁니다.

그래서 지금 얘기하는 근본적 성격의 신화 만들기란 시대의 유행어가 문학적·역사적 산문 속으로 들어가는 방식이라고 할 수 있습니다. 1840년이나 1740년에 씌어진 역사책을 펼칠 때면 그것이 우리 눈에 이상하게 보이는 것도 바로 그 때문이에요. 우리가 1990년대에 쓰고 있는 것 역시 미래의 사람들 눈에는 똑같은 식으로 보이겠지요. 그들에게는 우리가 마치 외국인처럼 보일 거고요.

● 당신은 '신 영국New Britain'의 '신 노동New Labour'에 대한 이상을 어떻게 생각하십니까? 그것은 빅토리아 시대의 가치로 되돌아가자고 한 대처 수상의 모토에 비해 덜 신화적인가요?

●● 난 '신 노동'에 상당히 실망하고 있습니다. 날 가장 실망케 한 것은, 그것이 최악의 방식으로 문화적 영역에서 민주주의의 승리를 표방하고 있다는 점입니다. 말하자면 알렉시스 토크빌이나 밀이 최악의 가상 시나리오에서 나타날지도 모르겠다고 한 바로 그 방식으로 말이에요. 예컨대 국가 언론에 나타나는 수상이

"난 '신 노동'에 상당히 실망하고 있습니다. 날 가장 실망케 한 것은, 그것이 최악의 방식으로 문화적 영역에서 민주주의의 승리를 표방하고 있다는 점입니다.

국가 언론에 나타나는 수상이나 재무장관의 사진을 보면, 웃옷은 벗고 손에는 맥주 캔을 쥔 채 텔레비전으로 축구 경기를 보고 있지요. 그들은 아마 틀림없이 사진을 찍자마자 업무로 돌아갈 겁니다. 이런 유의 이미지를 보여주는 것이 옳다는 생각이야말로 아주 실망스러운 점입니다."

사진은 영국 토니 블레어 총리. 1994년 노동당은 1979년 보수당에게 정권을 내준 지 18년 만에 노동당 출신 총리를 배출했다.

나 재무장관의 사진을 보면, 웃옷은 벗고 손에는 맥주 캔을 쥔 채 텔레비전으로 축구 경기를 보고 있지요. 그들은 아마 틀림없이 사진을 찍자마자 업무로 돌아갈 겁니다. 이런 유의 이미지를 보여주는 것이 옳다는 생각이야말로 아주 실망스러운 점입니다. 난 축구에 관심을 가져본 적도 없지만, 쇼비니즘이나 폭력 등과 같이 그것에 묻어오는 대부분의 것들이 비위에 맞지 않아요. 하지만 이러한 것도 단지 한 측면일 뿐이지요.

내가 아는 한, 신 노동은 그동안 어떤 종류의 과학·학문·지식·문학 혹은 예술 활동에도 개입한 적이 없었습니다. 반면 대중 문화, 국제 스포츠, 저층 매체의 세계는 이용하려 했지요. 물론 이런 생각이 구식이기는 합니다만, 난 언제나 사회주의의 과제란 것이 바로 사람들을 불러모으는 일이라는 생각을 줄곧 해왔습니다. 반면에 저간의 사정을 보면, 빅토리아 식 개선 관념이 완전히 폐기되고 즐거움을 주기는커녕 일종의 저급한 쾌락주의로 빠지고 있는 것처럼 보여요. 간단히 말해서 시를 쓰는 게 아니라 아이들처럼 장난을 치고 있는 꼴이죠.

또 하나 실망스러운 것은 사람들이 이전의 상황과 다른 커다란 변화를 기대하고 있었다는 점입니다. 대처 집권기의 유감스러운 점들 중 하나는 지적·학문적인 분야에 대해 아무런 관심도 없었다는 것이었는데요. 이는 간헐적이지만 그래도 이런 측면들에 공적으로 훨씬 큰 관심을 보인 프랑스와 대비된다고 봅니다. 정부가 바뀌면 이런 사정이 나아지리라 희망도 가졌어요. 난 요즘 공공 행정 쪽에 시간을 많이 쏟고 있는데, 그러다 보니 영국 도서관

British Library이 놀라울 정도로 급속하게 가라앉고 있다는 것을 알게 됐지요. 그동안 영국 도서관의 도서 구입 및 보존 예산이 크게 삭감되어 왔고, 그래서 이제는 영국에서 발행되는 책 외에는 수집을 포기해야 하는 게 아닌가 심각하게 고려해 봐야 하는 시점에 이르렀어요. 영국 도서관은 더 이상 새로운 총서나 학술지들을 구입하지 못하게 되었지만, 전 세계의 출판물은 엄청난 비율로 늘어가고 있어요. 영국 도서관은 전통을 가지고 있고 또한 세계에서 제일 큰 도서관 중 하나였습니다. 그러던 것이 이제는 미국 기준으로 20번 째 정도가 될까 말까 할 정도로 위기에 봉착해 있다는 겁니다. 다른 것들은 제쳐두고라도 말입니다!

내가 가장 경악하는 것이 이처럼 과거의 유산을 거부하는 행태입니다. 그리고 그것은 정치적으로 봐도 커다란 실수라고 생각합니다. 영국이 국제적으로 가장 중요한 국가는 아닐지 모르지만, 여러 가지 역사적 이유로 해서 과거의 수많은 물리적·문학적 유산을 보존하는 데서는 독특한 능력을 발휘하는 행운을 가졌어요. 나는 그 모든 것이 무시되는 모습이 싫습니다. 이는 사실 이 시대 정치가들의 사적 관심사가 무엇인가 하는 것, 혹은 그들이 이러한 측면에 관심이 부족하다는 것과 깊은 관계가 있습니다. 예컨대 어떤 사람이 블레어에 대해 이렇게 말하는 거에요. 그가 영국 도서관을 방문했을 땐데, 그 모습이 마치 도서관이란 곳을 한 번도 오지 않았던 사람 같았다고요. 그 말은 사실일 리가 없겠지요. 난 그를 잘 모르지만, 그는 세인트존스 칼리지에 다녔으니까요. 그때 난 그곳에서 개인지도교수로 있었죠. 하지만 그렇다고 해도……

나로서는 어쨌든 신 영국이 구舊 영국의 가장 뛰어난 측면들 중 일부로 생각되는 것을 무시하고 있다는 느낌입니다. 이 모든 것이 나에게는 너무나도 충격적이에요.

● 당신이 마음속에 담고 있는 미래의 다른 계획은 없습니까? 연구 분야를 바꾸어보겠다고 생각한 적은 있습니까?

●● 난 장차 어떤 책을 출판하겠다는 식의 얘기는 하지 않는 편입니다. 여하튼 미완성 계획들이 많습니다만, 최근 몇 년간 생활이 바빠서 하던 일을 멈추고 어떤 계획을 실행에 옮길지 차분하게 생각해 볼 여유가 없었어요. 하지만 2년쯤 있다가 은퇴를 하고 나면 모든 것이 홀가분해지겠지요. 그때가 되면 우선 이러한 계획 중 어떤 것을 여섯 번의 포드 강좌 주제로 할 것인지 결정하는 일이 급선무에요.

연구 대상 시기를 바꿀 가능성이 있는가 하는 문제를 얘기하자면, 내가 연구해야 하는 시기가 근대 초기가 아닌가 하고 고민하던 때가 여러 번 있었어요. 그 점에 회의가 있었다는 것은 자인합니다. 얼마 전 그 시기를 연구하는 미국의 한 역사가와 얘기를 나눌 기회가 있었는데, 그가 그러는 거에요. 자신은 더 이상 할 얘기가 없어서 그 시기에 대해 글 쓰는 것을 그만 두었다고요. 근대 초는 사료가 한정되어서 무언가 새로운 것을 발견하기가 무척 어려운 반면에, 18~20세기에 대한 사료는 아주 많거든요. 어느 측면을 택해도 굉장한 작업을 할 수 있어요. 하지만 근대 초란 시기는 정말로 지난 몇십 년 동안 영국은 물론이고, 아마 미국과 유럽 역사가들까지도 그 재능의 정화를 다 투여한 곳일 겁니다. 아날 학파를 보세요. 재능이 뛰어난 역사가들이 놀랄 정도로 근대 초에 다 몰려 있었잖아요.

오늘날의 사정은 어떨까요? 이 시기를 다루는 대부분의 논문이나 학술지들을 보면 점점 기운이 꺾이고 있는 것처럼 보여요. 제2, 제3세대도 아니고 제4세대로 보이는 연구자들이 앞 세대가 얘기한 것에서 잘못된 것을 찾으려 한다든지, 새로운 세부 사항들을 연구하거나 혹은 무언가를 새롭게 보이도록 그럴싸하게 포장하는 것이 현실이니까요. 50년 전에는 그렇지 않았어요. 그건 역사 연구가 직업화하면서 생기는 문제입니다. 이 시기로 뛰어든 사람들이 대단히 많아졌고 또한 분야도 아주 전문화되었습니다. 새로운 것을 찾는 것이 역사가의 전형적인 모습이지요. 그리고 그 주위에 울타리를 치면 그것이 자신의 영역, 자신의 영토가 되는 겁니다. 만약 새로 시작하라면 난 결코 근대 초를 택하지는 않을 거에요!

● 1988년에 당신은 여왕에게서 기사 작위를 받았습니다. 이 칭호가 당신에게 의미하는 바는 어떤 것입니까?

●● 역사학에 대한 기여로 기사 작위를 받은 일은 나로서는 명예롭고 기분 좋은 일이었습니다. 왜냐하면 이러한 일들이 정치가가 아니라 학자들로 구성된 위원회에서 결정된 것이라는 점을 알고

있기 때문입니다. 난 이러한 칭호는 전혀 좋아하지 않지만—그러한 칭호는 확실히 우리가 마주치는 사람들 중 최악의 인물들에게도 수여되니까요!—서훈 자체에는 불만이 없어요. 비록 이전보다 더 많은 사람들에게 그런 명예가 돌아갔으면 하지만 말입니다. 어쨌든 기사 작위가 존속하는 한, 정치가나 사업가뿐 아니라 역사가도 서훈을 받는다는 건 멋진 일이라고 생각합니다. 이런 식으로 공적 인정을 받는 것이 학문적 직업을 가진 사람들에게는 유익하다고 봅니다. 물론 이런 칭호를 받았다고 해서 반드시 자신의 직업군 내에서 더 괜찮은 사람이라는 보장은 없겠지요.

● 관심 분야의 책 중에 내가 썼더라면 좋았을 텐데 하고 생각하는 것이 있습니까?

●● 글쎄요. 생각해 봅시다. 난 제프리 엘턴처럼 되고 싶지는 않아요. 언젠가 《타임즈 리터러리 서플먼트》에서 그동안 과대평가되거나 과소평가된 책에 대해 논평을 부탁하는 연속물을 기획했는데, 그는 과대평가된 책 3권은 금방 생각이 나는데 과소평가된 책은 잘 모르겠다고 말해 버린 거에요! 하지만 난 되도록 많은 책을 칭찬할까 합니다. 마르크 블로크의 《봉건사회 *La Société féodale*》나 혹은 약간 다른 방식이지만 토니의 《종교와 자본주의의 발흥》 같은 책을 내가 썼더라면 하는 것입니다. 물론 지금은 아니고 그 당시라면 그렇다는 거죠. 톰슨의 《영국 노동계급의 형성 *The Making of the Working Class*》 역시 내가 찬사를 보내는 책

이지요. 다소 느슨하고 헐렁한 느낌의 괴물 같다는 인상도 받기는 하지만요. 로렌스 스톤의 《귀족계급의 위기 *The Crisis of Aristocracy*》도 언급할 만하지요. 훌륭한 작가거든요. 현재에 더 가까운 경우로는 러시아 혁명을 다룬 오를란도 피제스의 《인민의 비극 *The People's Tragedy*》도 상당히 좋은 책입니다. 12세기 영국을 다룬 로버트 바틀렛의 새 책도 마찬가지고요. 하지만 만약 연대를 소급한다면, 부르크하르트와 회이징아의 대작들을 꼽겠습니다.

1998년 7월, 옥스퍼드에서

케이쓰 토머스의 주요 저작

"The Double Standard," *Journal of the History of Ideas* 20 (1959): 195~215.

"History and Anthropology," *Past and Present* 24 (1963): 3~24.

Religion and the Decline of Magic: Studies in Popular Beliefs in Sixteenth- and Seventeenth Century England (London: Weidenfeld & Nicolson, 1971). 네덜란드 어, 이탈리아 어, 일본어, 포르투갈 어 역.

Rule and Misrule in the Schools of Early Modern England (Stenton Lecture, University of Reading, 1976).

"The Place of Laughter in Tudor and Stuart England," *Times Literary Supplement* (21 January 1977): 77~81.

Man and the Natural World: Changing Attitudes in England, 1500~1800 (London: Allen lane, 1983). 프랑스 어, 네덜란드 어, 일본어, 포르투갈 어, 스웨덴 어 역.

"Ways of Doing Cultural History," in *De Verleidung van de Overvloed. Reflecties oop de Eigenheid van de Cultuurgeschiedenis*, eds. Rik Sanders et al. (Amsterdam: Rodopi, 1991), pp. 65~81.

"Cleanliness and Godliness in Early Modern England," in *Religion, Culture and Society in Early Modern Britain: Essays in Honour of Patrick Collinson*, eds. Anthony Fletcher & Peter Roberts (Cambridge: Cambridge University Press, 1994), pp. 56~83.

"English Protestantism and Classical Art," in *Albion's Classicism: The Visual Arts in Britain, 1550~1660*, ed. Lucy Gent. Studies in British Art, 2 (New Haven: Yale University Press, 1995), pp. 221~238.

"Health and Morality in Early Modern England," in *Morality and Health*, eds. Allan M. Brandt & Paul Rozin (London: Routledge, 1997), pp. 15~34.

Keith Thomas, ed. *The Oxford Book of Work* (Oxford: Oxford University Press, 1999).

5

다니엘 로슈Daniel Roche

겸손, 명석, 균형등이 디

떤 사회·문화 이론가들의 관념에도 개방적인 자세를 취해왔지만, 이론을 원용하더라도

비판적 성찰을 위한 예증들을 제공하는 것뿐일 수도 있습니다. 나는 세상의 일들이란 ᄀ

보여주는 겁니다.

적 미덕들 가운데 빛나고 있다. 그는 마르크스로부터 보드리야르에 이르기까지 어

연구와 합치시키도록 유의한다. 어떤 종류의 역사를 하든 간에, 우리의 역할은 단지

생각하는 것보다 훨씬 더 복잡하다고 보는데요, 역사가의 일이란 바로 이러한 점을

명문 콜레주 드 프랑스의 다니엘 로슈(1935년생) 교수는 오늘날 가장 저명한 프랑스 역사가 중 한 명이다. 18세기 전문가인 로슈는 아날학파 제3세대에 속한다. 엠마뉘엘 르루아 라뒤리에 따르면, 이 세대의 관심사는 "지하실에서 다락방으로," 바꾸어 말해서 경제사―마르크스의 견해로는 역사의 '토대'―에서 문화사 혹은 상부구조로 바뀌었다. 로슈는 마르크스주의 역사가로서 프랑스혁명의 경제적 기원에 대한 선구적 저작으로 잘 알려

진 에르네 라브루스의 학생이었지만, 국가박사 논문 주제를 문화사에서 택해 자신의 은사와 거리를 두었다. 그의 논문은 계몽주의 담론의 생산과 보급에서 지방 아카데미가 수행한 역할에 관한 것이었다. 1973년 학위논문 심사를 받은 후 1978년 두 권으로 간행된 이 방대한 분량의 연구에서(그중 한 권은 주와 참고문헌만을 담은 것이었다), 로슈는 계량적 방법을 재치있으면서도 효율적으로 사용하였다. 그가 지향한 문화의 사회사는 한편으로 당시 학계의 관심과 동향의 변화를 잘 보여주면서도, 결코 그것을 경제적·사회적 세력 또는 추세의 표현으로 환원시키지 않았다.

 이후 그의 저작들은 책과 독서의 역사, 도시의 역사, 물질 문화의

역사라는 세 분야로 발전해 왔다. 그의 말로, 이 세 주제는 "문화에 사회적 해석을 제안하는 광의의 방법"을 이룬다. 민중 문화를 다룬 《파리의 민중 Le Peuple de Paris》은 "파리 사람들의 민중적 행위의 역사를 재해석"하려 한 시도로, 여러 측면에서 주목할 만한 것이었다. 예컨대 18세기 파리에서 보통 사람들이 소비한 음식, 옷, 집, 가구에 대한 연구에서 보듯이 그는 물질 문화를 매우 진지하게 받아들였다. 로슈는 주로 수천 가지의 물품목록에서 물질 문화의 증거를 발견하였고, 학생들—이들은 그의 저작 대부분에서 중요한 역할을 했다—의 도움으로 수집한 방대한 양의 고문서 자료를 계량적으로 분석함으로써 결론의 기초를 삼았다. 그는 이러한 자료를 18세기 개혁가와 관찰자들이 본 사람들에 대한 이미지와 대조함으로써, 하층계급이 통상적으로 상상되어온 것보다 훨씬 복잡한 양상을 띠고 있다는 견해를 제시할 수 있었다. 또한 사람들과 소유 재산 간의 변화 관계를 기초로 삼고, 파리 사람들 사이에서 빈부가 동시에 증가된다는 점에 주목함으로써, 프랑스혁명이 미슐레[23]가 주장하듯 빈곤이 낳은 아이도 아니고 장 조레스[24]가 시사하듯 번영이 낳은 아이도 아니라는 것을 입증하였다. 혼합적 설명을 지지하는 로슈는, 사람들이 직면한 생활고의 증대가 삶의 새로운 요구, 새로운 가치와 야심이라는 외양과 분리될 수

[23] Jules Michelet(1798~1874). 프랑스 역사가. 《프랑스사 Histoire de la France》(1835~1867)의 저자.
[24] Jean Jaurès(1859~1914). 프랑스 사회주의 정치가이자 역사가.

없다고 주장하였다.

물품목록에서 언급된 물질적 대상들 가운데에는 책도 있었는데, 이는 파리 장인들의 문자해득률이 비교적 높았다는 것을 보여준다. 그래서 《파리의 민중》은 로제 샤르티에(로슈의 제자)의 저작들처럼 독서의 역사에 중요한 기여를 했으며, 따라서 망탈리테의 역사, 혹은 로슈가 마르크 블로크에 호응하여 때때로 "느끼고 생각하는 방식들"이라 부른 역사에 크게 공헌하였다. 그는 또한 책의 사회학에 대한 방법론적 문제와 인쇄물의 계량적 역사가 제공하는 가능성에 관심을 가졌는데, 이는 앙리 장 마르탱 및 샤르티에와 공편으로 《프랑스 출판의 역사 Histoire de l' édition française》(1984)라는 총서를 펴내는 것으로 이어졌다. 여기서 그는 총서 제2권인 《승리의 책 Le Livre triomphant》을 편집하였고, 검열과 서적 경찰 및 디드로와 달랑베르의 방대한 《백과사전 Encyclopédie》에 관한 선구적 논문들을 기고하였다.

파리의 민중 문화를 연구하는 동안, 로슈는 구체제와 혁명기에 걸쳐 살았던 파리의 유리장인 자크-루이 메네트라의 자서전을 발굴했는데, 이를 자신의 가장 중요한 업적 중 하나라고 생각한다. 그는 1982년 이를 메네트라의 인물됨과 그가 살았던 환경을 해설한 글과 함께 출판하였다. 그는 이 발견으로 당시의 민중 문화에 대한 계량적 분석을 내부적 관점에서 보완할 수 있었다. 즉 장인 신분의 한 개인이 어떻게 일을 하고 휴식을 취했으며, 또한 프랑스혁명을 겪었는지를 보여준 것이다. 메네트라는 특히 민중 전사, 즉 상퀼로트의 일원으로 혁명에 참가했기 때문에 그것이 가능했다. 로슈에게 메네트라가 갖는 의미는 긴즈부르그에게 프리울리의 방앗간 주인 메노키오가 갖는 의미와 흡사한 것이었다. 두 역사가는 그들에게서 민중계급 출신 개인들의 삶을 능란하게 재구성하고, 이런 경험을 통해 구체제하의 민중 문화를 폭넓게 바라볼 수 있도록 해준 문서들을 발굴하였던 것이다.

로슈의 가장 유명한 저작은 아마 《외양의 문화 *La Culture des apparences*》일 것인데, 그는 여기서 17~18세기 프랑스 의복과 패션의 역사를 다루고 있다. 이 책을 맛보고 나면, 이어서 《일상적인 것의 역사 *Histoire des choses banales*》(1997)라는 시사적 제목으로 최근에 나온 또 하나의 빛나는 저작이 기다리고 있다. 의복 문화를 다루겠다는 계획은 《파리의 민중》에서 나온 것인데, 그 책을 쓰기 위해 연구한 물품목록에 일부 기초하고 있기 때문이다. 하지만 이 책은 프랑스 패션이 국제적으로 유명해지고 있을 무렵의 상류계급 남녀가 입었던 옷에 대해서도 논의하고 있다. 이 저작을 각별히 독창적인 것으로 만든 요인은 무엇보다도 의복을 사람들의 태도와 가치를 판단하는 증거로 사용한 방법이었다. 얼핏 보기에는 단지 외양에만 초점을 맞춘 듯이 보이는 역사가 사고와 감정의 심층적 구조를 탐구하는 역할을 수행하는 것이다.

메네트라가 그렇듯, 로슈 역시 마스터 장인으로 묘사될 수 있을지 모른다. 도제처럼 학생들의 도움을 받아 역사 '공방'을 운영하면서, 섬세한 마무리로 일찍이 마르크 블로크가 '역사가의 일'이라 불렀던 것을 실행하는 것이 그의 책무이기 때문이다. 겸손, 명석, 균형 등 이 모든 것이 로슈의 지적 미덕들 가운데 빛나고 있다. 그는 마르크스로부터 보드리야르에 이르기까지 어떤 사회·문화 이론가들의 관념에도 개방적인 자세를 취해왔지만, 이론을 원용하더라도 철저한 경험적 연구와 합치시키도록 유의한다. 이는 '상층' 문화에 대한 관심을 민중 문화에 대한 관심에 합류시키고, 계량적 증거를 서술식 자료의 증언들과, 패션 잡지를 자서전과 함께 고려하는 방식이다.

로슈는 파리 윌름 가街에 있는 유명한 고등사범학교École Normal Supérieure에서 우리를 맞았다. 그는 그곳에서 수년간 근대사연구소 소장으로 활동해 왔다. 우리의 만남은 멀리 파리 중심부의 아름다운 풍경이 바라다보이는 건물 맨 꼭대기 층 '다락'에서 순조롭게 이루어졌다. 그는 느긋하고 격의 없는 태도로 우리를 대했으며, 느리지만 사려 깊은 어조로 말했다. 질문에는 그 특유의 재치를 섞어서 직설적이고 명쾌하게 답했다.

오늘날 가장 저명한 프랑스 역사가 중 한 명인 다니엘 로슈는 18세기 파리의 책과 독서의 역사, 도시의 역사, 물질 문화 등의 연구에 주력해 왔다. 이러한 일련의 연구들을 통해 로슈는 민중 문화를 폭넓게 바라볼 수 있는 시작을 제시한다. 그림은 18세기 후반 암스테르담의 한 서점의 내부 광경.

● 마리아 루시아 팔라레스-버크　　　당신은 어떻게 해서 역사가
가 되었습니까?

●● 다니엘 로슈　　　내가 어떻게 해서 역사가가 되었냐고요?
글쎄요. 나도 잘 알 수가 없군요. 왜냐하면 내가 지금 역사가인지
아닌지도 잘 모르겠거든요. 난 내가 무엇보다도 선생이라고 생각
합니다만…… 내 느낌으로는 나의 얘기도 다른 많은 프랑스 역사
가들의 경우와 별로 다를 게 없는 것 같아요. 내가 걸었던 길은
말하자면 지극히 전통적인 것이었으니까요. 나는 전후에 파리에
서 중등학교를 다녔고, 1954년에 소르본 대학에 진학했습니다.
고등사범학교에 가려고 시험을 보았고—1956년에서 1960년 사
이 그곳에서 공부했어요—후에 중등교사가 되었습니다. 당시는
대학에 가려면 전공을 선택해야 했어요. 그래서 난 역사와 지리
를 택했지요. 이 두 과목은 전통적으로 함께 공부하던 것이었고,
졸업 시에는 역사학과 지리학 학위를 동시에 받게 됩니다. 이 두
과목을 함께 공부했다는 사실은 아주 중요한데요. 왜냐하면 당시
통용되던 역사 저술들은 지극히 프랑스적인 전통을 가진 지역사
의 성과물이었고, 그러한 분야에서는 예컨대 지리적 공동체와 지
도 제작법, 그리고 영역적 공간의 발견이 긴밀하게 연관되어 있
었기 때문이지요.

● 가족적 배경은 인생행로를 선택하는 데 얼마나 중요한 역할을
했습니까?

●● 이것이 얼마나 중요한 지적 관심사가 될지는 잘 모르겠지만, 난 중산계급 출신입니다. 1차 세계대전 시기에 살았던 아버지는 처음엔 관리였다가 나중에 행정 쪽에 투신했습니다. 즉, 전혀 지적인 경력의 소유자가 아니란 거죠. 다른 사람들과 마찬가지로 나도 대학 교육을 받은 가정 출신은 아니었어요. 왜 부모가 학자라든가 그 비슷한 일을 하는 가정 말입니다. 그래서 가족이나 형제들과 비교해 봐도 나만의 길을 걸었다는 것을 알 수 있어요. 난 그들에게 역사가나 교수라는 사람들이 실제로 하는 일이 무엇인지를 설명해야만 하는 상황에 있었으니까요. 하지만 나의 가족은 비록 지적이라고 말할 수는 없겠지만, 그래도 교육을 잘 받은 편이었어요. 주변에는 수많은 책이 있었고, 난 그 책들을 읽곤 했지요. 책들 중 역사책은 없었던 것으로 기억해요. 그래서 내가 역사에 특별히 관심을 가지게 된 것은 중등학교 선생님들의 영향 덕분이었다고 생각합니다. 각별히 기억나는 것은 그들 중 두세 분은 정말로 본분에 충실했고, 구체제에 대해 멋진 수업을 했다는 겁니다. 예컨대 프랑스혁명의 기원, 아메리카 식민지 정책의 추구 및 전쟁 등의 주제들을 다루었죠. 혁명 직전과 혁명기에 관한 주제들은 전통적으로 리세(고등학교) 교육에서 중요시 되었습니다. 역사에 대한 관심 대부분이 특정한 책을 읽어서라기보다는 이런 선생님들 때문에 생긴 것이었어요.

나는 리세의 역사 교사가 되는 길을 택했습니다. 1960년대만 해도 교사직은 흥미롭고 존경받는 직업이었으니까요. 또한 요즘의 폭력 사태와는 대조적으로 당시 학생들은 조용했고 수도 적었습니다. 단지 중등교사가 되겠다는 것을 넘어서 역사가가 되겠다고 생각한 것도 역시 내가 만난 선생님들 덕분이었습니다. 그리고 파리 대학과 고등사범학교에서 들었던 강의들도 그러한 선택에 영향을 미쳤습니다.

● 라브루스와 브로델을 만난 적이 있습니까? 당신에게는 그들이 중요한 스승이었습니까?

●● 그들에 앞서 피에르 구베르와 자크 르 고프가 나에게 중요한 인물들이었습니다. 당시는 그들이 아직 젊고, 오늘날의 명성도 누리지 못하던 때였지만, 우리는 그들의 혁신적 면모를 이미 느낄 수가 있었어요. 예컨대 르 고프는 아직 고등사범학교에 오지 못하고 릴 대학에서 조교수로 있었는데요. 때로는 고등사범학교에 와서 강의를 하곤 했어요. 오늘날 우리가 흔히 '아날학파'라고 부르는 집단의 대표자들이지만, 당시만 해도 그런 명칭은 없었습니다. 사실 아날학파는 실재하는 어떤 것이 아닙니다. 1980년대의 구성물일 뿐이죠. 《아날》을 둘러싼 운동이 있었다는 것은 분명하지만, 무슨 학파 같은 것은 아니었거든요. 내 말은 정밀한 목표들을 규정하려는 욕심이 없었다는 거지요. 오히려 아주 개방적이었고, 특히 사회과학에 대해서는 더 그랬습니다.
이러한 개방성은 당시 소르본 대학에서 진행 중이던 역사 연구의 특징과는 매우 다른 것이었습니다. 소르본에는 피에르 르누벵과 같은 대학자들이 있었는데, 그들은 박학하고 학구적이며 실증주의적인 전통의 대변자였지요. 내가 들었던 강좌 중에는 너무도 지루해서 하품만 나오고 짜증까지 난 경우들도 있었는데요. 예컨대 롤랑 무니에가 그중 하나였어요. 내가 지루하고 짜증난다고 하는 이유는, 그들은 자신들이 지닌 학식에도 불구하고 "난 마르크스주의자가 아니다. 그러므로 그 반대 테제를 증명하도록 하겠다"는 식으로 만사를 이데올로기에다 결부시켰기 때문입니다. 난 한번도 변증법적 유물론과 같은 지극히 과학 지향적인 이데올로기에 몰입한 적이 없지만—이 점에서 난 프랑수아 퓌레나 엠마뉘엘 르 루아 라뒤리처럼 같은 또래거나 약간 더 나이가 많은 동료들과는 달랐습니다—이들의 태도에는 정말로 화가 났습니다. 내가 변증법적 유물론을 회피했던 데는 가톨릭 교육도 한몫 했다고 봅니다. 비록 가톨릭 신앙에서도 도피하려고 했지만 말입니다. 당시 마르크스주의를 신봉하다는 것은 마치 한 교회를 떠나 다른 교회로 가는 것처럼 생각되었거든요!

라브루스를 알게 된 것은 1958년부터였어요. 그때 난 석사학위—당시는 '고등교육학위'라고 불렀습니다—논문을 위한 연구 시기, 분야 및 주제를 결정해야만 했습니다. 구베르는 내가 라브루스의 지도를 받아야 할 것이라고 말했어요. 당시 라브루스는 서양 부르주아지에 대한 대규모 연구를 하고 있었던 데다가, 젊은 학생들을 받아서 구베르가 '잠자는 고문서'라고 불렀던 방대한 양의 자료를 분석해 보자는 생각을 가지고 있었거든요. 그는 1789년, 1848년, 그리고 1871년 파리 콤뮨이라는 혁명적 현상과 같은 대규모 봉기를 경제적·사회적으로 설명해 보겠다는 대단한 야심을 품고 있었습니다. 그래서 그는 나에게 퓌레의 좀더 직접적인 감독하에 파리의 공증인 기록보관소에서 작업하는 게 어떻겠느냐고 말했습니다. 당시 퓌레는 나에게 토크빌과 마르크스 독해를 가르치고 있었어요. 그때까지 아무도 그 책들을 읽어보라고 한 사람이 없었거든요! 라브루스와의 관계는 소원한 편이었고, 그를 직접 만난 적도 거의 없었습니다. 당시는 지금과는 영 딴판인 세계였지요. 요즘은 학생들이 야밤에 전화를 해서 컴퓨터 하드 디스크가 망가졌다느니 마우스가 말을 안 듣는다느니 하는 얘기를 서슴없이 하고 있답니다.

브로델은 나중에야 만나게 되었습니다. 그는 내가 들락거렸던 고등사범학교나 소르본과는 거리가 먼, 다른 세계에 있었습니다. 그는 파리고등연구원École Pratique des Hautes Études의 제6국에 소속되어 있었거든요. 이 기구는 1970년대에야 사회과학고등연구원École des Hautes Études en Sciences Sociales으로 바뀌게 됩니다. 그때만 해도 규모 조직이었어요. 라브루스나 브로델이 강의하는 소수의 세미나가 있었지만, 난 그것을 듣지 않았습니다. 내가 브로델에 대해 안 것은 주로 《펠리페 2세 시대의 지중해와 지중해 세계》[25]의 초판을 읽은 덕분이었고, 뒤에는 《아날》에 기고한 논문들을 통해서였습니다. 이 글들은 당시 널리 읽혔기 때문에 학자들에게는 중요했거든요. 그를 개인적으로 만난 것은 훨씬 뒤의 일이었어요. 1960년대 말이나 70년대 초쯤 되었을 거에요. 그래서 그가 나에게 미친 영향이란 사적인 것이 아니라 지극히 간접적

[25] Fernand Braudel, *La Méditerranée*, 3 vols. (1949).

이고 지적인 것이었어요. 하지만 만약 브로델이 그 글들을 쓰지 않았더라면, 난 내가 그동안 이루어왔던 것을 할 수 없었을 거라고 감히 말할 수 있습니다.

● 당신은 파리에 살면서 1968년 5월의 그 유명한 사건들을 관찰하기도 하고 참여하기도 했지요. 당시 그러한 것들로부터 받은 충격이 있다면 무엇이라고 말할 수 있을까요? 그리고 이 사건들은 뒤에 가서 볼 때 얼마나 중요한 것입니까? 그것들이 당시의 역사관, 각별히 프랑스혁명사를 보는 관점에 영향을 미친 점이 있을까요?

●● 우리에게는 그 모든 것이 불시에 닥쳤다는 것을 인정하지 않을 수 없군요. 당시 나는 고등사범학교의 강사maître de conférences였고, 학생들도 강사들처럼 정치에 직접 개입하지는 않았습니다. 소수의 투쟁가들, 트로츠키주의자, 마오주의자, 그 외 제3세계 행동가들과는 거리가 멀었어요. 나는 당시 'SNES'로 알려져 있던 전국고등교육연합에 속해 있었기 때문에 그 조직에서 주도하는 시위에 참가했지만, 우리의 외침이 장기적으로 어떤 결과를 가져올지 인식하지도 못한 채 다른 사람들이 하는 요구들을 따라했습니다. 나는 또한 교육연합의 부탁으로 좀더 구체적인 역할을 맡기도 했는데요. 그것은 소르본이 접수되었을 때 그것을 관리하는 일이었습니다. 이 기관의 운영을 책임지고, 건물이 유지되도록 살펴야 했던 거죠. 그래서 1968년 5월과 6월, 소르본 점령에 책임

"나의 역사 개념이 1968년의 경험에 그리 깊이 영향 받은 것
은 아니라고 말할 수 있습니다. 그 사건이 나에게 한 일은 예
컨대 프랑스혁명의 대 사건들처럼 수많은 것들을 조화롭게 유
지해야 한다는 점을 가르쳐준 것이지요."
사진은 1968년 5월혁명 당시 학생들의 모습.

이 있는 교육연합의 주 멤버 중 하나가 바로 나였다니까요! 하지만 그건 정말로 기분이 좋지 않은 일이었고, 나에게는 불쾌한 기억만을 남겼습니다. 왜냐하면 나는 곧 '소르본 베리아Sorbonne Beria' 라고 불리기 시작했기 때문이죠. 내 일은 본질적으로 밤일이었어요. 낮에는 대 토론회와 과시적인 시위를 했지만, 밤이 되면 폭력 시위가 일어났기 때문에 그것을 그냥 항의하는 정도의 수준에서 가라앉혀 중단시키지 않으면 안 되었거든요. 그것은 개개인은 물론 건물, 시설, 도서관 등등을 보호하기 위해서이기도 했지요. 상상이 가겠지만, 소르본을 구하는 역할은…… 아주 어려운 일이었는데요. 어쨌든 그 덕분에 레종 도뇌르 훈장을 받게 되었다니까요!

나에게 이 사건들이 어떤 의미를 가지느냐고 묻는다면, 1968년 5월에 대한 내 태도는 당시 자신들이 걸었던 길만을 계속 얘기하는 사람들과는 다르다고 말하고 싶어요. 난 미셸 드 세르토가 "우리는 지하실을 점령했다"라고 말했던 것을 기억합니다. 하지만 나는 결코 지하실을 점령한 적이 없었어요. 오히려 사람들이 소르본 대학 지하실에서 약품을 가져가는 것을 막고, 여학생들이 공격당하지 않도록 보호하는 등의 일을 하려고 했지요. 그러니 나는 이 사건들에 대해 야밤의 어둠 속에서 본 관점을 가지고 있는 셈이지요. 이런 시각은 유토피아적인 것과 비교할 때 실제로 일어났던 것에 훨씬 더 가깝고, 특히 사람들이 자신을 정치 지도자 혹은 그 비슷한 존재로 심각하게 받아들일 때 과연 어떻게 변하는지를 보여주는 이점이 있어요. 난 어떤 정치 활동에 뛰어들겠다는 생각에 끌린 적이 한번도 없었고, 그래서 나에게는 그와 같은 사건이 어떤 식으로 사람들을 이용하고 변형시키는지, 그리고 그것이 항상 선을 위해서만은 아니라는 점을 알게 된 흥미로운 역사 경험이었습니다.

이렇게 보면, 나의 역사 개념이 1968년의 경험에 그리 깊이 영향받은 것은 아니라고 말할 수 있습니다. 그 사건이 나에게 한 일은 예컨대 프랑스혁명의 대 사건들처럼 수많은 것들을 조화롭게 유지해야 한다는 점을 가르쳐준 것이지요. 구국위원회Comité de Salut Public의 경우와 같이 두 달 동안 잠 한숨 잘 수 없을 때, 누구도 결국 초조한 심정을 금할 수 없게 되겠죠. ……그 사건들 역시 프랑스의 대학 제도 내에서, 특히 역사 연구에서 변화가 일어나기가 얼마나 어려운 일인지를 잘 보여주었습니다. 처음에는 우리도 대학이 이전보다 민주적으로 변할 것이라고 믿었지요. 하지만 상황이 변한 것 빼고는 정말로 바뀐 것은 아무 것도 없었습니다. 오히려 환상에 불과한 변화는 수없이 많았어요. 이는 사실 프랑스 대학 조직들이 지닌 주요한 문제들을 직접적으로 대면하는 데 방해가 되었습니다. 그 문제란 곧 좌우 가릴 것 없이 모든 단체가 민주적인 대학을 만들어내려 했다는 겁니다. 우리는 이것이 1968년에 탄생했다고 믿었습니다만, 옛 조직들은 거의 그대로 건물이나 시설들과 함께 그곳에 있었어요. 이 사건들을 기리는 30주년 기념식이 1998년에 있었는데요. 그 모습은 바로 이러한 점을 확인해 주는 것처럼 보였어요. 왜냐하면 정작 대학생들의 모습은 거의 눈에 띄지 않았으니까요.

● 당신은 방대한 양의 국가박사 논문을 써야만 했던 세대에 속하는데요. 당신이 18세기 프랑스 지방 아카데미를 논문 주제로 택한 이유는 무엇인가요? 혹시 다니엘 모르네가 프랑스혁명의 지적 기원에 대해 제기한 도전을 실행에 옮겨보려고 했던 것입니까?

●● 그건 아마도 우연과 지적 조우의 결합이 낳은 결과일 거에요. 만약 당신이 무언가 아직 연구되지 않은 것을 찾아냈다면 나는 그것이 우연이라고 생각할 겁니다. 사람의 선택에 개입되는 우연의 요소에 대해 예를 들어 얘기해 볼까요. 내가 샬롱 쉬르 마른의 한 리세에서 교편을 잡고 있을 땝니다만, 한번은 라브루스가 이렇게 말했어요. "로슈, 논문 작성 기간이 끝났구먼. 그리고……딴 것보다도 지방 농촌에 관해서는 더 이상 공부하지 말게나!" 그의 말은 그때까지만 해도 지역 연구가 대세였지만, 무한정 반복될 수만은 없다는 뜻이었습니다. 그리고 실제적 측면에서 봐도 농촌보다는 도시에 대한 자료를 구하기 쉬웠지요. 난 그의 조언을 받아들이기로 했지만, 아직도 연구 주제는 찾지 못한 상태였어요. 게다가 그 직후 대학에 직장을 구하게 되자 국가박사 논문을 쓰지 않으면 안 되었습니다.

처음에는 18, 19세기 시칠리아 귀족계급에 대해 쓸까 생각했지요. 왜냐하면 내 처가 주세페 토마시 디 람페두사의 《표범 *Il Gattopardo*》을 프랑스 어로 번역했는데, 이 책을 통해 시칠리아를 연구하면 그곳 귀족계급의 기원에 대해 알 수 있을 거라 생각하게 됐거든요. 그러자면 이탈리아에서의 연구를 위한 연구비를 얻어야만 했는데 그게 여의치 않았습니다. 루찌에로 로마노라고, 라틴 아메리카 연구에서 대단히 중요한 학자였고 또한 이탈리아 문제에 관해 브로델의 오른팔이었던 이탈리아 학자가 있었는데, 그에게 내 연구 계획을 말해 보려고 갔던 기억이 납니다. 그는 나를 따뜻하게 맞아주었고 얘기도 들어주었지요. 나는 얘기 끝에 "어떻게 하면 시칠리아에 갈 수 있을까요?"라고 물었습니다. 물론 어떻게 하면 연구비나 재정 지원을 받을 수 있는지 알고 싶다는 뜻으로 물은 거지요. 그는 이렇게 대답했어요. "비행기를 타면 되지!"

그후 나는 구체제의 역사와 혁명의 역사 사이에 위치하는 연구 분야로 논문 주제를 바꾸기로 작정했습니다. 나는 구체제와 혁명기 사이에 왕족들이 맡았던 역할, 말하자면 몇몇 귀족 가문들이 루이 14세의 궁정에서 활동하던 시기부터 혁명기에 어쩔 수 없이 망명을 떠날 때까지 맡았던 사회적·정치적 역할을 추적하는 연구를 한번 해보자고 생각했어요. 그래서 샹티이 기록보관소와 영국 도서관에서 작업을 시작했는데요. 방대한 문서량을 포함해 연구상의 문제가 심각했어요. 샹티이 기록보관소의 경우 하루에 단 네 시간만 여는 데다가 매일 여는 것도 아니었어요. 그때 프랑스혁명 전문가인 마르셀 레나르를 만나러 간 기억이 납니다. 라브루스가 나를 소개해주었거든요. 내가 국립과학연구원 CNRS에 지원하는 데 도움을 주었으면 해서였지요. 그렇게 되면 논문을 마칠 때까지 3, 4년간 연구를 계속할 수 있었거든요. 하지만 레나르는 그게 불가능하다고 말했습니다. 그렇게 하기에는 내가 너무 나이가 어리기도 하고, 어쨌든 꼭 명심해야 할 사항이 있다는 것이었습니다. 그는 이렇게 말했어요. "연구자를 연구 주제에 맞추려 하지 말고, 연구 주제를 연구자에 맞추도록 해야 할 걸세." 지금도 나는 이야말로 누구든지 항상 마음에 새겨야 할 공식이라고 생각합니다.

그렇게 해서 나는 논문 주제를 바꾸게 되었고, 그 직전 샬롱 쉬르 마른의 리세에서 교편을 잡고 있는 동안 그곳 아카데미에서 관련 자료 파일을 보게 되었지요. 그리고 지방 기록보관소에서 작업하는 것이 아주 쉽다는 것을 깨달았습니다. 퓌레는 내가 이쪽으로 계속 작업하라고 격려했는데요. 그는 지적 사교성이란 문제가 그 분야에서 여전히 연구할 여지가 많은 좋은 주제가 아닐까 하는 내 짐작을 확신으로 바꾸어주었습니다. 결국 나는 알퐁스 뒤프롱의 지도를 받게 되었는데, 그는 학생과의 관계에서 무엇을 요구하는 사람이 아니었어요. 14년 동안 그를 만난 건 세 번 정도에 불과했던 것 같아요. 그래서 그의 지도는 아주 유쾌한 것이 되었지요! 그는 나에게 그저 "지금 공부 중인가?"라고만 물었고, 나도 "예, 조금씩 되어가고 있습니다"라고만 대답했어요. 사실이 그랬습니다. 프랑스 90개 지방 도道 소재 아카데미들을 연구하느라 온 나라를 돌아다니고 있었거든요.

● 지식인의 역사를 쓰는 것이 학위논문의 목표였습니까? 당신은 혹시 그런 용어가 시대착오적이라거나, 드레퓌스 사건 이전에 지식인의 역사를 쓴다는 것은 불가능하다고 생각하십니까?

●● 나 역시 이 용어가 1900년 이후에나 나타나는 좌파적 정치 개입이라는 함의를 가지고 있지는 않다고 봅니다. 하지만 나의 학위논문이 지향하는 목표가 계몽주의의 확산에 대한 사회학이라고 부를 만한 연구의 일부라고 믿습니다. 그건 단지 계몽주의 시대 지식인의 역사만이 아니라, 앞서간 학자들의 연구와 같이 그것을 넘어 그 위대한 관념들의 확산을 제한하는 것이 무엇인지를 이해하려는 시도였어요. 폴 아자르 식의 철학사 내지 관념사 시각과 다니엘 모르네 식의 프랑스혁명의 지적 기원이라는 관점 양자 모두를 원용하면서 말입니다.

● 만일 당신의 학위논문에서 사용된 방법을 두고, 피에르 쇼뉘가 '제3 층위의 계열사' 라고 묘사한 것, 달리 말해 상부구조 혹은 문화에 적용한 계량적 역사라고 부른다면 맞는 말일까요?

●● 당시 내가 시도하고 있었던 것을 정확히 말하면 통계적 모형들이 전이될 수 있다는 가정하에 인간 과학과 사회학을 한데 묶는 것이었습니다. 통계적 연구는 오직 그것에서 장해를 찾는 사람한테만 장해물이 된다는 것이 나의 믿음이에요. 유감스러운 것은, 우리가 통계로 무엇을 할지 그 방법을 모른다는 점, 그리고 모든 일에 통계를 적용할 수 없다는 점입니다. 이런 식의 연구는 바로 이런 관점에서 보아야만 합니다. 라브루스는 그것이 주는 가능성에 매료되어 나를 만날 때마다 이렇게 묻곤 했지요. "자네

가 보여주려고 하는 것은 결국 부르주아지가 계몽주의를 만들었다는 건가?" 그리고 유감스럽게도 나는 그를 만날 때마다 이렇게 대답해야만 했습니다. "계몽주의를 만들어 낸 것은 부르주아지가 아니었습니다. 또한 그것을 소비한 사람들도 분명히 부르주아지가 아니었고요." 그런 결과는 전혀 이상한 것이 아니었습니다. 나는 그것이 우리가 계몽주의를 보는 방식을 바꾸었다고 생각하니까요.

현재 지방 아카데미에 대해 밝혀진 것을 감안한다면, 우리는 더이상 계몽주의가 볼테르, 몽테스키외, 혹은 루소와 같은 이름난 사상가들에 의해 파리에서 만들어지고 있었다는 말을 할 수 없습니다. 계몽주의는 그보다 훨씬 더 광범위하고 복잡합니다. 그래서 우리는 계몽주의가 사회의 여타 분야 및 그 가치들과 맺고 있는 복잡한 관계를 탐구해야 할 필요가 있습니다. 이렇게 말하고 싶군요. 내 논문은 두 모형 사이의 어디쯤에 맞는 것으로 보면 될 것 같다고요. 그 하나는 사회계급에 기초한 마르크스주의적 설명 모형이고, 다른 하나는 관념들이 제 스스로 작동하면서 단지 내부적으로만 상호 연관된다는 관념적 모형입니다.

● 당신은 엘리트 문화를 연구한 뒤 《파리의 민중》을 쓰면서 민중 문화로 방향을 바꾸었는데요. 그렇게 방향전환을 한 이유가 무엇인가요? 도시사와 민중 문화사라는 역사 서술의 새로운 흐름을 따른 건가요?

●● 글쎄요. 그건 1980년의 일인데, 당시 나는 대학에서 강의를 하게 된 덕분에 연구 환경이 완전히 달라졌습니다. 주당 여섯 시간의 강의가 있었고, 여기에다가 국립과학연구원과 고등연구원에서도 일이 있었습니다. 그곳에서 진행 중인 연구들도 놓치고 싶지 않았기 때문이죠. 그래서 이런저런 세미나에 최소한으로라도 참가해야 했습니다. 이러다 보니 준비해야 할 일들이 많았고, 또한 학생들 공부도 시켜야 했지요.

당시 직면한 문제는 어떻게 학생들의 흥미를 불러일으킬 것인가 하는 점이었어요. 내가 있던 대학(파리 7대학)은 그 기원 때문에 학생들이 주로 좌파적 경향을 가지고 있었습니다. 그곳에는 르루아 라뒤리, 드니 리셰, 미셸 페로, 장 셰노를 비롯해 나보다 훨씬 더 좌파적인 몇몇 사람들이 있었어요. 학생들은 오직 혁명을 일으키는 것에만 관심이 있었기 때문에, 그들의 흥미를 불러일으키기 위해 나는 민중의 관념, 민중 문화, 노동대중 등을 이해하도록 만들어야겠다는 생각을 하게 되었습니다. 이는 어떤 점에서 다시 라브루스 식 사회사와 파리의 역사로 돌아가야 한다는 것을 의미했습니다. 이러한 생각대로라면 학생들은 파리 기록보관소에서 작업해야 했으니까요. 주요 목표는 경제적 혹은 문화적 자본의 소유를 통해서도 통합되지 않는 세계를 이해하자는 것이었어요. 우리는 프랑스에서 가장 큰 도시의 가장 많은 인구를 차지하는 이 사람들이 18세기의 경제적 변화로부터 어느 정도 이익을 얻었는지, 아니면 더 가난해져서 그 희생물이 되었는지의 여부를 이해하려 애쓰고 있었습니다. 그러므로 물질적이든 지적이든 온갖 종류의 소비를 통해 이러한 환경의 생생한 모습을 파악하기 위해서는 공중 문서를 체계적으로 이용하는 것이 필요했어요. 이는 사회적 범주에 따라 선험적으로 정의된 제한적 민중 문화보다는, 내가 전유專有appropriation라고 부르는 것이 들어갈 여지가 있는 개방적 정의와 연관된 것이었습니다. 이러한 전유를 처음으로 얘기한 사람 중 하나가 바로 나라고 생각합니다.

도시사는 가장 발전이 빠르고 고찰이 풍부한 분야 중 하나인데요. 특히 장 클로드 페로와 마르셀 롱카욜로의 연구가 선구자 격이지요. 그들과는 과거에 자주 만나는 사이였습니다만, 1970년대 말 내가 소르본에서 피에르 구베르의 교수직을 이어받은 후 페로와는 줄곧 같이 연구를 해왔습니다. 우리는 무려 25년간 함께 세미나를 열었지요. 내가 그에게 얼마나 많은 것을 가르쳤는지는 잘 모르겠어요. 하지만 확실한 것은 토론을 통해 그로부터 많은 것을 배웠다는 사실입니다. 그리고 인간과학관Maison des Sciences de l'Homme에도 도시사 그룹이 있었어요. 나는 지금도 그들과 연락을 하고 있습니다만, 물론 이제는 좀 낡은 방식으로 보일 거에요.

● 민중 문화에 대한 샤르티에의 비판과, 특히 그가 책을 비롯한 다양한 대상물 자체보다는 사용 관행들을 강조한 것을 어떻게 생각하십니까?

●● 아마 잘 모르실 수도 있겠지만, 샤르티에는 고등사범학교 시절 내 학생이었고 1980년대 초까지만 해도 함께 연구를 했어요. 리옹의 아카데미를 다룬 그의 석사학위 논문도 나와 같이 작업한 거죠. 그가 책의 역사를 공부하게 된 것도 바로 이 때문이고요. 민중 문화의 경우, 그는 로베르 망드루가 '청색문고Bibliothèque Bleue'를 다룬 책에서 제시했던 개념을 공격했지요. 망드루는 비교적 소략한 분석을 토대로 민중 문화에 대한 대단히 제한적 정의를 추출해 냈습니다. 샤르티에의 도전은 어떻게 광범위한 관행들은 도외시한 채 오직 재현물에만 기초해서 그처럼 정밀한 정의를 도출해 낼 수 있는 것인지에 대한 의문에서 나온 것이지요. 이 논쟁과 관련해 관심 있는 독자들은 《파리의 민중》속의 파리장들이 많은 점에서 적절한 시사를 하고 있다는 것을 알게 될 겁니다.

● 당신은 연구 주제를 바꾸면서 연구 방법도 함께 바꾸었는데요. 그 결과 당신의 작업에서 팀워크가 아주 중요해졌습니다. 이에 대해 자세히 얘기해 주시겠어요?

●● 1960년대에서 1980년대 사이의 역사 서술에서 집단 연구를 하는 방식은 여러 가지가 있었습니다. 그중 하나는 고등연구원이나 국립과학연구원과 같은 기관에서 주로 하던 것으로, 강사와 연구자가 관련 주제에 대해 함께 작업하는 방식이었어요. 나 역시 때로는 참여자로 때로는 조언자로 관여했습니다만 그 결과물

로 중요한 출판이 나오는 경우도 가끔 있었어요. 퓌레의 지도하에 나온 《책과 사회 *Livre et Société*》가 그 한 예지요. 이 책의 간행 덕분에 책의 역사가 본격화되었고, 독서의 역사, 문자해득의 역사 등이 방향을 재조정하기에 이른 겁니다.

또 다른 종류의 집단 연구는—이 경우는 내가 선구자인 것 같은데요—강사가 합동 주제를 제시하고 학생들과 함께 기록보관소를 방문한 뒤, 문서를 분석하는 절차와 각자가 할 일을 일러주고 최종적으로 그것들을 한데 모으는 방식이었습니다. 이 경우 강사는 설계자나 조직자로서의 역할을 하는 거지요. 혹은 어떤 일을 조직하고 그 결과를 출판하는 사이트 매니저라고 불러도 될 거에요. 이런 유의 작업은 학생이나 강사 모두에게 유익합니다. 강사역시 이런 식의 접촉에서 배우는 바가 많거든요. 내가 펴낸 대부분의 책에는 학생들 이름이 길게 올라 있는데요. 이는 예컨대 《파리의 민중》이나 《외양의 문화》 같은 책을 학생들의 도움 없이는 쓸 수 없었다는 것을 의미하지요. 만약 10여 명의 학생들과 공동 작업을 하지 않았더라면 《파리의 민중》을 쓰는 데 대략 15년 정도는 걸렸을 것이 확실합니다.

● 《외양의 문화》에서 당신은 옷의 역사가 결코 피상적 주제가 아니라는 것을 보여주고 있습니다. 이 책은 당신의 연구가 새로운 경향으로 가고 있다는 것을 말해 주는 건가요? 아니면 물질문화에 관해 이전부터 해오던 연구의 연장인가요?

●● 이 책은 앞선 결과물인 《파리의 민중》과 직접적으로 관련이 있습니다. 민중들의 소비 행태를 분석해 보면, 18세기에 가장 뚜렷하게 바뀐 현상이 바로 옷에 관련된 지출이라는 것을 알 수 있기 때문이지요. 이러한 소비의 결과를 잘 살펴보면—결과를 살피는 이유는 자료가 소비 그 자체를 보여주지는 않기 때문입니다—옷은 사람들의 재산목록에서 최상위를 차지할 정도로 변화가 심했던 부문이라는 것이 드러납니다. 여기서 이 말을 해야겠네요. 이러한 문제는 물론 우리가 연구한 문서들로부터 착안한 것이지만, 동시에 플럼이나 맥켄드릭, 혹은 브루어와 같이 소비에 대해 연구하는 영국 학자들의 업적에서 시사 받은 바도 크다는 겁니다. 세계적 현상 혹은 마르셀 모스의 말로 '세계적 범위의 사회적 사실'을 재구성한 뒤, 그로부터 가능한 모든 함의들을 도출해 보겠다는 생각을 갖게 된 것도 영국의 소비 현상과 프랑스 자료 간의 조우 덕분이었습니다.

따라서 그것이 물질 문화를 다룬 연구임에는 분명하지만, 물질 문화라는 것이 단순히 대상물들에 대한 기술로부터 읽어낼 수 있는 성질의 것은 아닙니다. 그것은 좀더 넓은 맥락 속에 놓여져야 하고, 각별히 당시 사람들이 소비(특히 옷의 소비)나 사치 혹은 패션 현상을 어떻게 생각했는가 하는 것과 관련이 있어요. 그래서 물질 문화의 역사라는 것도 동시에 지적인 측면을 고려하지 않을 수 없는 거지요. 사실 나는 이 두 영역을 분리시키지 않으려고 애를 썼습니다. 이건 정말로 필요한 일이거든요. 옷이란 대상 이면에는 어떤 정신 구조들이 놓여 있다는 겁니다. 물론 사회 구조의 직접적인 반영 같은 것은 아닙니다. 독자들이 내 연구를 옷과 외양에 대한 상이한 태도들을 파악하려는 시도로 이해해 주었으면 해요. 민중계급이 망토보다는 '프랑스 식 긴 옷robes à la française'을 더 즐겨 입었다는 사실을 입증하려는 것이 아닙니다. 나의 의도를 잘 이해하지 못한 어떤 미국 역사가의 경우처럼 말입니다. 그녀는 내가 찾아낸 것이 단지 어의語義상의 변화에 불과하다는 겁니다. 망토나 로브나 실제로는 같은 것 아니냐는 거에요!

● 당신은 같은 책에서 '자유, 평등, 경박'을 병렬하는 대담한 생각을 보여주었는데요[여기서 경박輕薄frivolité이란 전통적으로 가볍고 사소한 일로 치부되어 온 패션의 성격을 비유한다—옮긴이]. 어떻게 18세기 패션, 그중에서도 특히 여성 패션이 사람들을 자유롭고 평등하게 만드는 효과를 지니고 있는지 간단히 얘기해 주시겠어요?

●● 외양의 역사를 공부하던 중 옷의 역사를 재발견하고 그것을 사회적·문화적 변화와 연결시키려 애쓰면서, 사실상 내가 하려고 했던 연구는 단지 여성의 소비라는 측면만이 아니라 사회적 소비 일반이 어떤 식으로 작동했는가를 이해하는 것이었습니다. 만약 이 책으로 미국에서 성공하기를 원했다면 의도적으로라도 젠더의 역사, 여성의 역사 같은 것과 관련되도록 했겠지만, 난 그러지 않았어요. 나는 그러한 역사를 그냥 프랑스 식으로 놔두었

는데, 그 결과 공화적·보편적 관점에서 볼 때 정치적으로 옳지 못하다는 비판을 많이 받았습니다. 하지만 나는 18세기 초 여성이 이런 종류의 소비에 선구자 격이었으며, 그 세기 말에도 여전히 최전방에 있었다는 것을 인정할 준비가 되어 있었어요. 그들은 새로운 관습의 획득을 통해 경제적 운동뿐 아니라 변화 그 자체를 총체적으로 이끌어내는 방향으로 나아갔다는 거지요. 그리고 이러한 변화가 바로 새로운 방식의 자유로 가는 길을 닦은 것이고요. 프랑스혁명으로 가는 30년 동안, 페미니스트들과 페미니스트 출판계 전체가 새로운 요구를 밀어붙이고, 여성들로 하여금 문화계급의 양상들을 읽어내어 그것에 합류하도록 촉구했습니다. 그들은 여성들에게 새로운 패션과 대상물들을 보여 준 동시에 새로운 글과 관념들을 접할 수 있도록 해주었던 거지요. 그렇게 해서, 평등과 우애와 경박 사이에서 내가 본 이러한 관계가 나타나게 된 것입니다.

● 당신이 '의복혁명'이라고 부르는 것이 특히 여성 언론의 지지 아래 여성에 의해 이루어진 혁명이라는 점을 감안한다면, 그 때문에라도 계몽주의 시대와 프랑스혁명기에 여성이 담당한 역할을 재고할 필요가 있다고는 생각지 않습니까?

●● 물론 그렇게 생각합니다. 왜냐하면 그것이 바로 물질적인 것과 지적인 것이 뗄 수 없는 관계에 있으며, 양자가 상호작용 속에서 고찰되어야 한다는 가설을 입증하는 길의 하나이기 때문이지

요. 그것은 또한 훨씬 더 오래된 조직들을 이해하기 위해 필요한 방법이기도 하고요. 프랑스혁명기의 여성들이 갑자기 나타났다 거나 또는 단순히 그 사건들의 결과로 출현했다고는 볼 수 없습 니다. 그들은 틀림없이 물질 문화에서 일어난 일련의 변화와 함 께, 예컨대 아를레트 파르쥬가 보여주었듯이, 가정 내에서 물질 적 관계가 서서히 변화한 결과였어요. 계몽주의 시대 여성의 역 할에 대한 연구는 유명 살롱에서 여성이 한 역할을 연구하는 데 비해 훨씬 더 넓은 범위를 요구합니다. 후자는 대단히 제한적이 죠. 그리고 이 소규모 여성 서클을 다룬 연구조차도 어떤 지적인 성격의 주장이라도 내놓는 '살로니에르salonniére'에게 초점을 맞출 뿐, 나머지 살롱 출입 손님 대다수는 무시해버립니다. 그들 이 보여주는 모습이란 단지 차와 초콜릿 주위를 배회하는 것에 불과했어요.

● 당신은 로버트 단턴과 함께 《출판물 속의 혁명》[26]이라는 책을 편집했는데, 거기서 만약 출판이 없었다면 혁명주의자들이 바스 티유는 점령할 수 있었을지 몰라도 구체제까지 무너뜨릴 수는 없 었을 것이라고 주장했습니다. 구질서의 잠식에 어느 쪽이 더 중 요한 역할을 했을까요? '출판물 속의 혁명' 입니까, '의복 혁명' 입니까?

[26] R. Darnton & D. Roche, eds., *Revolution in Print: The Press in France, 1775~1800* (Berkeley-Los Angeles: University of California Press, 1989).

●● 어떤 측면에서는 분명히 출판 쪽이죠. 하지만 옷의 소비 패턴 변화 역시 다른 측면에서 심대한 결과를 야기했습니다. 나는 이러한 변화를 고려할 때 우리의 지평이 훨씬 더 넓어진다고 확신합니다. 내가 밥 단턴과 함께 펴낸 저작의 목표는 프랑스 사회에서 출판물에의 접근을 더 용이하게 만든 요인이 무엇이었느냐를 생각해 보자는 것이었어요. 밥은 이에 대해 정밀한 이론을 가지고 있습니다. 즉, 왕권의 이미지를 탈신성화시킨 기저에는 그가 정치적 포르노그래피라고 부르는 특수한 형태의 문헌들이 있었다는 거지요. 그는 이러한 문헌들이 사회가 권위, 더 구체적으로 말해 왕의 신성한 권위에 대해 가지는 관계를 변화하게 만든 주요 원인이라고 생각했습니다. 나는 이런 유의 모든 이론이 그렇듯 그 속에 일말의 진실이 들어 있다고 생각합니다. 하지만 나와 샤르티에게 정작 문제가 된 것은 어떻게 해서 이런 일이 가능했는지, 어떤 경로로 이러한 문헌들이 사람들을 사로잡아 감정과 영혼과 관념을 바꾸어놓았는지를 알아내는 것입니다. 달리 말해 내가 제기하는 주요 의문은, 이러한 문헌들이 이미 변화를 예비한 곳과 조우했기 때문에 효과적이었던 것이 아닌가 하는 것이지요.

단턴 테제가 여전히 유효한 것이 되려면, 무엇이 다양한 사회 범주들에 의한 새로운 관념들의 전유를 가능하게 만들었는지 더 넓은 논의의 틀을 생각해야만 합니다. 그것이 바로 '의복혁명'을 포함한 물질 문화상의 변화가 중요한 이유지요. 나는 그것이 내가 '디드로의 실내복에 대한 사실들'이라고 부르는 것

"프랑스혁명으로 가는 30년 동안, 페미니스트들과 페미니스트 출판계 전체가 새로운 요구를 밀어붙이고, 여성들로 하여금 문화계급의 양상들을 읽어내어 그것에 합류하도록 촉구했습니다. 그들은 여성들에게 새로운 패션과 대상물들을 보여 준 동시에 새로운 글과 관념들을 접할 수 있도록 해주었던 거지요."

그림은 최초의 문예 살롱인 랑부예 부인의 살롱.

과 동일한 방식으로 작동되고 있는 것을 봅니다. 당신도 기억하겠지만, 디드로가 실내복을 바꾸자 주변의 모든 것이 어색하게 보였다는 거지요. 그래서 그는 그것에 맞추려고 가구며 책이며 프린트 등을 깡그리 바꾸어야만 했다는 겁니다. 부조화로 인해 그 어떤 것에도 즐거움을 느끼지 못하게 되었기 때문입니다. 요컨대 새로운 실내복 때문에 모든 것이 바뀌지 않으면 안 되었다는 것이에요. 어떻게 해서 갑작스러운 변화가 일어나는지, 혹은 체계 전체를 조금씩 바꾸어가는 변화의 가능성이 출현하게 되는지를 이해하려고 하는 것이 바로 역사가의 일이라고 생각합니다.

● 넓게는 출판물 일반, 좁게는 정기간행물을 관측하면서 당신은 출판이 단지 사건을 기록하는 것만이 아니라 그것을 만들어낼 수도 있다는 것, 즉 출판이 그것을 통해 알려지는 사건들의 중요한 요소가 될 수 있다는 점을 보여주려 하지요. 매체를 역사적 자료로 사용할 때 어떤 난점들이 있는지 얘기해주시겠어요?

●● 사실 난 정기간행물 자체의 역사보다는 책과 그 확산의 역사를 연구한다고 말하는 편이 더 정직할 겁니다. 나에게는 카롤린 랭보와 같이 페미니스트 출판물을 연구하는 학생들도 있었습니다. 그녀의 연구는 패션, 의복, 물질 소비 현상에 대한 나의 관심과 맞물려 있었지요. 그리고 근대 초 정기간행물의 전 체계를 분

석한 질 페이엘도 있었고요. 하지만 그동안 내 관심은 출판물 일반에 있었는데요. 그 이유는 그것을 변화의 수단 혹은 변화를 자극하는 요인 중 하나로 생각하기 때문입니다. 하지만 출판물을 사료로 사용하는 것은 보기보다 간단한 일이 아니에요. 늘 함정이 도사리고 있다는 것을 인식하지 않으면 안 되지요. 그리고 어떻게 당국과 편집자와 대중이 서로 관계를 맺으며, 끊임없이 각자의 위치를 조정하고 있는지 이해하는 일이 매우 복잡한 문제라는 것도 알아야 합니다. 18세기 프랑스 출판의 경우, 영국과는 달리 검열의 존재 때문에 상황이 훨씬 더 복잡합니다.

● 1997년에 당신은 일상적인 것들에 대한 역사를 내놓으면서 18세기에 소비상의 혁명이 있었다는 생각을 탐색한 적이 있습니다. 그러한 책을 쓴 동기는 어디에 있습니까?

●● 당시는 사건 중심적이고 비분석적인 방식을 통해 기본적으로 일상생활에 관심을 갖는 경향이 유행하고 있었는데요. '일상생활' 이라는 매력적인 제목을 단 역사 연구 총서 같은 것이 그 예지요. 조금은 이와 차별성을 가져보자는 생각이 있었습니다. 나는 소비 세계와 소비자 간의 상호 작용을 이해하고, 브로델이 장기 및 단기 지속 현상과 사건 사이에 존재한다고 말한 시간적 중첩 구조를 더욱 효과적으로 포착하는 소비의 역사를 쓰기 위해서는, 브로델의 연구 정신과 뤼시엥 페브르 및 로베르 망드루—특히 그의 《근대 프랑스 서설 *Introduction à la France moderne*》에

나타나 있는—의 통찰력을 되살려야 한다고 생각했습니다. 나는 물건들과 공예품들이 서양 문명에서 차지하는 위치를 분석하고 싶었어요. 루소와 마르크스 이후 사회와 물건 간의 관계를 소외적 관점에서 보아온 전통을 깨뜨리면서 말입니다. 물질 문화의 한 예인 일상적인 것들의 역사를 연구하기 위해서는 인류학자들의 다양한 연구들과 전통사회의 물품 전유에 대한 분석을 고려하지 않으면 안 되지요. 그와 동시에 소비 과정의 인식적 측면 역시 무시할 수 없습니다. 수요 공급은 정보 저장, 선택의 접근성, 저항감 등을 포섭하지요. 간단히 말해서 일상적인 것들의 역사는 대결의 역사입니다. 그런데 바로 그 점이 계몽적입니다. 왜냐하면 18세기는 물건의 증대로 인해 모든 것이 문제가 되던 시기거든요. 사회 전체, 문화 전체가 다 문제였죠.

결국 나는 소비의 역사를 통해 좀더 이론적인 관심도 갖게 되었습니다. 즉, 물질의 영역에서 무엇이 변화를 가능케 하는지를 이해하려고 하는 거죠. 나에게 강한 자극을 준 브루어, 플럼, 맥켄드릭의 영국 소비 행태를 다룬 저작들은 영국이 프랑스에 비해 훨씬 더 활발했던 식민지 무역 덕분에 일찍부터 소비에 뛰어들게 되었다는 사실을 보여주었습니다. 여기 프랑스에서의 발전 과정은 영국에 비해 더 내향적이고 복잡했어요. 예컨대 중농주의자는 영국인들이 아니라 프랑스인들이었습니다. 영국에는 중농주의 성향의 독자는 있어도 이론가는 없어요.

● 그러면 당신은 계몽주의 시대의 프랑스를 이해하려면 먼저 영

국의 사상과 문화를 연구해야 한다는, 19세기 초에 처음으로 제기되었던 생각에 찬성합니까? 또한 질문을 좀더 넓혀 보면, 프랑스를 비롯한 어떤 나라의 역사를 다른 나라와 비교하지 않고도 이해한다는 것이 가능하다고 보십니까?

●● 이웃나라에서 무슨 일이 일어났는지를 살펴보지 않는다면 프랑스나 영국에서 발생하는 일도 알 수 없다고 확신합니다. 하지만 그동안 받아온 교육 때문에, 그리고 자국의 기록보관소에서 연구하는 편이 더 쉽기 때문에 우리는 각자 민족주의적 역사책들을 가지고 있다는 것이 난점입니다. 비교사가 사상사 분야에서 먼저 시작된 이유도 이 때문이지요. 텍스트의 경우는 사는 곳에서 이동하지 않고도 서로 비교하기가 훨씬 쉽거든요. 예컨대 장기간을 해외에서 보내지 않고도 이곳 파리에서 스코틀랜드 경제학자들의 전 저작을 볼 수 있지요. 프랑스의 경우, 변화의 요인 중 하나로서 프랑스인의 친영 감정에 커다란 비중을 두는 비교사의 전통이 있습니다. 하지만 나는 이 문제가 그러한 설명이 제시할 수 있는 것보다 훨씬 복잡한 양상을 띠고 있다고 봅니다. 단지 지적 영역의 교환만이 아니라 사회관계의 영역에서 일어난 진정한 교환을 연구해야만 한다는 것이 내 생각이에요. 우리는 여전히 사교성에 대해, 예를 들면 영국인 방문객들이 프랑스에 왔을 때 만났던 사람들에 대해 배워야 할 것이 많습니다. 이 분야에서는 아직도 할 일이 많아요.

● 당신은 마르크 블로크 식의 원거리 비교에 대해 어떻게 생각합니까? 예컨대 프랑스를 영국이나 독일과 비교하듯이 프랑스와 일본을 비교할 수 있을까요?

●● 좀 곤란한 문제군요. 나는 중국이나 일본과의 비교가 유익하지 않다거나 흥미롭지 않다고는 생각지 않아요. 하지만 그러한 접근은 인위적이 될 위험이 있지요. 문제는 모든 것을 다른 모든 것과 비교할 수 있는가 하는 겁니다. 마르크 블로크가 비교사를 통해 연구할 것을 제안한 귀족계급의 역사를 생각해 봅시다. 이 경우에는 13, 14세기의 일본 귀족계급과 독일 봉건 귀족계급 모두에 적용 가능한 단일 모형이 있었습니다. 하지만 다른 수많은 경우 쉽사리 인위적 비교로 전락해버릴 가능성을 우려하지 않을 수 없어요. 내가 말하려는 것은 비교사가 필수적임은 분명하지만, 동시에 지혜롭게 해결하기 어려운 절차상의 난점들을 노정하고 있다는 점입니다.

● 하지만 잭 구디가 《서양 속의 동양 *The East in the West*》에서 주장했던 것을 상기할 때, 유럽 외부를 보지 않고 어떻게 유럽의 특수성을 이해할 수 있다는 겁니까?

●● 우리가 유일한 합리적 문명 모형을 가지고 있다고 믿지 않음으로써 그렇게 할 수 있습니다. 구디는 일차적으로 인류학자이기 때문에 장기간에 걸친 행위 모형을 검토할 수 있지만, 한 시대를

전공하기 마련인 역사가들은 같은 일을 할 수 없을 겁니다. 유럽에서 비교사적 연구를 진행시키는 일은 대단히 중요합니다. 하지만 연구가 아니라 모임과 출판을 지원하는 유럽과학재단의 프로그램 조직 방식을 볼 때, 우리가 이 방면에서 별 진전을 이루지 못한 상태에 있음을 깨닫게 됩니다. 내가 이해하기로는, 사람들을 만나게 하고 이미 해오던 연구를 논의하는 데 많은 돈을 쓰는 것은 별로 생산적이지 않은 방식이에요. 돈은 덜 쓰되 소규모 그룹들이 비교 가능한 두세 곳에 대해 동일한 종류의 연구를 하는 편이 더 나을 겁니다. 그렇게 하지 않으면 계속해서 인위적 비교에 머물고 말 거에요. 우리는 1750년 괴팅엔의 독자들과 같은 해 프랑스의 독자들에 관해 무언가를 알 수도 있겠지만, 그런 연구를 동시에 진행하지는 못할 겁니다.

● 당신은 프로이트, 엘리아스, 바르트 등 다양한 이론가들을 언급하고 있는데요. 이런 사람들은 어떻게 골라내며 어떻게 조합합니까?

●● 난 프로이트주의자가 아닙니다. 물론 정신분석학에 관련된 약간의 독서도 없이 옷에 대해 연구할 수 없다는 점을 알고 있습니다만, 이것도 결코 쉬운 일은 아니지요. 나는 이 분야의 사람들이 '옷에 대한 성도착증'이니 어쩌니 하면서 이상한 소리를 해댈 때마다 정말로 울고 싶은 심정이라니까요. 진짜 문제는 '무의식', '콤플렉스', '신경증' 등과 같은 프로이트의

기본 개념들이 과연 역사적으로 유용한가 하는 것입니다. 반면 엘리아스가 이런 연구에 기본이 된다는 점은 분명하다고 봅니다. 1974년 이후—그의 책 《문명화과정》이 프랑스 어로 번역된 해죠—나는 학생들에게 반드시 이 책을 읽도록 권유했습니다. 물론 그의 사유를 둘러싼 맥락은 충분히 인식해야 할 테지만 말입니다. 예컨대 그는 궁정 사회를 연구하면서도 경제에는 거의 무관심했어요. 이 점을 비판하자는 것이 아니라, 그가 정치적·경제적 함의들을 인지하지 못한 채 모든 것을 오로지 위계 생성이라는 정치적 욕구를 통해 설명했다는 점을 알아야 한다는 뜻입니다.

이론 문제의 경우, 나는 "엘리아스에게서 나의 방법론을 찾았다"든지 "구별의 개념을 사용하여 제화업이 마래 구역에서 어떻게 이루어졌는지를 설명하려고 한다"는 식으로 말하는 사람들의 부류에 속하지 않습니다. 어떤 종류든 이런 식은 사실 짜증나는 일이지요. 역사학의 문제는 결코 부르디외를 통해서, 혹은 드 세르토나 리쾨르를 통해서 해결되는 것이 아닙니다. 게다가 왜 다른 사람이 아니라 하필 이 사람을 인용하는가의 문제가 있어요. 예컨대 게오르그 짐멜[27]은 막스 베버만큼이나 중요한 인물인데, 왜 인용하지 않는가 하는 것이지요. 그것은 단지, 중요성에도 불구하고 그의 저작이 프랑스 어로 번역되기 전에는—그것도 불완전한 상태로 늦게서야—누구도 알지 못했

---

[27] Georg Simmel(1858~1918). 독일 사회학자로 막스 베버와 같은 세대. 《돈의 철학 *Philosophie des Geldes*》(1900).

기 때문입니다.

만약 우리가 어떤 단일 모형을 고수하지 않고, 설명 가설을 문서 자료와 현실, 해석 등과 비교하면서 입증하려 한다면, 절충적 이론가쯤으로 분류될 수도 있겠군요. 내가 보기에 역사란 어쩔 수 없이 절충주의자가 되어야 합니다. 그 쪽이 경제가 모든 것을 말한다느니 어쩌니 하는 말을 계속 되풀이하는 것보다 훨씬 나아요. 여전히 그런 말을 듣는 때가 있거든요. 세계를 전부 설명하지 못한다고 해서 유감으로 생각할 건 없어요.

● 푸코가 역사가들에게 준 영향에 대해서는 어떻게 생각하십니까? 당신의 연구와 어떤 특별한 연관성을 가지고 있습니까?

●● 난 실제로 아스날 기록보관소에서 푸코와 2주간 같이 일한 적이 있습니다. 퓌레를 대신하여 검열과 관련된 모든 사항을 조사하고 있었을 때죠. 푸코는 같은 프로젝트에서 작가들에 대한 온갖 사항을 조사하고 있었고요. 다른 것은 모르겠어요. 내 기억으로는 잠깐 쉬는 시간에 함께 담배를 피우러 가곤 했는데, 그때 자신의 어머니와 아버지에 대한 얘기를 약간 한 적이 있어요. 그러더니 어느 날 그냥 사라져버렸어요. 이후 그를 다시는 보지 못했죠. 그때가 1960년인데, 당시 그는 아직 《말과 사물 Les Mots et les Choses》(1966)을 쓴 이론가이자 철학자로서 유명한 푸코가 아니었습니다. 그 책은 몇 년 후에 나왔거든요. 좀더 역사적 성격을

가진 《감시와 처벌 *Surveiller et Punir*》(1975)도 그랬지요. 프랑스 역사가들은 역사가로 전향한 철학자들을 불신하는 경향이 있는 데요. 물론 그건 잘못된 거죠. 푸코가 단지 자료를 연구하지 않았다는 말만 할 게 아니라, 그와 함께 대화를 나누는 편이 더 낫다고 생각합니다. 예컨대 미셸 페로나 아를레트 파르쥬 같은 역사가들은 그와 합류해서 긴밀한 관계를 맺고 있었지요. 나는 그렇지 않았습니다만, 왜 그랬는지는 잘 모르겠어요. 아마 나의 일상적인 삶이나 일상적인 것들 때문이겠지요. ……

당시는 언론 방송도 일부 가세해서 스타를 만들던 시절이었는데요. 그래서 이전부터 잘 알지 못했던 사람은 그에게 접근하기가 어렵게 되어버린 겁니다. 프랑스 제도에는 이런 식의 짜증나는 면이 있어요. 스타가 되면 미국으로 수출되어 가버려요. 미국 영화 스타는 프랑스로 오는 반면에 우리의 스타 지식인은 미국으로 가서 우상이 되어 버리죠! 이건 연구할 만한 가치가 있는 현상입니다. 도대체 왜 바르트, 푸코, 미셸 세르, 르네 지라르 같은 사람들이 미국에서 일종의 구루(스승)로 바뀌게 될까요?[28] 더 생각해 볼 만한 구체적인 이슈도 있습니다. 이런 거죠. '기술記述의 관행 une pratique descriptive'과 같은 말이 뜻하는 건 뭘까요? 나는 《말과 사물》을 여러 번 읽었습니다만, 언제나 이 말이 실제로 뜻하는 게 뭔지 궁금했어요. 게다가 이런 표현이 영어나 포르투갈

---

[28] Michel Serre(1930~). 프랑스 과학철학자로 《서북 통행로 *Le passage du Nord-ouest*》(Paris: Gallimard, 1980)를 썼다. Ren Girard(1923~)는 프랑스 사상가로 《폭력과 성스러움 *La Violence et le Sacré*》(Paris: Grasset, 1972)의 저자이다. 민음사에서 나온 한국어 역이 있다.

어로 번역되면 어떻게 될까요? 이러한 지적 우상화 현상은 아마도 사람들이 공공의 장에서 매우 가시적이고 강력한 인물에 공감해야 할 필요성 때문에 나타나는 것으로 설명할 수도 있을 겁니다.

● 이제 당신이 지하실에서 다락으로, 즉 사회사에서 문화사로 옮겨간 데 대해 얘기해 볼까요? 당신의 선생인 라브루스가 이를 보았다면 무어라 했을 것 같습니까?

●● 내가 비록 문화사를 하고는 있지만 스스로는 여전히 사회사가라고 생각합니다. 샤르티에에게 내가 사회문화사를 한다고 하면, 그는 문화사회사를 한다고 합니다. 사실 요점은 우리가 한 층위를 통해 다른 층위를 설명하는 것을 포기했다는 거지요. 역사가들이 서로 구별되는 것은 이 때문이라고 봅니다. 한 쪽에는 재현물들이 어떻게 텍스트와 그것을 확산시키는 관습으로부터 만들어지는지를 연구하는 데 큰 비중을 두는 역사가들이 있지요. 다른 쪽에는 어떤 집단들이 어떻게 해서 습관과 해석과 옷에 대한 관습 등을 발전시키게 되는가를 연구하는 역사가들이 있고요. 이 두 경우에 따르는 과정과 경로는 분명히 동일하지 않아요. 하지만 그 방법은 여전히 동등한 위치에 있다고 할 수 있어요. 왜냐하면 두 경우 다 실제적 양상과 재현물 간의 대화를 필요로 하기 때문입니다.

● 오늘날 프랑스의 역사 연구 상황은 어떻습니까? 망탈리테사가 여전히 강세라고 말할 수 있을까요?

●● 우선 그동안 망탈리테사를 해온 사람이 누구인지 물어야겠군요. 내가 알기로 실제로 자신이 망탈리테사를 한다고 말했던 경우는 필립 아리에스와 미셸 보벨 딱 두 사람뿐이었어요. 그들은 이런 유의 역사에 특징적인 이론을 펼쳤던 인물들이지요. 예컨대 조르주 뒤비가 플레이아드 판 백과사전에 써놓은 항목을 보면, 그가 망탈리테의 역사가가 아니라 특히 정치적 상상에 초점을 맞춘 상상적인 것의 역사가라는 것을 알게 될 겁니다. 그는 중세의 집단적 재현물에 대한 역사를 썼지요. 아리에스는 대단한 재능을 가진 인물인데요. 그는 오랜 시간, 그것도 아주 오랜 시간에 걸친 망탈리테의 역사를 했습니다. 예컨대 죽음의 역사 같은 거죠. 그리고 미셸 보벨은 극히 상상적인 방식으로 좀더 단기에 걸친 망탈리테사를 했는데, 물론 아주 중요한 작업이었지만 동시에 사회가 어떻게 작동하는가에 대해 대답하기 어려운 수많은 의문을 남겼어요. 내 스스로 문화의 사회사를 한다고 밝히기 좋아하는 이유도 바로 여기에 있습니다.
그동안 프랑스 역사 생산물의 특징이었던 이러한 형태의 역사 서술들이 지금에 와서는 대단히 비판받고 있다는 것이 내 생각인데요. 그것은 프랑스의 역사 생산 환경이 급변하고 있기 때문입니다. 국가박사 제도가 폐지되었을 뿐만 아니라, 도서관에서의 연구도 점점 어려워지고 있는 실정이에요. 새로운 국립도서관

Bibliothégue Nationale을 한번 보세요. 실로 국가적 재앙이죠. 현재 진행되고 있는 상황은 최악입니다. 정말로 놀라울 지경이라니까요! 더 놀라운 것은 운영 비용이에요. 도서관을 운영하는 데 천문학적인 돈이 듭니다. 우린 이런 미친 짓으로 지난 60년간 뒷걸음질만 해왔어요. 모든 것이 정상적인 모양새를 갖추려면 오랜 시간과 막대한 비용이 소요될 겁니다. 만사가 제대로 돌아가려면 아마 2050년 정도는 되어야 할 걸요!

● 지금쯤이면 새로운 정치사가 나타날 때도 되지 않았습니까? 혹시 당신은 그런 유의 역사가 필요치 않다고 보십니까?

●● 사람들은 예컨대 아날 '학파'는 정치사를 하지 않았다는 분석을 하고 있는데요. 하지만 프랑스에서 이런 식의 분석에는 언제나 약간의 과장이 있기 마련입니다. 사실 《아날》 초기에 브로델이 가지고 있었던 관심사 중 하나가 사람들이 바로 그런 정치사를 하도록 만드는 것이었어요. 마르크 블로크 역시 정치사를 썼을 뿐 아니라 강좌를 열기도 했지요. 지금 고등과학연구원과 각 대학에는 다른 종류의 정치사를 쓰려는 사람들이 있습니다. 의례나 축제의 역사를 통해 제도를 연구하는 미국 식 모형을 따르는 거지요.

나는 비록 정치사를 쓴 적이 없지만, 이 분야의 좋은 연구들을 지도한 경험은 있습니다. 그래서 이렇게 말해도 상관이 없겠네요. 프랑스에서 정치사가 없었던 적은 없었다고요. 물론 대부분이 전통적 기준에 따라 씌어진 것은 사실이에요. 제도, 관념, 정치적 인물을 다룬 역사들이죠. 덧붙이자면 전통적인 정치사가 프랑스 대학교 교과 과정에서 사라진 적은 한번도 없었다고도 말할 수 있겠습니다. 난 그런 교과 과정이 필요하다고까지 생각해요. 예컨대 프랑스 왕정이나 영국 입헌왕정, 혹은 제국 등과 같은 정치 제도에서 출발하지 않고 어떻게 학생들에게 18세기 유럽의 역사를 가르칠 수 있겠습니까? 물론 그동안 이 분야의 뛰어난 업적이 소수에 불과하다는 점은 잘 알고 있습니다. 근대 초를 다룬 크리스티앙 주오와 로베르 데시몽, 프랑스혁명에 대한 엠뷔르스텡의 저작들이 그중 일부지요. 무언가 연구가 좀더 진전되면 중요한 것이 될 텐데요. 결국은 그렇게 되리라고 확신합니다만, 나는 그 쪽으로 쓰고 싶은 마음은 없어요. 이미 나이도 먹을 만큼 먹었고⋯⋯ 어쨌든 누구나 모든 일을 다 할 수 있는 건 아니니까요!

● 로제 샤르티에나 로버트 단턴은 당신과 비슷한 주제를 다루는 문화사가들이지요. 그들과 당신의 연구를 비교하면 어떻습니까?

●● 우리는 많은 연구 주제들을 공유하고 있습니다. 출판물의 역사, 공공의 영역, 문필공화국 등이 그렇지요. 반면에 우리가 서로 구별되는 점은 주제를 다루는 방법에 있습니다. 우리가 언제나 똑같은 선택을 하는 것도 아니고, 각자의 전문 분야도 다릅니다. 예를 들면, 내가 쓴 《계몽주의 시대의 프랑스 *La France des lumières*》—이 책은 프랑스에서 영 인기가 없었지만, 미국에서는 너무 반응이 좋아서 내 머리가 좀 둔하지 않았더라면 돌아버렸을 지경이었다니까요!—는 문제는 같지만 답은 다르죠. 말하자면 세계적 범위에서 다루는 겁니다. 샤르티에는 점점 더 텍스트 쪽으로만 가고 있어요. 지금 그는 셰익스피어를 연구하고 있는데, 일을 잘하고 있어요. 그는 기록보관소에서 일하는 것을 피하고, 주로 책이 유통되고 독서가 이루어지는 방식에 기초한 재현물의 역사에 연구를 집중하는 쪽을 택했습니다. 그의 연구 방식은 앞에서 얘기한 절충식이에요. 왜냐하면 그러한 작업을 이끌어줄 어떤 스승이나 이론도 없기 때문입니다. 물론 연구가 진척되는 과정에서 그의 설명 체계에 더 중요한 역할을 하는 이론가는 있을 겁니다. 예컨대 18세기부터 현재에 이르기까지 지식인의 인물이 어떻게 진화해 왔는가를 이해하기 위해 그는 당분간 푸코를 사용하고 있지요.

단턴이 지금 무슨 연구를 하고 있는지는 모릅니다. 그는 사회과학, 그중에서도 특히 인류학에 깊은 관심을 가지고 있어요. 사실 그의 연구는 역사학과 인류학 간에 형성된 어떤 관계의 산물이에요. 특히 클리퍼드 기어츠 같은 인류학자의 영향이 컸지요. 개인적으로 이러한 관계가 중요하다고 확신합니다만, 역사가의 실제 작업에 어떻게 이용할 것인지에 대해서는 잘 알지 못합니다. 우리는 기어츠가 인류학자로서 한 작업 그대로를 역사학에 적용할 수는 없어요. 왜냐하면 그는 효과적으로 그 분야에 뛰어들 수 있을 뿐 아니라 일이 어떻게 조직되는지도 알고 있기 때문입니다. 기어츠가 많은 미시사가들에게 영감을 주고 있다는 점은 나도 알아요. 밥 단턴의 연구 속에서도 그러한 실마리를 찾아볼 수 있어요.

● 혁신적인 역사 연구가 이루어지려면 풍부한 상상력으로 문제를 미리 설정한 뒤 기록보관소로 가야 하는 걸까요? 아니면 먼저 기록보관소로 가야 그러한 문제가 설정되는 걸까요?

●● 우선 이렇게 말하고 싶군요. 기록보관소에서 작업하는 사람과 다른 종류의 자료로 작업하는 사람을 반드시 구별할 필요는 없다는 겁니다. 그건 취향의 문제에요. 어떤 사람은 그것을 좋아하고 어떤 사람은 그렇지 않아요. 기록보관소에 말 그대로 알레르기가 있는 사람도 있어요. 계속 재채기를 해대는 거죠. 18세기 파리 고등법원 기록보관소의 먼지는 정말 말도 못할 지경이라니까요! 아무도 손대지 않고 방치된 게 200년 이상이거든요! 하지만 책이나 그림도 또 다른 종류의 고문서라는 점을 잊어서는 안 됩니다. 또한 기념물, 건물, 풍경 등을 비롯한 많은 것들 역시 의미심장한 자료가 될 수 있지요.
당신이 묻는 것은, 역사가가 연구하고 있는 분야가 어느 정도 외부의 도움 없이 자력으로 문제를 제기하고 설명할 수 있는가, 혹은 반대로 가설을 제시하고 자료를 통해 문제를 설정한 다음 그 것을 해결하는 것이 결국 역사가인가 하는 거죠. 나는 그 문제를 이렇게 봅니다. 즉, 기록보관소에서 작업할 때는 상상력의 발동

"기록보관소에서 작업할 때는 상상력의 발동이 아주 중요합니다. 자료를 다루려면 냄새를 잘 맡아야 하거든요. 미식학처럼 역사학도 직관이 필요한 분야지요. 그런데 문제는 직관을 '어떻게 발전시키느냐 하는 거에요."
사진은 파리 국립 기록보관소.

이 아주 중요합니다. 자료를 다루려면 냄새를 잘 맡아야 하거든요. 미식학처럼 역사학도 직관이 필요한 분야지요. 그런데 문제는 직관을 어떻게 발전시키느냐 하는 거에요. 유일한 길이 고문서를 이용하는 겁니다! 그것은 긴즈부르그가 실마리에 대해 쓴 훌륭한 논문에서 기술한 것과 대략 비슷합니다. 조각그림 맞추기나 카드 패 떼기에서처럼 직관과 좋은 코, 그리고 실마리를 함께 사용하여 또 다른 실마리를 맞추는 식이지요.

● 이제 역사학을 시작하려는 젊은 학자에게 조언 한 마디 해주시겠어요?

●● 많이 읽으라고 말하고 싶군요. 모든 것을 많이 읽으라는 뜻입니다. 문학, 철학, 가능하다면 과학서적까지 상상할 수 있는 모든 것을 말입니다. 오늘날 사회에서 일어나는 모든 것에 주의를 기울여야만 과거 사회를 연구하는 것이 왜 중요한지를 제대로 평가할 수 있습니다. 그리고 끝으로, 겸손해야 합니다!

● 오늘날 세계에서 역사가는 어떤 기여를 할 수 있을까요?

●● 나는 우리가 사람들을 가르치는 위치에 있다고 생각하지 않습니다. 그것이 역사가의 역할이라고 믿지도 않고요. 역사가가 사회의 정치적·정신적 조직에서 어떤 역할을 하는 것도 흔치 않은 일이지요. 어떤 종류의 역사를 하든 간에, 우리의 역할은 단지

비판적 성찰을 위한 예증들을 제공하는 것뿐일 수도 있습니다. 나는 세상의 일들이란 게 언제나 사람들이 생각하는 것보다 훨씬 더 복잡하다고 보는데요. 역사가의 일이란 바로 이러한 점을 보여주는 겁니다. 예컨대 내셔널리즘이란 것이 지금도 존재하는 가장 추악한 것들 중 하나라는 사실은 부인할 수 없지요. 1871년 이후의 내셔널리즘 현상에 대해 그동안 좋은 책들이 많이 씌어진 것도 바로 이런 이유에서입니다. 이에 대해 읽으려는 사람들을 위한 거예요.

● 당신은 최근에 명망 높은 콜레주 드 프랑스 교수로 뽑혔는데요. 이 기관이 넓게는 프랑스 문화에서, 좁게는 프랑스 지성계에서 가지고 있는 중요성은 어떤 것입니까?

●● 콜레주 드 프랑스에 대해서는 일종의 신화 같은 것이 퍼져 있습니다. 역대로 타의 추종을 불허할 만큼 명망 높은 인물들이 포진해 있었다는 것은 분명합니다. 얼마 전 내가 독일에 있을 때인데요. 누군가 나에게 이렇게 말한 적이 있어요. "그러면 당신은 미슐레의 후계자군요!" 이 말에 난 얼굴이 붉어졌어요. 19세기와 20세기에 콜레주가 일단의 주요한 지식인들을 끌었던 것은 사실입니다. 미슐레, 르낭, 그리고 수많은 위대한 과학자들이 있었지요. 2년 전 일인데요. 콜레주가 핵물리학 분야의 한 노벨상 수상자를 영입했을 때 많은 대중적 관심을 받았던 것도 확실해요. 하지만 오늘날에는 아무도 기억하지 못할, 이름이 덜 알려진 인물들도

많이 있었습니다. 그래서 콜레주는 아주 복잡한 성격의 기관이라 할 수 있습니다. 그곳에 뽑힌 사람들은 많은 자유와 훌륭한 연구 환경을 제공받는 이점을 누리게 되지요. 대학에서는 제대로 뒷받침을 받지 못하는 어떤 분야를 유지·발전시키는 것도 가능합니다. 예컨대 고문서학, 아시리아학, 메소포타미아 고고학 등이 그런 경우입니다.

어떻게 뽑느냐 하는 문제가 있는데요. 자연과학 분야에서는 그 기준이 아주 명료하고 정확해요. 국제과학계에서 인정된 권위를 가진 사람을 택하는 겁니다. 하지만 인문과학의 경우는 좀더 복잡해요. 왜냐하면 역사학에서 발견이란 도대체 무엇을 말하는 것인가? 혹은 자연과학 분야에서의 발견이란 것이 인문과학에서는 무엇과 같은 것인가? 등의 문제가 있기 때문입니다. 물론 철학적 사유에 중요한 기여를 했던, 고도의 통찰력을 가진 인물들이 있지요. 예컨대 푸코도 그렇고, 그 외에 지성계에 중요한 역할을 했던 뒤비나 르 루아 라뒤리 같은 학자가 그렇습니다. 그 구성원 모두가 동일한 능력을 가진 것은 아니에요. 적어도 나는 그런 위대한 인물들과 나 자신을 동일시하는 생각을 전혀 가지고 있지 않거든요! 내가 콜레주 드 프랑스 교수가 된 것은, 그저 지난 세월 동안 내가 있던 대학교 학생들과 공동 연구를 하는 데 좀 기여했다는 것을 인정받은 것뿐입니다.

● 다음에 쓸 책에 대해 조금 말해주시겠어요?

●● 다음 책이란 것도 ……역시 팀워크로 이루어질 건데요. 《약속의 도시 *La Ville promise*》란 제목입니다[2000년에 간행됨]. 사람들이 왜 파리 생활에 매료되었는가 하는 것을 그것이 영위된 방식, 경찰 운용 방식, 인구 등 다양한 매개변수들을 이용하여 연구한 것이에요. 나는 여기서 기본적으로 영국 역사가 펠리시티 힐의 관점을 가져다 썼어요. 그녀는 환대라는 주제를 영국의 맥락에서 다룬 아주 뛰어난 책을 썼습니다. 나는 그녀가 더 이상의 고찰을 그만 둔 바로 그 지점에서 문제를 끄집어냈지요. 그것은 환대의 경제 또는 숙박의 경제라고 불릴 만한 모습을 갖고 있었는데요. 파리에서는 17세기에 시작됐죠. 그리고 근대의 승마 문화를 다룬 책도 준비하고 있습니다. 나이를 먹을수록 더 혼자가 되는 것 같아요. 이 책은 다른 때보다 팀워크의 비중이 훨씬 덜하거든요.

파리에서, 1999년 5월

다니엘 로슈의 주요 저작

Le Siècle des lumières en province. Académies et académiciens provinciaux, 1689~1789 (Paris-The Hague: Mouton, 1978). 한국어 역 [주명철 옮김, 《지방의 계몽주의》(동문선, 2002)].

....

Le Peuple de Paris. Essai sur la culture populaire au XVIIIe siècle (Paris: Fayard, 1981). 영어, 이탈리아 어 역.

....

Journal de ma vie de Jacques-Louis Ménétra, présenté par Daniel Roche (Paris: Albin Michel, 1982). 영어, 이탈리아 어, 일본어 역.

....

"A chacun sa Révolution, Réflexions á propos du bicentenaire de la Révolution Française," *Études* 369.3 (1988): 197~210.

....

Les Républicains de lettres: Gens de culture et lumières au 18ème siècle (Paris: Fayard, 1988).

....

La Culture des apparences. Une histoire du vêtement XVIIe-XVIIIe siècle (Paris: Fayard, 1989). 영어, 이탈리아 어 역.

....

La France des lumières (Paris: Fayard, 1993). 영어, 이탈리아 어 역.

"Le Précepteur dans la noblesse française, instituteur priviégié ou domestique?" in *Studien zum achtzehnten Jahrhundert*, eds. R. Gruenter & B. Wolff Metternich (Hamburg: Felix Meiner, 1995), pp. 225~244.

Histoire des choses banales. Naissance de la consommation, 17ème~19ème (Paris: Fayard. 1997). 영어, 이탈리아 어 역.

Daniel Roche & V. Ferrone, *Le Monde des lumières* (Paris: Fayard, 1999).

Daniel Roche, ed., *La Ville promise, mobilité et accueil à Paris (fin 17ème~dèmut 19ème siècle* (Paris: Fayard, 2000).

6

피터 버크Peter Burke

"연결점을 찾는 지칠 줄 모르는 욕구…… 그의 열
머에 무엇이 있는지 보겠다는 것이다."

, 시기, 장소, 방법론, 학문 분야 사이에 다리를 놓은 뒤 건너가서 열린 마음으로 그 너

피터

버크는 관심사가 광범위한 역사가로서, 수많은 접근방법을 사용해 다양한 주제의 글을 써왔다. 이탈리아 르네상스, 근대 초 유럽의 민중 문화, 베네치아와 암스테르담의 도시 엘리트, 루이 14세의 이미지 만들기, 언어, 꿈, 카니발의 사회사, 역사 서술의 문제, 역사학과 사회 이론의 관계 등이 그 예다. 하지만 그는 다양한 종류의 역사를 다루면서도 스스로 문화사가라 지칭하기를 더 좋아한다. 그의 말에 따르면, 문화사가는 전문학자

와 달리 "정치를 예술, 과학, 민중 문화 등과 연결하면서 문화의 다양한 영역을 연관시키려" 한다. 2000년 《오늘날의 역사학 *History Today*》이란 잡지에 실린 한 논문의 다음과 같은 구절이야말로 피터 버크의 작업을 이해하는 데 필요한 '실마리' 같은 것이다. "연결점을 찾는 지칠 줄 모르는 욕구…… 그의 열정은 언어, 문화, 시기, 장소, 방법론, 학문 분야 사이에 다리를 놓은 뒤 건너가서 열린 마음으로 그 너머에 무엇이 있는지 보겠다는 것이다."

1937년 런던 출생인 피터는 어려서부터 문화적 다양성을 경험하였다. 아버지는 아일랜드계 가톨릭교도였고 어머니는 폴란드 및 리투아니아계 유대인이었기 때문에, 그의 가정은 상이한 문화적 전통

이 한데 모이는 곳이 되었다. 그는 다세대로 된 외갓집 한 층에서 아동기와 청년기를 보냈다. 그래서 그의 기억으로는 외조부 거처를 찾을 때마다 마치 문화적 경계를 넘는 것 같이 느껴졌다는 것이다. 피터는 런던 북부의 예수회 학교—이곳은 알프레드 히치콕이 학생으로 있었다는 것을 자랑삼고 있었다—에 다니다가, 열일곱 살 되던 해에 높은 경쟁을 뚫고 세인트존스 칼리지 장학금을 받아 옥스퍼드 대학에 진학하였다. 하지만 학업 도중 2년간 군대에서 의무 복무를 해야만 했는데, 그것은 이 제도가 폐지되기 직전의 일이었다. 그는 군복무 중 러시아 어 과정에 들어가거나 독일에서 근무했으면 하는—그렇게 하면 독일어를 배울 수 있는 좋은 기회이기 때문에—희망과는 달리 멀리 떨어진 싱가포르로 가게 될 것이라는 소식을 듣고 크게 실망했다고 한다. 싱가포르는 당시 급속히 와해되고 있던 대영제국의 마지막 보루 중 하나였다. 하지만 곧 자신이 옥스퍼드에서 잠깐 공부했던 역사학을 하는 데는 더할 나위 없는 경험이었다는 것을 알게 되었다.

아직 젊은 나이였던 개인 지도교수 케이쓰 토머스 아래서 학부 과정을 마친 피터는 휴 트레버 로퍼의 "아주 느슨한" 지도하에 박사 과정을 밟았다. 트레버 로퍼는 당시 옥스퍼드 대학의 역사학 흠정교수로 임명된 지 얼마 안 되었을 때였다. 피터가 원래 하려 했던 주제는 200년(1500~1700)에 걸친 유럽 역사서술의 조류에 관한, 대단히 야심찬 것이었다. 그도 인정하다시피, "나를 이 주제에서 떼어놓을 수 있는 인물은 오직 트레

피터 버크는 광범위한 관심사로, 수많은 접근방법을 사용해 다양한 주제의 글을 써왔다. 이탈리아 르네상스, 루이 14세의 이미지 만들기, 카니발의 사회사, 역사 서술 등과 관련한 다양한 연구 결과는 이를 입증하고 있다.

위의 그림은 Jean Nocret, <The Family of Louis XIV>(1670). 루이 14세는 '태양왕'이라 불리며, 부르봉 절대왕정의 전성기를 대표한다.

아래 그림은 14세기 말 이탈리아 은행의 모습.

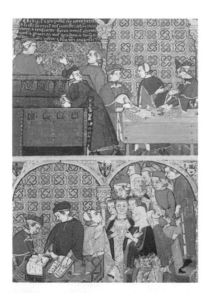

버 로퍼뿐이었다." 하지만 그가 이 방대하고도 "아마 불가능할 것 같은"—그는 뒤에 이러한 사실을 인정했다—학위 논문을 마치기 전에 1960년대의 진보적 흐름 속에서 막 건립된 서식스 대학으로부터 교수직 제의가 왔다. 이를 뿌리칠 수 없었던 그는 결국 학위 논문을 포기했고, 그리하여 박사학위 논문을 쓰지 못한 일단의 영국 역사가들 중에 끼게 되었다. 퀜틴 스키너, 케이쓰 토머스, 크리스토퍼 힐, 에릭 홉스봄을 비롯한 소수의 인물들이 바로 그들이었다.

서식스는 "학문의 지형도를 다시 그린다"는 분명한 목적을 가지고 출발한 대학이었고, 그래서 교육과 연구에 새로운 기초를 마련할 필요가 있었던 피터에게는 안성맞춤인 환경이었다. 그는 다량의 결과물을 내놓기 시작했는데, 처음의 두 저작은 처음부터 가장 흥미를 가졌던 이탈리아 르네상스를 다룬 것이었다. 초기의 저작들이 통상적으로 연구되던 엘리트 문화에 관한 것이었다면, 《근대 초 유럽의 민중 문화 *Popular Culture in Early Modern Europe*》(1978)에서 그는 민중 문화로 초점을 바꾸었다. 이 책으로 피터는 국제적 명성을 얻었고, 크리스토퍼 힐은 "우리의 전통적이고 민족적인, 또는 서유럽 중심의 근시안적 시각으로부터 우리를 벗어나게 해주는" 필독서라고 칭송하였다. 《유럽 르네상스: 중심과 주변 *The European Renaissance: Centres and Peripheries*》에서 보듯이, 르네상스를 '탈중심화' 하여 중심과 주변이라는 양 관점에서 바라보려 한 최근의 노력은 힐의 찬사가 버크의 다른 저작들도 여전히 유효하다는 것을 시사한다.

몇 년 전 버크의 《루이 14세의 이미지 만들기 *The Fabrication of Louis XIV*》에 대해 《가디언 *Guardian*》 지誌에 쓴 서평에서, 케이쓰 토머스는 특유의 재치를 발휘해 1950년대 말 옥스퍼드에서 그의 개인 지도교수였을 때에 관해 언급한 적이 있다. 토머스는 당시 학자로서의 경력을 막 시작한 참이었는데, 이 버크란 학생은 개인지도 교수에게 어떻게 가르쳐야 할지 커다란 고민을 안겨준 말 그대로 '무서운' 젊은이였다고 회상했다. 통상적인 개인 지도 과정은 앞 시간에 부과한 주제에 대해 학생이 써온 글을 읽고 조언을 주는 식으로 평온하게 진행되는 것이었다. 하지만 피터의 경우는 달랐다. 케이쓰 토머스의 회상에 따르면, 그의 "글들은 투명할 정도의 명료성과 타키투스 유의 간결성을 가지고 씌어져 있었다. 관련 주제에 대해 해야 할 말이 다 들어 있었으나, 다 읽는 데 불과 몇 분 걸리지 않을 정도로 짧았다. 개인지도교수의 고민은 남는 시간을 어떻게 보내야 하는가였다."

어떤 점에서 젊은 학생 시절에 대한 토머스의 묘사는 성숙한 학자가 된 버크의 글쓰기 스타일에 관련된 오늘날의 평가에도 그 여운이 남아 있다. 그의 저작들은 정교하고 간결하며 정연하다 칭찬받기도 하고, 혹은 오히려 지나치게 간결해 글이 차갑다는 비판을 받기도 하지만, 어쨌든 광범위한 독자들의 관심과 흥미를 끈 것은 사실이다. 이는 그의 책들이 세르비아-크로아티아 어 및 벨로러시아 어로부터 중국어, 한국어, 알바니아 어, 카자흐 어에 이르기까지 놀랄 정도로 많은 언어(총 28개 국어)로 번역되었다는 사실에서 입증되고 있다. 버크는 사회학자인 앤터니 기든스와 함께 오늘날 가장 많은 언어로 번역된 영국 지식인 중 하나로 꼽힌다.

나는 버크와의 인터뷰를 다른 역사가들과 비슷한 방식으로 진행하였다. 즉, 부부간의 자연스러운 친밀감이 주는 영향을 되도록 적게 하기 위해 어떤 날을 약속 시간으로 정해 면담 내용을 기록하였다. 하지만 때로는 친밀감을 살려서—이 덕분에 그에게 좀더 자세한 대답을 '요구'할 수 있었다—나와 인터뷰했던 다른 학자들에 대해서도 의견을 나누었다. 이 경우 버크는 일종의 해설자로서 얘기한 셈인데, 아마 다른 사람이었다면 이러한 역할에 어색한 기분을 느낄 수도 있었을 것이다. 버크는 자신의 지적 궤적, 관심사, 저작들, 연구 계획, 역사관 등은 물론이고, 케이쓰 토머스의 역사와 신화에 대한 고찰, 푸코에 대한 긴즈부르그의 다소 부정적인 견해 등에 관해서도 말해 주었다.

● 마리아 루시아 팔라레스-버크   토인비는 "투키디데스와 같은 역사가를 읽으면서 종종 그의 생애와 교육에 대한 기록이 없다는 점을 잊어버리곤 한다. 그런 기록이 있었더라면 저작들의 면모를 밝히는 데 큰 도움이 되었을 텐데"라는 말로 자서전 쓰기를 정당화했지요. 당신은 이 말에 동의하십니까? 만약 그렇다면 삶과 교육의 어떤 면이 당신의 연구를 해명하는 데 도움이 된다고 보십니까?

● 피터 버크   당연하지요. 난 학생들을 가르치기 시작할 무렵 강력한 메시지를 가진 E. H. 카의 《역사란 무엇인가 *What is History?*》(1961)로부터 영향을 받았는데요. 그는 여기 어딘가에서 "역사를 연구하기 전에 먼저 역사가를 연구하라"고 썼지요. 만약 역사가의 연구 목적과 과거를 바라보는 관점에 대해 아무 것도 모른다면, 투키디데스든 랑케든 그들의 저작을 오해하기 쉬울 것이고, 따라서 그들의 강점과 약점을 파악하지 못할 가능성이 큽니다.

나에게는 일어나지 않았던 일들에서 얘기를 시작해 볼 수도 있겠군요. 나는 전쟁이나 혁명 같은 큰 위기 상황을 겪지 않고 살아왔지요(난 2차 세계대전 동안 무슨 일이 일어나고 있는지 이해하기에는 너무 어렸어요). 거의 온 생애를 교육 기관에서 보냈습니다 (1941~1955, 1957~현재). 나도 물론 정치에 초탈한 사람은 아니지만—대략 18세 이후로는 좌파의 어느 지점에 있었다고 할 수 있으니까요—그렇다고 정치에 깊이 관여했던 적도 없었어요. 투표는 하고 있지만, 진지하게 어떤 정당에 가입하겠다는 생각을 한 적은 없습니다. 나는 그토록 수많은 사람들이 겪었던 갈등과 고통을 피할 수 있어 큰 행운이었다는 느낌이지만, 반면에 그것이 역사가로서 한계가 될 수도 있다는 생각을 가지고 있어요. 예컨대 영국이 아니라 폴란드에서 태어났다면 정치에 대한 후각이 더 발달했을 것이라고 봅니다. 내가 살아남았다면 그렇겠죠.

긍정적인 측면으로는, 18세 이후 이 섬나라를 떠나 다른 문화들 속의 삶을 관찰하고 또 그것에 참여할 기회를 많이 갖게 되었다는 겁니다. 내가 영국에 계속 머물러 있었을 경우에 비해 '섬나라 기질'이라고 할까 혹은 지역색이라고 할까 하는 것이 덜하게 된 것도 아마 이 덕분일 거예요. 학교에 다니던 열 살이나 열한 살 무렵에 난 이미 역사가가 되고 싶다는 생각을 가졌지만, 동시에 시도 쓰고 그림(주로 정물화)도 그렸고, 스케치(주로 건물)도 했지요. 하지만 난 창조력보다는 비판력이 더 발달한 편이어서 그런 것들을 그만 두었습니다. 문화사를 쓴다는 것은 어떤 의미에서 예술가나 시인이 되지 못한 데 대한 일종의 보상일 수도 있어요.

● 당신이 문화적 조우—물론 때로 만나지 못하는 경우도 포함해서—에 관심을 가지게 된 것은 이주자 가정 출신이라는 사실, 그리고 18개월 동안 싱가포르의 말레이 무슬림 사회 속에서 지낸 적이 있다는 사실과 관련이 깊다고 말할 수 있나요?

●● 나는 이 점에 대해 답하기에는 적절한 사람이 아니라고 생각

합니다. 한 개인의 삶에는 오히려 외부인에게 더 잘 보일 수도 있는 측면들이 있거든요. 하지만 지난날을 되돌아 볼 때 당신이 언급한 두 경험이 나에게 결정적이었다는 점은 확신할 수 있습니다. 우선 내 가족을 봅시다. 난 단지 2세대 영국인일 뿐이에요. 아버지는 비록 영국 태생이기는 하지만 마치 영국인 집단에 속하지 않기라도 하듯이 늘 '영국인들'에 대해 말하곤 했어요. 나 자신은 스스로를 아일랜드 인이라고 느꼈던 적도 없고 지금도 느끼지 못하고 있습니다. 아일랜드에는 불과 며칠 있었을 뿐이거든요. 또한 로마 가톨릭으로 자라났기 때문에 유대인이라는 느낌도 없었어요. 나는 그동안 쭉 영국인이라는 느낌, 아니 그보다는 유럽인이라는 느낌을 가지고 살아 왔습니다.

군대는 내가 학교를 떠난 후에 갔었는데요(당시 영국에서는 의무적으로 2년간 군 복무를 하게 되어 있었다). 나는 거기서 온갖 종류의 교육을 받았습니다. 먼저 영국에서 3개월간의 '기본 훈련'을 받았는데, 행진, 사격, 사무 등을 배웠지요. 하지만 진짜 교육은 또래의 노동계급 출신 소년들을 만난 것이었어요(내가 다닌 문법학교는 주로 중산층 소년들이 가던 곳이었습니다). 그 후 나는 싱가포르로 파견되었습니다. 그때까지 내가 영국 밖─아일랜드, 벨기에, 프랑스─에서 보낸 시간은 몇 주 정도에 불과했고 또 언제나 부모님과 동행이었는데, 18세가 되는 해에 갑자기 세계의 다른 쪽 끝으로 보내져 이후 일년하고도 반을 살게 된 겁니다. 이 역시 교육적 경험이었지요.

내가 경리계로 배속된 연대는 지금 같으면 '다문화적'이라고 불

릴 만한 곳이었어요. 병사 대부분이 말레이 인이었고, 중국인, 인
도인도 약간 있었습니다. 영국인은 소수였고요. 그래서 각기 다
른 종류의 음식을 만드는 네 개의 취사동이 있었지요. 나는 말레
이 음식에 끌렸고, 그쪽 식당으로 전근을 갈 수도 있었습니다. 하
지만 그렇게 되면 손—정확히 말하자면 오른손으로. 왜냐하면 왼
손은 깨끗지 않다고 생각했기 때문에—으로 음식을 먹어야 할 것
인데, 정작 그 기술을 배우는 게 나로서는 쉽지 않았던 거에요!
다른 일도 있었어요. 나는 당시 순진한 학생일 뿐이었는데, 갑자
기 중국인 창녀촌에 들락거리는 영국 병사들 틈에 끼게 된 겁니
다(난 그곳에 가지 않았어요. 도덕적으로 양심의 가책을 느껴서가 아니
라 단지 용기가 없어서였습니다). 특히 인도인들과 중국인들은 군
장비를 내다 파는 등 온갖 소동을 일으키고 있었지요. 장교들은
이런 상황을 알지 못했어요. 난 이 모든 사실을 알고 있었지만 입
을 굳게 다물었습니다.

1962년경—5년 후쯤일 겁니다—인류학 책을 읽게 되자, 내가 당
시 부지불식간에 현지조사 같은 걸 하고 있었다는 것을 인식하게
되었습니다. 나는 구경꾼으로서 줄곧 일기를 썼거든요(이 일기는
현재 "대영제국 말기와 말레이 '비상사태'에 대한 한 군인의 경험"이라
는 제목으로 제국전쟁박물관에 보관되어 있습니다). 구경꾼이 되는 것
은 쉬운 일이었어요. 왜냐하면 그곳에는 눈길을 끄는 이상한 광
경들이 많이 있었고—돌에다가 매쳐서 빨래를 하는 사람들 같
은—게다가 나는 어떤 집단에도 속하지 않았기 때문입니다. 싱가
포르에 간 것이 내 선택은 아니었고, 또 나는 평범한 병사였지만

백인에다 교육을 잘 받았기 때문에, 나 자신도 주요 집단들의 주변부에 있다고 느꼈고 다른 사람들도 그렇게 생각했던 거지요.

내가 구경꾼으로서, 그리고 아마추어 인류학자로서의 이러한 경력을 오래 전에 시작했다고 생각한 것은 최근의 일입니다. 1940년에서 1955년 사이 나는 쭉 외가댁에서 살았어요(어머니와 함께 살다가 1945년부터는 아버지도 함께 살게 되었죠). 지층은 두 동으로 나누어져 있었어요. 두 동으로 된 연립주택이었죠. 홀의 한 편에서는 외할아버지와 외할머니가 유대식 음식을 먹으며 이디시 말이 섞인 영어를 하고 있었고, 다른 편에서는 우리가 영국 식 음식을 먹으면서 영국인처럼 영어를 말하고 있었던 거지요. 이 분들을 만나느라—대체로 주말과 휴일 아침에—홀을 건너가는 것이 나에게는 마치 문화적 경계선을 넘어가는 일처럼 느껴질 정도였어요. 물론 당시에는 이런 점을 의식하지 못했지만, 어쨌든 그것은 문화적 차이에 대한 어떤 인식이 일찍부터 싹트기 시작했다는 것을 말해 줍니다.

●경계에 대해 말하자면, 옥스퍼드 시절 당신의 개인지도교수였던 케이쓰 토머스는 역사학과 인류학의 경계를 가로지른 선구자 중 하나였습니다. 당신이 인류학에 대한 관심을 키우는 데 그의 가르침이 결정적 역할을 한 것인가요?

●● 알다시피 케이쓰는 아주 신중하고 비밀스럽기까지 한 사람이지요(말하자면 전형적인 웨일즈 사람입니다). 1961년 대학원에 진

학했을 때까지도 나는 그가 인류학에 관심을 갖고 있다는 것을 몰랐습니다. 내가 세인트존스 칼리지로 진학했을 당시 그는 개인 지도교수로서는 아주 젊었고 일에 열성적인 편이라, 지금 사람들에게 회자되는 특유의 아이러니는 별로 찾아볼 수 없었어요. 내 기억으로는 정치사에 관한 에세이를 써오라는 과제를 냈는데—당시 교수계획표의 요구 사항대로 자주 그랬습니다—이때 그는 아마도 우리가 사회적 관점에서 정치를 보도록 기대했던 것 같아요. 미리 이런 얘기를 하지는 않았지만, 이후 그의 설명을 보면 틀림없었습니다. 되돌아보면 그는 당시 자신의 개인지도교수였던 크리스토퍼 힐을 따랐다는 인상을 받습니다. 나 역시 강의를 처음 시작할 무렵 그와 똑같은 식으로 행동했던 것 같아요. 대학에서는 구전적 전통이 여전히 중요한 것이거든요!

● 인류학 공부가 어떻게 당신에게 도움이 되었는지 설명해 주시겠어요? 인류학을 공부하지 않으면 좋은 역사학자가 될 수 없다고 생각하시는 건가요?

●● 나는 1960년대 초부터 인류학에 관한 많은 것을 읽었는데요. 그중에는 아프리카, 인도, 지중해 등 세계의 여러 지역에서 행한 현지조사들도 많았어요. 나는 이런 기술들을 즐겨 읽었는데, 그 이유는 마치 여행 책자처럼 그 자체로도 재미있어서이기도 했고, 인간이 삶을 영위하는 다양한 방식과 관습과 태도, 혹은 정신적 면모들을 극명하게 보여주기 때문이기도 했지요. 나는 인류학자

들이 사용하는 개념과 검증 대상이 되는 이론들에도 흥미를 느꼈는데요. 예를 들면 내가 인류학에 대해 읽기 시작했을 당시 영국과 미국에서 여전히 주류였던 구조 기능적 분석이나, 또는 그때만 해도 비교적 새로운 조류에 속했던 클로드 레비스트로스의 구조주의 같은 것이었지요.

물론 다른 것에 비해 좀더 영감을 주는 책들이 있었습니다. 케이쓰 토머스와 같이 나도 에반스 프리처드의 열렬한 찬양자였고 지금도 그렇습니다. 특히 시공간을 보는 누어 족의 태도에 대한 기술과 아잔데 족의 신념 구조에 대한 설명—의식적이든 무의식적이든 그는 마르크 블로크의 마법사 왕에 관한 대작을 모범으로 삼고 있어요. 특히 모순에 둔감한 특성을 신념 체계의 중심 개념으로 삼은 것이 그렇습니다—은 가히 압권이죠. 내털리 데이비스처럼 나도 메리 더글러스의 책 《순수와 위험 Purity and Danger》에서 영감을 얻었어요[1997년 유제분·이훈상 역으로 현대미학사에서 간행되었다—옮긴이]. 1997~1998년 학기 중 순수의 역사에 대한 일련의 세미나를 한 적이 있는데, 여기서 내가 맡은 부분은 언어에 나타난 순수의 관념이었습니다. 나는 또한 1960년대 이후 잭 구디의 저작에서도 많은 시사를 받았는데요. 예컨대 구전 문화에서 나타나는 '구조적 기억 상실증'에 대해 그가 말한 것, 즉 과거가 현재의 필요에 맞추어 기억되는 방식이 그 예지요.

밥 단턴을 비롯한 많은 역사가들이 그랬듯이 나도 클리퍼드 기어츠에게서 깊은 인상을 받았습니다. 특히 발리 섬의 닭싸움을 다룬 유명한 에세이가 그 예지요. 실제로 여기에도 접대에 관련된 흥미로운 문제가 내포되어 있어요. 기어츠의 해석 인류학은 구조주의나 구조 기능주의보다 훨씬 더 정상 역사학에 가깝고, 그래서 일종의 순환적 행로의 문제가 개입되는 겁니다. 나에게 영향을 준 인류학자들을 더 말해 볼까요. 예컨대 말러노프스키의 경제 인류학. 어떤 형태의 상거래는 경제적 이유보다는 사회적 이유 때문에, 즉 사회적 관계를 강화하기 위해 일어난다는 생각이 그렇지요. 혹은 마샬 살린즈. 특히 사건들과 사회 변동, 그리고 그가 문화적 위계라고 부르는 것 사이의 관계에 대한 고찰이 그렇습니다. 혹은 피에르 부르디외. 그가 인류학자로 불리든 사회학자로 불리든 간에, 자신이 속한 사회를 상대적으로 격리된 입장에서 분석하는 태도는 아마 프랑스에 대해 글을 쓰기 전 알제리에서 현지조사를 했던 결과로 나타난 것일 수 있습니다.

그래서 뒤의 질문에 답하자면 나는 학생들에게 얘기를 시작할 때 특정한 이름을 거론하지는 않습니다. 다만 학생들이 역사적으로 공부하고 있는 것과 가까운 주제를 다룬 인류학적 연구를 제시하는 정도지요. 양자를 서로 비교하고 대조하도록 하는 거지요. 내가 비록 에반스 프리처드를 비롯한 여러 학자들을 찬양하고는 있지만, 어떤 경우 역사가에게 가장 유용한 것은—물론 그들 간의 논쟁을 포함해서— '매일 매일의 인류학' 이라고 불릴 만한 것이라 생각합니다. 왜냐하면 이제 인류학자들이 특정 문화 속에서 연구한다는 점 외에는 더 이상의 합의도 존재하지 않은 상황이기 때문이지요.

● 당신의 개인지도교수였던 케이쓰 토머스는 자신이 옥스퍼드에

서 역사학을 택하게 된 것은 한 개인지도교수가 그렇게 하라고 조언해 주었기 때문이며, 근대 초의 역사를 연구하게 된 것은 스승이었던 크리스토퍼 힐이 바로 그 시대를 연구했기 때문이라고 고백한 적이 있습니다. 그렇다면 당신은 무슨 이유로 르네상스의 역사에 관심을 가지게 되었습니까?

●● 앞에서도 얘기했지만, 학창 시절에 난 그림을 그려보려고 애를 쓰면서 국립미술관을 비롯해 런던의 여러 박물관에 걸려 있는 그림들을 즐겨 보았습니다. 퀜틴 스키너처럼 그림을 보러 시골집으로까지 가기도 했고요. 나는 미술이 정치보다 더 흥미로운 일이라는 것을 알게 되었어요. 그래서 잠깐 미술사가가 되어 볼까 마음을 먹은 적도 있습니다. 하지만 미술사가란 회화 기법이나 붓질에만 관심을 두는 사람—그것이 옳든 그르든 간에—이라는 생각이 있었고, 나에게는 이런 일이 재미있기는 했지만 너무 좁게 보였어요. 그래서 나는 역사학 강좌 내에서 미술을 공부하는 기회를 찾기로 한 겁니다.

옥스퍼드 대학에서 학생으로 공부할 당시—대학이 보수적인 곳이라는 점은 1900년이나 지금이나 변함이 없습니다—'이탈리아 르네상스'라는 제목의 '특별 과목'이 있었습니다. 그것에 딸린 '지정 과목' 중에는 마키아벨리의 《군주론 *Il Principe*》뿐 아니라 바자리의 《예술가 열전 *Le Vite de' più eccellenti Pittori, Scultori e Architettori*》도 들어 있었지요. 나는 이거야말로 내 과목이라고 생각했어요. 그래서 이탈리아 어를 배우기 시작했고—

더 정확히 말하면 독학을 했습니다. 《군주론》 영어판과 이탈리아 어판을 사서 텍스트를 한 번에 한 문장씩 읽었지요. 먼저 영어로 이어서 이탈리아 어로 말입니다—1958년 대학의 지원을 받아 처음으로 이탈리아에 갔습니다. 나는 첫눈에 그 나라와 사람들, 광장과 거리들, 그리고 카페들을 좋아하게 되었습니다. 아마 이런 경험에 대한 준비가 미리 되어 있었던 것 같아요. 왜냐하면 내가 일곱 살 때 전쟁의 와중에서 아버지는 정보부 소속으로 이탈리아에 가 있었는데, 그래서 아버지가 어디에 있는지 알아두려고—바리, 카세르타, 칼리아리 등지—침대 옆 벽에 이탈리아 지도를 붙여놓고 있었거든요. 내가 처음 만난 외국인이 이탈리아 대령이었는데요. 아버지는 신문하기 위해 그를 영국으로 데려왔거든요. 버스에서 그의 옆에 앉아 내가 그린 그림들을 보여주었는데, 그에게 '심파티코(호감)'를 느꼈던 기억이 납니다. 좀 이상한 일이지만, 아버지는 1945년 이후 이탈리아를 다시 찾지 않았던 반면, 나는 1958년 이후 거의 매년 그곳에 갔어요. 어쨌든 개인적으로 이탈리아를 발견한 것과 르네상스는 나에게 서로 긴밀히 얽혀있는 것들입니다. 스트레가—당시에는 즐겨 마셨지만 이제는 너무 달게 느껴지는—한 모금이면 프루스트의 마들렌처럼 모든 기억이 되살아날 것 같군요! 이런 기억이 남아있는 것으로 봐서 이탈리아는 문화사 연구를 시작하는 곳으로 나쁘지 않아요.

● 당신은 르네상스를 주제로 한 가장 최근의 책에서 르네상스의 탈중심화 에 대해 얘기하고 있습니다. 이 말은 정확히 무슨 의미입니까?

●● 전통적으로 르네상스는 고대 그리스와 로마에서 출발하여 기독교가 들어오고, 이후 르네상스, 종교개혁, 과학혁명, 계몽주의 등으로 이어지는 서양 문명의 발전에서 대 서사의 일부, 달리 말해 근대성의 출현이 이루어진 시기로 생각되어 왔습니다. 이야기는 종종 서양이 동양에 비해 우월하다는 것을 상정하는 방식으로 진행되었지요. 다른 일부 역사가들이 그랬듯이, 나 역시도 한 문화운동의 이야기, 고전의 예술과 학문을 부활하려는 운동에 대한 이야기를 근대성과 서양의 우월성이라는 쌍둥이 가정으로부터 이제 그만 해방시키고 싶었습니다.

나는 르네상스 예술이 중세 예술보다 더 우월하다는 가정을 하고 있지 않습니다. 둘은 단지 다를 뿐이죠. 만약 '근대적'이라는 것이 우리와 비슷한 것을 뜻한다면, 나는 르네상스 문화를 '근대적'으로 보는 것이 유용하다고 생각지 않아요. 그건 이 말이 적합할지 어떨지는 모르겠지만, '중세'에 대비된다는 의미에서 '후 중세적post-medieval'이지요. 중세란 말은 르네상스 시대의 학자들이 자신들의 시대와 대비하기 위해 발명한 개념이거든요.

서양 문제로 돌아가서, 서구 유럽에서 고전 고대가 부활한 것은 결코 진공 속에서 이루어진 일이 아니었습니다. 그것은 비잔티움과 이슬람에서 있었던 다른 고전의 부활에 의존하고 있었지요. 그리고 이러한 일련의 고전 부활은 중국과 같은 세계의 다른 지역들에서 일어난 대규모의 문화 부활 집단에 속하는 것입니다. 나는 또한 르네상스에 대한 설명 속에 여성과 보통 사람들을 위한 자리를 마련하고 있어요. 이는 그것이 정치적으로 옳기 때문이어서가 아니라, 이들 집단의 기여가 오랫동안 무시되거나 강조되지 못한 채 방치되어 오다가 최근의 연구로 새롭게 입증되고 있기 때문입니다. 여성과 보통 사람들은 르네상스에 생산자로서보다는 소비자로서 더 많이 참여했다는 것이지요. 물론 생산과 소비의 구분은 창조적 수용에 대한 관심이 출현하기 전에 그랬던 것보다는 덜 명확하겠지요.

어쨌든 역사가란 본질적으로 한 시대를 다른 시대가 알 수 있도록 하기 위해 애쓰는 번역가라는 것이 내 생각이에요. 이 책을 통해 나는 르네상스를 21세기 초입의 세계 여러 곳에 사는 독자들에게 이해될 수 있는 것으로 만들고 싶었어요. 글을 쓸 때면 언제나 잠재적인 세계 독자를 염두에 두었지요.

● 당신이 쓴 《근대 초 유럽의 민중 문화》는 300년에 걸친 시간에다 방대한 지리적 공간을 다루고 있습니다. 그렇게 야심 찬 저술을 시도하게 된 연유는 어디에 있나요?

●● 원래 쓰려고 했던 것은 훨씬 더 제한적인 내용이었습니다. 나는 전에 르네상스 이탈리아의 엘리트 문화를 다룬 책을 쓴 적이 있는데, 그 과정에서 그렇다면 엘리트 외의 다른 사람들의 문화는 과연 어떤 것일까 하고 줄곧 자문했지요. 이후 이에 대한 연구를 시작하자 곧 '이탈리아' 라는 것이 옳은 탐구 단위가 아니라는 점을 알게 되었어요. 그건 범위가 너무 넓을 수도 혹은 좁을 수도 있다는 거지요. 사람들은 이탈리아보다는 토스카나나 롬바

"여성과 보통 사람들은 르네상스에 생산자로서보다는 소비자로서 더 많이 참여했다는 것이지요. 물론 생산과 소비의 구분은 창조적 수용에 대한 관심이 출현하기 전에 그랬던 것보다는 덜 명확하겠지요."

그림은 〈시에나의 수녀 성 카타리나〉(14세기 말). 성서를 가슴에 안고 있으나 육감적인 자태는 르네상스의 시작을 알리는 인상을 풍긴다.

르디아 같이 지역 문화에 속한다는 것을 의식하고 있었습니다. 반면 어떤 관습이나 가치, 혹은 그러한 것들을 구현한 영웅들을 탐색해보면, 그들이—물론 지역적 차이는 있겠지만—전 유럽에 걸쳐 존재할 수 있다는 것을 알게 될 겁니다. 따라서 연구를 지역적 차원에서 할 것인가 대륙적 차원에서 할 것인가 선택해야 합니다. 내가 상상 속에서 얘기를 나누는 사람 중 한 명이 바로 브로델이라는 점을 기억하세요. 나는 그를 생각하면서 '세계적 차원' 쪽을 택했습니다. 1977년이었던 것으로 기억하는데요. 그 책을 막 끝냈을 때 마침 브로델을 만나게 되었지요. 내가 구텐베르크에서 프랑스혁명까지의 유럽에 대해 썼다고 했더니 괜찮은 생각이라고 좋아하는 눈치더군요.

● 이른바 '새로운 역사학'이 깨뜨리려고 한 기존 관념 중 하나가 바로 '사실에 대한 숭배'였지요. 당신은 이 전투가 이미 끝났다고 보십니까? 역사학에서는 이제 '해석에 대한 숭배'를 깨뜨려야 할 시점으로 돌입한 건가요?

●● 내 견해로는, 역사에서와 같이 역사 서술에서도 때때로 '비동시적인 것의 동시성'이라 불리는 현상을 보게 됩니다. 역사를 공부하기 위해 케임브리지 대학에 간 18세 학생들을 한번 생각해볼까요. 그들 중 일부는 마치 제프리 엘턴이 그런 것처럼 '우리에게 오직 사실만을 다오'라는 식의 말을 듣겠지만, 또 일부는 포스트모던 식의 말을 듣게 될 겁니다. 이런 차이는 아마도 학교에서

그들을 가르친 선생들의 나이가 몇 살이냐에 달려있을 것 같아요. 교육 경력은 보통 40년 이상 계속되기 때문에, 선생이 스스로 최신 조류에 맞추려고 아무리 노력한다 하더라도, '사실'과 '이론'에 대한 근본적 가정들을 바꾸기는 어려울 것이기 때문이지요. 그래서 당신이 말한 전투가 완전히 승리로 끝난 것은 아닐 거에요. 특히 영국에서는 더욱 그래요. 아메리카인들(남이나 북이나)은 좀더 유연한 편이라 최신의 지적 유행에 따를 준비가 잘 되어 있어요. 반면 영국인은 변화에 훨씬 더 저항하는 모습을 보이지요. 새로운 역사학에 대해 카를로 긴즈부르그와 나눈 얘기가 생각나는군요. 그는 캘리포니아 대학의 학생들이 그것을 어찌나 무비판적으로 받아들이는지 오히려 자신이 반대 토론을 해야 할 정도였다고 하는 거에요. 하지만 나는 그 반대라고 말해 주었죠. 내 학생들은 그것을 전혀 진지하게 받아들이려 하지 않기 때문에 내가 찬성 토론을 해야 할 정도라고요!

하지만 약점을 바로잡으려는 시도는 통상적으로 과도한 경향을 띠는 법입니다. 바꾸어 말해서 어떤 약점을 공격하다 보면 그것이 지나쳐서 오히려 자신의 약점을 노출하게 된다는 뜻이에요. 지적 충돌의 현장에서는 흔히 있는 일이지요. 추는 이 편으로 흔들렸다가 다음에는 저 편으로 흔들리는 겁니다. 역사 서술이란 단지 사실을 발견하는 문제에 불과하다는 주장이 먼저 있었고, 구성의 문제에 불과하다는 주장이 그 다음에 나오는 거지요.

● 진실의 획득 가능성에 대한 회의적 태도가 출현한 데는 포스트

모더니즘—적어도 가장 극단적 형태의—의 책임이 크다는 주장에 찬성하십니까? 당신은 포스트모더니즘에 긍정적입니까? 혹은 부정적입니까?

●● 질문이 너무 어려운데요! 먼저 포스트모더니즘과 포스트모더니티를 구별할 필요가 있겠지요. '포스트모더니즘'이란 말에서 내가 뜻하는 것은, 일련의 건축가와 작가들, 그리고 푸코나 데리다 같은 철학자들이 이끈 비교적 자기 의식적인 지적 운동 또는 운동들의 다발입니다. 당신이 말하는 회의주의는 두 철학자에게서 니체적 형태로, 혹은 신 니체적이거나 포스트-니체적 형태로 나타나고 있어요. '포스트모더니티'에서 내가 의미하는 바는, 뚜렷한 형태를 갖춘 사상이라기보다는 가정들이나 '멘털리티'의 층위에 있어 정의하기가 어려운 어떤 것입니다. 이러한 가정들은 직접적이든 간접적이든 철학자들에게 영향을 받은 것일 수도 있고, 아니면 철학자들이 그 가정들을 성찰하거나 나아가 명료하게 만들 수도 있고, 혹은 그 둘 다일 수도 있어요.

포스트모던의 정신적 태도에 대해 좀더 구체적으로 말해 볼까요. 난 그것을 관점의 복수성, 그리고 현재든 과거든 어느 시점에서 일어난 일들을 확립하는 데 어려움을 인정하는 어떤 감각이라고 묘사하고 싶군요. 또한 그것은 약 한 세대 전 구조들—사회계급, 민족 등—을 일종의 사회적 기초로 간주했던 관념에 대체하여 나타난 것으로서, 그러한 구조들의 부드러움, 유동성, 혹은 허약성에 관한 어떤 감각이라고도 할 수 있겠지요. 달리 말해 그것은 객관성이나 객관성의 신화에 대한 반작용일 뿐만 아니라, 나아가서 마르크스주의든 무엇이든 사회적 결정론으로 불릴 만한 것에 대한 반작용이기도 한 겁니다. 1968년에 가시화된 것 같은 반작용이죠(이 유명한 해에 파리에서 일어난 일은 물론이고 프라하에서 일어난 일도 염두에 두고 하는 말입니다). 요즘 들어 '발명'이나 '상상력' 등과 같은 말을 쓰거나, 책에다 '상상적 공동체'나 '아르헨티나의 발명' 등과 같은 제목을 다는 것도 같은 맥락입니다.

프랑크 앙커슈미트가 긴즈부르그와 내털리 데이비스의 저작들을 포스트모던적이라고 불렀다는 것, 반면 그들은 이를 강력히 부인했다는 것을 생각해 보세요. 사실 이들의 책이 '포스트모던적'일 수도 있어요. 그 책의 저자들이 포스트모더니스트인지 아닌지는 스스로 알겠지만, 어쨌든 외부자 입장에서는 《치즈와 구더기》나 《마르탱 게르의 귀향》이 포스트모던적인지 아닌지 말할 수 있는 거지요. 이 저작들은 보통 사람들의 행동의 자유를 강조하고 있다는 점에서 사실상 1970년대와 80년대의 산물이고, 그러한 조류의 일부입니다.

당신은 포스트모더니즘의 긍정적 측면과 부정적 측면을 묻고 있는데요. 포스트모더니티의 경우, 결정론과 객관성의 신화에 대한 반작용이 필요하고 또 가치가 있다고 생각합니다. 역사 서술의 예를 들어볼까요. 마르크스주의자든 브로델주의자든, 혹은 계량적 역사나 우리가 흔히 부르는 대로 '클리오메트릭스cliometrics'의 신봉자든 간에, 그동안 역사가들은 대체로 사건들이나 보통 사람들의 행동에는 너무 무심한 편이었던 반면, 자신들은 저 높은 곳에서 만사를 똑똑히 내려다 볼 수 있다고 지나치게 자신했던 것이 사실이에요. 이제 그런 자신감은 사라져버렸습니다. 역사가들이 좀더 겸손해진 것은 좋은 일이고, 또한 덜 환원주의적이 된 것도 역시 좋은 일이지요. 하지만 일부는 너무 반대편 극단까지 가버린 거예요. 사실에 대한 믿음으로부터 완전한 회의주의로, 결정론으로부터 벗어나 우리 자신의 운명을 만들 수 있다는 식의 낭만적 믿음으로 말이죠.

나는 결코 제대로 된 마르크스주의자였던 적이 없고 정당에 가입하는 것도 별로 좋아하지 않습니다만, 여전히 마르크스를 찬양하고 있습니다. 베를린 장벽의 붕괴가 그의 생각들을 적절치 못한 것으로 만들기라도 한 것처럼 비록 지금은 잊혀지고 있지만, 그럼에도 그는 예리한 통찰력을 지닌 인물이었다고 봅니다. 마르크스는 인간 행위의 제한성에 대한 날카로운 감각을 소유하고 있었지요. 그의 주장이 과장된 것이었을 수도 있겠지만, 현재의 사람들 역시 다른 방향에서 과장된 말들을 하고 있어요.

역사적 지식의 신뢰성에 대해서도 얼추 비슷한 얘기를 할 수 있을 거예요. 한 세대는 너무 쉽게 받아들이고 다음 세대는 너무 쉽게 무시해 버리는 거지요. 내 생각입니다만, 중요한 것은 비교적 신뢰할 수 있는 진술과 상대적으로 신뢰하기 힘든 진술 사이에 구분을 두고 양자의 차이를 가려내는 겁니다. 이미 17세기 말 회의주의자들이 과거란 알 수 없는 것이라는 말을 하고 있을 때, 로크를 비롯한 여러 사람들이 제시한 해결책이 바로 이런 것이었습니다. 실제로 나는 1690년대와 1990년대 두 시기에 있었던 '역사의식의 위기'를 서로 비교 대조하는 글을 쓰고 있는 중이에요. 다른 경우처럼 이 경우에서도 역사가들은 그들의 학문 영역이 지나온 과거를 연구함으로써 어떤 유용한 점을 배울 수 있다고 생각합니다.

● 문화 상대주의 관념은 역사학을 비롯한 많은 분야에서 강력한 공격을 받기도 하고 열렬한 옹호의 대상이 되기도 하는데요. 당신은 상대주의자입니까?

●● 우선 상대주의의 종류를 구별하는 것이 필요하다고 봅니다. 예컨대 강성 상대주의 대 연성 상대주의, 또한 문화 상대주의 대 개인주의적 상대주의가 그렇습니다. 강성 상대주의자는 모든 문화가 동등하며 가치 있는 것이라고 가정하는 사람입니다. 내 입장은 좀더 회의적인 편이에요. 나는 문화들이 서로 동등한지 어떤지를 우리가 알 수 있다고 보지 않기 때문에, 차라리 각 문화는 다른 문화에 무언가 가르쳐줄 만한 요소를 가지고 있었다고 보는 편이 더 현명하지 않겠어요? 만약 우리가 문화들을 서로 비교 대조하려 할 때 그 잣대로 삼을 만한 것은 어떤 한 문화, 결국 자기 자신의 문화 외에는 없을 텐데요. 나는 바로 이러한 사실로 인해 귀결되는 결과에 기대려 합니다. 이런 입장에서 보면, 어떤 문화는 어떤 영역에서 더 강점이 있고, 다른 문화는 다른 영역에서 더 강점이 있는 게 아닌가 하는 거지요. 하지만 그렇다고 해서 이러한 추측을 너무 진지하게 받아들이고 싶지는 않아요. 요컨대 우리가 아무리 올림포스 산정에 사는 신인 양 자처하거나 혹은 인

간성의 관점에서 세계를 바라본다 해도, 이러한 주장은 결국 일종의 허세이거나 기껏 해봤자 열망에 불과하다는 것을 인정해야 한다는 겁니다.

● 기초가 튼튼한 역사 해석을 위한 필요조건으로서 기록보관소에서의 연구가 중요하다는 점을 상기할 때, '사실에 대한 숭배'가 어떤 정도까지는 '기록보관소에 대한 숭배'를 대체했다고 생각하십니까?

●● 내 생각에 그 두 종류의 물신 숭배는 꽤 오랫동안 공존해 왔다고 봅니다. 19세기 이전은 아니겠지만 적어도 그 세기 초 랑케의 시대 이후로는 그랬던 것 같습니다. 예컨대 기록보관소보다 주로 도서관에서 연구하는 역사가는 '진정한' 역사가가 아니라는 관념이 있지요. 인류학의 현지조사와 같이, 기록보관소에서 일정 시간을 보낸다는 것이 역사가라는 직업으로 가는 통과 의례가 된 겁니다. 하지만 기록보관소가 연구에 적합하냐 하는 문제는 무엇을 연구하고 있느냐에 달려 있습니다. '히틀러의 전쟁 목표는 무엇이었는가?'와 같은 종류의 역사적 의문에 답하기 위한 다수의 증거는 기록보관소에서 찾을 수 있는 반면, '마키아벨리가 《군주론》을 쓸 때 가졌던 의도는 무엇이었는가?'와 같은 종류의 의문에 답하기 위해서는 도서관에서 그 증거를 찾아야 하는 거지요. 기록보관소에서 작업하는 것은 다른 종류의 연구와는 좀 다른데요. 짜릿한 경험이라고나 할까요. 그것은 보통 도서관에서

느낄 수 있는 것 이상으로, 과거와의 관계를 더 가깝게 만들거나, 적어도 내가 과거와 더 가까워졌다는 느낌을 줍니다. 예컨대 약 400년 전 우리와 무관했던 편지들을 읽으면서 당시 잉크를 말리려고 썼던 모래알들이 여전히 봉투 속에 남아있는 것을 본다고 생각해 보세요. 하지만 기록보관소는 결코 만병통치약이 아닙니다. 역사 서술은 증거에 의존하지만, 그 증거는 수많은 형태를 가질 수 있거든요.

● 케이쓰 토머스는, 아주 세심한 역사가들조차도 그들이 원하든 원하지 않든 간에 언제나 신화를 만들어내고 있다는 점을 우리에게 상기시키고 있습니다. 당신 생각에 객관성이란 것은 일종의 키메라인가요? 불편부당함을 이루기 위해 아무리 노력해도 그 결과는 지극히 제한적일 수밖에 없는 건가요?

●● 우리가 지금 토의하고 있는 문제가 정말로 '객관성'의 측면에서 제기되어야 하는 것인지는 나도 잘 알 수가 없군요. 그동안 문제가 그런 식으로 제기되어 온 것은 1900년경의 역사가들이 스스로 과학자와 비교하기를 좋아했기 때문입니다. 개인적으로 볼 때 나는 차라리 '공정성fairness'이나 '거리두기detachment'를 얘기하고 싶어요. 왜냐하면 이 말들은 인간들에게 반응하는 인간들을 묘사하고 있거든요. 만약 어떤 역사가가 세계를 영웅과 악당으로 나누기보다 모든 사람을 이해하려고 시도한다면, 그렇지 않은 역사가보다 더 공정한 거지요.

그리고 이러한 얘기를 하다 보면 결국 '신화'와 마주치게 되는데요. 이 말은 정의하기 어려운 용어지요. 나에게 '신화'란, 모럴을 가진 이야기, 전형화된 플롯을 따르는 이야기—역사 서술이 비극이나 희극처럼 '플롯이 짜여 있다'고 한 헤이든 화이트의 예에서 보는 것과 같은—영웅과 악당이 등장하는 이야기, 그리고 현재의 어떤 제도들을 정당화하기 위해 사용되는 과거 이야기입니다. 어떤 역사가들은 이런 유의 신화를 만들어내고 있는가 하면, 또 어떤 역사가들은 앞서의 이야기가 신화임을 드러낸다는 의미에서 과거를 '탈신화화'하려고 노력하지요. 하지만 신화와 역사 간의 이분법은 너무 단순해서 작동하기 어려울 것이고, 내가 쓰고 있는 것은 역사이고 다른 사람이 쓰고 있는 것은 신화라고 말하기는 쉽습니다. 이보다는 차라리 역사와 신화 사이의 경계를 정의하기란 어려울 뿐 아니라 이러한 구분도 상대적이라고 말하는 편이 더 낫겠지요. 신화에서 완전히 벗어날 수 있는 사람은 아무도 없으니까요(의식적이든 무의식적이든, 우리는 모두 영웅과 악당, 그리고 선이 악에 승리하는 이야기를 필요로 합니다). 하지만 어떤 종류의 역사 서술이 다른 것에 비해 신화에서 더 자유로울 수는 있어요.

● 하지만 케이쓰 토머스가 말하려 했던 바는 아주 미묘한 형태의 신화, 즉 역사가로서 다루고 있는 과거의 이면에 놓인, 우리 자신의 문화적 소산인 언어와 가정들로부터 결코 벗어날 수 없다는 것이었습니다. 그래서 그는 "1840년이나 1740년에 씌어진 역사책을 펼칠 때면 우리 눈에 이상하게 보이는 것도 바로 그 때문"이

라고 말한 거지요.

●● 어떤 세대에 만들어진 인공물이 어떻게 해서 그 세대가 남긴 멘털리티의 냄새를 풍기는지, 또한 이런 면에서 역사 텍스트 역시 소설이나 그림과 하등 다를 바가 없다는 케이쓰의 말은 전적으로 옳습니다. 이런 냄새를 피하기란 불가능하며, 또 그러려고 해서도 안 되겠지요. 결국 역사가란 무엇을 하는 사람일까요? 나는 그들이 현재에 대해 과거를 해석해 주기 위해 존재한다고 봅니다. 앞서도 말했듯이 일종의 해석자에요. 번역가라는 의미에서 말입니다. 모든 번역가가 그렇지만, 그들도 과거라는 텍스트에 충실해야 한다는 입장과 현재의 독자들에게 이해 가능해야 한다는 입장 사이의 딜레마에 직면하고 있는 거지요.

우리가 과거의 '자유로운 번역'이라고 묘사할 수 있는 것이 바로 케이쓰가 말한 '신화'에 가깝습니다. 그리고 현재는 항상 변하고 있기 때문에, 역사 서술도 번역과 같이 어느 정도는 의미를 잃고 시대에 뒤떨어질 수 있는 겁니다. 하지만 단지 어느 정도까지만 그렇습니다. 우리는 몽테뉴의 에세이들을 여전히 16세기 영역본으로 음미할 수 있습니다. 또한 여전히 위대한 역사가들에게서 무언가를 배울 수 있어요. 예컨대 부르크하르트의 책은 1860년대의 냄새가 나기는 해도 르네상스에 대해 무언가를 가르쳐주고 있지요. 혹은 찰스 퍼쓰로부터 영국 내전에 관해 배울 수 있겠지요. 케이쓰 자신이 인터뷰에서 지적한 것처럼 말입니다!

• 이러한 것은 상이한 문화들 간의 조우를 포함하는 난점들과 관계될 수 있는데요. 예컨대 움베르토 에코는 모든 사람—라이프니츠나 키르허[Athanasius Kircher, 1601~1680. 독일 예수회 사제이자 학자. 로마 대학에서 수학과 히브리어를 가르쳤다. 전언에 의하면 마술 램프를 발명했다고 한다—옮긴이] 같은 위대한 지성까지도 포함해서—에게 영향을 미치고, 보이는 것을 통해 보이지 않는 것을 볼 수 있도록 하는 '배경적 독서의 힘'을 얘기하고 있습니다. 어느 정도 이 문제와 맞설 수 있는 길이 있다고 보십니까?

•• 옳은 말이에요. 우리는 여전히 시공간상의 거리가 일치하든 안 하든 간에 내가 '문화적 거리'라고 부르는 것에 대해 얘기하고 있군요. 문제의 핵심은 이거에요. 즉, 어느 정도 일관적인 개념 체계를 갖추지 않고는 우리 문화든 다른 문화든 어떤 것도 이해할 수 없다는 거지요. 역사가란 곧 번역가라고 했을 때, 내가 염두에 두었던 것은 현재의 개념들을 통해 과거—그것에 대한 개념들을 포함해서—를 묘사하는 방식입니다. 모든 형태의 번역이 그렇겠지만, 이 작업도 쉽지 않고 뛰어난 수완을 필요로 하지요. 매력적인 유사성을 보이지만 사실은 오인된 일종의 '잘못된 친구들'이 있는 법입니다. 예컨대 라이프니츠와 키르허의 시대에 어떤 사람들은 중국의 음양 개념이 아리스토텔레스의 질료 및 형상 개념—이는 17세기까지도 서양에서 여전히 친숙한 것이었어요—의 등치물이라고 생각했습니다. 하지만 이 개념들은 전혀 등치적인 것이 아니지요.

나에게 해결책이 뭐냐고 물었지요. 뛰어난 수완이 과연 가르쳐질 수 있는 것인지는 나도 모르겠군요. 하지만 적어도 문제를 인식하려 할 수는 있겠지요. 어떤 것들이 외견상 유사하게 보이더라도 곧 서로 똑같은 것이라고 가정하지 않도록 노력할 수는 있을 겁니다. 예컨대 케이쓰 토머스의 책에서 핵심적인 영어 단어 'magic'이 17세기에도 지금과 똑같은 의미와 용례와 연상 의미를 가지고 있었다고 가정해서는 안 된다는 것입니다.

● 당신은 이른바 '신 문화사'의 대표자 중 하나라고 할 수 있을 텐데요. '새로운 역사를 하는 역사가'가 반드시 최고의 역사가라고 보십니까?

●● 물론 그렇지 않습니다. 좋은 역사가가 되기 위해 필요한 것은 무엇보다도 상상력과 통찰력, 그리고 적절한 의문을 제기하고 그 답을 어디에서 찾아야 하는지를 아는 능력이지요. 이 모든 능력을 소유한 역사가가 좁은 의미의 정치사와 같이 전통적인 분야에서 전통적인 방식으로 사건에 대해 서술하면서 연구하기를 선호할 수도 있습니다. 난 음악가도 아니고 내가 비교하려는 유사성이 음악적으로 적절하지 않을 수도 있겠습니다만, 바흐는 동시대인인 텔레만보다 훨씬 더 전통적인 음악가였어요. 그렇다고 해서 바흐가 텔레만보다 더 뛰어나고 위대하게 되는 데 방해를 받은 것은 아니었습니다. 당신은 내가 왜 독창성을 고려하지 않나 하고 의아해 할 수도 있겠지요. 좋은 역사가가 되기 위해서는 독

창성이 반드시 필요하겠지만, 이러한 독창성이란 때로 '지역적'인 것일 수도 있어요. 예컨대 글래드스턴의 대외정책에 관해 새로운 질문을 한다든지, 혹은 옛날 식 질문에 새로운 대답을 한다든지 하는 거지요.

내가 이렇게 말한다고 해서 역사 서술을 살찌운 새로운 접근방법들을 평가하지 않겠다는 뜻은 아닙니다. 우리 모두는 브로델, 블로크, 부르크하르트, 랑케—그 역시 당시로는 대단한 혁신가였어요—에드워드 기번, 귀차르디니 등을 비롯하여, 선택의 폭을 넓혀준 여러 역사가들에게 커다란 빚을 지고 있지요. 지난 세대는 새로운 접근방법을 증식하는 시간이었고, 따라서 역사를 쓰기에 매력적이면서도 동시에 혼란스러운 시기였어요. 나로서는 이 시기에 연구할 수 있는 것이 좋고, 실험과 재생을 향한 집단운동에 동참할 수 있어 행복합니다. 나는 새로운 접근들이 필요했을 뿐만 아니라, 어떤 의미에서는 우리 시대의 요구에 반응한 것이라고 믿습니다. 그러한 점들은, 일찍이 기번이나 랑케가 행했던 혁신과 같이, 장기적으로는 역사학의 실천을 풍요롭게 만들 것이라고 생각합니다. 하지만 전통적인 접근방법을 놀라운 솜씨로 사용함으로써 역사가 세계의 바흐가 되는 것이 가능한 것처럼, 새로운 역사학에 열성이면서도 범상한 역사가로 남는 것 역시 충분히 가능한 일이지요.

● 버틀란드 러셀이 이런 말을 한 적이 있습니다. "옥스퍼드와 케임브리지는 마지막 남은 중세의 섬이다, 물론 일류의 사람들에게

는. 하지만 그들의 안전은 이류의 사람들에게는 오히려 해로운 것이 된다. 그것은 그들을 섬나라 사람처럼 편협하고 저속하게 만든다. 영국의 학문적 삶이 일부 사람들에게는 창조적이지만 대다수에게는 결실이 없는 이유도 바로 여기에 있다." 당신은 학문 생활의 대부분을 이 두 기관에서 보냈고, 수많은 동료들이 전체를 이 최고의 중심지에서 보내는 것을 목격하였지요. 그런 입장에서 러셀의 발언에 어떤 얘기를 하시겠습니까?

●● 중세의 잔존이라면 러셀이 과연 옳은 말을 했는지 자신할 수 없습니다만, 진짜 요점은 그것이 아닙니다. 옥스퍼드에 학생으로 있던 때부터의 기억이지만, 내가 핵심적이라 생각하는 점은 이 조그만 두 도시에 학문적 재능이 집중되어 있고, 그 결과 지적 세계의 중심부에 살고 있다는 느낌을 가진다는 것입니다. 하지만 우리가 세계의 중심부에 살고 있다는 믿음은 사실상 틀림없는 지역주의의 징후이거나, 혹은 러셀의 말을 빌리자면 섬나라 사람들의 편협성이지요. 게다가 일부 일류의 사람들에게까지 영향을 미칩니다. 그것은 물론 특유의 영국병은 아니고, 프랑스도 역시 그런 질병을 앓고 있어요. 하지만 옥스퍼드나 케임브리지 중심이 되는 것보다는 파리 중심이 되는 편이 나을지도 몰라요. 왜냐하면 파리는 단순히 소르본이나 콜레주 드 프랑스에 그치지 않고 무언가 제공할 것이 훨씬 더 많은 대도시니까요!
다른 면에서라면 케임브리지를 둘러싼 환경은 훌륭합니다. 내가 각별히 생각하고 있는 것은 지적 생산을 위한 물질적 조건들인데요. 물론 여러 대학 내의 다양한 학문 분야들에서 온 사람들을 만나고 서로 생각을 교환하는 기회도 있지요. 하지만 지역주의의 위험성은 여전히 심각합니다. 유일한 처방은 밖으로 나가는 건데요. 영구적이든 일시적이든 간에 말입니다. 나는 최근 설립된 서식스 대학에서 16년을 가르쳤습니다(1962~1978). 그 후 다른 나라들을 방문할 기회가 많았는데, 덕분에 나 자신이 편협해지는 것을 막을 수 있었지요. 이것도 나만의 환상인가요?

● 당신은 독자가 쉽게 이해할 수 있는 스타일의 글을 쓰는 저술가로 알려져 있습니다. 또한 그동안 수많은 언어로 번역되었다는 사실은 당신의 작업이 '주변부' 세계 사람들의 관심을 끌고 있다는 것을 시사하지요. 먼 나라의 독자들이 당신의 저작을 읽는다는 사실로부터 수많은 전유의 가능성이 열린다는 점에, 한편으로 호기심이 동하면서도 동시에 어리둥절한 느낌이 들지는 않습니까? 예컨대 중국인들이 루이 14세의 이미지 만들기에 관한 당신의 책을 읽을 때 혹시 오독하지나 않을까 하고 우려하지는 않나요?

●● 문화 수용을 연구하는 역사가로서 나의 책이 수용되는 방식—혹은 방식들—에 매혹되면서도 동시에 좀 불안한 것이 사실입니다. 루이 14세의 이미지를 다룬 내 책을 읽는 중국 독자들이 모택동을 염두에 두고 있는 것은 아닐까 의문이 들기도 합니다. 그곳에서 내 책이 번역된 것은 '탈 스탈린화'의 연장선상에 있는 '탈 모택동화'의 일환일 수도 있을 겁니다. 나는 책 속에서 그것

을 '탈 루이화'라고 불렀습니다만. 내 책이 그런 창조적 방식으로 원용되는 데 우려할 이유는 없지요.

나를 불안하게 만드는 것은 서평의 해설들을 읽는 겁니다. 평을 쓴 사람은 내가 이런저런 말을 했다고 하지만, 정작 그런 말을 한 적이 없는 경우가 있거든요. 이런 일들이 내가 속한 영국 문화권 내에서도 쉽사리 일어나는데, 다른 곳이라고 그렇지 않겠어요?

● 당신이 영국 경험론 전통의 소산이라 할지라도, 영국 동료들 다수—프랑스 쪽 동료들은 그렇지 않지만—당신을 아주 이론적 성향을 지닌 역사가로 보고 있습니다. 이론적인 것에 대한 관심은 어떻게 형성된 겁니까? 경험적인 것과 이론적인 것 사이의 긴장 관계는 없습니까?

●● 프랑스 어로 "누구나 나폴리 사람 같은 데가 있는 법on est toujours le néapolitain de quelqu' un"이라는 좋은 말이 있지요. 그런 의미에서 만사는 상대적이에요. 영국인이면서 동시에 역사가라는 것은 마치 지역적 경험론과 직업적 경험론이라는 알약을 한꺼번에 먹는 것이라고나 할까요! 어쨌든 내가 동료들에 비해 덜 경험론적으로 보였고, 그래서 그들은 나의 주장이 확실한 기반 위에 놓여 있지 않다고 생각합니다. 내가 철학을 읽은 경험이 그 발단인 것 같기도 해요. 많은 학교들이 철학을 전혀 강조하지 않을 때에 내가 다녔던 가톨릭 학교는 토마스 아퀴나스를 읽도록 권장했거든요. 옥스퍼드 진학을 위한 장학금 시험에 대비해서는 알프

레드 아이어와 길버트 라일을 읽었고, 학부 시절에는 비트겐슈타인을 읽었지요. 이후로는 사회학과 인류학을 공부했습니다.

나는 이론적 접근과 경험적 접근이 원러상으로 어떤 갈등 관계에 있는지 알지 못하겠군요. 예컨대 막스 베버의 경우를 들어봅시다. 그는 비교사 쪽 연구들을 광범위하게 섭렵하고 이 기초 위에 이론들을 세웠습니다. 모든 이론은 무엇에 대한 이론이어야 하므로, 당연히 그것에 대한 정보가 필수적이지요. 반면 칼 포퍼를 비롯한 학자들이 입증했듯이, 극단적 경험론자의 생각과는 반대로 과학자가 적어도 검증을 위한 잠정적 이론—혹은 가설이나 모형—을 가지지 않은 채 체계적인 관측을 한다는 것은 불가능하지는 않다 하더라도 매우 어려운 일입니다(나는 사실과 이론의 이분법을 좋아하지 않기 때문에 위에서 '가설'이나 '모형'이란 말을 끼워넣었는데, 여기에는 다양한 뉘앙스가 내포되어 있습니다).

마찬가지로 무언가를 찾고 있지 않은 사람은 기록보관소에서 제대로 작업할 수 없습니다. 만약 베네치아 국립 기록보관소에 100킬로미터 길이의 자료가 있다고 할 때, 사람들은 왜 어떤 문서는 읽으면서 다른 문서는 읽지 않을까요? 그래서 '사실'과 '이론'은 상호의존적이라는 거지요. 설사 스스로 완전한 경험론자라고 생각하는 역사가일지라도 매일 매일의 연구 속에서 의문을 제기하고 문제를 탐구하게 되어 있어요. 일종의 칵테일을 만들기 위해서는 사실과 이론을 섞어야 합니다. 남는 문제는 이런 겁니다. 우리는 어떤 이론을 무슨 이유로 택해야 하는가? 칵테일 속에 들어갈 이론의 양은 어느 정도인가? 여기서 갈등이 일어날 여지는 있겠습니다만.

● 당신의 말은 역사가가 어느 시점에 어떤 특수한 이론을 택하지 않으면 안 된다는 것입니까? 이론과 사실이 혼합된 칵테일 외에 다양한 이론들로 이루어진 칵테일은 만들 수 없는 건가요?

●● 당신 말에 충분히 수긍합니다. 그리고 내가 학문적 경력의 많은 부분을 바치고 있는 작업이 그러한 이론 칵테일이라고 생각합니다. 나는 한번도 마르크스주의자, 베버주의자, 뒤르켐주의자, 혹은 구조주의자가 되어본 적이 없으니까요. 물론 이것 저것을 아무렇게나 섞을 수는 없겠지요. 어떤 관념들은 다른 관념들과 일관되지 않을 수도 있어요. 내가 보기로는 역사적 상황 속에서 검증을 위한 모형이나 이론을 구성하는 데 유일한 제한이 있다면 바로 그것이에요. 예컨대 순수하고 교조적인 마르크스주의자라면 '절충주의자' 만큼이나 칵테일 섞는 사람—나뿐만 아니라 카를로 긴즈부르그, 케이쓰 토머스, 내털리 데이비스를 포함하는—을 비난하겠지요. 그건 아이러니에요. 그렇지 않습니까? 왜냐하면 마르크스 자신이 바로 이러한 의미에서 절충주의자였기 때문이지요. 그는 헤겔, 아담 스미스 등의 요소들로부터 이론을 만들지 않았던가요? 마치 노베르트 엘리아스가 문명화과정에 대한 이론을 프로이트와 베버의 단편들로부터 만들어낸 것처럼 말입니다. 하지만 마르크스는 어쨌든 대부분의 시간을 통일성과 일관성을 유지하는 데 세심한 주의를 기울였지요.

● E. P. 톰슨만큼이나 저명한 한 역사가는 언젠가 미셸 푸코를 가리켜 엉터리라고 한 적이 있습니다. 푸코는 역사가에게 어떤 가치가 있다고 보십니까?

●● 내 생각에 역사가에 대한 푸코의 가치는 본질적으로 부정적이라고 봅니다. 물론 철학자로서 그의 업적을 일단 제외한다면 말이지요. 즉, 그는 기존의 상례적 지혜, 예컨대 정신병원과 새로운 종류의 감옥이 출현한 것이 인도주의적 의미에서 진보의 결과라고 하는 관념에 강력한 비판을 제공했습니다. 긍정적 측면에서 보면, 그는 권력과 지식을 둘러싼 논쟁의 개념을 재편했는데, 그것 역시 중요합니다. 하지만 정신병원, 감옥, 공장, 새로운 종류의 학교 등의 출현에 대한 해석은 그것대로 비판의 대상이 되었지요. 그의 주장은 그가 깊이 있는 역사 연구를 할 준비가 되어 있지 않았다는 사실 때문에 손상을 입었습니다(그는 프랑스의 경험을 유럽에 일반화하는 경향이 있었어요. 물론 이러한 경향이 비단 푸코에게만 국한되는 것은 아니겠지만 말이죠). 좀 더 정확히 말하면, 사회적 관습을 다룬 그의 책, 특히 《광기의 역사》 및 《감시와 처벌》은 《말과 사물》과는 달리 이런 한계를 가지고 있어요. 그의 시대 이후 여러 사람들이 이를 연구해 왔는데, 종종 푸코가 제시한 결론에 제한을 가해야 할 필요가 있었지요. 이 예를 보면 우리가 앞서 얘기했던 사항, 즉 역사를 쓰는 데 기록보관소가 필요하다는 점을 되새길 수 있습니다.

"푸코는 기존의 상례적 지혜, 예컨대 정신병원과 새로운 종류의 감옥이 출현한 것이 인도주의적 의미에서 진보의 결과라고 하는 관념에 강력한 비판을 제공했습니다. 긍정적 측면에서 보면, 그는 권력과 지식을 둘러싼 논쟁의 개념을 재편했는데, 그것 역시 중요합니다."
그림은 미셸 푸코.

● 푸코가 과대평가되어 있고, 긴즈부르그의 주장처럼 대부분의 경우 '니체에 대한 주석'에 불과하다는 것에 의견을 같이 하십니까?

●● 어떤 측면에서는 그가 과대평가되고 있고, 또한 어떤 곳에서는 그의 관념들에 대한 숭배 풍조가 존재한다는 것—영국의 경우는 세계의 다른 지역보다 이런 풍조가 덜하기는 하지만—은 확실합니다. 그리고 푸코가 니체에 많은 부분을 빚지고 있다는 것도 분명합니다. 그의 역사 저작에서 뚜렷이 나타나는 '계보'의 개념 같은 것이 그 일부지요. 아마 장래의 철학사에서 그는 니체의 계승자들을 다룬 한 장章을 차지할 겁니다. 나는 그가 니체에 대한 주석 정도에 머물지 않는, 그 이상의 인물이라고 생각합니다. 이는—화이트헤드의 주장과는 반대로—서양 철학이 단지 플라톤에 대한 주석만은 아닌, 그 이상인 것과 마찬가지죠. 푸코는 진료소, 정신병원, 감옥을 비롯한 여러 제도를 다룬 저작들에서 니체적 접근이라 부를 수 있는 방법을 채택하기는 했습니다만, 그렇다고 니체의 사도에 불과했던 것만은 아니에요. 그는 정신병원의 전통적인 역사 등에 대해 나름의 정밀하고도 구체적인 비판을 가했거든요. 푸코는 만년에 쓴 섹슈얼리티의 역사에 관한 일련의 책—내 생각으로는 가장 풍요롭고 계몽적인 저작인데요—에서 긍정적이고 독창적인 면모를 보여주고 있습니다.

● 프랑스의 중국학자인 마르셀 그라네는 "방법이라는 것은 이미 도달한 후의 길일 따름이다"라고 말한 적이 있습니다. 이러한 주

장은 최소한 선험적 규정들에 의문을 제기하거나, 적절한 질문들을 가지고 혹은 열린 마음으로 기록보관소에 가라는 식의, 연구자들이 흔히 듣는 조언이 아무 쓸모가 없다는 것을 암시하는 것처럼 보이는데요. 이에 대해 한 말씀 해주시겠어요?

●● 나는 모든 경우에 적용 가능한 절차라는 의미에서 '하나의' 역사적 방법이 존재한다고 믿지는 않아요. 아마 많은 상황들에서 나는 그라네에 동의할 겁니다. 하지만 어떤 방법들, 다수의 방법들이 있을 거라고 믿습니다. 어떤 역사 서술에는 그에 적당한 방법들을 사용할 가치가 있다는 거지요. 예컨대 나는 엘리트의 역사에 대해 연이어 두 권의 책을 썼는데요. 그때 택한 것이 수백 명의 사람들을 다루는 '집단 전기prosopography' 의 방법이지요. 이는 이미 고대 로마를 연구하는 일부 역사가들이 썼던 것이고, 영국에서는 영국의 지배계급을 다룬 루이스 네이미어와 로렌스 스톤이 사용한 바 있습니다. 집단 전기에는 그 나름의 위험성이 내재되어 있습니다. 그래서 방법론 논쟁 속에는 이러한 위험성에 대한 논의도 들어 있지요. 하지만 집단 전기를 시도하지 않는 것은 더 위험해요. 왜냐하면 어떤 집단의 구성원 하나하나를 세밀히 조사하지 않은 채 일반화할 가능성이 있기 때문입니다.

나는 퀜틴 스키너 역시 지성사의 어떤 문제들에 접근하는 데 적절한 방법을 만들어냈다고 생각합니다. '어떤 한' 방법이란 말이 곧 '유일한' 방법이란 뜻은 아니죠. 동일한 자료에 망탈리테사의 방법으로 접근하거나 혹은 라인하르트 코젤렉과 그 일파들이 행한 '개념사Begriffsgeschichite'의 방법으로 접근하거나, 모두 나름 대로의 가치가 있는 법이거든요.

● 당신은 브로델이 주장한 '전체사histoire totale'를 향해 "한 걸음씩 나아가고" 있다고 대단한 낙관을 표명한 바 있습니다. 비록 역사의 파편성에 대한 인식이 점증하고 접근방법과 관심사가 확대되었지만, 정작 과거에 대한 이해는 더 깊어지거나 넓어지지 못하고 있는 것 아니냐고 불만을 표시하는 사람들이 있는데요. 당신은 이를 어떻게 생각하십니까? 파편화 현상은 나쁜 것이고, 역사가들 간의 학제성과 대화는 현실이라기보다 그저 하나의 이상일 뿐이라고 보십니까?

●● 물론이지요. 나는 '전체사'를 향한 브로델의 이상을 믿습니다. 그것이 특수한 문제, 집단, 장소 혹은 시기를 전체의 일부로 보려는 시도라는 의미에서 그렇다는 겁니다. 유감이지만 나는 역사 연구가 점점 더 파편화되고 있다는 것을 인지하고 있어요. 지식 일반이 그런 것처럼 말이지요. 집단적 차원에서 보면 인간은 더욱 많은 것을 알아가고 있습니다. 하지만 개별적 차원에서 어떤 연구자 자신의 '전공'—이는 지적 소유권을 묘사하기 위한 의미심장한 비유지요—과 그 외의 다른 분야 간의 연관성을 파악하기는 더욱 어렵게 되어가고 있어요. 이런 식의 흐름은 이미 오래된 겁니다.

유감스럽지만 이른바 '새로운 역사'—나는 1960년대 이후 이 운동에 열정적으로 참여해 왔습니다만—의 출현이 이 측면에서 문제를 더 악화시켰다는 점 역시 인정하지 않을 수가 없군요. 모든 사람, 모든 종류의 행위를 포함시키기 위해 역사의 영역을 확장함으로써 한편으로 역사가 풍요로워지기는 했지만, 파편화 현상이라는 대가도 치러왔습니다. 유럽인들이 다른 세계의 역사에 점점 더 많은 관심을 가지게 되었다는 점은 환영할 일이지만, 이 때문에 제공되는 역사의 종류가 증폭되고 파편화 현상도 심해졌다는 점도 사실이에요.

나는 1962년 당시로서는 '새로웠던' 서식스 대학에 부임하면서 학제적 접근—역사, 사회학, 문학, 인류학 연구 간의 연관성에 초점을 맞추면서—을 실행에 옮겨보려고 노력했습니다. 여러 학제를 조합하는 것이야말로 파편화 현상에 대한 하나의 처방책이지요. 선배들에 비해 지적으로 유연한 학생들이 이런 접근법을 재빨리 배우는 모습을 보는 것 역시 언제나 신나는 일이기도 하고요.

하지만 처방책은 부분적일 뿐입니다. 30년 전에 비해 오늘날 더욱 극명해진 것은 다른 특수한 학제에 결합된 상이한 역사가 집단들이 출현했다는 겁니다. 철학을 한 지성사가, 사회학을 한 사회사가, 인류학을 한 문화사가 등이 그 예입니다. 각 집단은 이전보다 더 많이 다른 학제에 속한 사람들에게 말을 걸고 있지요. 문제는 정작 다른 종류의 역사가들과는 얘기를 덜 나누고 있다는 거에요!

하지만 희망은 있어요. 지역, 사회 집단, 지적 학제들 간의 연관성을 보여주는 것이 파편화 현상과 싸우는 한 방법입니다. 전문화를 옹호하는 사람들은 전체적 접근방법이 피상적이라고 비난하면서, 역사를 깊이 있게 연구해야 한다고 주장하지요. 하지만 폭과 깊이를 결합하는 것은 충분히 가능한 일입니다. 지역과 전체 간의 연관성을 보여주는 것이 한 예지요.

● 비교사적 접근은 역사가들과 얘기하기에 좀 민감한 주제 같습니다. 왜냐하면 비록 마르크 블로크 이후—혹은 그보다 훨씬 이전부터—사람들이 그것을 옹호하기는 했지만, 실제로 활용된 예는 그리 많지 않기 때문입니다. 사실 오늘날 어떤 역사가도 이러한 접근법이 과거 연구에 유익하다는 점을 부인하지는 않아요. 하지만 막상 이와 관련해서 자신의 저작에 의문이 제기되면 그들은 그 방법에 연루된 엄청난 난점들에 불편한 심기를 보이는 것같습니다. 물론 잭 구디처럼, 이런 방법을 적극적으로 사용하고 또한 인종 중심주의와 왜곡된 '타자' 관에 대항하기 위한 수단으로서 그것을 옹호하는 일단의 학자들도 있습니다만. 당신의 견해는 어떻습니까?

●● 나는 조금 전 자신의 연구나 전문 지식을 전체 속에 위치시키는 문제를 얘기했습니다. 비교란 바로 이런 작업을 하기 위한 체계적 시도라고 할 수 있어요. 그것은 잭 구디가 제대로 비판하고 있는 민족 중심주의뿐 아니라 전문학자들의 지역주의에 대한 처방책입니다. 역사가는 보통 관심사가 특수한 것에 있다고 말하

기를 좋아하지요. 일반화는 사회학자나 경제학자 등에 맡기고 말이죠. 그들 중 다수는 만일 어떤 장소, 시기 혹은 사회 집단을 다른 것과 비교·대조하지 않는다면 그것의 특수한 점은 아무 것도 말할 수 없다는 사실을 인식하지 못하고 있는 거에요! 하지만 비교사적 방법을 쓴다는 것은 곧 자신의 '전공' 밖을 읽는다는 걸 의미합니다. 너무 소심하거나 게을러서 그렇게 하지 못하는 사람들도 있겠죠.

비교사는 오랫동안 나의 깊은 관심사였습니다. 한때 비교사 총서를 총괄 편집하기도 했지요. 그중 한 권인 《베네치아와 암스테르담 Venice and Amsterdam》을 썼고요. 하지만 이 총서는 1970년대를 끝으로 더 이상 나오지 못했습니다. 필자를 구하기가 어려웠거든요. 《베네치아와 암스테르담》은 일찍이 마르크 블로크가 '인접 비교'라고 불렀던 연구에 해당합니다. 구디가 집중하고 있는 먼 거리 비교는 훨씬 더 큰 도전이죠. 위험성과 보상이 함께 커지기 때문입니다. 위험성이 더 커지는 이유는, 다른 문화를 초보적으로 이해하기 시작하는 데만도 많은 시간이 걸리고, 게다가 연구가 피상적이 될 위험도 심각하기 때문이지요(물론 출판 전에 전문 학자에게 보여줄 여지는 항상 있겠지만 말이죠. 나의 경우 중국과 일본을 연구하는 역사가들에게 의견을 구한 것이 많은 도움이 되었어요). 보상이 더 커지는 이유는 비교가 '전체사'라는 목표로 접근하는 하나의 길이기 때문입니다.

학자들이 대규모의 비교사를 쓴 것은 대략 지난 세대 근처였습니다. 예컨대 배링턴 무어의 《민주주의와 독재의 사회적 기원》, 유럽사를 비교사적 틀 속에서 다룬 페리 앤더슨의 두 저작, 혹은 그와 형제간인 벤의 민족주의에 대한 비교사적 연구 《상상의 공동체》 등이 생각나는군요.[29] 나의 계획은 좀더 제한적이었습니다. 나는 특수한 공간과 시간에 초점을 맞추는 경향이 있어요. 물론 중심 문제를 더 넓은 틀 속에서 바라보려고 애는 쓰지만 말입니다. 예컨대 《르네상스 이탈리아의 문화와 사회 Culture and Societ in Renaissance Italy》의 경우는 이탈리아와 네덜란드 간의 인접 비교와 일본과의 먼 거리 비교라는 두 가지 비교로 끝을 맺었지요. 《루이 14세의 이미지 만들기》는 아우구스투스로부터 무솔리니와 마가렛 대처에 이르기까지 다른 시대의 통치자들이 행한 이미지 만들기 과정과 비교 및 대조를 하고 있습니다.

● 젊은 역사가에게 해줄 만한 조언이 없겠느냐고 카를로 긴즈부르그에게 물었더니, "도덕적 상상력"을 자극하는 한 방법으로 소설을 읽어볼 것을 권했습니다. 로버트 단턴은 살인과 강도 사건을 취재하는 기자로 일해 보라고 했어요. 사실을 존중하고 모든 것이 담론에 불과하다는 관념에 대항하기 위해서랍니다. 퀜틴 스키너는 기어츠나 푸코처럼 "자신들의 관습에 대해 고찰한" 뛰어난 "철학자들"을 읽으라고 했고요. 그들로부터 자료에 대해 중요

---

[29] Barrington Moore, *Social Origins of Democracy and Dictatorship* (Boston: Beacon Press, 1967); Parry Anderson, *Passage from Antiquity to Feudalism* (London: New Left Books, 1974); Parry Anderson, *Lineages of the Absolutist State* (London: New Left Books, 1974); Benedict Anderson, *Imagined Communities* (London: Verso, 1983).

하고도 상상력이 풍부한 문제를 제기하는 법을 배울 수 있다는 거죠. 케이쓰 토머스는 주제와 학제를 가리지 말고 광범위한 독서를 해야 한다고 했습니다. "왜냐하면 역사란 결국 역사가가 가져다 놓는 것이기 때문"이랍니다. 당신은 꾸준히 소설을 읽는 경우니까 하는 말인데요. 긴즈부르그의 조언이 가장 효과적이라고 보십니까?

●● 사실 나는 네 학자들의 조언에 모두 찬성하고, 그중 세 가지—기자가 되어 본 적은 없으니까요—는 따르려 애쓰고 있지만, 여기에다 무언가 다른 조언을 첨가하고 싶어요. 나에게 과거에 대한 연구는 그것이 가졌던 물질 문화와 분리될 수 없는 것입니다. 어릴 때 난 중세사에 빠져 있었는데요. 그것은 주로 그 시대에 속하는 수많은 물건들을 본 결과였지요. 특히 고딕 대성당, 그림으로 장식된 필사본, 빅토리아 알버트 박물관에 전시된 가구, 런던 탑을 비롯한 여기저기에서 볼 수 있는 갑옷과 무기들 같은 것 말이에요. 이러한 물건들은 역사적 상상력의 발동에 굉장한 자극이 되거든요.

소설에 대한 질문으로 되돌아갈까요. 나는 소설을 그저 재미로 읽습니다만, 내가 역사가란 사실은 여행 혹은 다른 어떤 일을 할 때나 소설을 읽을 때나 변함이 없기 때문에, 책 여백에다가 이것저것 짤막한 글을 써 갈기곤 하지요. 글을 쓰는 기술에 대해 쓰는 경우도 있고, 소설이 다루고 있는 시대의 문화에 관한 경우도 있어요. 이런 짓을 할 때는 대부분 역사소설을 읽고 있을 땐데요.

그것도 《전쟁과 평화》, 《웨이벌리 *Waverley*》, 《약혼자 *I Promessi Sposi*》 등과 같이 이국적 무대에서 펼쳐지는 시대극에 불과한 것이 아니라, 적어도 역사적 과정을 다룬 경우에 그렇습니다. 또한 단지 과거를 상정한 것이 아니라 진짜로 역사를 다룬 몇 편의 영화도 있어요. 구로사와 영화처럼 일본에 총이 소개되고 난 뒤 몰락한 사무라이를 다룬 것이 일례지요.

● 당신의 책을 비판하는 사람들을 주요한 대화 상대라고 보십니까? 당신의 생각을 발전시키는 데 그들이 어떤 특별한 역할을 합니까?

●● 난 사실 그동안 영국사를 연구하는 영국의 주요한 역사가들—힐, 톰슨, 스톤 등—이 겪었던 식의 역사적 논쟁에 별로 연루된 적이 없었습니다. 때때로 있는 일입니다만, 누군가 이탈리아사에 대한 나의 견해에 반대할 경우, 나에게는 그것이 종종 오해로 생기는 것처럼 보였습니다. 내가 하지도 않은 것에 반대한 거지요.

내가 언제나 옳다고 주장하려는 것이 아닙니다! 하지만 나는 극단적 해석보다는 온건한 입장을 더 좋아합니다. 나도 그동안 논쟁을 불러일으킬 수도 있었고, 좀더 극단적인 주장으로 내 책에 대한 관심을 고조시킬 수도 있었습니다만, 이런 일이 자연스럽게 되지가 않는군요. 과도한 논쟁을 촉발하는 일은 지적으로 정직하지 못한 행위라고 생각했던 것이지요.

나에게 좀더 자주 일어났고 게다가 훨씬 더 짜증스러운 것은, 내가 사용한 접근방법의 요점을 알지 못하겠다고 주장하거나 혹은 단지 '요즘 유행하는 것'이라는 딱지를 붙이는 데 만족하고는 더 이상 다른 말은 하지 않는 식으로 무시해버리는 경우입니다. 나는 물론 상이한 접근방법이 지닌 이점과 불리한 점에 대해 진지하게 토론하는 것은 환영합니다만, 왜 반대하는지 일언반구도 없이 내 연구를 그냥 무시해 버리는 경우에는 성이 납니다.

내 책을 다룬 서평들 중 많은 점을 배운 경우도 있었지만, 보통—항상 그렇다는 것은 아니고—세부 사항에 대한 것입니다. 이보다는 원고 상태의 글을 읽어준 사람들, 세미나에서 글을 발표했을 때 날카로운 질문을 한 사람들에게서—나는 때때로 몇 주가 지난 후에도 여전히 질문에 대답하려 애쓰고 있습니다—훨씬 많은 것을 배웠어요. 그리고 가장 많은 것을 배운 경우는 어떤 측면에서 나의 모델이 되었던 역사가를 비롯한 여러 학자들로부터입니다. 특히 전체사의 이상을 제시한 브로델과 세계적 차원의 비교사를 제창한 막스 베버, 문화사가 어떤 식으로 씌어질 수 있는지를 보여준 부르크하르트와 회이징아와, 그리고 수십 년간 끊어졌다 이어졌다 하면서 대화를 지속해 온 이 책 속의 역사가들 대부분이 그렇습니다.

● 이 모두가 당신의 스승이자 우상이란 말입니까? 당신과 함께 당신이 쓴 책들에 대해 토론한다고 상상하는 모든 사람이?

●● 맞습니다! 토머스는 말 그대로 내 스승이지요. 그는 지금도 나를 위한 추천서를 쓰고 있는데, 비록 40년이 지나도 한번 맺어진 사제 관계를 깨뜨리기는 어려운 법입니다. 크리스토퍼 힐과 로렌스 스톤, 에릭 홉스봄도 내가 학생이거나 1960년대에 교단 초년 시절의 스승들이었고요. 역사 워크숍History Workshop의 창설자였던 라파엘 새뮤얼도 꼭 언급해야겠군요. 그는 나의 형이나 다름없었거든요. 난 그들 모두와 때로는 실제로 때로는 상상 속에서 토론을 해 왔던 겁니다.

브로델과 베버, 그리고 부르크하르트와 회이징아는 분명히 나의 우상들입니다. 몽테뉴, 체호프 등도 그렇습니다(방법은 아직 잘 모르지만 체호프 식으로 역사를 쓰고 싶을 정도입니다). 하지만 내가 쓰는 것을 어깨 너머로 읽다가 때로 이의를 제기하는 상상 속의 사람들도 대개는 내 책을 논하는 현실 속의 사람들과 동일한 인물들입니다. 역사가든 혹은 인류학이나 문학처럼 다른 학제의 사람들이든 간에 말이죠.

● 베이컨의 말처럼, 맛을 보아야 할 책도 있고 꿀꺽 삼켜버려야 할 책도 있지만 소화를 시켜야 할 책은 오직 소수에 불과하다고 할 때, 미래의 역사가들이 꼭 읽도록 권할 만한 책들을 소개한다면 어떤 것이 있겠습니까?

●● 나는 의무적으로 독서를 시킨다는 생각은 좋아하지 않습니다. 역효과가 나기 때문이죠. 나는 오랫동안 찰스 디킨스의 소설

을 싫어했는데요. 그 이유는 학교에서 《황량한 집 *Bleak House*》을 억지로 읽혔기 때문이에요! 어쨌든 나는 역사 서술의 측면에서는 어디까지나 다원론자입니다. 역사를 쓰기 위한 좋은 방법들이 많이 있는데, 그중에는 나 자신은 쓰지 않지만 경제사와 정치사의 방식도 들어 있다는 의미죠.

하지만 아주 강력히 추천할 만한 책들도 있습니다. 예를 들면 블로크의 《마법사 왕 *Les Rois thaumaturges*》, 분량이 많지만 브로델의 《펠리페 2세 시대의 지중해와 지중해 세계》, 이미 언급한 부르크하르트와 회이징아, 중국을 다루는 조나산 스펜서의 연구, 18세기 영국을 다룬 네이미어의 통찰력 있는 저작 등이지요. 이 모든 책들은, 비록 반드시라고는 할 수 없겠지만, 가능한 한 소화하고 변주해서 차후 자신의 저작을 위한 처방으로 써야 합니다.

역사가가 되는 데 중요한 것은 역사 서술이 얼마나 다양한 형태를 가지고 있는지, 또한 역사를 쓸 때 어떤 모형을 따르고 거부하거나 선택할 것인지를 인식하는 것입니다. 그렇게 해서 스스로의 성향과 주제에 맞는 접근방법을 고르고, 가능하다면 자신의 주제와 다른 사람들의 주제 간에 연관성이 있음을 보여주는 거지요. 이는 또한 앞서 논의했던 파편화의 위험성을 피하는 데도 도움이 됩니다.

● 당신은 한때 열정적인 방식으로 역사를 쓰는 긴즈부르그의 열렬한 찬양자라고 고백한 적이 있습니다. 반면 당신의 저작에 대해 평을 하는 사람들은 종종 당신의 온건한 스타일—언어에서나 감

정에서나—그리고 주제와의 거리감을 지적하곤 합니다. 당신이 종합성과 온건함을 택한 것은 근본적으로 영국의 문화적 특질에서 연유한 것입니까? 혹은 원칙의 문제로서 의식적으로 결정한 결과인가요?

●● 역사의 스타일은 역사가가 연유한 문화의 측면에서 일부 설명될 수 있다고 생각합니다. 단지 일부에 불과하지만 말입니다. 열정적으로 글을 썼던 E. P. 톰슨과 놀랄 만큼 주제와 거리를 두고 글을 썼던 에릭 홉스봄은 같은 문화권 출신이지요. 사실 그들은 똑같이 영국 마르크스주의라는 하위 문화에 속한 사람들 아닙니까! 성향도 문화만큼이나 관계가 있죠. 쓰고 있는 역사가 어떤 종류인가 하는 것도 그렇고요. 경제적 분석은 보통 정치적 서술보다 좀더 차갑고, 유럽 전체를 다루는 역사가는 한 지역이나 마을을 주제로 삼은 역사가에 비해 그 방대한 주제 때문에 거리감을 느끼기 쉽지요. 앞서 싱가포르에 대해 얘기하면서도 말했지만, 나는 기질상 구경꾼이에요. 그리고 갈등을 대할 때 하나 이상의 관점에서 보려고 애씁니다. 물론 모두가 나처럼 역사를 써야 한다고 주장할 생각은 없지만, 당신이 '거리를 둔' 역사라고 부른 것, 특히 과거에 대해 가능한 복수적 관점을 보여주려 하는 역사가 갖는 기능은 중요하다고 봅니다. 대안이 무엇인지를 충분히 생각지 않고 정치적 입장을 취하는 사람들이 사실 너무 많거든요.

● 당신의 저작들은 매우 다양한 주제를 다루고 있고, 각각의 접근방법도 다르지요. 하지만 당신은 여성사나 혹은 그것의 좀더 현대적 형태인 젠더사에는 별로 끌리지 않는 것 같은데, 그 이유는 무엇입니까?

●● 나는 예전부터 여성의 역할과 경력을 가로막는 장애물에 관심을 가지고 있었습니다. 1960년대에 르네상스의 문화와 사회를 다룬 책을 쓰면서 왜 유명한 예술가와 작가는 어떤 특정한 사회집단 출신이며 다른 집단 출신은 아닌가라는 의문을 던지고 그것에 답하려 애썼습니다. 1980년대에 와서 피렌체와 베네치아의 인구조사에 대해 연구하고 있었을 때, 나는 여성들이 얼마나 다양한 직업을 가지고 있었는지를 알게 되었지요. 심지어 선원인 경우도 있었어요("선원 이사벨라" 등). 이를 계기로 나는 《근대초 유럽의 역사 인류학 *Historical Anthropology of Early Modern Italy*》을 쓸 때, 몇 페이지를 여성의 일에 할애하게 되었습니다. 발다사르 카스틸리오네의 《정신론廷臣論 *Il Cortegiano*》이 어떻게 수용되었는지를 다룬 책에서는 여성 독자를 상당히 강조했지요. 최근에 나온 《유럽 르네상스: 중심과 주변》에서는 여성후원자에 관해 얘기했고요. 물론 전적으로 여성사만을 다룬 책을 쓰지 않은 것은 사실입니다. 내가 여성사를 쓰는 데 주저하게 된 것은 영국에서 일어난 운동의 정치 역학과 관련이 있을 수 있습니다. 역사 워크숍 그룹을 통해 아래로부터의 역사와 여성사가 결합되었고, 나도 초기에는 참여했습니다만, 내가 받은

인상은 여성들이 자신들의 일에 남성이 개입되는 것을 원치 않는다는 것이었어요.

● 당신은 언젠가 당신이 내는 새 저작은 부분적으로 앞의 저작에서 부족했던 점을 보완하려는 시도라고 말한 적이 있는데요. 당신이 현재 하고 있는 지식의 사회사에 대한 작업도 이런 식으로 이해할 수 있겠습니까?

●● 앞서도 말했지만, 브로델 식의 전체사 개념은 나에게 끊임없는 영감을 주었습니다. 일종의 몰입이라고까지 말할 수 있을 정도에요. 그러한 이상을 단일한 계획만으로는 도저히 이룰 수 없다는 것이 분명하기 때문에, 나는 매번 '역사적 경험의 다양성'이라고 할 만한 것을 탐색하려 했지요. 이탈리아 르네상스를 다룬내 책이 인쇄본 자료에 기초하고 있었다면, 다음에는 베네치아와암스테르담에 관한 책을 쓰기 위해 기록보관소로 갔어요. 연속적인 두 저작에서 엘리트 연구에 초점을 맞춘 후 의도적으로 민중문화의 역사로 방향을 선회했지요. 마찬가지로, 비교적 정치에대해 언급하지 않은 여러 책을 쓴 뒤에 정치와 문화 간의 관계에대한 사례 연구인 루이 14세를 다룬 책을 내놓았습니다.
지식의 사회사에 대한 작업은 새로운 방향을 향하고 있습니다만, 어떤 의미에서는 앞서 나온 저작들과 주제 면에서 호응하고 있어요. 그것은 《르네상스 이탈리아의 문화와 사회》와 같이 문화에 대한 사회사에요. 그것은 《근대 초 유럽의 민중 문화》처럼 '지식'을 다원성과 상호작용의 측면에서 보고 있지요. 또한 《역사학과 사회 이론 *History and Social Theory*》에서 그랬듯이 지식과 사회에 관련해서는 만하임, 권력과 지식 및 새로운 '지식의 인류학' 등에 대해서는 푸코와 같은 이론가들을 체계적으로 이용하고 있습니다. 나는 이미 16세기에서 18세기에 이르는 역사 지식에 대해 수많은 사례 연구들을 해왔는데, 〈사회사의 사회사 The Social History of Social History〉란 글도 그 중 하나지요.

● 로버트 단턴은 한때 스스로 '역사가의 꿈'이라고 부른 것, 즉 18세기 스위스 최대의 출판업자가 소유했던 미발굴 자료라는 보물창고 속으로 걸어 들어간 적이 있습니다. 비슷한 일이 케이쓰 토머스에게도 있었는데, 그는 17세기 점성술사가 고객들에 대해 써놓은 노트를 발견했던 거지요. 이런 일이 당신에게도 일어난 적이 있습니까?

●● 1982년 로마에서 그와 유사한 일을 겪었습니다. 국립 기록보관소에서 작업하고 있을 땐데요. 나는 로마 행정 법정에서 다루어진 판례들을 살피기 시작했지요. 당시 나는 언어의 사회사에 관심을 기울이고 있었는데, 그 기록보관소 목록에는 모욕 사건을 다룬 약 백 개 정도의 판례가 있었어요. 모두가 16세기 말에서 17세기 초의 사건이었죠. 이탈리아 기록보관소의 통상적 관례가 그렇듯이, 로마에서도 연구자들에게 하루 세 부buste의 자료밖에는 배당이 되지 않았습니다. 내가 찾는 모욕 사건은 서류 한 부에 평

균 한 건 정도밖에 나오지 않았기 때문에, 받은 자료를 점심시간 전에 다 읽어버리고 말았어요. 이렇게 되면 오후에는 놀든가 아니면 자료의 나머지 부분을 읽어보든가 둘 중 하나를 선택해야 했습니다. 자료에는 살인, 사기 등의 사건들이 20건이나 기록되어 있었거든요. 신문 체계는 이단재판소와 비슷했기 때문에, 사건을 보면 마치 보통 사람들이 말하고 있는 것을 듣는 기분이었지요. 그들 중 일부는 분명히 두려움에 떨고 있었을 겁니다. 취조실에 고문 도구들이 비치되어 있었거든요. 그리고 신문관이 그들에게 어떤 대답을 기대하는지, 어떤 대답을 해야 신문관의 마음이 가라앉아서 집으로 보내줄 것인지 추측하려고 애썼겠지요. 다른 사람들, 특히 피고의 이웃들은 증언하는 것을 오히려 즐기고 있는 것처럼 보일 정도였어요. 그들은 "내 의무를 다하겠습니다"라는 의례적인 말로 시작하여, 창문을 통해 보고 벽 너머로 들었던 사람이 그동안 어떻게 살아왔는지 온갖 시시콜콜한 얘기들을 뱉어냈습니다.

그래서 나는 연구를 아예 도시사 전체로 확대해 볼까 생각했어요. 관련 자료가 수백 권에 이르렀지만, 매년 로마에서 한두 달은 어렵지 않게 보낼 여유가 있었기 때문에, 각 사례들을 천천히 연구해 가면 이 대도시의 상을 거리 정도의 규모로까지 밝혀낼 수 있을 것 같았지요. 어떤 측면에서 이것은 아주 흥미로운 계획이었어요. 하지만 어떤 의미에서는 별로 모험적이라고 보기 어려웠습니다. 비록 학자들은 내가 모욕 사건을 연구한 것처럼 오직 한 가지 종류의 사례에 대해서만 연구하는 경향이 있었지만, 어쨌든 자료의 존재는 이미 알려져 있었으니까요. 도시사가를 비롯하여 수백 명의 사회사가들은 이런 방식으로 법원 기록을 연구합니다. 당신도 지적했듯이 나는 다른 종류의 역사를 쓰고 싶었고, 대부분의 동료들과는 달리 좀더 넓은 관점을 갖고자 했지요. 그래서 그 일을 접고 로마를 떠났습니다.

● 당신은 관찰자인 동시에 참여자 입장에서 아날학파에 대한 책을 썼지요. 스스로는 아날학파로부터 얼마나 거리를 두고 있는지, 혹은 어느 정도로 걸음을 나란히 하고 있는지 설명해 주시겠어요?

●● 아날의 역사학을 발견한 것은 나에게 하나의 계시였습니다. 1960년경 옥스퍼드 대학 학생 시절이었지요. 나는 그 운동의 주역들과 전통적인 역사학의 지배에 대항하는 투쟁을 알게 되었습니다. 1960년의 옥스퍼드에서는 일찍이 블로크와 페브르가 반기를 들었던 종류의 역사학이 여전히 주류였기 때문에 아날의 모습은 더욱 선명하게 식별되었죠. 막연하게나마 파리로 가서 브로델과 공부를 해볼까도 생각했습니다만, 당시 나는 옥스퍼드의 세인트 앤터니 칼리지에서 대학원생으로서의 자유를 만끽하고 있었기 때문에 실제로 가지는 않았습니다. 나의 이상은 아날 식의 역사를 쓰는 것이었어요. 나는 1960년대에 쓴 이탈리아 르네상스에 관한 책에서 그렇게 해보려고 했습니다. 아날의 전통에서는 별로 역사가들의 관심을 끌지 못한 주제이기는 했지만요. 이 책에서 나는 계열사histoire sérielle를 부르크하르트, 아비 바르부르크, 에

르윈 파노프스키 등과 연관된 독일적인 문화사 접근방법과 결합하려 시도했습니다.

그래서 나는 아날학파에 공감하는 사람이기는 해도 그 구성원은 아니었던 거지요. 특히 그들 간에 일어난 갈등에 휘말리거나 그들의 후원 체계에 편입될 생각은 조금도 없었습니다. 나는 그동안 수많은 아날 역사가들을 만났고 지금도 친구 같은 관계를 가지고 있습니다만, 가까운 사이는 아니에요. 그들이 나를 외부자로 본다는 것을 느낄 수 있거든요.

● 지난 몇십 년간 가장 성공적인 혁신 중 하나였던 망탈리테사는 최근 들어 망탈리테란 관념이 역사적 분석에 부적합하다는 이유로 공격을 받아왔습니다. 예컨대 잭 구디는 이런 관념의 사용이 역사가의 입장에서 어떤 '지적 나태'를 드러내는 것이라고 말합니다. 이 논쟁에 대한 당신의 견해는 어떻습니까?

●● 지적 나태란 어느 한 시기에 특유하게 일어나는 것이라고 봅니다. 즉, 어떤 개념을 사용하든, 그 개념의 한계를 인식하지 못하고 비유하자면 따옴표 속에 넣어 쓰지 않고 당연히 주어진 것으로 받아들이기 시작한다면, 언제나 지적 나태에 빠지게 될 거라는 말이지요. 물론 이는 '망탈리테'의 경우에도 일어날 수 있고, 또 일어났습니다. 그 개념을 실재화하기는 쉽지요. 마치 돌과 나무와 사람들이 존재하고 있다는 의미처럼 망탈리테가 '실제로' 존재했던 것으로 간주하면서 말입니다. 그래서 잭 구디가 그

렇게 불평한 것은 옳습니다. 제프리 로이드가 최근에 나온 자신의 책 제목 같이 '망탈리테를 탈 신화화할' 필요가 있다고 말한 것도 같은 맥락이지요.

물론 잭 구디의 불평에는 또 다른 맥락이 있어요. 그것은 다른 문화에 대한 이해를 방해하는 '오리엔탈리스트적인' 망탈리테의 서양식 전형이라는 겁니다. 우리는 이제 케이쓰 토머스도 논의했던 바 있는 인간적 차이의 문제로 되돌아와 있습니다. 우리는 마치 외국을 보듯이 과거를 보아야 하는 걸까요? 그러면 외국인은 우리와 얼마나 다를까요? 만약 그들이 우리와 똑같다고 가정한다면, 그것은 구체적이고 실제적인 층위에서 오류를 범하는 것이죠. 하지만 만약 우리와 아주 다르다고 가정한다면, 그것 또한 큰 오류라는 점에서는 마찬가지예요. 내가 제대로 이해했는지는 잘 모르겠지만, 그것은 파동과 입자의 개념에 대한 물리학자의 문제와 좀 비슷한 데가 있습니다. 예컨대 빛의 성질을 이해하기 위해서는 그 두 개념을 동시에 사용하지 않으면 안 되지요. 이처럼 우리는 다른 문화를 우리와 같기도 하고 동시에 다르기도 한 사고방식을 가진 사람들로 이루어져 있다고 보아야 한다는 겁니다.

그래서 다시 망탈리테 문제로 돌아왔군요. 우리는 사람들이 지닌 다양한 가정들, 즉 의식적으로 견지하는 관념들뿐 아니라 어떤 특정 장소와 시간에서 사람들이 당연한 것으로 여기는 것들에 대해 말하는 어떤 방식을 필요로 합니다. 만약 우리가 어떤 단어 하나를 버린다면, 이 개념적 공간을 메울 다른 단어를 만들어내려고 하겠지요. 하지만 오직 하나의 '옳은' 용어가 있지는 않을 겁니다. 모든 개념이 오용될 수 있으니까요. 나태란 개념 속이 아니라 바로 우리 안에 있는 거예요. 그래서 나는 '망탈리테'나 '사고방식'과 같은 용어가 여전히 유익하다고 생각합니다. 로크나 몽테스키외 같은 사람들이 그 말을 사용하기 시작했던 17, 18세기에 그랬던 것처럼 말이죠. 다만, 다른 개념의 경우와 같이 따옴표가 붙어있다는 점을 잊지 마세요!

● 지적 세계의 '주변부' 혹은 '반 주변부'에 속하는 나라들의 입장에서 볼 때, 중심부는 경계 밖에서 생산되는 것에 진정한 관심을 보이지 않는 것으로 생각되지요. 예컨대 브라질을 봅시다. 우리는 플로레스탄 페르난데스와 길베르토 프레이레 같은 일급 지식인들의 이름을 얘기할 수 있습니다. 하지만 그들은 혁신적 연구에도 불구하고 브라질 전문연구가를 제외하고는 지적 중심부에 알려지지 않고 있어요. 당신은 주변부적 '타자'에 상대적으로 냉담한 상황이 문화 상호간의 이해에 지장을 준다는 데 동의하십니까? 당신 생각에는 무엇이 이러한 상황을 치유하는 데 도움이 된다고 보십니까?

●● 유감스럽지만 어떤 사람이 어디에서 발언하는가 하는 점은 무엇을 말하는가 하는 점만큼이나 중요하게 간주되는 것이 사실입니다. 이 점은 언젠가 브로델이 폴란드 역사가인 비톨트 쿨라에 찬사를 표했을 때 아주 잘 드러났지요. 얼마나 진지한 의도인

지는 잘 모르겠지만, 그는 이렇게 말했어요. 쿨라는 자신보다 훨씬 더 총명하나, 자신은 사람들에게 그의 말을 쉽게 전해주는 '프랑스제 확성기'를 가지고 있다고 말입니다. 개인적 차원에서는 여러 언어를 배우려 노력하며 흥미로운 생각들을 찾고, 또 그것을 퍼뜨리는 일이 가능하지요. 나는 프레이레, 쿨라, 쿠바 사회학자 페르난도 오르티스 등의 중요성을 더 많은 사람들에게 알리려고 애썼습니다. 하지만 대규모의 문제는 대규모의 행동을 필요로 하지요. 당신도 알다시피, 학계의 '교환'이란 통상 주변부의 젊은이들이 중심부에 와서 몇 년간 체류하는 것을 의미합니다. 반면 주변부에서 단 며칠이라도 체류하는 사람은 중심부의 나이든 사람들밖에 없지요. 만약 상당수의 프랑스나 미국 젊은이들이 카이로나 리마 등지에서 1년 정도 보내며 지역 언어를 배울 수 있다면, 아마 상황은 바뀔 겁니다.

● 마르크 블로크는 '역사는 무엇에 쓰는 것인가?'라는 한 아이의 소박하고 단순한 질문에 답하기 위해 책 한 권을 썼습니다. 왜냐하면 그러한 질문이 '역사의 정당성'이라는 중요한 논제를 다루고 있기 때문이라는 것이었지요. 당신이라면 이 문제를 어떻게 다루겠습니까?

●● 만약 이 거대한 질문에 짤막하게 대답하기를 바란다면 나는 이렇게 말하고 싶군요. 과거에 대한 연구를 이용한다는 것은 우리가 살고 있는 세계에서 스스로 나아갈 방향을 잡는 데 도움을

받는다는 것을 뜻한다고요. 더 긴 대답을 하려면 이용의 성격들—얼마나 실용적인가의 여부—간의 차이, 과거의 성격들—얼마나 시간적으로 먼가의 여부—간의 차이 등을 따져야겠지요.

세계는 끊임없는 변화 속에 있기 때문에, 그 성격이 경제적이든 문화적이든 다른 어떤 것이든 간에 광범위한 시간적 흐름 속에 사건을 위치시키지 않고 그것을 이해하기란 불가능한 법입니다. 이것이 바로 왜 근접 과거를 연구하는가에 대한 본질적 정당화의 辨辭이죠. 근접 과거는 저절로 이해될 수 있는 것이 아닙니다. 나는 때때로 역사를 거꾸로 가르칠 필요가 있다고 생각해요. 현재의 사건들에서 시작하는 거지요. 현재의 사건들을 이해하기 위해 한 세대 전인 1960년대로 되돌아갈 수도 있을 겁니다. 1960년대를 이해하기 위해 다시 그 앞의 세대로 돌아가는 식으로 말이죠. 이렇게 되면 언제 멈출 수 있을까요?

역사의 또 다른 사용법은 사람들에게 '뿌리'를 말해 주는 것입니다. 자신과 가족이 몸담은 문화를 말하는 거지요. 급변하는 세계

속에서 점점 더 많은 사람들이 뿌리를 뽑혔다고 느끼는 이때에, 그리고 때로는 물리적으로 뿌리가 뽑혀온 것이 사실인, 코소보의 알바니아인들처럼 폭력에 의해 그렇게 되기도 했던 이 시기에, 과거에 대한 연구가 지닌 심리적 기능은 중요한 것입니다. 지난 수년간 지방사에 대한 관심이 증가한 것도 이 때문입니다.

하지만 우리 자신의 과거만을 연구하는 것은 위험합니다. 그것은 발칸 사람들의 경우에서 보듯이 편협성과 우월감을 부추기게 됩니다. 그래서 '우리'의 역사와 어느 정도 먼 과거에 산 다른 사람들의 역사를 결합하는 것이 매우 중요하지요. 나는 때때로 21세기의 세계 시민을 교육하기 위해서는 어떤 종류의 역사를 가르쳐야 할 것인가 생각하기도 합니다. 일단 세계사의 개요를 가르치는 것으로 이 일을 시작해야 한다는 강력한 주장이 있습니다. 그것은 좀더 구체적인 연구를 위한 틀이기도 하고, 오늘날 다른 문

화를 이해하도록 해주는 길이기도 하겠지요. 예컨대 비 무슬림 권 사람들은 이슬람 문화에 대해 알 필요가 있어요.

● 하지만 그동안 동유럽에서 진행되어 온 비극적 현실을 감안할 때, 다양한 집단의 사람들 사이에 평화와 조화가 도래할 기회를 늘리려면 뿌리를 찾기보다는 오히려 그것을 무시해야 한다는 생각은 하지 않습니까? 만약 잊어버리기가 기억하기보다 더 권장되었다면요?

●● 비록 나의 출신 배경이 다른 사람들만큼이나 분파적이기는 하지만―아버지는 갈웨이 출신이고 증조모는 IRA 편에 서서 총을 날랐지요―난 그런 생각에 깊이 공감하고 있습니다. 언젠가 북아일랜드에서 열린 한 학술회의에 초청되어 간 적이 있어요.

"나는 벨파스트 시내 건물 곳곳에 휘갈겨놓은 수많은 정치 구호들에 깊은 인상을 받았습니다. 특히 '1690년을 기억하라' 는 말이 반복되고 있는 데 놀랐어요. 그건 윌리엄 3세가 아일랜드 지배를 확립한 보인Boyne 전투를 가리키는 것이었지요. 당시 나는 분필이 있으면 벽에다 '1690년을 잊어버리라' 고 쓰고 싶은 심정이었습니다."
사진은 벨파스트 시내 한 건물의 벽(2003). 이 도시 곳곳의 건물에서는 여전히 각종 정치 포스터와 구호들을 볼 수 있다.

그때가 1969년이었는데요. 가톨릭 측과 프로테스탄트 측 사이에 노골적인 갈등이 일어난 지 얼마 되지 않은 때였어요. 나는 벨파스트 시내 건물 곳곳에 휘갈겨놓은 수많은 정치 구호들에 깊은 인상을 받았습니다. 특히 '1690년을 기억하라'는 말이 반복되고 있는 데 놀랐어요. 그건 윌리엄 3세가 아일랜드 지배를 확립한 보인Boyne 전투를 가리키는 것이었지요. 당시 나는 분필이 있으면 벽에다 '1690년을 잊어버리라'고 쓰고 싶은 심정이었습니다.

하지만 그것은 결코 쉽지 않습니다. 어쩌면 당신은 이 질문을 잭 구디에게 했어야 했을지도 모르겠군요. 그는 '구조적 기억 상실증'에 관해 글을 쓴 사람이니까요. 당신은 우리의 문제가 글로써 과거를 보존하는 데 있다고 보십니까? 그렇다고 해도 아직 글도 읽지 못하는 아이들에게 부모들이 프로테스탄트나 세르비아 인은 증오해야 마땅한 존재라고 가르쳐온 것, 즉 갈등을 향해 아이들을 '사회화'하는 것이 사실 아닌가요?

그래서 우리는 무엇을 하지요? 내 말이 역사가가 아니라 아마추어 정신분석학자처럼 들릴 수도 있겠지만, 그처럼 깊이 각인된 기억—어떤 문화권에서는 집단적 기억과 역사적 기억을 포함하여—은 결코 쉽게 잊혀져버릴 수 있는 것이 아니라는 점을 말하고 싶어요. 유일한 희망은 그러한 기억을 의식화해서 '그것을 돌파하는' 겁니다. 예컨대 학교에서 그것에 대해 토론함으로써 아이들에게 미리 상대방의 관점을 이해할 수 있는 기회를 주고, 이를 통해 '양편'의 생각들을 함께 포기하는 쪽으로 한 걸음 더 나아가는 것이지요. 지나치게 낙관적으로 들릴지도 모르겠지만, 내가 염두에 두고 있는 것은 예를 들어 1930년대에 내전으로 쪼개져 있었던 에스파냐의 경우에요. 지금 보면 에스파냐 사람들은 그 모든 일을 뒤로 돌린 듯이 보입니다. 전쟁의 공포에 대한 기억이 정치가들로 하여금 민주 체제의 규칙들에 복종하도록 만든 것이 아닌가 생각될 정도에요. 불쾌한 기억이라도 때로는 좋은 정치에 도움이 될 수 있다고 말해도 될까요?

1999년 5월에서 6월, 케임브리지에서

피터 버크의 주요 저작

Culture and Society in Renaissance Italy (London: Batsford, 1972).
독일어, 에스파냐 어, 프랑스 어, 네덜란드 어, 헝가리 어, 이탈리아 어,
일본어, 폴란드 어, 체코 어 역.

....

Venice and Amsterdam: A Study of Seventeenth-Century Elites
(London: Temple Smith, 1974). 이탈리아 어, 네덜란드 어, 프랑스 어,
독일어, 포르투갈 어, 에스파냐 어 역.

....

Popular Culture in Early Modern Europe (London: Temple Smith,
1978). 알바니아 어, 독일어, 세르비아-크로아티아 어, 네덜란드 어, 헝
가리 어, 이탈리아 어, 일본어, 포르투갈 어, 에스파냐 어, 스웨덴 어, 폴
란드 어, 에스토니아 어, 불가리아 어 역.

....

*Historical Anthropology of Early Modern Italy: Essays on Perception
and Communication* (Cambridge: Cambridge University Press,
1987). 독일어, 네덜란드 어, 이탈리아 어 역.

....

The French Historical Revolution: The Annales School, 1929~89
(Cambridge: Polity, 1990). 중국어, 독일어, 이탈리아 어, 일본어, 포르
투갈 어, 슬로베니아 어, 에스파냐 어, 스웨덴 어 역.

....

The Fabrication of Louis XIV (New Haven: Yale University Press,
1992). 네덜란드 어, 독일어, 이탈리아 어, 포르투갈 어, 프랑스 어, 에스
파냐 어, 스웨덴 어, 중국어 역.

....

History and Social Theory (Cambridge: Polity, 1992). 터키어, 이탈리아 어, 세르비아 어, 일본어, 한국어 역 [곽차섭 옮김, 《역사학과 사회 이론》(문학과지성사, 1994)].

....

Peter Burke, ed. *New Perspectives of Historical Writing* (Philadelphia: Pennsylvania State University Press, 1992; 2nd ed., Cambridge: Polity, 2001).

....

The Art of Conversation (Cambridge: Polity, 1993). 독일어, 이탈리아 어, 포르투갈 어, 에스파냐 어, 스웨덴 어 역.

....

Varieties of Cultural History (Cambridge: Polity, 1997). 독일어 역.

....

The European Renaissance: Centres and Peripheries (Oxford: Blackwell, 1998). 독일어, 이탈리아 어, 프랑스 어, 에스파냐 어 역.

....

A Social History of Knowledge from Gutenberg to Diderot (Cambridge: Polity, 2000). 독일어, 이탈리아 어, 에스파냐 어, 터키어, 일본어, 한국어 역 [박광식 옮김, 《지식: 그 탄생과 유통에 대한 모든 지식》(현실문화연구, 2006)].

....

Eyewitnessing: The Uses of Images as Historical Evidence (Ithaca: Cornell University Press, 2001). 한국어 역 [박광식 옮김, 《이미지의 문화사: 역사는 미술과 어떻게 만나는가》(심산, 2005)].

....

What is Cultural History? (Cambridge: Polity, 2004). 프랑스 어, 독일어, 한국어 역 [조한욱 옮김, 《문화사란 무엇인가》(길, 2005)].

7

로버트 단턴Robert Darnton

단턴은 다양한 관심사를 가진 역사가로서, 깊이가 있으면서도

니라 문화사의 다른 분야에 서도 중요한 기여를 해왔다.

이며 구체적인 스타일로 표현하는 글쓰기 기술의 달인이다. 그는 그동안 책의 역사뿐 아

로버트

단턴(1939년생)은 프린스턴 대학의 셀비 컬럼 데이비스 사학 석좌교수직을 가진 미국 역사가이다. 그는 영어권에서 프랑스에 관한 가장 중요한 전문 학자이자 책의 역사, 혹은 그가 부르기 좋아하는 대로 독서의 역사를 탐구한 선도적 저술가 중 한 명이다. 단턴은 나름대로의 지극히 독창적인 방식으로 프랑스사를 썼는데, 이는 현대의 역사가들이 사용한 두 가지 주요 접근방법 사이쯤에 위치한다. 그 한쪽에는 정치

사가 및 사회사가들이 있는데, 리처드 콥과 그의 계승자들이 그 예이다. 이들은 책이나 관념보다는 앙시앵 레짐하 프랑스의 제도와 사회계급에 각별한 관심을 가지고 있다. 다른 한쪽에는 피터 게이, 존 포칵, 퀜틴 스키너와 같이 이른바 유럽 사상을 다루는 지성사가들이 있다. 이들은 기본적으로 몽테스키외, 루소, 마키아벨리와 같은 대 사상가들의 책과 관념들에 초점을 맞추며 각 시대의 이른바 '저급'의, 좀더 대중적인 저작들에는 별 관심을 쏟지 않는다.

단턴은 이 두 집단과 거리를 두면서 자신이 관념의 사회사라고 부르는 분야를 발전시켜 나가고 있다. 그래서 그는 '문화 관습' 혹은 '망탈리테사'라 부르는 것을 연구하고 있는 다니엘 로슈나 로

제 샤르티에 같은 프랑스 역사가들과 닮은 점이 있다. 단턴의 첫 저작 《최면술과 프랑스 계몽주의의 종말 *Mesmer-ism and the End of the Enlightenment in France*》(1968)은 18세기 말 이래 역사적 관심을 받을 가치가 없는 것으로 간주되어 온 주제, 즉 한때 마력을 발휘하며 프랑스를 휘어잡았던 의학적 관념을 탐구한 것이다. 단턴은 《계몽주의의 사업 *The Business of Enlight-enment*》(1979) 및 그 뒤에 나온 두 저작 《구체제의 지하문학 *The Literary Underground of the Old Regime*》(1982)과 《혁명 전 프랑스의 베스트셀러 금서 *The Forbi-ddenBest-Sellers of Pre-Revolutionary France*》(1995)에서 출판과 독서의 역사로 방향을

돌려, 검열제도—그리고 검열관을 피하려는 반 검열 체제—를 통해 구체제에 접근하면서 18세기 후반 프랑스에서 유통되던 포르노그래피, 철학, 정치 사이의 관계를 입증하려 시도했다. 이들 중 이른바 계몽주의의 경전 격인 디드로와 달랑베르의 《백과사전》 출판의 역사를 다룬 첫 번째 저작은 18세기사에서 진정한 전환점을 기록한 것이었다. 《백과사전》은 디드로의 말로 "보통 사람들의 사고방식을 바꾸기" 위한 전복적 관념들을 담은 책이었다. 단턴은 이 유명한 저작의 급진적 관념들을 분석하는 데 전념한 다른 학자들과 달리, 디드로 이후 《백과사전》이 제작된 역사와 함께, 굵은 활자로 찍힌 염가판 간행을 통해 그 속에 담긴 관념들이 어떻게 퍼져나갔는가 하는 문제에 집중하였다. 그는 날카로운 탐정의 관점으로 제한된 수의 독자들만이 접근 가능했던 계몽주의가 프랑스혁명 이전 10년 동안

로버트 단턴은 영어권에서 프랑스에 관한 가장 중요한 전문 학자이자 독서의 역사를 탐구한 선도적 역사 저술가다. 다양한 관심사를 가진 역사가로서, 깊이 있으면서도 명료한 스타일의 글쓰기로 유명한 그는 문화사의 다양한 분야에서 중요한 기여를 하고 있다.

사진은 센 강변에 있는 고서 노점상. 노트르담 대성당을 배경으로 한 이곳은 파리의 명물로 자리 잡았다.

어떤 복잡한 경로를 거쳐 널리 전파되기에 이르렀는지를 밝혀내었다.

구체제하의 베스트셀러와 비밀 간행물을 다룬 연이은 저작들은 단턴의 관심사가 계몽주의 시대의 대작들을 넘어 종종 관심을 둘 필요가 없다고 잘못 생각되어 온 '저급 작품'까지도 포괄하는 쪽으로 나아갔음을 보여주고 있다. 이 작품들은 지금의 기준으로는 거의 가치가 없을지도 모르지만, 당시의 기준으로 볼 때는 꼭 그렇지만은 않았다. 단턴은 이러한 서적들이 저명한 작가가 쓴 걸작보다도 과거의 망탈리테를 표현하고 그것에 영향을 미치는 데 훨씬 큰 역할을 했을 수도 있다고 보았다. 사실 《백과사전》 같은 대작으로부터 당시에 무수히 간행된 음란서적에 이르기까지 18세기 책의 역사를 쓰면서, 단턴은 1789년 혁명에 인쇄물이 어떤 역할을 했는지에 역점을 두고 논의를 진행하였다.

단턴은 다양한 관심사를 가진 역사가로서, 깊이가 있으면서도 명료하고 구어적이며 구체적인 스타일로 표현하는 글쓰기 기술의 달인이다. 그는 그동안 책의 역사뿐 아니라 문화사의 다른 분야에서도 중요한 기여를 해왔다. 《고양이 대학살과 프랑스 문화사의 다른 삽화들 The Great Cat Massacre and Other Episodes in French Cultural History》(1984)은 파리의 혁명적인 농민과 장인, 유명한 백과사전파, 파리의 경찰 조사관, 몽펠리에의 한 시민 등의 정신세계라는 다양한 주제에 대한 폭넓은 관심사와, 그러한 주제들을 다루는 명료하고도 탁월한 면모를 잘 보여주는 예이다. 이는 아마 그의 저작 중 가장 유명하면서도 동시에 가장 논쟁적인 책일 것이다. 또한 그것은 미국의 인류학자 클리퍼드 기어츠가 그의 저작에 어느 정도로 큰 영향을 미쳤는가를 극명하게 보여주는 예이기도 하다.

《고양이 대학살》은 사실 단턴이 프린스턴 대학에서 기어츠와 함께 오랫동안 많은 세미나를 진행한 끝에 나온 가장 충실하고 선구적인 결과물 중 하나였다. 이 책에서 다양한 주제들에 접근한 방식을 보면—비록 우리의 조상들을 인류학자의 방식대로 인터뷰하는 것은 불가능하겠지만—만약 입수 가능한 자료에 대해 제대로 된 질문을 던진다면, 그리고 과거란 자바 인, 발리 인, 모로코 인만큼이나 이국적으로 보일 수 있다는 생각을 가지고 출발한다면, 정신세계의 많은 부분을 재발견할 수도 있다는 것이 단턴의 믿음임을 잘 알 수 있다. 열두 권 정도의 책을 쓰고 12개 국어 이상의 언어로 번역된 바 있는 단턴은 얼마 전 프린스턴 대학—그는 1968년 이후 그곳에서 강의를 해왔다—과 체결한 계약 덕분에 아주 훌륭한 연구 환경을 즐기고 있다. 그는 매년 한 학기만 프린스턴에서 강의하고 나머지 시간은 옥스퍼드의 올소울즈 칼리지에서 보내는데, 현재 그곳에서 20세기의 저명한 고대사가였던 아르날도 모밀리아노에게 주어졌던 교수직을 가지고 있다. 단턴은 어떤 외부적 의무에서도 벗어난 이처럼 훌륭한 환경 속에서, 최근 몇 년 동안 정규적으로 학기를 보내고 있다. 그는 언제나 아내 수잔과 생활을 함께했는데, 둘은 하버드 대학 동창으로 1963년에 결혼하였다. 단턴은 옥스퍼드 근처 이플리의 그림 같은 마을에 위치한 아파트에서 나를 맞아주었고, 따뜻한 태도와 유머러스한 말로 그의 생각, 연구 계획, 지적 행로, 관심사, 가족 등에 대해 얘기해 주었다.

● 마리아 루시아 팔라레스-버크　　　당신의 부친은 저널리스트였고, 당신 역시 저널리스트로 경력을 시작했다가 이후 대학 교수가 되기 위해 직장을 그만두었지요. 하지만 어떤 점에서 당신은 여전히 저널리즘과 밀착해 온 것이 아닌가 생각할 수도 있을 겁니다. 언론과 '저급 작품' 으로 불리는 서적들에 대한 관심이 그것을 말해 주지요. 저널리즘은 어떤 식으로 당신에게 영향을 주었나요?

●● 로버트 단턴　　　글쎄요. 영향을 미쳤다는 건 분명하지만, 어떤 식으로 그렇게 되었는지는 정확히 설명하기 어려울 것 같군요. 나 자신도 잘 이해할 수 없으니까요. 일부 심리적·정서적인 부분이 있을 것 같은데요. 아버지는 《뉴욕 타임스 *New York Times*》 종군기자로 나갔다가 돌아가셨고, 그래서 그가 떠난 바로 그 지점에서 시작해야 할 것 같았어요. 그것은 내가 《뉴욕 타임스》 기자가 된다는 뜻이었습니다. 나에게 기자─편집인도 아니고 컬럼니스트도 아닌─라는 것은 모자를 쓰고 담배를 입에 문 채 비옷을 입고는 거리에서 일어나고 있는 일을 실제 바라보는, 그런 사람이었지요. 이는 생활 속에서 형성된 낭만적 이미지였습니다. 사실 가족 모두가 그랬어요. 어머니, 형, 그리고 내가 말입니다. 어머니는 아버지가 돌아가신 후 《뉴욕 타임스》 기자에서 시작하여 여성 편집인 자리에까지 올랐지요. 내가 《뉴욕 타임스》에다 첫 '기사' 를 쓴 것은 네 살 때였답니다. 물론 아직 글을 쓰지는 못했지만, 누군가가 내가 옹알거리는 말을 듣고 기사로 썼다는 거

에요. 마치 기자가 될 운명이었던 것 같아요. 그래서인지 신문사를 떠나는 것은 아주 충격적인 일이었습니다. 그리고 나는 가족에게 골칫덩이가 되었죠. 대학교수라는 이 창피한 일을 하려고 했으니까요!

그런데 나는 왜 운명처럼 보이는 기자라는 직업을 그만두게 되었을까요? 역사를 흠모하기 때문에 떠난 겁니다. 그건 힘든 일이죠. 글을 쓴다는 것은 늘 고통스럽지만, 그럼에도 지극히 만족스러운 직업이지요. 내가 일했던 저널리즘 쪽과 내가 쓰는 역사 사이에는 분명히 어떤 연관성이 있습니다. 그 하나로 나는 저널리즘도 연구하고 저널리즘과 신문, 보고서 등의 역사도 연구한다는 사실을 들수 있지요. 그리고 두 번째 이유는 이런 겁니다. 내가 《뉴욕 타임스》에서 일하고 있을 때, 그리고 그보다 훨씬 전 《뉴왁 스타 레저 *Newark Star Ledger*》 지에서 쓸 데 없는 범죄 기록을 다루는 기자로 훈련받고 있을 동안, 주 전공이 범죄 쪽이었다는 거지요.

내가 저널리스트로서 받은 대부분의 훈련은 경찰서로 가서 살인과 강도사건을 취재하는 것이었습니다. 처음에는 뉴저지 주의 거친 도시 뉴왁에서였고, 다음에는 맨해튼, 퀸즈, 브루클린 등 뉴욕시의 여러 곳에서였어요. 대학에 진학한 후 줄곧 파트타임으로 신문 쪽 일을 보았고—그건 내가 여름 방학 중에 하는 일이었지요—범죄 사건을 다룬 수십 건의 기사를 썼습니다. 심지어 하버드를 졸업한 뒤 장학금을 받아 옥스퍼드에서 박사학위 과정에 있을 때조차도 《뉴욕 타임스》를 위해 옥스퍼드 지역 '촉탁 기자'로 일했을 정도였다니까요. 여름 방학 동안에는 런던의 대타 통신원 역할도 했고요. 박사학위를 받았을 때만 해도 나는 교수가 되려는 생각이 없었기 때문에, 뉴욕으로 돌아가서 즉각 《뉴욕 타임스》 정식 기자로 입사했습니다. 두말할 나위 없이 나는 다시 강간, 살인, 무장 강도 등의 사건들과 씨름하기 시작했지요. 오랜 시간 이런 과정을 겪으면서 나는 글을 신속하게 쓰고, 명료하게 쓰고, 더불어 독자를 존중하는 것을 배웠습니다. 가급적 전문용어를 사용하지 않으면서 글을 생생하고도 직설적인 방식으로 쓰는 거지요. 나는 지금도 그런 글쓰기를 신봉하고 있습니다. 사실 그것이야말로 볼테르가 글을 쓴 방식이 아닌가 생각합니다. 비록 그가 《뉴욕 타임스》에서 범죄 사건을 맡았던 적은 없지만 말이에요!

그것이 중요한 점 중 하나입니다. 나는 모든 역사가가 한 번쯤은 신문사에서 강간, 살인, 무장 강도 등의 사건을 맡아 일해볼 필요가 있다고 생각해요. 먼저 제대로 된 사실을 입수해야 되겠죠. 우리는 사실을 아주 정교하게 다룰 수는 있겠지만, 어쨌든 피살된 사람의 정확한 이름과, 그 혹은 그녀가 몇 살이었는지를 알아야 합니다. 그런 것에 실수하면 안 되는 거지요. 모든 일의 원인도 따져 봐야 하고요. 또한 신문에 쓰는 글은 입증이 된 것이라야 합니다. 잘못 쓰면 소송을 당할 수도 있으니까요. 만약 이 모든 정보를 가지고 있지 못하다면, 틀림없이 편집자의 호된 질책을 받을 겁니다. 그래서 충실한 사전조사와 정확성에 대한 존중이야말로 핵심적인 것이지요. 하지만 대학원생 다수는 역사가 단지 담론을 다루는 것이며, 타자에 대한 포스트모던적 구성에 불과하다고 생각합니다. 물론 그러한 것이 어리석은 관념이라고 말하는 것은 아니지만, 역사 연구의 장인적 측면을 계발하지 않으면 안된다고 봅니다. 그것이 모든 것의 기초니까요.

하지만 나는 여론과 매체에도 매력을 느꼈습니다. 그래서 내 저작의 대부분은 세련된 철학이나 관념이 아니라 중간 혹은 저급 층위의 지적 교환에 관한 것이었어요. 관념이 어떻게 해서 사회 속으로 흘러들어 가는지, 사람들의 태도와 가치는 어떤 방식으로 발전하는지 등 말입니다. 나는 철학 체계가 어떤 방식을 통해 한 철학자에서 다른 철학자로 전해지는지에는 거의 관심을 두고 있지 않아요. 내가 흥미롭게 보는 것은 보통 사람들이 어떻게 세계를 이해하게 되는가, 그리고 그들을 둘러싼 난점과 상황들을 헤쳐나갈 전략들을 어떻게 발전시켜 나가는가 하는 것이지요. 내가 보는 보통 사람들은 비록 지식인은 아니지만 이해력을 갖춘 존재라는 것은 확실합니다. 그러니 비 지식인들에 대한 지성사를 쓰지 않을 이유가 어디에 있겠습니까? 나는 이러한 관심이 사람들을 면담하고 사건을 보도하는 신문기자로 일한 데서 연유한다고 생각합니다. 사건을 보도하면서 이렇게 자문하죠. 그건 이야기가 될 만한 것인가? 왜냐하면 사람들이 신문에서 읽는 것은 이야기지 실제로 일어난 일은 아니라고 믿기 때문입니다. 보도가 지닌 서사적 측면은 아직까지 제대로 연구된 적이 없습니다. 그것이 매체의 역사에서 핵심적인 것인데도 말이죠. 이러한 것들이 내가 발전시키려는 영역들입니다.

신문사에서 일한 경험이 나에게 중요하게 작용한 세 번째는 경찰과 관계가 있습니다. 나는 사건을 보도하며 많은 시간을 경찰과 함께 보낸 덕분에, 특별한 의식 없이 경찰서 기록보관소를 들락거리게 되었지요. 수 년간을 18세기 프랑스 서적을 검열하던 경찰 기록보관소에서 보냈는데, 루소, 디드로, 볼테르 등과 같은 사람들, 그리고 카페에서 주고받던 가십성 이야기들이 기록된 진짜 경찰 보고서를 찾아낸 적도 있습니다. 물론 경찰 기록보관소에서 읽은 모든 이야기를 그대로 믿는다는 뜻은 아니에요. 그 반대죠. 경찰과 일하면서 나는 그들을 믿지 않게 되었습니다. 하지만 동시에 책과 편지, 향락 산업 등의 세계를 이해하기 위해서 그들을 이용하고, 그들이 정보를 제공하도록 만들 수 있다는 기분이 들어요.

백과사전파를 다룬 내 책 속에는 경찰서 출입기자로서의 경험이 배어 있습니다. 그것은 프랑스에서 어떻게 책이 생산되고 전파되었는지를 다룬 상당히 일반적이고 학문적인 설명이지만, 그 안에는 탐정 이야기가 숨겨져 있는 거지요. 여기서 자세히 말하지는 않겠습니다만, 누구나 그 책을 읽어보면 그렇다는 것을 알게 될 겁니다. 그래서 이 모든 측면들을 볼 때, 범죄 취재기자라는 배경은 내가 역사가로서의 역할을 하는 데 중요한 영향을 미친 것으로 판명이 된 셈입니다.

● 당신은 "단지 역사를 흠모했기" 때문에 저널리즘 쪽의 일을 그만두었다고 했지요. 그러면 역사에 대한 이러한 열정은 어떻게 나온 겁니까? 어떤 작가를 만났다거나 어떤 책을 읽었다거나 하는 각별히 중요한 계기가 있었습니까?

●● '흠모한다'는 것은 내 경험을 표현하는 최상의 말은 아닙니다만, 어쨌든 무언가가 나를 과거에 대한 연구에 깊이 탐닉하도록 만든 것은 사실입니다. 하지만 그것이 무엇인지 꼭 집어 말하기는 어렵네요. 내가 그것을 제일 잘 느낄 때는 기록보관소에서 일할 때입니다. 하나의 인생행로가 필사본으로부터 모습을 드러내기 시작하고 한 문서에서 다른 문서로 이야기가 풀려나가는 것을 보면서, 나는 마치 몇 세기 전의 다른 세계 속에서 누군가가 겪었던 인간 조건과 대면하고 있는 듯한 기분을 느낍니다. 그것은 한낱 환상일 수도 있고, 내가 틀릴 수도 있겠지요. 내 말이 낭만적으로 들릴 수도 있어요. 하지만 기록보관소가 지닌 구체성 덕분에 낭만적 해석에 교정책이 되는 거에요. 역사가는 그 때문에 정직함을 견지할 수 있지요.

문예학자나 철학자와는 달리 우리의 주장들을 뒷받침하기 위해서는 증거를 조리에 맞게 제시해야 합니다. 그것을 머리 속에서 끌어낼 수는 없어요. 기록보관소의 상자들로부터 끌어와야 되는 거지요. 물론 그런 학문 분야도 나름의 엄격성을 가지고 있고, 우리 역시 상상의 세계로 미끄러질 수 있다는 것을 알고 있습니다. 또한 역사 서술에 내재된 자의적이고 문학적인 측면들도 인정합니다. 나는 결코 스스로 실증주의자라 생각하지 않아요. 하지만 나이를 먹어갈수록 사실의 가치를 정교한 논리로 평가절하하는 것은 점점 더 참지 못하겠더라고요. 어떤 매개체를 거치지 않고는 과거에 대한 지식을 얻을 수 없다는 말이 곧 어떤 형태의 지식도 괜찮다든지, 또는 한 형태의 지식이 다른 형태의 것보다 나을 수는 없다든지 하는 뜻은 아닌 겁니다. 우리는 상상적으로 다른 사람들의 삶에 뛰어들기도 하고, 다른 세계 주변을 떠돌기도 하고, 다른 영역의 경험과 접촉하기도 하지만, 동시에 환상이나 허구가 아니라 엄격성을 견지하면서 그렇게 할 수 있다는 것입니다. 나는 여전히 신문기자에게 존경심을 느낍니다. 그들 역시 제대로 된 사실들을 모아서 설득력 있는 이야기로 배열해야만 하거든요. 하지만 옥스퍼드에서 박사학위 과정을 마치고 미국으로 돌아갔을 때, 나는 한때 '이야기'를 추적하면서 즐겼던 만족감을 그만 잃어버렸습니다. 경찰서에서 너무 많은 시간을 보냈던 거지요. 나는 살인과 강도 사건들 사이를 오가는 동안 짬짬이 부르크하르트의 《이탈리아의 르네상스 문화 *Die Kultur der Renaissance in Italien*》를 읽었습니다. 나는 그 책을 다른 기자들 앞에 내놓고 공공연하게 읽을 수 없다는 것을 알았어요. 그래서 《플레이보이 *Playboy*》지 안에 감추고 다녔어요. 나는 지금도 그 책이 최고의 역사책 중 하나라고 생각합니다.

● 당신의 저작은 대부분 18세기 프랑스에 관한 것인데요. 이에 대한 관심은 어떻게 해서 생기게 되었습니까?

●● 그 질문에는 나도 대답할 수가 없군요. 20세기 후반의 한 미국인이 18세기 프랑스에 미친다는 건 사실 이상한 일이지요. 하지만 18세기 프랑스는 일반적인 문제들을 연구하는 데 그저 그만인 영역이에요. 구체제나 프랑스혁명에 별 관심이 없는 사람들조

차 흥미롭게 바라볼 수 있는 여지가 있거든요. 그래서 프랑스를 좋아하기는 하지만, 내 관심사는 단지 프랑스 자체가 아니에요. 그것은 관념과 혁명 간의 관계 혹은 언론 매체가 작동한 방식 같은 문제들을 이해하려는 욕망과 연관된 것이지요. 프랑스는 역사 서술의 전통이 매우 풍부할 뿐 아니라—그래서 이전의 훌륭한 역사가들이 내놓은 저작들 위에서 연구를 계속할 수 있지요—전설적인 기록보관소들도 가지고 있습니다. 앞서도 말했지만 특히 경찰 기록보관소가 그렇습니다. 프랑스가 최초의 경찰국가였다는 점을 기억할 필요가 있어요. 물론 경찰이란 말이 18세기에 뜻했던 바는 지금과 좀 다른 것이었습니다. 합리적 행정 같은 의미였으니까요. 하지만 어딜 가든지 여론을 수집해 보고하는 경찰 스파이들이 득실댔다는 것은 사실입니다. 나는 1720년대의 약 40개에 달하는 카페를 염탐하던 경찰 스파이 기록보관소들을 찾아냈지요. 여론을 알고자 애썼던 이 경찰국가라는 성격 덕분에 우리는 당시 사람들이 카페에 앉아서 나눈 거의 모든 이야기들을 들을 수 있는 겁니다.

이야기가 질문에서 약간 빗나갔는데요. 요점은 이것입니다. 일단 18세기 프랑스의 기록보관소에 발을 들여놓기만 하면 나갈 수가 없다는 거에요. 그렇게 재미있다는 얘기죠. 그것은 이념과 정치 운동 간의 관련성과 같이 우리가 오늘날 가지고 있는 문제들이나 연구를 위해 몰두하는 주제들에 도 흥미로운 단서가 됩니다. 나의 기본 영역이 18세기라는 것은 사실이지만, 나는 그것을 기초로 해서 그동안 다른 분야도 연구해 왔어요. 내가 지금 쓰고 있는 책은 검열제도에 관한 것인데요. 시작은 18세기 프랑스지만, 그로부터 19세기 인도와 공산정권 시절 동독의 검열제도까지 다루고 있습니다. 이 주제는 원래 구체제하의 프랑스를 연구하면서 맞닥뜨린 것이지만, 완전히 다른 역사적 맥락 속에서는 어떤 모습을 가질 것인가 하는 문제로 확장한 것입니다.

● 지금 대규모의 비교사적 연구를 수행하는 것에 대해 얘기했는데요. 이런 식의 연구는 마르크 블로크 이후 찬사를 받아왔지만 실제로 적용한 경우는 미미했지요. 비교사적 접근방법이 지닌 강점과 약점은 무엇이라고 보십니까?

●● 검열제도에 대한 비교사적 연구를 하겠다는 계획은 세워 놓았지만 아직 책을 다 쓴 상태는 아니기 때문에, 그것을 되돌아보면서 시공간 주변에서 돌출되는 난점과 이점들을 언급하기는 어렵습니다. 하지만 사전조사도 많이 해놓았고, 국제사면위원회를 위한 책의 사전 연구도 해놓은 터라 몇 마디 운을 떼볼까 합니다. 먼저 사람들이 비교사를 글로 쓰기보다는 그냥 얘기만 하고 있는 경향이 분명히 있다고 봅니다. 막상 글로 쓰려고 하면 그것이 지닌 복잡성 때문에 손이 굳어버리는 느낌이 들겠죠. 내 경우 어떤 인류학자들 집단에서 많은 시간을 보낸 적이 있는데요. 그러면서 나는 문화 체계란 특수한 것이라는 관점에 도달하게 되었어요. 각 문화는 혼란스러울 정도로 온갖 종류의 방언 및 저지선들과 함께 나름의 관용어법을 가지고 있기 때문에, 그 문화 자체를 일

반화하기가 매우 어려워지게 됩니다.

역사가는 어떻게 하면 한 문화에서 다른 문화로 경계를 넘어감으로써 가시적인 결론에 도달할 수 있는 것일까요? 나는 이 문제에 일반적인 해결책을 갖고 있지 못합니다만, 검열제도를 비교하는 경우라면 내가 생각하는 방법이 작동 가능한 절차가 될 수 있다는 것을 알았습니다. 나는 검열제도 그 자체를 다루지 않아요. 마치 혈류 속에 있는 방사성 물질처럼 어떤 제도에서도 찾을 수 있는 것으로 보지는 않는다는 뜻이지요. 그보다는 앞에서 말한 세 가지 사례에서—18세기 프랑스, 19세기 인도, 공산정권 시절 동독—다른 것과 구별되는 특징을 지닌 문헌들을 하나의 문화 체계로 정의하려 합니다. 그래서 국가가 어떤 특수한 방식으로 그것을 통제하에 넣으려 하는가를 살피는 거에요. 이렇게 하면 단지 억압과 같은 단일 주제의 다양한 변주가 아니라 검열관들이 일을 수행하면서 스스로 무엇을 생각했는지를 이해하는 상이한 방식들에 대한 연구가 나오겠지요. 그들의 생각은 각 사례마다 현저하게 달랐어요. 18세기 프랑스의 검열관들은 책을 승인하는 왕의 인장을 찍고 있다고 생각했습니다. 19세기 인도의 경우 그들은 진보적 형태의 제국주의를 확립하고 있다고 믿었어요. 또한 20세기 동독에서는 사회공학의 과정에 참여하고 있다고 생각했고요. 물론 그들의 증언은 다른 종류의 증거들과 비교해서 다루어져야 하겠죠. 하지만 이 모든 것을 이해하기 위해서는 우선 각 문헌 체계가 자체의 측면에서, 그리고 그것에 참여하는 사람들의 관점에서 시작되어야 하는 것이 필수적입니다. 경제학자들이 좋아하듯이, 어떤 것에도 공통적으로 적용 가능한 외적 측정법으로 평가해서는 안 될 겁니다.

● 당신은 1989년 동독이 무너지는 것을 직접 경험했지요. 하지만 구체제를 연구하는 역사가들 중에도 그런 식으로 어떤 체제의 종말을 보지 못하는 경우가 허다할 텐데요. 어쨌든 당신의 그러한 경험이 프랑스 구체제에 대한 인식에 영향을 주었습니까?

●● 사실 1989년 동독의 붕괴를 바라보면서 200년 전 프랑스 구체제의 몰락에 대한 견해를 바꾸었습니다. 비교사의 또 다른 예가 된 셈이지요. 회고해 보면, 소련은 이제 너무 불안정해서 어떻게 거의 반세기를 지탱해 왔는지도 놀라울 지경입니다. 나는 장래의 역사가들이 소련의 몰락을 분석할 때 지나치게 결정론적인 주장들을 내놓을 것이라고 확신해요. 하지만 내가 그 사건들 속을 어슬렁거리며 받은 인상은 우연성, 예측 불가능의 결과, 그리고 상황을 통찰하지 못하는 인간 능력의 부족 같은 것이었습니다. 이제 나는 1789년에 대해 강의할 때면 사건들이 얼마나 예측 불가능한 식으로 얽혀 있었는지, 권력자들의 실수가 어떻게 스스로를 몰락 속으로 밀어 넣었는지에 더 많은 시간을 할애하고 있어요.

1989년 사건이 나에게 각별히 깊은 인상을 심어준 또 다른 점은 여론의 힘이었습니다. 최첨단 무기 앞에서도 밀리지 않았던 그 힘 말이에요. 비록 10월 9일과 11월 4일 라이프치히와 베를린에서 있었던 핵심적 시위에는 끼지 못했지만, 이후에 열린 수많은 시위에는 참여할 기회가 있었지요. 나는 그때마다 플래카드, 포스트, 담벼락에 써 붙인 대자보, 사람들의 구호와 얘기 등 저항의 외적 신호들에 압도되었습니다. 하지만 나에게 가장 깊은 인상을 심어준 것은 주민 전체가 정권에 맞서 봉기하고 있다는 분위기였어요. 개개인의 존재는 없었습니다. 모든 사람이 '그들'에 대항하는 '우리'라는 집단적 감정에 흠뻑 젖어 있었던 겁니다. 나는 프랑스 정부 역시 1787~1788년의 '전前 혁명' 앞에 동일한 방식으로 격리되었다고 믿습니다. 또한 사건들에 대한 동시대적 인식도 사건 자체를 이루는 요소였고, 단결의 감정— 'Wir sind das Volk(우리는 [한] 민족이다)'와 같이 'la Nation(민족)'이라는—도 결정적인 것으로 판명되었어요. 물론 일단 체제가 붕괴되고 나면 저지선이 해체되고, 혁명적 과정은 중요한 모멘트에 이르게 되는 거지요. 오래 전 옥스퍼드에서 박사학위 논문을 썼을 때 나는 이런 유의 주장을 개진한 적이 있습니다. 그때 '귀족혁명'이 구체제의 붕괴를 촉진한 요인이었다는 전통적 해석을 공격하던 참이었거든요. 이후 실제로 거리에서 직접 동독의 몰락을 경험함으로써, 다소 위험을 무릅쓰고라도 집단적 인식과 여론이 얼마나 중요한지를 더욱 강조하게 되었습니다.

● 당신은 저작들에서 여러 번에 걸쳐 '역사가의 꿈' 속으로 걸어들어가는 행운을 누렸다고 말하곤 했지요. 역사가가 발견하기만을 기다리고 있는 사료의 보물창고 같은 것 말입니다. 당신의 경

우, 이는 스위스 최대 규모였던 뇌샤텔 출판사의 기록보관소에서 미 발굴 자료들을 찾아낸 것인데요. 스스로 여러 번 고백했다시피, 계몽주의를 다룬 당신의 많은 저작들은 이 놀랄 만큼 풍부한 자료에서 나온 것입니다. 만약 이 '역사가의 꿈'을 발견하지 못했더라면 어떻게 되었을까 하는 생각을 해본 적이 있습니까?

●● 글쎄요. 일어나지 않은 사건을 생각하기는 어렵네요. 나의 학문적 삶이 그 믿을 수 없을 만큼 풍부한 미발굴 문서와의 조우에 대한 반응이었다는 점은 분명한 사실일 겁니다. 그 속에는 5만 통의 편지와 회계장부를 비롯한 다양한 문서들이 있었는데, 이 모두가 아주 깨끗한 상태로 읽어줄 사람을 기다리고 있었으니까요. 나의 과거 인식은 이 비상한 자료 더미에 완전히 몰입하면서 큰 영향을 받았죠. 만약 그런 일이 없었다면 내 인생이 어떤 쪽으로 흘렀을까 확신할 수 없을 지경입니다. 하지만 나는 이미 최면술에 대한 연구 결과를 펴낸 적이 있습니다. 민중과학을 다룬 책이지요. 그것은 망탈리테의 역사 비슷한 것을 하려고 했던 첫 시도인 셈입니다. 당시 파리에서 진행 중이던 그런 식의 접근방법에 대해 들은 바가 없었지만 말입니다. 어쨌든 이 책은 사람들이 세계를 어떻게 바라보는가 하는 문제와 관련이 있기 때문에, 나는 혁명 전의 프랑스에서 아주 널리 유포되었고 나아가 일종의 급진 정치로 채색되었던 한 세계관의 예로서 민중과학─동물 자기학 혹은 최면술─의 유행이라는 이상한 현상을 이용했던 겁니다. 그래서 나는 망탈리테의 역사를 계속 발전시켜 어떤 것도 만

"1989년 (동독이 붕괴되는) 사건이 나에게 가장 깊은 인상을 심어준 것은 주민 전체가 정권에 맞서 봉기하고 있다는 분위기였어요. 개개인의 존재는 없었습니다. 모든 사람이 '그들'에 대항하는 '우리'라는 집단적 감정에 흠뻑 젖어 있었던 겁니다."

사진은 1989년 당시 베를린 장벽.

들어낼 가능성이 있었어요. 사실 《고양이 대학살》은 계속 그 노선을 밀어붙인 결과지요. 그것은 책의 역사 또는 뇌샤텔에 있던 원고 뭉치들의 역사와는 아무 관계가 없어요. 만약 뇌샤텔 문서를 찾지 못했더라면 아마 책의 역사를 쓰지는 않았을 거에요. 그건 확실합니다. 나는 언제나 1920년대와 30년대에 뉴욕에서 겪었던 신문기자의 세계에 대해 쓰기를 꿈꾸었습니다. 그래서 아마 그런 것을 썼을 겁니다. 모르긴 몰라도 언젠가는 그렇게 되었겠죠.

● 이 놀라운 문서들은 도대체 어떻게 찾으신 겁니까?

●● 1963년 옥스퍼드에서 박사학위 논문을 쓰고 있을 때였어요. 한 스위스 책 밑에 씌어진 각주를 보니, 자크 피에르 브리쏘라는 사람이 쓴 편지 원 자료들이 있는 것 같다는 말이 나오더라고요. 내가 관심을 가진 이유는 그가 미국과 미국혁명에 매료된 프랑스인 중 하나였기 때문이에요. 그는 친미파들과 함께 파리에 있는 프랑스·아메리카 아카데미라는 이름의 클럽을 세웠고, 파리 인근에서 제퍼슨을 따른 사람이었습니다. 그는 뒤에 프랑스혁명의 지도자 중 하나가 되었지요. 그래서 나는 브리쏘를 추적 중이었는데, 이 각주를 보니 뇌샤텔이라는 소읍에 그가 쓴 편지들이 있는 것 같다고 되어 있는 거에요. 곧바로 도서관에다 문의 편지를 띄웠죠. "그곳에 자크 피에르 브리쏘의 편지가 소장되어 있는 것을 아십니까?"라고요. 도서관장이 답장을 해 주더군요. "그렇습니다. 우리는 브리쏘의 편지 119통을 가지고 있습니다. 그리고

그중 한 통의 사진복사물도 있어요." 그 사진복사물은 브리쏘가 바스티유 감옥에서 풀려난 직후 출판업자에게 보낸 것이었는데, 거기서 그는 왜 대금청구서를 지불할 수 없는지 설명하려고 애쓰면서 자신의 삶을 얘기하고 있었습니다. 나는 이것을 보고 깜짝 놀랐어요. 그리고 기회가 오면 즉시 뇌샤텔로 가서 브리쏘가 쓴 편지들을 읽어야겠다고 마음먹었지요.

그후 뉴욕으로 돌아와 《뉴욕 타임스》에 입사했을 때, 하버드 대학은 나에게 훌륭한 연구직을 마련해 주었습니다. 3년 동안 연구 외에는 아무 일도 하지 않아도 되는 자리였어요. 나는 그것을 받아들이고 《뉴욕 타임스》를 나온 뒤, 가능한 빨리 뇌샤텔로 갔습니다. 그리고 그곳에서 브리쏘가 쓴 119통의 편지뿐만 아니라 그전에는 듣도 보도 못한 수많은 사람들의 편지 5만 통을 찾은 겁니다. 인쇄업자, 제지업자, 밀매업자, 서적상, 출판업자 따위의 책과 관계된 사람, 잉크 제조하는 사람, 활자 만드는 사람, 은행가, 작가 등 상상할 수 있는 모든 것이 거기에 있었던 거예요. 또한 그 모든 자료가 깨끗한 상태로 보존되어 있었고, 게다가 한 은퇴한 화학자가 자신의 여생을 바쳐서 만든 아름다운 모양의 서지목록까지 구비되어 있었다니까요. 그래서 그것을 이용하는 것보다 더 쉬운 일은 없었습니다. 내가 처음 한 생각은 브리쏘의 전기를 써야겠다는 것이었어요. 초고로 500페이지를 썼는데, 지금까지도 출판되지 못하고 프린스턴의 내 서랍 속에 들어앉아 있어요. 나는 그 일을 중단했습니다. 한 사람의 전기를 쓰는 것보다 더 중요한 일은 한 책의 전기를 쓰는 것이라고 생각했기 때문이지요.

그것이 바로 《백과사전》 출판의 역사를 다룬 《계몽주의의 사업》
입니다. 나는 뇌샤텔 문서를 헤집고 다니는 과정에서 《백과사전》
의 제작에 관한 내부 이야기를 보여주는 수많은 원고들을 보았는
데, 나도 이런 방식을 따르기로 했습니다. 오래 지나지 않아서 사
기와 협잡이 판치는 흥미로운 탐정 이야기가 나오더군요(이래서
말하자면 다시 범죄사건 기자로 돌아가는 거죠). 그때 일을 멈추고 이
렇게 중얼거렸어요. "잠깐만 기다려. 이건 18세기의 가장 중요한
책이야. 디드로와 달랑베르가 쓴 위대한 《백과사전》이란 말이야.
나는 한 사람의 전기가 아니라 한 책의 전기를 쓰고 싶어. 책이
어떻게 나타났고 어떻게 제작, 유포되었으며 어떻게 읽혔는지,
가능한 한 모든 것을 설명해야지. 이야기 중간 중간에는 탐정 이
야기를 끼워넣고 말이야."

● 당신은 '아날학파'와 어떤 관계에 있습니까? 스스로 '새로운
역사'를 쓰고 있다고 생각하십니까?

●● 아날학파는 '새로운 역사'라는 말에 특허권을 얻었고, 그래
서 스스로 새로운 역사와 동일시하는데요. 나를 그들의 동료 여
행자로 봐주시니 아주 행복하군요. 나의 친구 다수가 아날학파
출신이고 《새로운 역사》라는 책을 쓰기도 했지요. 하지만 프랑스
인이 아닌 미국인으로서 나 자신을 완전히 아날학파와 동일시하
지는 못할 것 같네요. 나는 옥스퍼드에서 대학원을 마쳤기 때문
에 아마도 영국 경험론의 영향을 받았을 가능성이 있다고 말해야

겠군요. 내 말은 기록보관소에서 연구하는 것을 선호하고, 영국인들이 '사실'이라고 부르는 것을 존중한다는 뜻입니다. 나는 사실이란 것이 실제로는 존재하지 않으며, 만들어진다는 것을 알고 있어요. 그럼에도 역사 연구가 지니는 장인적 측면, 예를 들어 기록보관소에서 새로운 것들을 발굴하고 이해하려 하는 것 등에 대해서는 할 말이 많습니다. 이는 어떤 의미에서 아날학파와는 다른 경우인데요. 그들은 '구조'나 '접속영역conjoncture'과 같은 거대한 개념에서 시작하거든요(혹은 적어도 그렇게 하곤 했다고 말할 수 있겠네요). 지금은 인류학적 역사에 대한 관심이 고조된 상태이고, 나도 그렇게 하고 있어요. 그래서 이렇게 말하고 싶군요. 그래요, 나는 아날학파나 새로운 역사와 가깝다는 느낌을 가지고 있습니다. 하지만 그렇다고 해서 좀더 영미적인 전망을 버리겠다는 뜻은 아니에요.

● 당신 자신의 지적 역사에 영향을 미친 주요 작가나 책은 어떤 것입니까?

●● 대답하기 힘든 질문이군요. 나를 인도한 사람들은 역사가라면 일반적으로 가는 길에 있지요. 굳이 역사가들 중에서 고르라면 부르크하르트와 회이징아를 꼽을 수 있겠네요. 이 둘은 거의 동일한 주제의 글을 썼고, 글쓰기 방식도 인류학적이라 부를 만한 것이었습니다. 하지만 고원한 주제를 다루었기 때문에 그것을 자신들의 일부로 깊이 되새겼지요. 그들은 박학함을 개념적 탁월

성과 결합했어요. 프랑스사를 연구하는 사람이라면 누구나 마르
크 블로크를 숭배하는 것이 분명합니다. 일부 정치적 이유도 있
고, 파시즘에 맞서 싸운 용기와 같은 일부 정치적 이유도 있고,
또한 위대하고 독창적인 역사가였다는 데도 그 이유가 있어요.
나는 그가 동료였던 뤼시엥 페브르보다 훨씬 더 위대하다고 봅니
다. 《마법사 왕》 같은 책은 지금 보면 아마도 10년 전에 생각했던
것보다 훨씬 독창적인 것처럼 보일 겁니다.

이런 인물들이 나의 인도자지요. 그들을 고르는 데 특별한 이유
는 없어요. 나는 프린스턴 대학 고등연구소에서 클리퍼드 기어츠
와도 가깝게 연구하고 있습니다. 알다시피 그와 나는 약 20년간,
아니 25년간인가요, 역사학과 인류학에 관한 세미나를 함께 열어
온 사이에요. 그의 영향력은 사회과학자들 사이에서도 아주 강한
편이에요. 사회학자 중에서는 잘 알고 지내는 로버트 머튼이 나
에게 많은 시사를 주었죠. 다른 인물들도 계속해서 열거할 수는
있겠지만, 너무 뻔한 선택일 것 같군요.

● 당신은 스스로 통상적인 관점에서 관념을 연구하는 역사가가 아
니라 관념의 사회사를 연구하는 역사가라고 묘사했지요. 그 말은
칼 마르크스가 좋아했을 만한 것 같은데요. 당신은 마르크스가 여
전히 역사가들에게 가르침을 줄 만한 가치가 있는 인물이라고 생
각하십니까?

●● 수많은 칼 마르크스가 있습니다. 그는 수많은 주제들에 대해

a visit upon that subject & must the
certainty of its not being in my power
Send you any sight on these will be
med a sufficient reason for my saving
so uneasy a trouble

I am Sir

Your Hble Servant

"뇌샤텔에서 브리쏘가 쓴 119통의 편지뿐만 아니라 그 전에는 듣도 보도 못한 수많은 사람들의 편지 5만 통을 찾은 겁니다. 인쇄업자, 제지업자, 밀매업자, 서적상, 출판업자 따위의 책과 관계된 사람, 잉크 제조하는 사람, 활자 만드는 사람, 은행가, 작가 등 상상할 수 있는 모든 것이 거기에 있었던 거예요."

사진은 뇌샤텔에 보관되어 있는, 브리쏘가 은행으로부터 받은 편지의 일부. 아래 그림은 프랑스혁명의 지도자 자크 피에르 브리쏘(출처: www.sl.nsw.gov.au).

글을 썼기 때문에, 그에게서 아무 것도 배울 게 없다고 말하는 것은 허세에 지나지 않겠지요. 하지만 나는 어떤 특수한 문제를 풀어줄 열쇠를 찾기 위해 그의 책들을 탐색하지 않으며 되풀이해서 읽고 있지도 않습니다. 변증법적 유물론은 부적절하기 때문에 오늘날 우리에게 제공해 줄 것이 거의 없다고 봅니다. 그것은 일반론적 역사철학이라, 과거에 대한 나의 해석에는 별 소용이 없어요. 하지만 마르크스의 좀더 정치적이고 논쟁적인 저작들은 여전히 통찰력이 살아있고, 그중 다수는 놀랍게도 비 마르크스주의적인 함의를 가지고 있지요. 현재 나에게 가장 다가오는 마르크스는 바로 《프랑스의 계급투쟁》을 쓴 마르크스입니다.

● 자신의 저작들을 역시 책의 역사가로 잘 알려진 로제 샤르티에와 비교한다면 어떻습니까?

●● 사람들은 나에게 묻죠. "당신은 왜 그렇게 로제 샤르티에와 전쟁을 하고 있는 겁니까?"라고요. 사실 우리는 아주 가까운 친구입니다. 하지만 바깥에서 볼 때는 우리가 마치 연일 무슨 전투라도 벌이고 있는 것처럼 보이는가 봐요. 우리는 서로의 책을 비평하고 견해 차이를 오히려 즐기는 편이에요. 그래서 내가 책을 쓰면 그가 비평을 하는 것은 당연하지요. 다음 책이나 논문에서는 내가 그를 비평하고, 그러면 그가 다시 대답하는 식이죠. 일종의 대화를 나누고 있는 셈이에요. 하지만 비평하는 부분은 서로 동의하는 부분에 비하면 정말로 미미합니다. 그래서 우리가 하고

있는 작업은 근본적인 동의에 기초한 건강한 협력 관계라고 봐요. 우리는 둘 다 인쇄물과 인쇄된 말—혹은 입말과 노랫말을 포함한 어떤 형태의 말이든 간에—의 힘을 역사 속의 한 세력으로 이해하려 하거든요. 이는 곧 그것을 매우 폭넓은 사회·문화사 속으로 편입시킨다는 것을 의미하지요. 책의 역사를 단지 박학을 위한 것으로 간주하여 투문透紋을 식별한다든지, 식자공 C가 실제로 셰익스피어를 위해 《안토니우스와 클레오파트라》를 조판했는지의 여부를 밝히는 데 머무는 것이 아니라는 거지요. 이런 유의 사소한 의문들은 서지학자들의 오랜 관심사였습니다만, 로제와 나는 책의 역사를 훨씬 더 광범위한 전망에서 보는 데 관심이 있어요. 인쇄물은 어떻게 보통 사람들의 일상생활 속으로 들어가는가라는 핵심적 의문을 서로 토론하면서 말입니다. 이런 우리 사이를 갈라놓을 것이 뭐가 있겠어요? 그래요. 실제로 로제는 나보다 더 괜찮은 사람이에요. 내 말은 그의 말에는 언제나 총명함의 불꽃이 튀기고 그의 머리에서는 마치 기관총처럼 경이롭고 기막힌 생각들이 쏟아져 나온다는 뜻입니다.

로제의 글을 읽는 것은 아주 즐거운 일이에요. 그의 책 속에는 여느 역사가에게서 찾아보기 힘든 고도로 독창적인 사고가 담겨있기 때문이지요. 나는 성향이 그에 비해 좀더 느리고 감각이 떨어지는 편입니다. 말하자면 기록보관소로 가서 자료를 조사하느라 손을 더럽히는 것이 바로 나란 얘깁니다. 이것은 역사가의 일이 일부 보잘것없고 소박하며 장인적인 데가 있다는 내 생각과 관계가 있어요. 로제는 결코 기록보관소에 가서 자료조사를 하는 식의 일은 하지 않아요. 그럴 필요가 없지요. 아이디어가 넘치니까요! 나는 로제를 에세이스트라고 생각해요. 왜 그렇지 않겠어요? 탁월한 역사가에 해당하는 타입이죠. 나는 때때로 로제가 내 식으로 자료를 조사해서 자신의 생각을 적용하면 아주 독창적인 연구가 나올 것 같다는 느낌을 가지죠. 이렇게 하면 모두가 재미있어 할 것 같은데 말이에요. 그나 나나 독자들이나, 만약 흥미를 느낀다면, 이런 종류의 지속적인 대화를 따라가 볼 수 있을 테니까요.

하지만 내 스타일은 아주 다릅니다. 나는 새로운 자료를 좀더 체계적인 방식으로 탐색하려 하거든요. 이러한 것이 앞서 얘기했던 영국 경험론의 영향이 아닌지 모르겠습니다. 그건 또한 취향의 문제이기도 해요. 나는 자료조사를 좋아합니다. 새로운 자료를 펼치고, 편지며 회계장부며 무엇이 되었든 읽기 시작할 때 어떤 기분이 드는지 당신은 절대로 알 수 없을 겁니다. 지적인 활력 같은 것을 느끼기도 하고요. 내 말이 역사가의 일이란 흡사 도랑을 파는 것 같다고 들릴지는 모르겠습니다만, 그것이 활력을 느끼게 해주는 이유는 이런 거죠. 먼저 머리 속에 어떤 개념, 패턴, 가설을 가지고 기록보관소로 갑니다. 말하자면 과거에 대한 어떤 그림을 가지고 간다는 얘깁니다. 그런데 그곳에서 그 그림과 전혀 맞지 않은 이상한 편지를 보게 됩니다. 그러면 미리 품고 있던 개념이나 어떤 분야를 바라보는 일반적인 방식들과, 기록보관소에서 발굴해낸, 종종 머리 속의 그림과 잘 맞지 않는 원 사료 간에 대화라는 것이 생겨나게 됩니다. 그래서 그림은 바뀌고, 특수하고 경험적인 자료조사와 일반적인 개념화 사이를 오가게 되는 거지요.

● 《백과사전》의 유포에 대한 역사를 보면, 그것이 아주 위험한 금서로 찍혀서 디드로가 감옥에 가고 그것을 소장한 가톨릭교도는 파문에 처해질 것이라는 위협까지 받게 된 이후에 결국 '합법화된 불법 서적'이 되었다는 것을 알 수 있습니다. 당신이 생생하고도 설득력 있는 방식으로 보여준 바와 같이, 한때 종교를 파괴하고 국가를 와해시키려는 음모의 일부로 간주되었던 것이, 불과 몇 년 후에는 앞서 그것을 없애버리려고 했던 바로 그 구체제가 뒤를 받쳐주는 인가된 베스트셀러가 된다는 얘기지요. 이는 계몽주의 시대에서도 이례적인 경우인가요? 혹은 모호함과 역설이 난무하던 시대의 공통적 특징 중 하나였을까요?

●● 글쎄요. 내가 확실히 동의하는 부분은 그때가 모호함과 역설이 난무하던 시대였다는 겁니다. 하지만 당신은 어쩌면 그 모든 것의 합법적 성격을 지나치게 강조하고 있는 게 아닌가 싶어요. 《백과사전》은 유사 합법적인 불법 서적이었어요. 이 개념은 설명하기가 좀 어려운데요. 왜냐하면 오늘날 우리는 합법이든지 불법이든지 둘 중 하나라고만 생각하기 때문이죠. 아날학파가 가르친 망탈리테의 역사는 우리의 범주가 다른 시대에 존재했던 범주와 일치하지 않을 수도 있다는 것을 알려주었습니다. 18세기에는 합법과 불법 사이를 구분하는 명확한 선이 없었어요. 특히 책의 세

계는 더욱 그랬죠. 예컨대 암묵적 허가라 불리는 것들도 있었고, 혹은 단순한 관용이라 불리는 것들도 있었어요. 합법적이지는 않지만 그렇다고 완전히 불법도 아닌 것들이 존재하던 중간의 회색지대가 있었는데, 이를 묘사하는 기술적 용어의 긴 목록을 제시할 수도 있습니다. 이런 경우 경찰은 책이 팔릴 동안 그냥 모른 척 하고 있는 거지요. 만약 그 책들이 누군가를, 특히 권력을 가진 어떤 사람을 공격한다든지 하는 경우엔 압수될 가능성이 크지요. 하지만 종종 경찰들은 서점을 덮치기 몇 시간 전에 서적상들에게 정보를 흘립니다. 말하자면 구체제의 상이한 여러 층위에서 공모가 이루어지고 있었던 셈입니다.

이를 잘 말해 주는 예를 말레셰르베의 태도에서 찾을 수 있는데요. 그는 1750년에서 1763년 사이 책 거래 문제를 책임지고 있었습니다. 이 최고위직 인물은 비록 검열 책임자였지만, 사실 언론의 자유를 신봉하는 사람이었다는 겁니다. 그는 중요 문제에 대해서는 공개 토론이 필요하다고 믿고, 비밀리에 《백과사전》을 보호했을 뿐 아니라 주교와 왕의 자문위원회가 그 책을 금지하기로 결정하자 초판본 여러 질을 자기 집에 숨기기까지 할 정도였습니다. 그래서 말레셰르베의 도움은 이 방대한 저작의 출판에 결정적이었고, 결국 계몽주의의 경전이 되었던 거지요. 하지만 당시이 저작은 비교적 소량 출판되었기 때문에 프랑스의 일반 대중에게까지 미치지는 못했어요. 찍어낸 책 대부분은 실제로 프랑스밖의 군주들과 대 귀족들에게 팔렸는데요. 그들은 서재에 이 희귀한 책을 소장하고 싶어 했던 거지요(내가 이 사실을 아는 것은 책 대부분이 어디로 팔려 나갔는지를 알려주는 다른 필사본 자료를 찾아냈기 때문입니다).

이야기의 재미있는 부분은 그 다음입니다. 책 크기를 줄이고—2절판에서 4절판으로, 마지막에는 8절판으로—가격도 내렸을 때죠. 가격을 후려 깎고는 말하자면 대량 생산한 겁니다. 당시 경쟁 관계에 있던 출판사들 간에는 《백과사전》 간행을 두고 일종의 전쟁이 발발한 상황이었습니다. 모두가 대규모 독자 대중의 늘어나는 요구를 충족시키려고 아우성이었으니까요. 정부의 출판 허가가 난 것도 《백과사전》의 역사에서 바로 이 단계, 즉 1770년대와 1780년대였는데요. 이는 앞서 말했던 구체제의 공모 관계를 극명하게 보여주고 있습니다. 그래서 공식적으로 금지된 책을 국가가 나서서 더 많은 대중에게 전달되도록 조장했다는 것이 결코 틀린 말이 아니라는 겁니다. 그뿐만이 아니에요. 정부는 팡쿡이라는 프랑스의 한 특정 출판업자로 하여금 프랑스 밖에서 그 책을 찍어 팔 수 있도록 도왔을 뿐 아니라—책 사본들이 다른 나라로 흘러 들어가는 것을 못 본 체 함으로써—엄청난 대중적 수요에 편승하여 이익을 보려고 하던 많은 출판업자들 간의 상업 전쟁 속에서 그에게 강력한 원조를 제공하기까지 했습니다. 이 전쟁의 양상을 추적하여 프랑스란 국가의 권력이 외국인을 경쟁에서 배제하기 위해 사용되는 것을 보는 것도 흥미로운 일이겠지요. 이런 식으로 계속 나갈 수도 있는데요. 전체 이야기가 복잡하게 얽혀 있는 데다가 우스꽝스럽기조차 하거든요. 하지만 이렇게 말해야겠군요. 《백과사전》의 역사는 18세기 프랑스에서 전혀 이례적인 것이 아니라고요. 유사 합법 서적이라는 흥미로운 범주로 분류되었기 때문에 관용의 대상이 된 다른 책들도 있어요.

● 《백과사전》을 다룬 당신의 책은 20년 전에는 선구적 저작이었지요. 만약 지금 그 주제로 다시 책을 쓴다면 그때와 얼마나 다를까요?

●● 이 책은 600페이지가 넘는 긴 책입니다만, 그것을 더 줄일 수 있을 거라고는 보지 않습니다. 물론 길이를 줄이면 더 나아질 가능성이 높다는 일반적인 주장에 동의하는 편입니다만. 그렇지만 지금이라면 텍스트에 더 많은 시간을 썼을 겁니다. 원래는 가장 독창적이라고 생각하던 부분을 최대한 부각하려 했고, 또한 오래 전 글을 쓸 당시에는 출판업자들이 어떻게 무대 뒤에서 움직이고 있었는가에 대해서는 알지 못한 상태였습니다. 그래서 나는 기록보관소에서 찾아낸 것을 최대한 부각하여 계몽주의가 하나의 경제적이자 사회적인 현상임을 말하고 싶었어요. 하지만 지금이라면 《백과사전》의 텍스트에 더 시간을 할애하여 상이한 판본들이 중요도에서 각각 어떤 차이를 갖는지 보여주려 할 것 같군요. 그리고 지금은 《백과사전》의 독자층에 대해 약간의 정보를 가지고 있기 때문에, 독자에 관해서도 좀더 얘기하고 싶고요. 그렇게 되면 연구가 좀더 문학적 성격을 띠면서 경제적 측면은 덜해질 겁니다. 이런 것이 내가 바꾸었으면 하는 것입니다. 그 외에는 원래 그대로 유지하고 싶어요.

● 당신은 《계몽주의의 사업》이 18세기 유럽에서 하나의 세력을 이루었던 책에 대한 저술 계획 중 첫 번째 것이라고 말했던 적이 있습니다. 이 계획은 계속 진행 중인가요?

●● 나는 이미 그 다음 단계를 밟았고, 그래서 나온 제2권이 바로 1995년에 펴낸 《혁명 전 프랑스의 베스트셀러 금서 *The Forbidden Best-Sellers of Pre-Revolutionary France*》입니다. 나는 여기서 위험하다고 간주되었던—왜냐하면 그것은 왕의 권위를 공개적으로 공격하거나 진짜 무신론을 설파하거나 혹은 정말로 음란했기 때문이에요—책을 《백과사전》 같은 책과 구분했어요. 후자는 온건한 계몽주의를 대변했고, 따라서 유사 합법 서적의 범주에 들어갔던 거지요. 수많은 책들이 종교를 공격했고 왕정과 공공 도덕에 대해서도 마찬가지였습니다. 이런 것들이 내가 가장 좋아하는 부류죠. 예컨대 《루이 14세의 사생활》이란 책이 있었는데요. 그 속에는 불신앙, 선동성, 유사 포르노그래피적 요소가 동시에 담겨 있었어요. 이 책들은 18세기의 진짜 베스트셀러였습니다. 이 점은 내가 시장조사를 해봐서 어느 정도 확신할 수 있어요. 말하자면 그것을 입증하려고 통계를 내봤다는 거죠. 물론 다른 측면의 서적 거래를 따라가 볼 수도 있어요. 유사 합법인 것, 완전히 합법인 것, 완전히 불법인 것 등으로요. 이 단계에서 내 계획은 문헌 문화 전체를 복구하여 실제로 무슨 책이 독자들에게 도달되었고, 실제의 문학적 욕구란 어떤 것이었는지를 알려는 것이었습니다. 이러한 의미에서 나는 지금 또 다시 기록보관소를 찾아 먼

지로 손을 더럽히며 어떤 사례를 수많은 증거에 의거하여 입증하려는 경험적 자료조사를 얘기하고 있는 겁니다. 그리고 다른 문제들도 많이 있지요. 사람들이 어떻게 책을 읽는지, 어떻게 그것을 이해하는지와 같은 문제들은 알기 어려운 것들이죠. 이보다 훨씬 더 어려운 문제도 있는데요. 그것은 우리가 '여론'이라고 부르는 것에 어떻게 영향을 미치는가 하는 겁니다. 여기서 더 나아가면 여론은 사건에 어떤 영향을 주는가라는 문제도 나타납니다. 그래서 책의 역사는 매우 큰 규모의 고전적 의문들로 이어진다고 봅니다. 프랑스에서 혁명이 하필 1789년에 일어난 이유는 무엇인가, 계몽주의와 프랑스혁명 간의 관계는 어떤 것인가, 여론은 어떠했는가 하는 것들 말입니다. 이런 의문들에 최종적이고 단순명료한 대답이란 것은 물론 없겠지만, 책의 역사를 수많은 자료조사를 바탕으로 세밀하게 연구한다면 궁극적으로 혁명의 발발에 대해 훨씬 더 풍부한 이해를 얻을 수 있을 거라는 느낌이 듭니다. 하지만 1789년까지의 책의 역사에서 얻은 바로는 구체제의 붕괴가 대단히 문제적인 사건이라는 거에요. 그것이 내가 다음번에 초점을 맞추려는 과제입니다.

셋째 권은 출판사가 내부적으로 어떻게 작동되는지를 다룬 연구가 될 겁니다. 즉, 출판사는 어떻게 결정을 내렸는지, 어떻게 생각했는지, 어떻게 시장조사를 했는지—실제로 그런 일을 했거든요—를 알아보는 거지요. 예를 하나 들어볼까요. 그들은 다섯 달 동안 한 사람을 말에 태워 프랑스 전역을 돌게 했습니다. 그는 실제로 남부와 중부 프랑스의 모든 책방에 들러 사람들이 무엇을 읽고 있는지를 알아보고, 서적상들과 만나고 시장을 개발하면서 책에 대한 수요가 어느 정도인지를 살피려 노력했던 겁니다. 또 다른 측면들도 있었는데요. 어떻게 책을 수송했는지, 서적 밀수 산업은 어땠는지 등의 문제들입니다. 사실 서적 밀수가 어떤 식으로 이루어졌으며, 밀수꾼들은 자신들이 하는 일을 어떻게 이해했는지를 살펴보는 것은 아주 재미있어요. 그들은 스스로 밀수꾼이라 부르지 않았어요. 보험업자라 불렀죠. 그리고 밀수는 보험산업이었어요. 이 모든 것은 정말로 재미가 있어서, 나는 셋째 권에서 출판 산업이 작동한 방식을 더 많이 쓰고 싶답니다. 여기저기에 이에 관해 싣기는 했습니다만, 한데 모아 일반적인 개관이 되도록 하고 싶어요. 그것이 이 연구총서의 셋째 권이자 마지막권이 되겠지요. 하지만 당분간이 책을 쓰지는 않을 겁니다. 먼저 해야 될 일들이 있거든요.

● 계몽주의에 대한 대략적 통설은 그것이 거대한 교육사업이었다는 겁니다. 즉, 문필공화국—저널리스트, 철학자, 소설가 등을 포함하는—의 다양한 구성원들이 대중을 교육하는 과제에 헌신했던 시기라는 거지요. 《백과사전》에 관한 당신의 책은, 계몽주의의 이 핵심적인 교육 텍스트가 계몽을 확산시키기보다는 돈을 벌고 권력을 획득하는 데 더 몰입한 거대한 경제적 사업의 일부임을 보여주고 있습니다. 그것이 무역 전쟁, 배당, 이익 남기기, 조합, 로비, 행상, 담합, 경쟁관계, 분쟁, 음모, 수뢰 등에 연루되어 있었다는 사실이 스스로 '계몽의 세기'라고 부르며 자긍심을

드높이는 시대를 격하시키는 데 어느 정도나 작용할까요? 계몽주의가 이익 및 사업과 이러한 관계를 맺고 있었다는 사실이 그 시대의 어두운 측면 중 하나라고 할 수 있나요? 아니면 그러한 견해가 단순하고 낭만적이며, 계몽주의의 신화를 이루는 일부분이라고 보시는 건가요?

●● 글쎄요. 계몽주의의 신화라는 것이 있기는 합니다. 계몽사상가들이 이러한 신화를 만들어냈지요. 그들은 스스로 완전히 자신의 이익을 버리고 인류의 대의를 위해 매진하는 전사로 표현했어요. 사실 나는 그러한 신화 속에 많은 진실이 숨어있다고 믿습니다. 분명코 볼테르 같은 사람은 스스로 '렝팜l'infâme', 즉 수치스러운 것을 깨부수는 전투에 참여하고 있다고 믿었지요. 그 말이 진실로 뜻하는 바는 가톨릭 교회였습니다. 볼테르가 책을 써서 돈을 번 적은 거의 없었어요. 그는 책을 팔아 돈을 버는 데는 정말로 관심이 없었습니다. 다른 방법으로도 돈은 벌 수 있었으니까요. 심지어 그는 자신을 해적질한 해적들과도 협력했습니다. 그것이 빛을 더 멀리까지 퍼져나가게 하는 방법이라고 믿었다는 거죠! 그래서 계몽주의의 핵심에는 자신의 이익을 돌보지 않는 인격, 대의를 위한 진정한 헌신이 있었다고 말하는 것은 분명한 사실입니다. 나는 디드로, 루소, 볼테르가 인류를 해방시키려는 대의에 헌신한 사람들이었다고 단호하게 말할 수 있습니다. 편견으로부터의 해방, 교회와 국가의 억압적 권위로부터의 해방이지요. 그래서 나는 이 진정으로 이상주의적인 참여 행위를 평가절

하할 생각이 없습니다. 사실 계몽주의 시대를 스스로 지적이라 부르는 이 동물이 태어난 때라고 생각합니다. 그리고 사회적 전형으로서의 지식인이란 '앙가쥬(참여)' 하는 사람, 대의에 헌신하는 사람입니다.

하지만 지식인도 먹어야 하고, 때로는 지적인 마담도 있는 법이지요. 그녀에 대해 말해 볼까요? 계몽사상가들 중에는 철학자란 결혼을 해서는 안 된다는 공통의 교훈을 따르지 않아 먹여 살려야 할 처자식을 거느린 사람들도 있었지요. 만약 고정 수입이 있는 귀족이라면 가족을 가지는 게 맞겠죠. 하지만 예컨대 루소는 시계공의 아들이었고, 디드로의 아버지는 칼 만드는 사람이었어요. 그들과 같은 지식인이라면 결코 결혼은 하지 말았어야지요. 하지만 그들은 결혼을 했고, 그래서 돈을 벌어야 했던 겁니다. 돈을 벌기 위해…… 그래요, 그들은 때로 삼류 작품을 쓰기도 했어요. 나의 흥미를 끄는 주제 중 하나가 바로 이 삼류 작가에요. 밥을 먹고 가족을 먹여 살리기 위해서, 혹은 스스로 인생을 헤쳐 나가기 위해서 글을 쓰지 않으면 안 되는 작가 말입니다. 내가 말하려는 것은, 이상주의도 있었지만 작가들이 살아가지 않으면 안 되는 사회적·경제적 현실도 존재하고 있었다는 말이지요.

출판업자의 경우도 마찬가지입니다. 우리가 기억해야 할 점은 출판도 하나의 사업이라는 것이지요. 출판업자가 진실과 아름다움을 위해 사업을 했다고 생각한다면 아주 잘못된 거죠. 물론 그들 중 일부는 나름의 가치관을 가지고 있었고 진실과 아름다움을 믿었으며 걸출한 인물들이었다고 생각합니다. 하지만 그래도 사업

"나의 흥미를 끄는 주제 중 하나가 바로 이 삼류 작
가예요. 밥을 먹고 가족을 먹여 살리기 위해서, 혹
은 스스로 인생을 헤쳐 나가기 위해서 글을 쓰지
않으면 안 되는 작가 말입니다. 내가 말하려는 것
은, 이상주의도 있었지만 작가들이 살아가지 않으
면 안 되는 사회적·경제적 현실도 존재하고 있었
다는 말이지요."
그림은 〈곤궁한 시인〉(1736, 영국). 가난한 삼류 문
사들의 생활상을 엿볼 수 있다.

은 해나가야 했겠지요. 그들은 이익을 남기려고 애썼을 겁니다. 그렇게 하지 않으면 망할 거니까요. 그리고 18세기에는 채무 제한이란 게 아예 없었습니다. 즉, 파산하면 그것으로 모든 게 끝장이란 거지요. 집, 모든 재산, 심지어 자유까지도 잃게 되는 겁니다. 당시에는 채무자 감옥이란 것이 있었거든요. 나는 사정이 악화일로에 있던 한 서적상이 그 과정에서 주고받은 많은 편지를 본 적이 있습니다. 그는 자기에게 날아온 계산서를 갚지 못했지요. 결국 그의 이웃인지 채권장수인지 하는 사람의 편지를 보면, "그는 집 열쇠를 문 아래에다 두었다", "그는 군대에 입대했다", "그는 미국혁명의 전장으로 보내졌다", "그는 러시아를 향해 떠났다", "그의 처자식들이 교회 문 앞에서 구걸을 하고 있다"는 등의 말이 나오는 상태에 이르고 말았어요.

이 사람들에게 사업 실패는 모든 것을 잃고 그냥 사라져버리는 것을 뜻했던 겁니다. 그건 대단히 적나라하고 잔인한 종류의 자본주의였어요. 이 세계에서 이기는 사람들은 종종 큰 것을 얻고 많은 돈을 벌게 되겠지요. 만약 당신이 출판업자라면 신사가 아니라 사업가란 뜻이죠. 《백과사전》이라는 유명한 책의 출판업자들도 기본적으로 돈을 벌어야만 하는 사람들이었어요. 나는 그동안 계몽주의와 서적 무역에 지나치게 적나라한 경제적 관점을 취하고 있다는 비판을 받아왔습니다. 하지만 내가 읽은 수많은 편지 속에서 사람들은 "만사를 움직이는 힘은 돈이다"라는 식의 말들을 하고 있고 또한 돈을 벌겠다고 아우성치는 광경을 많이 봤기 때문에, 나는 그들이 괜찮은 사람이기는 하지만 어디까지나

노획 자본주의 시대―일부 경제학자들은 이렇게 불러왔습니다―
의 사업가이자 진짜 자본가임을 확신합니다. 그래서 그들은 어떤
일이든 할 태세가 되어 있었던 거지요. 경쟁 출판사 사무실에 스
파이를 들여보내거나 물건을 훔치기도 했을 것이고, 자신들이 궁
지에 몰릴 때는 불법서적에 손을 대거나 위험천만한 일도 했을
겁니다.

맞아요, 그건 사업이었습니다. 경제적 이익이 판치는 곳에서는
하나의 사업이었지요. 하지만 《백과사전》의 경우, 그들이 판 것
은 그 텍스트 속에 계몽주의의 핵심을 담은 책이었어요. 그건 많
은 측면에서 급진적이었습니다. 놀라우리만큼 대담하고 충격적
인 내용들이 텍스트 곳곳에 흩어져 있었고, 심지어는 상호참조
항까지도 그래요. 내가 제일 좋아하는 것은 첫 번째 권인데요.
'A'로 시작하는 권 말이죠. 거기에는 식인 풍습―프랑스 어로는
'anthropophagie'입니다―을 다룬 글이 있는데, 불은 어떻게 만
드는지, 솥에는 물을 어느 정도 넣고 사람은 어떻게 먹는지 등에
대해 아주 직설적인 묘사를 해놓고 있지요. 그러다가 끝에는 '성
찬Eucharistie을 보라'는 상호참조 항 딱 하나가 붙어 있어요. 그
래서 'E' 자가 들어 있는 권으로 가서 그 부분을 보면 성찬식에
대한 지극히 정통적인 가톨릭 식 기술이 되어 있습니다. 그리고
는 끝에 다시 '식인 풍습anthropophagie을 보라'는 말만 붙어 있
는 겁니다. 이건 아주 대담하고 불신적인 행위거든요. 그들이 팔
고 있던 책은 대단히 급진적인 것이었지만, 그러한 급진성을 행
간 속에, 혹은 이 같은 상호참조의 기법을 통해 슬쩍 끼워넣음으

로써 숨기려고 했던 겁니다.

나에게 흥미로웠던 것은, 근대적이고 합리적이며 계몽적인 세계
관이 사람들을 이윤 추구 쪽으로 내모는 적나라한 자본주의라는
다른 종류의 근대주의와 결합된 점입니다. 18세기와 계몽주의를
이해하기 위해서는 이 두 측면이 다 필요하다고 생각해요. 먼저
행간에 담긴 바를 파악하려면 텍스트를 이해하고 그것을 주의 깊
게 읽을 필요가 있겠지요. 동시에 그러한 것들을 둘러싼 경제
적·사회적 이해관계를 잘 알아야 합니다. 이 두 측면을 잘 조합
하면 내가 관념의 사회사라 부르는 것을 만들어낼 수 있어요. 관
념을 마치 대기 중에 떠다니는 존재인 양 사회적 현실과 유리시
켜 다루어서는 안 되거든요. 내가 볼 때 이러한 종류의 역사가 갖
는 매력은, 관념이 어떻게 하여 경제적 이익 세계를 포함하는 일
상 세계의 일부가 되는지를 이해해 단지 계몽주의 시대의 역사뿐
만 아니라 역사 일반에 대한 우리의 관념을 바꾸어놓을 수 있다
는 것입니다.

● 당신은 역사가의 일에 대해 생동감 있고 행복한 기분이 전해지
는 글들을 썼는데요. 그중 하나를 보면, "타자를 포착하고" 외국
문화를 이해하는 최선의 길은 가장 불투명한 문서들에서 시작하
는 것이라는 말이 있습니다. 즉, 농담, 속담, 의례를 비롯해 그것
이 무엇이든 우리가 전혀 이해할 수 없는 과거의 사실들이야말로
낯선 의미 체계를 포착하게 해줄 수 있을 것이라는 뜻이지요. 당
신은 유명한 저작 《고양이 대학살》에서, 우리에게는 혐오감을 주

"《백과사전》의 경우, 그들이 판 것은 그 텍스트 속에 계몽주의의 핵심을 담은 책이었어요. 그건 많은 측면에서 급진적이었습니다. 놀라우리만큼 대담하고 충격적인 내용들이 텍스트 곳곳에 흩어져 있었고, 심지어는 상호참조 항목까지도 그래요."
왼쪽은 《백과사전》 초판의 첫 표지. 디드로 등의 몇몇 편집자 이름을 볼 수 있다.
오른쪽은 《백과사전》 초판 'A' 항목의 'Anatomic'을 설명하는 삽화. 이 외에도 각각의 항목들에 자세한 설명과 삽화를 곁들이고 있다.

ENCYCLOPÉDIE,

OU

DICTIONNAIRE RAISONNÉ

DES SCIENCES,

DES ARTS ET DES MÉTIERS,

PAR UNE SOCIÉTÉ DE GENS DE LETTRES.

Mis en ordre & publié par M. *DIDEROT*, de l'Académie Royale des Sciences & des Belles-Lettres de Pruffe ; & quant à la PARTIE MATHÉMATIQUE, par M. *D'ALEMBERT*, de l'Académie Royale des Sciences de Paris, de celle de Pruffe, & de la Société Royale de Londres.

Tantùm feries junóturaque pollet,
Tantùm de medio fumptis accedit honoris ! HORAT.

TOME PREMIER.

A PARIS,

Chez
{
BRIASSON, *rue Saint Jacques, à la Science.*
DAVID l'aîné, *rue Saint Jacques, à la Plume d'or.*
LE BRETON, Imprimeur ordinaire du Roy, *rue de la Harpe.*
DURAND, *rue Saint Jacques, à Saint Landry, & au Griffon.*
}

M. DCC. LI.

AVEC APPROBATION ET PRIVILEGE DU ROY.

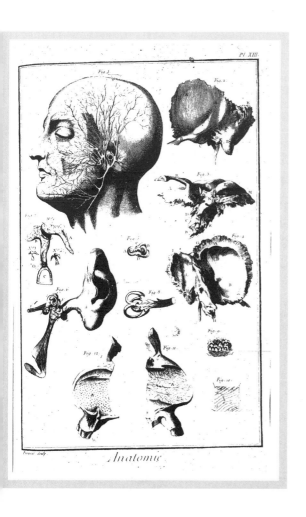

는 사건이지만 18세기 파리의 한 도제 집단에서는 대단히 즐거운 경험이었던 고양이 학살이 무엇이 그렇게 재미있었던가 하는 것, 바로 그것을 이해시키려고 노력했습니다. 이어 18세기 프랑스에서는 철학책과 포르노그래피를 같은 범주에 넣는 규칙이 있었다는 것을 보여주었지요. 이러한 규칙은 앞서와 같이 하나도 재미없는 농담들의 다른 측면입니까? 그것을 해명함으로써 당시의 망탈리테 속으로 좀더 깊이 파고 들어갈 수 있게 될까요?

●● 그렇습니다. 내 요점은 바로 그것을 보여주려는 것이었어요. 왜냐하면 금서를 다룬 문헌들 어디에서나 쓰이던 말이 '철학책'이라는 표현이었으니까요. 그러한 표현은 출판업자와 서적상만이 아니라 경찰과 작가들도 사용하고 있었습니다. 일종의 암호명인 셈이었어요. 하지만 그것은 무엇을 지칭하는 것이었을까요? 우리가 아는 범주들은 18세기 사람들이 쓰던 범주와 다르기 때문에, 예컨대 우리가 포르노그래피를 철학과 떼어서 생각할 때 그들은 둘을 섞는 게 당연하다고 보았던 거지요.
생각을 열어가는 의미에서 섹스에 대한 것을 예로 들어봅시다. 나는 언젠가 포르노그래피에 대한 짤막한 글을 한 편 쓴 적이 있는데요. 대략 이런 식으로 시작합니다. "클로드 레비스트로스는 대부분의 사람들이 추상적 개념을 통해 사고하는 것이 아니라 구체적 사물을 통해 사고한다고 말한다. 마치 수리공이 식탁을 고칠 때처럼 대상물을 다루고, 그것을 다른 대상물들과의 관계 속에 집어넣는다는 것이다. 이는 구체적인 것을 통해 사고하는 것이며, 그래서 대부분의 사람들에게 사고란 '구체적인 것들에 대한 과학'인 것이다." 그래요. 나는 사람들이 섹스에 대해서도 동일한 식으로 사고한다고 봅니다. 그들은 저급한 얘기와 에로틱한 일화들을 읽은 뒤, 그것을 쾌락의 성질, 사랑의 성질, 권력의 성질 등 모든 것들의 성질을 생각하는 하나의 방식으로 그것을 이용합니다. 남녀의 성질에 대해서도 물론 생각하지요.

그래서 18세기 베스트셀러 순위의 거의 꼭대기에 근접한 것이—금서에 대한 자료조사를 할 때, 서적상의 책 수요를 체계적으로 측정했고 베스트셀러 목록도 조사했습니다—《철학자 테레즈 *Thérèse philosophe*》(1748)라는 제목의 책이었어요(《혁명 전 프랑스의 베스트셀러 금서》에 이에 관한 논의가 나온다). 그 책을 읽어 보면 진짜 포르노그래피라는 걸 알 수 있을 거에요. 사랑을 나누는 데 대한 온갖 음란한 묘사들이 다 나오거든요. 하지만 일단 절정을 넘긴 뒤 재차 쾌락을 만끽하기 위해 힘을 비축하는 동안, 그들은 철학적인 내용의 대화를 나눕니다. 그건 진짜 형이상학이에요. 나는 그 책의 어떤 부분이 진짜 철학자의 책으로부터 그냥 옮겨 온 것이라는 사실을 확인한 적도 있어요. 결국 당신이 보는 것은 우리에게는 도저히 양립 불가능한 요소들의 조합 같은 거지요. 그래요. 당신이 한 질문은 목표물을 제대로 맞추었어요. '철학책'이라는 말이 포르노그래피에 사용된다는 점이 나에게는 매우 흥미로웠고, 음란서적을 읽노라면 그 속에 수많은 형이상학적 내용이—사실은 정치적인 내용—포르노그래피와 온통 뒤섞여 있는 것이 마냥 놀랍기만 했어요. 나는 그것이 18세기의 상이함, 18세기의 타자성에 대단히 시사적인 점이라고 생각합니다. 당시 사람들은 세계를 우리와 똑같은 식으로 나누지 않았습니다. 책의 역사, 즉 실제 자료조사를 통해 결과를 도출해내는 종류의 역사—사람들이 무엇을 읽고 있었는지, 또 어느 정도까지는 어떤 방식으로 읽고 있었는지를 말해주는—가 갖는 이점은 현실을 조직하고 세계를 이해하는 그들만의 방식을 알 수 있다는 것이지요. 그래서 사실 정치와 포르노그래피와 불신앙에 대한 해석이란 것도 그들의 시각으로 보면, 고양이 죽이기가 노동자들에게는 재미있는 일이었던 것만큼이나 자연스러운 일이었다는 겁니다.

● 일반적으로 볼 때, 당신의 저작들은 계몽주의가 여성에게 갖는 의미에 관해서는 논의하고 있지 않습니다. 《철학자 테레즈》라는 베스트셀러 속에는 여성들이 주요 등장인물로 나오는데요. 당신의 경우, 이를 다룬 연구가 여성사 분야의 첫 시도라고 생각될 수도 있겠는데, 어떻습니까?

●● 내가 여성사를 연구한 바가 많지 않다는 것, 그리고 그것이 내 연구에서 빠진 측면이라는 것은 옳은 지적이라고 생각합니다. 《철학자 테레즈》는 아르장 후작이 쓴 것으로 추정되는 익명의 책인데요. 나는 이에 대한 논의를 하면서 어느 정도까지는 당신이 지적한 사항을 개선해 보려 노력하고 있어요. 거기에 담겨 있는 것은 형이상학뿐만이 아니에요. 나는 이 책을 여성해방을 위한 일종의 선언서로 해석했습니다. 여성에게는 쾌락을 향유할 권리

가 있으며, 그러한 쾌락을 남성이나 사회적 질서의 지시에 의해서가 아니라 여성 자신의 관점에서 즐길 권리가 있다는 것이 이 책의 생각이지요. 게다가 여성의 몸은 당연히 여성 자신에 의해 통제되어야 한다는 생각도 들어 있어요. 그것이 대단히 급진적인 텍스트라는 이유는 그것에 담긴 반종교적 견해—기본적으로 무신론적인—때문만이 아니라 여성에 대한 견해 때문이기도 합니다. 책의 주인공이자 철학자이기도 한 테레즈는 결혼도 아이도 원하지 않는 인물로 나옵니다. 그녀는 어머니로서의 역할과 아내로서의 역할을 모두 거부하면서, 구체제하의 여성이 처한 근본 조건을 공격하지요. 그녀에게 삶의 목적은 그녀 자신의 관점에서 스스로 행복을 추구하는 것이에요. 이는 물론 급진적인 사고 실험일 뿐이고, 18세기의 대다수 여성들이 실천에 옮기기는 불가능한 생각이었지요. 하지만 우리는 어쨌든 실제로 그러한 관점에서 사물을 규정하는 하나의 텍스트를 갖게 된 겁니다. 그래서 이는 나에게 과거의 여성들이 처했던 조건에 대해 약간이나마 생각해 보는 기회였던 셈이에요.

● 《단턴 논쟁 *The Darnton Debate*》은 계몽주의를 연구하는 역사가들 사이에 상당한 논란을 불러일으켰습니다. 당신의 책과 논문에 대한 글들로 이루어진 논문집의 간행에 불편한 마음을 가졌습니까? 그것은 계몽주의와 프랑스혁명 간의 관계를 이해하는 데 도움이 된 겁니까 아니면 장애가 된 겁니까?

●● 볼테르 재단이 나의 연구에 대한 책을 간행할 만하다고 생각해 주어서 사실 우쭐한 기분이었습니다. 하지만 내가 읽은 일부 글에 질겁을 한 것 역시 사실입니다. 기고자들 중 일부는 나를 잘못 생각하고 있다고 봐요. 독서의 역사를 발전시켜 보려고 애쓰는 사람에게는 그야말로 맥빠지는 일이지요. 그럼에도 그들의 공격과 그에 대한 나의 방어가 몇 가지 오해를 불식시키는 데 일조했다고 봅니다. 몇몇 비판자들이 주장하는 바와 달리, 나는 결코 계몽주의의 역사를 쓸 작정이 아니었고, 계몽주의자의 관념이나 혹은 관념 일반을 깎아내릴 의도는 더더욱 없었어요. 나는 그저 관념의 사회사라는 것, 즉 관념들이 어떤 식으로 돌아다니다가 구체제의 사회 속에 '붙잡혔'는지를 이해하는 역사를 만들어내려 했을 따름이에요. 이렇게 일반적 성격의 과제를 택한 덕분에 나는 자료조사에서 상이한 길을 가게 되었습니다. 태도와 가치 체계에 대한 연구(처음에는 프랑스 식 '망탈리테사'를 따랐다가 뒤에는 역사학과 인류학을 결합하려고 했지요), 작가에 대한 연구 및 지식인의 출현을 역사적 현상으로 다루는 연구('그럽 스트리트[Grub Street: 삼류 문인들 혹은 그들의 거주 지역을 일컫는 말. 런던 밀턴 스트리트의 옛 이름으로 삼류 문인들이 많이 살고 있었던 데서 연유하였다—옮긴이]'에서의 삶과 문학의 통제 등이 중심 주제가 되겠지요), 출판과 책 무역의 역사(지금 뇌샤텔 출판사와 파리의 관련 기록보관소 문서를 기초로 삼부작의 마지막 권을 준비 중입니다). 그리고 여론에 대한 연구(최근의 저작은 전 혁명기 파리의 뉴스와 언론 매체 문제에 관한 것입니다) 등이 그런 것이지요. 나는 《단턴 논쟁》에 기고한 글

에서 이러한 연구 계획들이 기존의 연구들과 얼마만큼 차별성이 있으며, 어느 정도로 서로 연관되어 있는지를 설명하려 노력했습니다. 특히 책을 의미의 자명한 저장고로 간주하고, 책 판매에서 시작하여 독서, 여론의 형성, 혁명에의 행동적 참여로 이어지는 직접적인 인과관계를 찾으려 하는 단순한 주장들을 논박하려 했어요.

하지만 그러한 복잡성을 인정한다 해도, 기록보관소에서의 작업을 통해 기본적인 정보를 알 필요가 있다는 내 확신에는 변함이 없습니다. 지금도 여전히 프랑스인들이 무엇을 읽었는지 책은 어떻게 입수했는지를 아는 것이 중요하다고 생각합니다. 나는 대답할 수 있는 방식으로 역사적 의문을 던지는 것이 가능하다고 봐요. 물론 단정적인 대답은 못 되겠지만 소문자 't'로 시작하는 'truth(진실)'에는 접근 가능하겠지요. '진실'이란 단어는 마치 실증주의나 어떤 형태의 형이상학과 연루되기라도 한 것처럼 역사가들을 불편하게 만드는 말입니다. 그럼에도 나는 우리가 과거의 인간 조건에 대해 어떤 의미 있는 이해에 이를 수 있다고 믿어요. 나는 특히 클리퍼드 기어츠, 피에르 부르디외, 미셸 푸코 등의 이론가들과 함께 보낸 시간이 있기 때문에, 이런 종류의 연구와 연관된 이론적 문제들을 간과할 생각은 없어요. 하지만 동시에 역사가 갖는 장인적 측면을 강조하고 싶어요. 자료들을 통해 과거의 흔적을 밟아가며 사람들에게 다시 생명을 불어넣을 수 있도록 자료 속의 말들을 맞추어보려는 시도가 바로 그것이지요. 기록보관소에는 탐색해야 할 하나의 온전한 세계가 우리를 기다리고 있고, 나는 그런 작업이 언제나 흥미롭습니다.

● 당신은 다니엘 로슈와 함께 18세기 말 프랑스의 출판업에 대한 논문집을 낸 적이 있지요. 이 책에서 당신이 지향하는 목적 중 하나는, 당신도 말했다시피 1789년의 원칙들을 축하하자는 것이 아니라 출판의 힘을 재평가하고 오늘날의 공공 생활에서 매체가 하는 역할을 논의해 보자는 것이었습니다. 다매체 커뮤니케이션의 시대에 출판이 담당하는 역할을 무엇이라고 보십니까?

●● 슬픈 일 중 하나는 책의 쇠퇴가 아니라 신문의 쇠퇴입니다. 나는 그동안 책의 죽음과 문학의 종말에 관한 수도 없이 많은 학술회의에 초대를 받아왔는데요. 그 결과 나는 이제 책이 왕성하게 살아있다는 것을 믿기 시작하고 있습니다. 반면 신문은 죽어가고 있어요. 가끔씩 신문이 살아남으려고 발버둥칠 때마다 텔레비전이 팔꿈치로 슬쩍 밀어내고 있는 거지요.

앞서도 말했지만, 나는 한때 1920년대의 신문을 연구해 보려는 생각을 가졌던 적이 있어요. 조사를 해보니, 당시 뉴욕에는 다른 언어는 제외하고도 영어 일간지만 27종이 있었다는 것이 밝혀졌습니다. 이디시 어로 된 것만도 3종이었고요. 놀라운 숫자죠. 오늘날 뉴욕에는 고작 2~3종의 일간지가 있을 뿐이에요. 27종에서 2~3종이라니, 정말 큰 변화죠. 미국 시민 대부분이 텔레비전 방송을 하루에 5~6시간씩 시청한다는 보도가 만약 사실이라면, 우리는 사실 이 새로운 매체가 변화시켜 온 세계 속에 살고 있는 겁니다. 그래서 출판을 근대 세계 속의 한 세력으로 이해하려면, 그것과 경쟁하는 매체를 체계적으로 살펴보아야 하겠지요. 오늘 날 텔레비전이 사람들의 세계관에 미치는 영향은 지대하다고 봅니다. 미국의 오지에 사는 반半 문맹의 사람들도 아시아와 유럽에서 일어나는 사건들에 대해 듣고 있을 뿐 아니라, 심지어 그 나라들이 어디쯤에 있는지도 알고 있단 말이에요. 20년, 30년, 40년 전이라면 도저히 생각도 할 수 없었던 방식으로 말입니다. 내가 볼 때 현재의 신문은 과거의 신문과 전혀 다른 위치에 있어요. 신문이 중요치 않다는 말이 아닙니다. 다른 방식으로 중요해 졌다는 뜻이에요. 말하자면 서클 내에 또 서클이 존재하듯이, 신문의 영향력은 상이한 사회적 층위들을 통해 전달된다고 봅니다. 그래서 잡지의 세계 속에도 신문을 읽는 핵심 인사들이 있고, 텔레비전 프로듀서나 그 비슷한 사람들 중에도 신문을 읽는 핵심 인사들이 있는 법인데요. 그들은 텔레비전 방송이나 잡지나 그 외 무엇에서든 신문에서 읽은 것을 적용해보려고 하지요. 그래서 굴절 과정이 발생하고, 그 결과 신문은 극소수의 사람들에게 읽혀진다는 바로 그 방식 때문에 상당한 영향력을 발휘할 수 있는 것이지요. 오늘날의 문화에서 매체가 작동하는 방식을 이해하려면 그것이 갖는 모든 측면을 고려해야 한다고 봅니다. 물론 우리의 문화가 하나의 문화 체계로서 종종 이합집산하는 방식도 이해할 필요가 있지요. 하지만 그것은 내 이해를 넘어서는 일입니다. 난 현재 일어나는 일을 연구해 온 사람이 아니거든요. 다만 한때 신문 기자로 일한 사람으로서 일간 신문에다 무슨 내용을 인쇄할 것인지 결정해야 하는 데 따른 온갖 종류의 압박을 느꼈던 것은 확실합니다.

다시 18세기로 돌아가서 생각할 때, 나 역시 스스로 시야를 넓히고 다른 모든 매체를 함께 살펴볼 필요가 있다고 봅니다. 내가 지금 18세기 파리의 노래, 벽보, 이미지, 특히 소문과 '공공의 소음'이라 불렸던 것에 대한 연구 계획을 세우고 있는 이유도 바로 이 때문이에요. 이 모든 사항을 감안하면 책을 쓰는 데 많은 시간이 걸리겠지만, 파리 내의 매체들이 이루는 조화 및 총화, 그리고 그것들이 메시지를 잡아채고 전달하는 방식을 다룬 책이 될 것이라는 점을 알 수 있어요. 그래서 나는 커뮤니케이션의 역사로 시작하고 싶다는 거지요. 구체제의 커뮤니케이션 체제들을 그야말로 체계적으로 재구성해 보자는 겁니다. 그 다음엔 2단계로 가는데요. 즉, 혁명 전야의 프랑스에서 발생한 정치적 위기를 이러한 매체들이 어떤 방식으로 해석했는지에 대한, 더욱 강도 높은 연구가 되는 거지요. 희망 사항이지만, 그것은 아마 1780년대의 사건들을 좀더 서사적으로 다루고, 혁명에 동반한 사건들에 관해 연속적으로 해설하는 형태가 될 것 같습니다. 나는 이 모든 것을 일반적이고 더 큰 규모의 책 속에 버무려 넣어서, 근대사에 초석을 제공한 대사건인 프랑스혁명을 심층적으로 이해하도록 만들 작정이에요. 물론 혁명의 전체적 성격을 설명하려 하는 것은 아닙니다. 하지만 이는 어떻게 해서 구체제가 산산조각이 났는지, 1789년에 엄청난 혁명의 에너지가 어떤 방식으로 분출했는지를 이해하는 데 도움이 될 것으로 생각합니다.

"나는 말 그대로 좁은 의미의 책의 역사에서 더 넓
은 의미의 커뮤니케이션의 역사로 옮겨가고 있는
중이라고 생각해요. 그리고 그것은 다시 프랑스혁
명의 발발이라는 고전적 문제와 연결되지요."
사진은 벽에 각종 선거 포스터가 붙어 있는 프랑스
거리 풍경.

지금 내 대답이 당신의 질문에 좀 비켜나 현재가 아니라 18세기로 와버렸는데요. 그건 생각을 체계화하기 위해서입니다. 단순히 어떤 문화 체계의 한 측면만을 보는 것이 아니라 그 전체를 재구성하는 거지요. 사실상 커뮤니케이션 체계의 일환이라 할 수 있는 것들 사이의 상호 연관성 말입니다. 나는 말 그대로 좁은 의미의 책의 역사에서 더 넓은 의미의 커뮤니케이션의 역사로 옮겨가고 있는 중이라고 생각해요. 그리고 그것은 다시 프랑스혁명의 발발이라는 고전적 문제와 연결되지요. 하지만 다른 것들, 다른 혁명에 관심이 있는 사람들도 커뮤니케이션의 역사를 개념화하고 나름의 목적을 위해 사용하려는 이러한 시도에 흥미를 느낄 수 있다고 봅니다.

● 프랑스혁명을 칭송해 마지않았던 영국의 에세이 작가 조셉 애디슨은 《스펙테이터 Spectator》 지 첫 호에, 독자들은 책의 저자가 어떤 삶을 살았는지 매우 궁금해한다는 말을 쓴 적이 있습니다. 작가의 삶을 아는 것이 독서의 즐거움을 배가시킬 뿐 아니라 그 작가의 저작을 이해하는 데도 큰 도움이 된다는 거지요. 당신은 애디슨의 조언을 따라 역사가 로버트 단턴이라는 얼굴 뒤에 있는 한 인간에 무언가 얘기를 좀 해주실 의향이 있으신지요? 독자들의 호기심을 만족시키기 위해서 말이죠.

●● 나는 내가 대단히 가정적인 사람으로 그려졌으면 합니다. 나에게는 아이가 셋이 있는데요. 각각 22, 26, 29세로 모두 대학을

졸업했습니다. 나는 현재 그 애들이 성인 세계에서 어떻게 자신들의 위치를 찾아갈지에 큰 관심과 염려하는 마음을 가지고 있어요. 애들이 어떻게 살아갈지 좀 우려가 되기는 하지만, 그래도 힘든 환경에 처해 있는 그들을 지켜보고 길을 헤쳐나가는 데 도움을 주려고 애쓰는 일은 신나는 일이에요. 물론 그들에게는 많은 이점이 있지요. 식탁에는 언제나 빵이 있었고 교육도 잘 받았으니까요. 그래서 그 애들이 직업을 구할 수 있을지 어떨지 별 걱정을 하지 않습니다. 내가 염려하는 건 자신의 삶에 어느 정도 만족할 것인가 하는 점이에요. 그 애들의 삶은 전적으로 그들만의 것이지 내 것이 아니니까요. 내 말이 좀 추상적으로 들릴지는 모르겠지만, 내 관심사는 사실 그것이에요.

내 자신에 대해 얘기하자면 조금은 국제적인 삶을 살고 있는 편입니다. 나는 지금 반은 영국에서 반은 미국에서 지내고 있는데요. 아주 이례적인 일이지요. 특히 프랑스와 많은 관계를 맺고 있습니다. 독일과도 어느 정도는 그렇고요. 하지만 이 공항 저 공항으로 쫓아다니면서 여행을 너무 많이 하는 것은 되도록 피하려하고 있어요. 별 소득이 없기 때문이죠. 나는 사람들과 더불어 얘기를 나누고 한 곳에 오래 머물면서 접촉을 갖고 싶어요. 그리고 자료조사와 집필도 계속하고 싶은 생각이 굴뚝같고요. 하지만 그런 일을 여행과 결합시킬 수는 있습니다. 나도 그렇고 다른 학자들도 그런 경우가 있겠지만, 연구 주제가 국제적 성격을 띠고 있기 때문에 자신을 단지 한 나라, 즉 자신의 나라와 동일시하지는 않아요. 말하자면 난 민족주의를 싫어하고 문필공화국의 이상을 신봉한다는 거지요. 경찰력도 국경선도 없는 공화국, 누구나 말해야 하는 것을 말할 수 있고 공개적인 토론이 가능한 곳 말이에요. 그래서 내가 단순히 미국인으로 분류되는 것이 아니라—왜냐하면 도처에 반미주의가 깔려 있다는 것을 알고 있으니까요—프랑스 인, 독일인, 영국인 학자들에게 더불어 토론할 수 있는 진정한 동료로 받아들여진다는 사실이 해방감을 느끼게 해줍니다.

다른 얘기 좀 해볼까요? 미국의 대학 생활은 유럽이나 혹은 라틴 아메리카의 경우와는 많이 다른 것 같습니다. 우리는 대학 캠퍼스에서 생활해요. 말하자면 캠퍼스가 때로 문화적 사막 같은 곳에서 만나는 오아시스인 셈이죠. 이 오아시스는 아주 괜찮은 곳입니다. 박물관과 영화관이 있고, 전문 극장도 있어요. 우리 대학에는 아마추어 극장도 함께 있지만요. 각종 스포츠 시설은 말할 것도 없고요. 강의도 계속 이어지지요. 그 외에도 이것저것 많아요. 주택까지도 대학에서 제공되는 정도거든요. 그래서 미국의 대학은 가족을 부양하고 흥미로운 생활을 해나갈 수 있는 강력하고도 풍부한 삶의 터전이라 할 수 있어요.

불리한 점이라면 나머지 시민 층과 어느 정도 단절된다는 점입니다. 그리고 미국에서는, 아마 브라질에서는 그렇지 않을 것 같습니다만, 대학 교수나 지식인들이 대학 밖의 주민들과 동일한 문화적 세계를 공유하지 못하는 위험이 있어요. 가끔 캠퍼스 밖으로 나와 이리저리 돌아다니다 보면 정말로 내가 다른 사람들과 똑같은 언어로 말하지 않는다는 사실을 문득 깨닫게 됩니다. 나는 미국에서보다 오히려 프랑스에서 훨씬 더 편안한 감정을 느끼는 때가 종종 있는데요. 그 이유도 바로 여기에 있어요. 내가 머무는 프린스턴은 진짜 대학촌이죠. 아주 작은 곳으로 그야말로 오아시스 역할을 하지요. 그곳에서 북쪽이나 서쪽으로 불과 몇 마일만 가도 끔찍한 빈민가와 심각한 인종 문제를 안고 있는 큰 도시들이 있습니다. 나는 내가 그런 상황을 개선하는 데 아무런 도움이 되지 못한다는 것을 느끼고 있어요. 때로는 비행기를 타고 파리를 향해 갈 때 죄책감을 느끼기까지 하는 것도 사실입니다. 나는 이처럼 지적으로 풍요로운 삶을 즐기고 있지만, 빈민가에 갇혀 있는 문맹 혹은 반 문맹인 사람들을 위해서는 사실 무언가 일조하는 바가 없기 때문이지요. 그래서 여행을 할 때면 언제나 양심의 가책을 느끼게 됩니다.

끝으로 몇 마디 해야 할 것 같군요. 나도 이제 나이를 먹어가고 있고 또 그동안 내 연구도 어느 정도 인정받았기 때문에, 지금은 좀더 시민 봉사에 매진할까 합니다. 빈민가를 개선시키는 일에는 아직 뛰어들지 못하고 있습니다만, 공공 활동에는 아주 많이 참여하고 있는 중입니다. 예컨대 뉴욕 공립도서관에서 이사직을 맡고 있어요. 이 도서관은, 다른 많은 경우와 달리, 모든 사람에게 공개된 민주적 조직입니다. 누구라도 거리를 걷다가 들어와서 책을 빌려볼 수 있어요. 출입증을 보여 달라고도 하지 않고 돈도 일체 받지 않아요. 그것은 미국에서 두 번째로 큰 대단한 규모의 도서관인데요. 전통적으로 이민자와 빈민들이 스스로를 교육해왔던 전설적인 곳이에요. 이사들은 현재 이런 전통을 지키려 노력하고 있습니다. 기금을 모으고 강의를 개발하고 전시회를 조직하는 등의 일이지요. 나도 이 일에 많은 시간을 쏟아붓고 있습니다. 이 외에도 나는 여러 기관들과 단체들의 이사진의 일원으로 캠퍼스 밖에서 많은 시간을 쓰고 있어요. 예컨대 미국의 건국 시조들, 토머스 제퍼슨과 벤자민 프랭클린의 유작들을 출판하려는 일이 그런 것이지요. 또한 국제 18세기학회 회장으로 있을 당시, 동서 세미나라고 불리는 하계 세미나를 만들었던 일이 있습니다. 40세 이하의 동유럽과 서유럽 소장 학자들이 함께 세미나를 할 수 있도록 하는 것인데요. 이는 베를린 장벽이 붕괴되기도 전의 일이었습니다. 그 세미나의 목적은 동서 유럽이 완전히 격리되어 있는 현실에서 두 세계 간에 지속적인 대화를 창출해내자는 것이었어요. 또 그 일환으로 좀더 젊은 학자들에게 파리와 같은 대도시에서 아무런 조건 없이 한 달간 체류하게 했지요. 그들에게는 상당한 금액의 도서 구입비를 포함하여 필요한 모든 것이 지급됩니다. 그들로 하여금 각각 다른 나라에서 왔지만 같은 시대의 학자라는 점을 인식하도록 하는 거지요. 사실 나는 지난 수년 동안 이 일에 많은 시간을 보냈습니다.

나는 그동안 여러 나라를 여행하며 연구와 강의를 하는 집시 같은 삶을 살아왔습니다만, 그것과 병행하여 국제적 성격의 문필공화국에서 일종의 시민적 의무를 이행하고 있는 중이라고나 할까요. 이 문필공화국에는 사람들을 모으고 캠퍼스의 세계를 넘어 보통 사람들과 다른 나라 사람들에게로 나아가려 노력하는 기관들도 들어 있는 거죠. 나는 이런 측면에서 약간은 할 수 있는 일이 있다고 생각합니다. 이제 국가라는 것이 더 이상 학문을 위한 유일한 단위도 아닐 뿐더러, 국제적인 삶이라는 것도 단지 현란하다는 의미에서가 아니라 다른 나라의 사람들과 진정으로 함께 일하려고 애쓰는 좀더 깊은 의미에서 보아야 한다고 생각합니다. 그래서 우리 각자가 독창적인 문화적 정체성을 유지하면서 동시에 공통적인 문화를 발전시켜 나가야 한다는 거지요. 달리 말해 내가 국제주의라고 하는 것은 피상적이고 겉만 번지르르한 코스모폴리타니즘을 말하는 것이 아니라는 겁니다. 난 진정한 협력에 대해 말하고 싶은 거에요. 값싸게 여행할 수 있고 어디서나 컴퓨터를 사용할 수 있는 21세기의 환경에서 우리는 이전 어느 때보다도 활발하게 국가 경계를 넘어 함께 일할 수 있는 거지요. 그리고 물론 동과 서뿐 아니라 남과 북 사이에도 그런 일이 일어나기를 바랍니다. 그렇게 되겠지요.

1996년 7월, 옥스퍼드에서
(1999년 5월과 6월의 인터뷰로 내용이 늘어나고 새롭게 바뀌었음)

Mesmerism and the End of the Enlightenment in France (Cambridge: Harvard University Press, 1968). 독일어, 프랑스 어, 일본어, 네덜란드 어, 포르투갈 어, 러시아 어 역.

The Business of Enlightenment: A Publishing History of the Encyclopédie (Cambridge: Harvard University Press, 1979). 프랑스 어, 이탈리아 어, 독일어, 포르투갈 어 역.

The Literary Underground of the Old Regime (Cambridge: Harvard University Press, 1982). 스웨덴어, 독일어, 네덜란드 어, 이탈리아 어, 일본어, 포르투갈 어 역.

The Great Cat Massacre and Other Episodes in French Cultural History (New York: Basic Books, 1984). 프랑스 어, 독일어, 네덜란드 어, 스웨덴 어, 덴마크 어, 이탈리아 어, 에스파냐 어, 포르투갈 어, 일본어, 헝가리어, 한국어 역 [조한욱 옮김, 《고양이 대학살》(문학과지성사, 1996).

The Kiss of Lamourette: Reflections on Cultural History (New York: Norton, 1989). 독일어, 네덜란드 어, 포르투갈 어, 이탈리아 어, 일본어 역.

Edition et sédition. L'Univers de la littérature clandestine au XVIIIe siècle (Paris: Gallimard, 1991). 독일어, 이탈리아 어, 네덜란드 어, 일본어, 에스파냐 어, 포르투갈 어 역.

Berlin Journal, 1989~1990 (New York: Norton, 1991). 독일어, 네덜란드 어, 프랑스어, 이탈리아 어, 일본어 역.

Gens de lettres, gens du livre (Paris: ditions Odile Jacob, 1992).

The Forbidden Best-Sellers of Pre-Revolutionary France (New York: Norton, 1995). 이탈리아 어, 포르투갈 어, 스웨덴 어, 독일어, 일본어, 한국어 역 [주명철 옮김, 《책과 혁명》(길, 2003)].

The Corpus of Clandestine Literature in France, 1769~1789 (New York: Norton, 1995).

The Darnton Debate: Books and Revolution in the Eighteenth Century, ed. Haydn T. Mason (Oxford: Voltaire Foundation, 1998).

Danton, ed. *Media and Political Culture in the Eighteenth Century* (Stockholm: Alguist & Wiksell, 2005).

8

카를로 긴즈부르그_{Carlo Ginzburg}

긴즈부르그의 지적 생산물이 지

커 "지켜보아야 할 지식인!" 이라고 경탄하였다.

곧 학계를 놀라게 하였다. 1970년대 초 그에 대한 서평을 쓴 한 미국 학자는 그를 가리

카를로

긴즈부르그(1939년생)는 현재 활동 중인 역사가들 가운데 가장 독창적인 인물 중 하나이다. 그만큼 글을 잘 쓰는 경우를 찾기 힘들며, 게다가 엄청나게 폭넓은 관심사를 따라갈 사람도 거의 없다. 그는 최근 10여 년 동안 UCLA에 적을 두고 로스앤젤레스와 볼로냐를 오가며 연구와 강의를 병행해 왔다. 긴즈부르그는 1939년 토리노에 정착한 러시아 유대계 가정에서 태어났다. 아버지 레오네 긴즈부르그는 러시아 문학

교수였는데, 카를로가 다섯 살이었던 1944년 파시스트 치하의 감옥에서 죽었다. 반면 어머니 나탈리아 긴즈부르그[30]는 20세기의 가장 유명하고 존경받는 이탈리아 작가들 중 하나가 되었다. 긴즈부르그는 문학에 투신하겠다는 애초의 생각을 버리고 대신 역사학을 택했는데, 여기에는 16세기 이탈리아 이단에 대한 선

---

[30] Natalia Ginzburg(1916~1991). 이탈리아 소설가. 작품으로 다음의 것들이 있다. 《친숙한 얘기 Lessico famigliare》, 《저녁의 목소리들 Le voci della sera》, 《만초니 가족 La famiglia Manzoni》, 《우리 모두의 어제 Tutti i nostri ieri》.

[31] Delio Cantimori(1904~1966). 이탈리아 역사가. 《16세기 이탈리아의 이단 Eretici italiani del '500》(1939), 《이탈리아 이단의 역사에 대한 전망 Prospettive di storia ereticiale italiana》(1960) 등이 그 일부이다.

구적 연구로 잘 알려진 이탈리아 역사가 델리오 칸티모리[31]의 영향이 각별하였다. 긴즈부르그의 지적 생산물이 지닌 독창적 면모는 곧 학계를 놀라게 하였다. 1970년대 초 그에 대한 서평을 쓴 한 미국 학자는 그를 가리켜 "지켜보아야 할 지식인!"이라고 경탄하였다.

긴즈부르그가 27세의 젊은 나이에 펴낸 첫 저작 《베난단티 *I benandanti*》는 대단히 논쟁적이고 혁신적인 연구였다. 이 연구는 마법 혐의로 기소된 프리울리 지방의 농민 집단이 이단 재판소에서 한 대답들이 무언가 아귀가 잘 맞지 않는다는 사실에서 출발하였다. 그들은 스스로 '베난단티'—옳은 길을 가는 사람이라는 뜻—라 부르면서, 자신들이 회양풀 줄기로 무장한 채 마녀의 수숫대에 맞서 야간 전투를 치르는 선한 편에 선 사람들이라고 말하였다. 이단재판관을 어리둥절하게 만든 이러한 예기치 않은 대답이 바로 마법 연구에 주목할 만한 기여를 했던 이 저작의 기초였다.

1976년 긴즈부르그를 그야말로 하룻밤 사이에 국제적 유명 인사로 만든 것은 16세기 한 방앗간 주인—그 역시 이단 혐의로 이단재판소에서 신문을 받았다—의 세계관에 대한 연구인 《치즈와 구더기 *Il formaggio e i vermi*》였다. 프리울리의 이단재판들을 연구한 긴즈부르그는 여느 피의자들과는 상이한 성격에다 억지로 말을 하게 되면서도 말하기를 매우 좋아하는, 메노키오라는 방앗간 주인의 복잡하게 뒤얽힌 사례와 만나게 되었다. 이 수다쟁이 농사꾼은 이단 재판을, 세계란 곧 구더기

카를로 긴즈부르그는 현재 활동 중인 역사가들 중 가장 독창적인 인물이며, 미시사 방법론의 선구자다. 그는 폭넓은 관심사와 빼어난 글 솜씨로 이탈리아 르네상스에서부터 현대 유럽사를 아우르는 다양한 저작물들을 내놓았다.

그림은 각각 피터 브뤼겔의 〈The Peasant Wedding〉(1568)과 〈The Harvesters〉(1565). 브뤼겔은 16세기 이탈리아에서 활동하며 농민생활과 하층민의 사회풍속을 그린 민중화가.

로 가득 찬 엄청난 크기의 치즈라고 하는 자신의 세계관을 마을 밖에서 온 청중에게 설명하는 기막힌 호기로 이용하려 하였다. 긴즈부르그에 따르면, 메노키오는 글을 읽고 쓸 수 있었고 책도 몇 권 읽은 적이 있기는 하지만, 그럼에도 본질적인 면에서는 전통적 구전 문화와 민중 문화의 대변자로 간주될 수 있는 인물이었다. 그람시를 인용하고 브레히트의 작품 〈역사를 읽는 노동자〉 중의 한 구절—"누가 일곱 성문을 가진 테베를 건설했던가?"—을 제사題詞로 이용한 긴즈부르그의 책은 '아래로부터의 역사'와 역사인류학의 선언서로서 갈채를 받았다. 또한 그 이후, 꼬리표가 붙는 것을 싫어하는 성향에도 불구하고, 그는 이른바 '미시사'의 선두 작가로서 이름이 알려지기에 이르렀다. 그 뒤 미시사란 이름은 에이나우디 출판사가 긴즈부르그와 그의 친구 조반니 레비의 편집하에 동명同名의 총서를 내자 곧 유행의 물결을 타기 시작하였다.

긴즈부르그의 다른 책들로는, 화가인 피에로 델라 프란체스카를 다룬 《피에로 연구 Indagini su Piero》(1981), 지난 2,000년간 유럽과 아시아에 존재해왔던 마녀 연회의 관념에 대한 역사인 《밤의 이야기 Storia notturna》(1989), 최근의 이탈리아 사법사에서 일어났던 한 비극적 삽화와 함께 법관과 역사가의 역할 관계를 고찰한 《재판관과 역사가 Il giudice e lo storico》(1991) 등이 있다. 이러한 저작들은 긴즈부르그가 사용한 주제와 접근방법이 얼마나 다양한지를 잘 보여준다. 이 때문에 그는 분류하기 힘든 역사가로 비치지만, 정작 자신은 이 점을 만족스럽게 생각한다.

그동안 긴즈부르그는 개척자적인 연구의 많은 부분을 책이 아니라 에세이의 형태로 간행해 왔다. 이 중에서도 가장 잘 알려진 경우가 〈징후들 spie〉이라는 그야말로 뒤엉킨 실타래 같은 인상의 이름을 가진 글인데, 무려 13개 국어로 번역된 바 있다[아마 이제는 적어도 14개 국어라고 해야 할 듯싶다. 왜냐하면 2000년에 한국어로도 번역되었기 때문이다. 곽차섭 엮음, 《미시사란 무엇인가》(푸른역사, 2000), 제4장("징후들: 실마리 찾기의 뿌리")—옮긴이]. 그리고 이 글은 그 자체로 긴즈부르그의 전 저작을 이해하는 실마리를 제공하고 있기도 하다. 이 탁월한 글에서 그는 외견상으로 의미 없이 보이는 세부 사항과 언뜻 보기에는 사소한 말이나 몸짓이야말로 그것을 탐색하는 사람을 마치 셜록 홈스 유의 탐정처럼, 프로이트 유의 정신분석학자처럼, 혹은 긴즈부르그 자신과 같은 역사학자처럼 중대한 발견으로 이끈다는 점을 강조하고 있다. 그는 이처럼 특별한 탐정의 재능을 발휘하면서, 겉으로 사소한 것처럼 보이는 세부사항에서 출발하여 자신이 처음에는 아무 것도 몰랐던 지식 세계의 주제와 영역에 관해 우아하고도 활력이 넘치며 열정적인 문체로 글을 써나간다. 완전히 새로운 어떤 것을 배우려 할 때 '무지가 주는 행복감'이라 부르는 것을 강렬하게 느낀다는 그는, 이를 스키 타는 사람이 새로운 설원에서 스키를 탈 때 느끼는 즐거움에다 비교하고 있다.

긴즈부르그는 이 인터뷰를 볼로냐에 있는 자신의 아파트에서 진행하도록 해주었다. 16세기의 이단재판관과 20세기의 경찰관들이 수행한 신문들에 대해 장문의 글을 썼던 사람을 인터뷰한다는 것이 처음에는 좀 어색했으나, 우리의 얘기는 곧 친구 간의 대화 같은 것으로 바뀌었다. 긴즈부르그는 유쾌하고 자발적이며 자신의 견해를 충분히 피력하는 특유의 열정적 태도로 오랜 시간 자신의 지적 궤적과 선택들, 명성을 대하는 태도, 역사가의 역할에 대한 생각, 푸코, 보르헤스, 포스트모더니즘 등에 대한 의견들을 말해 주었다.

● 마리아 루시아 팔라레스–버크　　당신의 생각과 관심사를 이해하는 데 출신과 교육의 어떤 측면이 결정적이라 생각하십니까?

●● 카를로 긴즈부르그　　많은 측면들이 있겠죠. 하지만 나는 역사가로서, 한 개인이 어린애로부터 어른으로 가는 식으로 역사를 일직선적으로 보는 목적론적 접근방법에는 회의적입니다. 아마 나의 삶에서 결정적 요소란 것은 인지할 수 없을 것 같군요. 그래서 난 최고의 법관은 못 되는 거지요. 그렇기는 하지만, 내 성장 배경에 대해서는 말해 줄 수 있습니다.

내 외할머니를 제외하고는 아버지나 어머니 쪽 모두 유대계입니다. 아버지는 오데사 출신으로 어릴 때 이탈리아로 건너와 토리노에서 성장하여 젊은 시절에 이탈리아 시민이 되었어요. 그는 자신이 러시아 출신이라는 것만큼이나 이탈리아 인이라는 것에 대단히 집착했습니다. 그는 러시아 문학을 공부했어요. 고골리의 《대장 불리바 *Taras Bulba*》와 톨스토이의 《안나 카레리나 *Anna Karerina*》를 이탈리아 어로 번역했고, 젊은 나이에 러시아 문학 강사libero docente가 되었어요. 내가 이 일을 기억하고 있는 이유는, 바로 그 직후 이탈리아 파시스트 정권이 모든 대학 교수의 충성 맹세를 요구했는데, 아버지는 그것을 거부했기 때문이지요. 그가 학자로서의 경력을 포기하고 반파시스트 운동에 참여하게 된 것도 이 시점의 일입니다. 그에게는 파시스트에 대항하여 싸우는 것이 곧 이탈리아 인이 되는 길의 일부였던 셈이에요(그가 이탈리아 시민이 된 것은 불과 몇 해 전이었거든요). 그는 좌익이지만 비 공산당 계인 소규모 조직의 일원으로 활동하다가 25세인 1934년에 체포되어 4년 감옥형을 받았습니다. 2년간의 옥살이 끝에 사면을 받아 풀려난 그는 줄리오 에이나우디와 함께 에이나우디 출판사를 창립하는 일에 간여했는데, 이 출판사는 이후 그 시대의 선두적인 반파시스트 출판사로 발돋움했지요.

1940년 이탈리아가 전쟁에 돌입하자, 반파시스트로 낙인찍힌 그는 가족과 함께 아브루찌 지방의 작은 마을로 이송되어 경찰 감시하에 거주하였습니다. 그래서 나는 토리노 출생이기는 하지만 그 마을에서 자랐어요. 우리는 그곳에서 3년간 살았습니다. 내가 지금까지 배웠던 방언이라면 그 마을 방언이 유일합니다. 지금은 다 잊어버렸지만 말이에요. 1943년 무솔리니가 체포되고 정권이 무너지자, 아버지는 로마로 가서 지하신문의 편집인으로 다시 정치 활동을 시작했지요. 하지만 그는 나치 군대가 로마를 점령한 직후 체포되었고, 유대인에다가 반파시스트 운동가라는 사실이 밝혀져 1944년 초 감옥에서 죽고 말았습니다. 그때 나는 다섯 살이었지요. 이후 우리는 피렌체로 이사를 갔다가 결국에는 토리노에 정착했는데요. 그곳에서 어머니는—그녀는 이미 첫 소설 《도시로 가는 길 La strada che va in città》을 알레싼드라 토르님파르테라는 필명으로 펴낸 경험이 있었으나, 1938년 이후로는 유대인에게 출판이 허용되지 않은 상태였어요—에이나우디와 함께 일을 하기 시작했습니다. 그녀가 프루스트 의 《잃어버린 시간을 찾아서 Ála recherche du temps perdu》 첫 권을 이탈리아 어로 번역한 것도 바로 이 출판사를 위해서였고, 그녀의 모든 작품이 간행된 곳도 역시 이 출판사였어요.

만약 나의 삶과 역사가로서의 선택을 생각한다면, 자신에게—사실은 어느 누구에게나—던지는 질문은 이런 것입니다. 어떤 선택들이 결정적이었는가? 어떤 점에서 그것은 체스 게임 같아요. 결정적 행마는 초반에 일어나는 법이니까요. 유전자적 성질이나 남녀 중 어느 한쪽의 성으로 태어나는 것과 같이 우리가 선택할 수 없는 결정적 요소들이 있다는 것은 분명합니다. 하지만 스스로 일종의 결정적 판단을 한 어떤 순간을 택한다고 해도, 그것에 어느 정도 선택의 자유라는 것이 있기는 하지만 동시에 수많은 제약도 존재한다는 점을 알 수 있습니다. 반면에 우리가 인식하지 못하는 부분은 엄청나게 많습니다. 사실 나는 인생사의 모든 결정적 판단들—사랑을 한다든지 혹은 직업을 택한다든지 하는 경우들—이 불충분한 정보 아래서 맹목적으로 일어난다는 데 압도되곤 하지요. 우린 스스로 정말로 선택하고 있다고 생각할지 모르지만, 돌이켜보면 선택에 관한 진정한 지식과 아무 상관도 없이 강력히 밀어붙이는 어떤 힘, 어떤 추동력이 있었음을 발견하게 된다는 거지요. 내가 역사가의 길을 선택한 것이 이를 예증합니다.

젊은 시절 나는 어머니처럼 소설가가 되고 싶었지만, 곧 그쪽에 별 재능이 없다는 것을 알게 됐어요. 어쨌든 나는 지금도 그와 같은 글쓰기에 많은 흥미를 갖고 있습니다. 마치 역사 서술을 향한 열정이 소설을 쓰는 데 대한 열정으로 바뀐 것처럼 말이죠. 어떤 점에서 그것은 댐이나 도랑같은 것이라 할까요. 어딘가를 억지로

"젊은 시절 나는 어머니처럼 소설가가 되고 싶었지
만, 곧 그쪽에 별 재능이 없다는 것을 알게 됐어요.
어쨌든 나는 지금도 그와 같은 글쓰기에 많은 흥미
를 갖고 있습니다."
사진은 긴즈부르그의 어머니자 소설가 나탈리아 긴
즈부르그와 편집자이자 저널가인 그의 아버지 레오
네 긴즈부르그.

막아놓으면 옆으로 더 세게 뿜어져 나오니까요. 어떤 것이든 아무리 길을 막아놓아도 결국에는 새로운 길의 일부가 되는 법이지요. 화가가 되겠다고 생각한 적이 있는데, 그때도 똑같은 일이 일어났어요. 또 다시 나는 훌륭한 화가가 되지 못할 것이라는 걸 알고, 다른 아파트로 이사할 때 그동안 그린 그림 전부를 남겨둔 채 그냥 떠나버렸어요. 하지만 그림에 대한 열정 역시 내 일부가 되었습니다. 마치 잘못된 행마가 결과적으로 오히려 좋은 행마로 바뀌듯이 말이죠. 나는 미술사가가 되겠다는 생각까지도 한 적이 있습니다만, 결국 나중에 조금은 그것을 이룬 셈이 되었지요.

● 당신은 언젠가 젊은 시절에 역사가가 되겠다는 생각을 전혀 하지 않았다고 고백한 적이 있지요. 그럼에도 당신은 불과 21세의 나이에 개척자적 논문을 발표할 정도로 조숙한 역사가가 되었습니다. 자신의 삶을 과거의 연구에 쏟아붓게 만든 어떤 계기가 있었던가요?

●● 앞서도 말했듯이, 나는 줄곧 소설을 읽곤 했는데요. 하지만 고등학교를 졸업할 무렵 베네데토 크로체의 《19세기 유럽사 *Storia d' Europa nel secolo decimonono*》를 읽기 시작했어요. 난 그 책에 실망했습니다(《순수한 개념의 과학으로서의 논리학 *Logico come scienza del concetto puro*》 같은 크로체의 다른 저작들이 훨씬 더 재미있었어요). 아버지는 저자인 크로체가 자필로 '감사의 마음으로'라고 써준 책을 가지고 있었습니다. 나중에 알고 보니 아버지는

크로체의 추종자이자 찬미자였고, 책 속의 19세기 러시아에 대한 부분을 쓰는 데 도움을 주기도 했다는 것이었어요. 그래서 역사학에 대한 나의 초기 관심은 어떤 점에서 아버지의 지적 활동 및 참여의 기억을 매개로 일어난 셈입니다. 그는 그 외에도 많은 분야에 지적 관심을 가지고 있었습니다. 아버지는 원래 언어학자로 교육을 받았는데요. 하지만 철학, 비평, 문학, 역사 등에도 커다란 흥미를 지니고 있었어요. 예컨대 가리발디와 러시아 혁명주의자인 헤르첸 간의 관계에 대해 글을 쓴 적이 있을 정도였으니까요. 나는 학교 공부를 마칠 즈음 피사고등사범학교Scuola Normale Superiore di Pisa 입학시험을 보기로 작정하고, 여름 내내 크로체, 그람시, 아우어바흐의 《미메시스 *Mimesis*》 등을 읽는 데 시간을 보냈습니다. 나는 레오 스피츠, 에리히 아우어바흐, 잔프랑코 콘티니[32]를 통해 전체 속에 있는 작은 단편들을 자세히 읽어 나가는 데 기초한 텍스트적 접근방법에 익숙해졌어요. 그래서 자세한 읽기를 함축하는 접근방법은 대학 공부를 시작하기도 전에 이미 나의 지적 경험 중 일부가 되었어요.

피사에 가게 되었을 때, 나는 미술사를 할까 문학을 할까 얼마간 망설였습니다. 심지어는 철학에도 끌렸습니다. 나는 일단 문학비평을 공부하기 시작했는데, 2학년 때 델리오 칸티모리가 부르크하르트의 《세계사의 성찰 *Weltgeschichtliche Betrachtungen*》에 대한 세미나를 하러 일주일간 학교에 왔지요. 나는 지금도 그를 처음 만

---

[32] Gianfranco Contini(1912~). 이탈리아의 문학비평가로 《이체異體 및 다른 언어학 *Varianti e altre linguistica*》(1970) 등의 저작이 있다.

난 때를 생생하게 기억합니다. 그는 체구가 크고 흰 수염을 기른 데다 일종의 19세기 식 옷을 입고 있었어요. 나에게는 그가 지금까지 본 중에서 가장 나이든 사람으로 비쳤습니다. 당시 그는 53세밖에 되지 않았는데 말입니다. 그는 자신의 스승이었던 철학자 조반니 젠틸레 식의 옷을 입고 있었던 거지요. 젠틸레는 파시스트 정권의 지지자로, 1944년 공산주의 빨치산에 의해 살해된 인물입니다.

칸티모리의 세미나는 이렇게 시작되었죠. 그는 책상 주위를 둘러보며 우리 중에 독일어를 읽을 수 있는 사람이 몇이나 되는지 물었습니다만, 그런 학생은 몇 되지 않았습니다. 그러자 그는 독일어 텍스트를 여러 다른 언어로 된 번역서와 비교하기 시작했어요. 기억을 떠올리면, 일주일이 지났을 때도 우리가 읽은 것은 겨우 12줄에 지나지 않았던 것 같습니다. 그건 굉장히 경이로운 경험이었는데요. 지금도 그 생각을 하면 자극을 받을 정도예요. 최근에 나는 UCLA에서 세미나를 시작하며 학생들에게 이렇게 말한 적이 있습니다. "이탈리아에는 '슬로우푸드'라고 부르는 운동이 있어. 패스트푸드에 대항하는 것이지. 내 세미나는 슬로우 리딩(천천히 읽기)의 실험장이 될 거야." 그러는 가운데 나는 로만 야콥슨이 "언어학은 천천히 읽기의 기술이다"라는 문구를 인용하고 있는 것을 보았습니다. 나중에 그것이 원래 니체가 한 말이라는 것을 알았습니다만. 나는 이 천천히 읽기라는 생각을 아주 좋아합니다. 그래서 칸티모리는 나에게 분명한 전환점을 제시해 준 셈이 되었죠. 그렇다고 즉시 역사에 투신하겠다는 결심을 한 것은 아니었지만 말이에요. 그 후 고등사범학교 교사였던 중세사가 아르세니오 프루고니가 나에게 《아날》 지에 대해 글을 한번 써보는 게 어떠냐고 말했지요. 1958년 당시로는 그것이 그렇게 명확한 주제는 아니었어요. 나는 이 학술지를 읽기 시작했고, 곧 마르크 블로크에 매료되어 《마법사 왕》을 1924년 초판으로 읽었습니다. 재판은 그로부터 수년 후에 나왔죠. 그것은 진정 놀라움이었습니다. 그때까지만 해도 역사책이 지루한 것은 기본이라 생각했거든요. 하지만 이 책은 달랐어요. 나는 그 책에 너무나 깊은 인상을 받았기 때문에, 칸티모리를 다시 만나서 블로크와 함께 연구하고 싶다고 말한 것이 지금도 기억날 정도입니다.

나를 깊이 매료시켰던 또 한 명의 저명한 역사가는 프랑코 벤투리였습니다. 그는 아버지 친구였는데, 이런 가족과의 관계 덕분에 그를 만나게 된 거죠(벤투리 역시 반파시스트 저항운동에 적극적으로 참여하고 있었습니다). 내가 처음으로 돈을 받고 일하게 된 것도 바로 그 덕분이었어요. 그의 소개로 에이나우디에서 간행한 블로크의 《프랑스 농촌사의 기본 성격 *Les caractères originaux de l'histoire rurale française*》을 번역했거든요. 나는 또 다시 선택의 기로에 섰죠. 18세기의 주제를 가지고 벤투리와 함께 공부할 것인가 혹은 르네상스 후기 이탈리아의 이단이 주 관심사이던 칸티모리와 같이 공부할 것인가를 두고 말입니다. 이 두 사람은 모든 가능한 관점에서 서로 완전히 달랐습니다. 정치적 입장부터가 그랬어요. 벤투리는 저항운동에 적극적으로 참여했지요. 종전 후에는 한동안 모스크바에서 이탈리아 정부의 문화 참사관으로 일하기도 했습니다. 그는 친러시아주의자인 동시에 노골적인 반공산 주의자였어요. 반면 칸티모리는 좌익 파시스트였습니다. 그는 1930년대의 어느 때쯤에 공산당과 가까운 사이가 되었는데, 종전 후 당에 가입했지요. 난 칸티모리와 함께 일하기로 작정했어요. 그 결정이 얼마나 중요한 것이었는지 당시에는 알지 못했죠. 지금 회상해 보면, 내가 그에게 끌렸던 이유는 그에게서 풍기는 이질성과 거리감—때로는 고통스러울 정도의 거리감—같은 것 때문이었다는 생각이 듭니다. 그래요. 거리감이 결정적이었던 것 같아요. 내가 이런 말을 하는 것은 최근 거리감이라는 주제에 대한 글을 모아 책을 냈기 때문일지도 모르겠군요. 《나무눈 *Occhiacci di legno*》(1998)이 그것입니다.

지금에 와서 칸티모리의 접근방법과 스타일을 생각해 볼 때, 이러한 요소들이 그의 정치적 편향보다 내 결정에 훨씬 더 중요한 것이었다고 말할 수 있을 것 같군요. 암시와 풍자적 느낌으로 가득 찬 그의 지적 스타일에는 내가 도저히 공유할 수 없고, 끊임없이 나의 반응을 자극하는 어떤 것이 있었습니다. 난 그의 대단한 찬미자였어요. 그는 나를 최고로 가르친 내 시대의 역사가였습니다. 사실 나는 우리 자신들과는 다른 어떤 사람, 우리와 거리감을 가진 어떤 사람으로부터 더 많이 배우게 된다고 생각해요. 돌이켜보면, 벤투리가 아니고 칸티모리와 함께 연구하려 한 내 결정은 지나치게 좁은 시각에서 반파시즘에 몰입하는 태도에 대한 반작용이었다고 말할 수 있을 것 같아요. 결국 나의 성장 배경과 교육의 핵심에 있던 어떤 것에 대한 반발이었던 셈이죠. 1980년대에 뒤메질[33]에 대한 논문을 발표한 적이 있는데요. 여기서 나는 이러한 생각을 명료하게 만들어보려고 했습니다. 질문과 대답 간의 구별, 만약 대답이 받아들여질 수 없다면 경멸의 말을 하기보다는 아예 그 질문을 무시해 버리는 좌파의 경향 등에 대해 성찰하였던 거죠. 인종주의조차도, 비록 그것이 과학적으로 뒷받침될 수도 없고 도덕적·정치적으로도 혐오스러운 것이기는 하지만, 생물학과 문화 간의 관계를 다룬 완벽하게 정당한 질문에 대답이 될 수 있거든요.

● 당신은 의미를 담은 세부사항에 관한 자신의 취향을 언급한 적이 있고, 또한 이야기를 엮어나가는 재능에 대해서도 찬사를 받았던 일도 종종 있었지요. 당신의 서술 스타일이 어머니의 뒤를 따라 한때 꿈꾸었던 소설가의 스타일과 관련이 있다고 보십니까? 당신이 보기에 역사가와 소설가 간의 관계는 어떤 것입니까?

●● 물론 어머니의 예가 나에게는 중요한 것이었습니다만, 동시에 압박감이 크면 일이 제대로 진행되지 않는다는 사실을 보여주는 것이기도 했습니다. 목사의 아들이기 때문에 무신론자가 될 수도 있겠지만, 반면 성인이 될 수도 있을 겁니다. 결과란 오직 뒤에 가서 볼 때만 예측 가능해지는 거죠. 내가 나탈리아 긴즈부르그의 아들이란 사실은 직접적인 추진력으로도 혹은 저항의 추

---

33 Georges Dumil(1898~1988). 프랑스 학자로서 라틴 문화, 켈트 문화, 고대 인도 문화 간의 비교 연구로 유명하다.

동력으로도 작동할 수 있었습니다. 그 사이에 관계가 있다고 볼 수도 있겠지만, 그것이 어떤 종류인지 어떻게 알겠습니까?

역사에서 서사 관념의 경우, 오랫동안 19세기 말의 소설에서 그 모형을 찾아왔다고 봅니다. 하지만 프루스트나 조이스 같은 20세기 소설을 생각하면 픽션과 논픽션 간의 구별이 어느 정도로 흐려지는지 알 수 있을 겁니다. 심지어는 소설에서조차 그래요.

나는 픽션과 역사 사이의 관계를 상호 도전과 경쟁을 의미하는 것으로 보기를 좋아합니다. 역사는 예컨대 발자크와 같은 소설가에게는 하나의 도전이었죠. 그는 이러한 도전에 반응하여 이렇게 말했어요. "난 19세기의 역사가가 될 거야." 하지만 이후 오히려 역사가에게 도전하는 소설가들을 만나게 됩니다. 스탕달이나 플로베르 같은 사람들이죠. 역사와 픽션 간의 관계는 경쟁관계에요. 양자는 서로에게 도전하고 반응하면서 상대방으로부터 배우는 거지요.

● 당신이 주로 이야기를 나누는 사람은 누구입니까? 혹시 글을 쓸 때 어깨 너머로 바라본다고 상상하거나, 혹은 그 글을 비판하고 토론한다고 생각하는 사람이 있습니까?

●● 나에게는 끊임없이 지적 의견을 교환하는 일단의 친구들이 있습니다. 심지어는 단 한 문장을 써 놓고도 그중 하나가 이에 어떻게 반응할까 생각하는 때도 있을 정도에요. 사람들과의 상호작용은 나에게 아주 중요합니다. 하지만 일반 수준에서는 너무 많

은 의사소통이 오히려 해로울 수도 있다고 생각해요. 오래 전입니다만, 갑자기 내가 약간은 주류에 속하는 것이 아닌가 하는 느낌이 들었고, 그러자 좀 불편한 기분이 들었습니다. 내 첫 저작인 《베난단티》는 어느 정도 시간이 흐를 때까지도 그 이야기를 들어줄 청중을 찾지 못했지요. 격려된다는 것에는 분명히 좋은 그 무언가가 있어요. 이는 《치즈와 구더기》를 펴냈을 때 일어났는데요. 그건 즉각적인 성공을 거두었습니다. 비록—아마도 그 때문에—혁신적 측면에서 첫 책인 《베난단티》보다 못했음에도 불구하고 말이에요. 똑같은 일이 〈징후들〉이란 글을 발표했을 때도 일어났습니다. 역시 즉각적인 반응이 있었는데요. 내 생각에 그 이유의 일부는, 그 논문이 잡다한 글을 모은 논문집(《이성의 위기 *Crisi della ragione*》(1979))과 각주도 없이 조그만 좌파 잡지에 동시에 실렸다는 데 있는 것 같아요. 이 점이 훨씬 더 폭넓은 독자를 끌어들인 게 아닌가 싶습니다. 지금 기억으로는 당시 2주 동안 거의 이탈리아 전역에서 초청이 쇄도했어요. 카타니아, 밀라노 등지를 비롯한 이곳저곳에서 '징후들'에 대해 강연을 해달라는 초청이 왔어요. 한동안 그렇게 했죠. 재미도 있었고요. 하지만 일종의 커뮤니케이션 홍수 속에 빠져버리는 게 아닌가 하는 위험한 기분도 들었어요. 격려됨으로써 가지는 모든 이점과 재미를 잃어버리는 느낌이었죠.

● 성공이 지식인에게는 재난이 될 수도 있다는 말인가요?

●● 그렇습니다. 성공의 주위에는 대단히 위험스러운 어떤 것이 있어요. 나같이 그저 그런 정도의 성공을 거둔 경우까지도 그렇거든요. 성공이란 반드시 통제되어야 하는 호랑이 같은 겁니다. 도박의 경우처럼, 성공을 반복하려고 스스로를 반복하려는 일종의 유혹이 있어요. 나는 도박을 잘 하지 못합니다. 룰렛 게임을 대여섯 차례 한 적이 있는데요. 재미있었어요. 한번은 라스베이거스에서 번호 하나에 걸어 이긴 적이 있어요. 하지만 그때 도박을 계속 하고픈 충동이 얼마나 컸던지 오히려 두려움을 느끼고 도망치다시피 나온 적이 있습니다. 이런 말을 하는 것은, 내 연구에 도박적인 요소가 있기 때문이에요. 더 큰 판돈을 걸려는 유혹 같은 것이 있다는 말이죠. 위험의 가능성이 있어요.

되돌아보면 나는 성공하는 것, 일종의 주류가 되는 것을 두려워했다고 말할 수 있을 겁니다. 이 때문에 나는 그것에 저항하려 했고요. 물론 이것에 일종의 역설이 존재한다는 점은 동의합니다. 왜냐하면 난 얘기하기와 의견 교환을 좋아하고, 글 쓰는 일뿐만 아니라 내 글이 번역되는 것도 대단히 좋아하며, 성공하는 것도 좋아하니까요. 반면에 난 연구 계획을 짤 때 스스로 주변부로 되돌릴 수 있는 방향을 택합니다. 내 말은 의식적으로 나 자신을 격리시키는 전략을 택한다는 뜻은 아닙니다. 하지만 곧 이것이 사실이라는 것을 인식하게 되지요.

틀렸을 수도 있겠지만, 내가 인지하기로는 이러한 일이 그동안 두 번 있었습니다. 첫 번째는 '징후들'에 관한 논문으로 성공을 거두었을 땐데요. 그것이 말하자면 마치 '투토로고tuttologo' 역할을 하라고 나를 초대하는 것처럼 보였어요. 이는 이탈리아 어로 이것저것 모든 것을 다 써대는 사람을 경멸조로 부르는 말입니다. 어떤 주제든 가리지 않고 손을 대는 사람 말이에요. 사실 그 글의 주제는 매우 폭넓어서 그런 종류의 대중적 기대감을 불러일으킨 것인데—나에게는 그렇게 보였어요—나는 그것에 저항감을 느끼지 않을 수 없었던 거지요. 그러다가 갑자기 피에로 델라 프란체스카 연구에 빠진 나 자신을 발견했습니다. 미술사에 대한 관심이 예기치 않게 되살아난 겁니다. 그리고는 한동안 미루어 놓았던 장기 계획에 착수했어요. 《베난단티》의 후속물 말입니다. 내가 15년 후에야 간행하게 되었던 그 책—《밤의 이야기》—은 많은 비평가들을 실망케 했습니다. 이후 나는 점점 더 엉뚱한 호기심을 발동하게 되었고, 더욱 갈피를 잡지 못하게 되었지요. 《나무눈》에 수록된 글들을 보면 그것을 알 수 있을 겁니다.

● 당신의 저작은 때때로 텍스트와 전통을 서로 교직하는 것 같은 세계관을 드러내고 있는데요. 이러한 면모는 호르헤 루이스 보르헤스(1899~1986)를 생각나게 합니다. 어떤 식으로든 그로부터 시사 받은 점이 있습니까?

●● 그 질문에 곧바로 대답하자면, 아닙니다. 나는 1960년대 초에 보르헤스를 읽었고, 그중 몇몇 작품은 아주 좋아했어요. 하지만 내 생각에 그는 약간 과대평가되고 있는 것 같아요. 그는 뛰어난 이류 작가 정도라 할 수 있을 겁니다. 그의 글에는 일종의 자

기 탐닉 같은 것이 많이 들어있어요. 그는 결코 모험을 하려 하지 않아요. 어쩌면 난 이탈로 칼비노를 통해 보르헤스의 영향을 받았다고 할 수 있을지 모릅니다. 한 인간으로서나 한 작가로서 칼비노는 나에게 지대한 영향을 미쳤던 인물이거든요. 그는 후기 작품에서 보르헤스의 영향을 많이 받았는데, 그래서 보르헤스-칼비노 라인의 영향력이 내가 지금 인지할 수 있는 것보다 더 깊었을 수도 있겠지요.

작가란 현실의 어떤 차원들을 인식할 수 있도록 해주는 사람입니다. 이것이 바로 픽션의 인식적 측면인데요. 나는 그것을 칼비노를 통해—그리고 유년시절 이후 어머니를 통해—알게 되었지요. 우리가 '카프카적 상황Kafkaesque' [카프카의 《변신》과 같은 작품에서 유래한 말로, 명확하게 정의하기는 어려우나 대체로 무감각하고 방향성이 없으며 위협적일 정도로 복잡한 상황하에 놓인 것을 일컫는다—옮긴이]이라 부르는 것은 이전에는 알려지지 않았던, 그리고 보이지 않았던 20세기 현실의 한 차원입니다. 나는 언젠가 전쟁에서 살아남은 카프카의 질녀 중 하나가 "프란츠 아저씨는 성격이 너무 낙관적이었어요"라고 말했다는 얘기를 들은 적이 있어요.

내가 최근에 쓴 책 속에는 'Ecce(보라)'로 시작되는 글이 한 편 들어있는데[1998년의 《나무눈》 제4장을 말함—옮긴이], 그 주제는 처음부터 나를 매료시켜 왔던 것입니다. 나는 아내 루이자가 뭘 생각하고 있느냐고 물을 때면, 이렇게 대답하곤 했다는 것을 기억하고 있어요. "예수를 생각하고 있어." 난 정말로 예수에 정신을 온통 빼앗기게 되었습니다. 나는 학자들에게는 잘 알려져 있지만 학계 바깥에서는 잘 언급되지 않는 사실에서 출발했어요. 즉, 예수가 처녀에게서 탄생했다는 것은 중간에 번역상의 오류가 개입된 예언의 결과라는 것입니다. 이 사실은 나를 또다시 잘 알려진 다른 주제로 이끌었습니다. 복음서에서 성취된 예언의 역할이 바로 그것이지요. 이 주제의 함의들은―대략적으로 보더라도―심원합니다. 오역이 현실을 창조할 수 있다는 관념은 아주 역설적이지요. 하지만 전 세계로 퍼져나간 성처녀의 성소들과 그것을 믿는 사람들, 그리고 그로부터 유래한 숭배 의식과 그 외의 모든 것들을 생각할 때, 오역이 추진력으로 작용하거나 현실을 창조할 수도 있음을 알게 될 겁니다. 누군가 이렇게 말할지도 모르겠군요. 이것이 바로 보르헤스라고요. 하지만 나는 거꾸로 이렇게 말하고 싶습니다. 이것은 현실이지 보르헤스가 아니라고, 하지만 그는 우리에게 그것을 분명히 인식하도록 해주었다고요. 현실에는 보르헤스적 측면이 존재한다고 말할 수 있는 것도 이러한 의미에서입니다.

나는 이것이 폭로의 문제가 아니라는 점을 강조하는 것이 중요하다고 봅니다. 폭로적인 요소는 단지 일면일 뿐이에요. 그 다른 측면은 동정同情의 요소지요. '함께 고통받는다' 는 어원적 의미에서의 동정 말입니다. 그것은 사람들이 왜 그런 믿음을 가지고 있는지를 이해하려는 일종의 감정이입인 셈입니다. 이것은 내가 마르크 블로크의 《마법사 왕》을 읽으면서 배운 구분이에요. 한편으로 블로크는 음모를 폭로하고, 영국 왕과 프랑스 왕이 연주창을 치료한다는 소문 뒤에 의식적인 정치적 전략이 숨어있다는 것을 입증하려고 했어요. 동시에 가난한 사람들과 거지들, 여자들이 치료를 받기 위해 그토록 먼 순례의 길을 마다하지 않은 이유가 무엇인지를 이해하려 노력했지요. 양쪽에서 작동되고 있는 관념이 나에게는 역사를 쓰는 데 결정적인 것으로 보입니다. 만약 여기에 어떤 모순이 존재한다면, 그것은 현실 그 자체가 바로 모순이요 역설이기 때문입니다.

● 당신은 폭넓은 독자층을 만드는 것이 중요하다는 말을 한 적이 있지요. 당신이 쓰는 역사가 비전문가 대중에 어떤 적절성을 가진다고 보십니까?

●● 분명히 기억하는 것은, 내가 역사가로서 일하기 시작했을 때 의식적으로 전문가와 비전문가 청중 모두에게 동시에 전달되는 책을 쓰기로 작정했다는 사실입니다. '동시에'라는 것은 글의 엄격성, 각주 등 어느 면에서도 일체의 타협을 하지 않고 그렇게 한다는 뜻이었지요. 내가 이것을 이루었는지 어떤지는 모르겠어요. 최근 들어 게임은 더 복잡하게 되었습니다. 내가 원래 어느 정도 전문가적인 청중에게 전달할 목적으로 썼던 글들을 모아 책으로 펴내기 시작했거든요(《나무눈》의 경우와 같이).

글쓰기에 대한 역설이 있습니다. 나는 한편으로 독자들의 반작용을 가능한 한 통제하려 애쓰지요. 예컨대 나는 요즘 구두점 찍는 일에 정신을 빼앗기고 있어요. 그것이 만들어내는 상이한 리듬은 독자가 텍스트를 인식하고 의미를 부여하는 방식에 결정적 역할을 하니까요. 반면 상이한 배경을 가진 사람들이 그들 식으로 글을 읽고 반응하는 방식을 통제하거나, 내 텍스트가 어떤 컨텍스트 속에 놓일 것인지를 알 수 있는 수단은 없습니다. 내 책이 번역되는 것을 볼 때 다소간 모호한 느낌을 갖게 되는 이유도 바로 여기에 있어요. 한편으로는 즐겁지만, 다른 한편으로는 어느 정도 내 글에 대한 통제력을 잃어버릴 것이라는 느낌이 들거든요. 내 글이 다른 언어로 전환된다는 사실은 제쳐놓고라도, 종종 내가 전혀 인식하지 못하는 어떤 틀 속에서 읽힐 테니까요. 몇 년 전 나는 《치즈와 구더기》가 이상한 방식으로 읽힌 예를 발견한 적이 있습니다. 코넬 대학에서 열린 한 학술회의에서 안데스 지방 전문가인 존 머라를 만났을 땐데요. 그가 나에게 말하기를, 리마 대학의 자기 학생들 중 퀘추아를 되살리려 노력하고 있는 일부가 내 책을 그들의 사업에 정당성을 부여하는 일종의 증거로 이용하고 있다는 거에요. 명백한 정치 참여를 수반하는 사업 말입니다. 내가 무슨 수로 이런 종류의 글읽기를 예견할 수 있겠어요?

● 당신은 예컨대 메소포타미아 점술가에서 교황 요한 바오로 2세에 이르기까지, 16세기 이단에서 레오나르도 다 빈치와 볼테르에 이르기까지, 놀라울 정도로 다양한 논제에 대해 글을 써왔습니다. 이 같은 백과사전적인 호기심과 숨 가쁠 정도의 생산성은 어떻게 설명할 수 있을까요?

●● 이것이 통상적이지는 않다는 점은 나도 인식하고 있습니다.

나는 분명히 어떤 전문가는 아닙니다. 사실 난 스스로 어떤 것에 전문가라 말하고 싶기도 합니다. 혹자는 내가 마법에 대한 전문가라고 말하지만, 이 역시 사실이 아니에요. 한동안 그 분야에서 진행된 논의를 따라가지 않았기 때문이지요. 그래서 난 정말이지 어떤 전문가는 아닙니다. 그러기에는 너무 많은 일에 연루되어 있고, 너무 많은 계획에 관여하고 있어요. 이는 결국 내가 많은 것에, 아니 거의 모든 것에 무지하다는 의미입니다. 내가 지금 쓰고 있는 주제, 혹은 과거에 썼던 주제를 포함해서 말입니다.

사실 나는 무지해진다는 것, 어떤 분야에 외부로부터 입문하는 것이 지니는 상대적 이점에 관해 많이 생각해 왔어요. 나는 점점 더 전문가—물론 나 자신을 포함한— 라는 사람들이 궁극적으로 많은 것에 무지하다는 점을 생각하게 됩니다. 진실은, 일정 시간이 흐르면 우리 모두가 사물을 새로운 방식으로 볼 수 없게 된다는 것이지요. 우리가 아무 것도 모르는 어떤 영역으로 옮겨가는 것이 어리석은 일만은 아닌 이유도 여기에 있어요. 전문가가 미처 생각하지 못하고 빠뜨린 중요한 질문을 다른 누군가가 할 수도 있거든요. 그것이 내가 하고자 하는 일이죠. 물론 치러야 할 희생도 있습니다. 우선 능력의 문제가 있어요. 나는 내가 실수할지도 모른다는 것, 무언가 단순하고 부적절한 것들을 물을 수도 있다는 점을 알고 있지요. 다른 한편으로는 수용의 문제가 있어요. 이것은 최근에야 알게 된 것인데요. 전문가란 사람도 내가 무엇을 말하고 있는지 모를 수 있다는 점을 인식했을 때지요. 《밤의 이야기》를 평한 어떤 사람이 대충 이런 식으로 쓴 것을 보았어요.

"난 책을 213페이지까지 읽었다. 하지만 그 나머지는 내 능력을 넘어서는 것이다." 또 어떤 사람들은 오직 책의 마지막 부분만을 읽고 서평을 썼습니다. 그래서 나는 수많은 주제와 접근방법, 그리고 학문 분야를 다루고 있는 《나무눈》 또한 전문가 청중을 가지게 되었으면 하고 바랍니다만, 확신하기는 어렵군요.

● 앞서도 얘기했듯이, 당신은 '무지가 주는 행복감' 때문에 전문가가 되지 못하고 있는데요. 그렇다면 자신을 역사 에세이스트라고 볼 의향이 있습니까? 만약 그렇다면, 에세이 형태의 글쓰기가 피상적이라고 비판하는 사람들에게 무어라 하시겠습니까?

●● 역사 에세이스트요? 아니요. 그건 절대로 아닙니다. 하지만 내가 점점 에세이를 쓰는 일이 잦아지고 있으며, 글쓰기 형태로서 에세이의 열린 가능성을 많이 받아들이는 쪽으로 가고 있다는 것은 분명합니다. 이 점에서—다른 많은 점에서도 그렇지만—나는 모밀리아노[34]의 영향을 받았다고 생각해요. 그와 사제 관계로 묶인 것은 행운이었어요. 비록 내 생애에서 아주 늦은 일이었고, 그의 생애에서는 마지막에 있었던 일이기는 하지만 말입니다. 내가 에세이 형식의 글쓰기에 열정을 가지게 된 것은 일부 그에게서 연유된 겁니다.

---

[34] Arnaldo Momigliano(1908~1987). 이탈리아 역사가로 20세기의 가장 중요한 고전학자 중 한 사람이다.

● 아이자이아 벌린은 지식인을 고슴도치와 여우 두 종류로 구분했지요.[35] 당신은 어느 쪽인가요?

●● 점점 여우가 되어가고 있다고 생각해요. 하지만 궁극적으로는 나 자신을 고슴도치라고 봅니다. 그동안 다양한 주제를 연구해 왔음에도, 나는 여전히 이단재판 기록에 기초하여 마법을 다룬 초기 저작의 함의들과 싸우고 있어요. 그건 인류학자로 말하면 현장조사 같은 것이었지요. 나는 줄곧 방법론적 문제에 관심을 가져왔습니다만, 이것조차도 그러한 경험—행간을 읽으려는 시도, 이단재판관의 목적을 위해 구성된 재판 기록을 그러한 방식에 거슬러 읽으려는 시도—에서 나온 것이었어요. 마르크 블로크가 《역사가를 위한 변명 *L'apologie pour l'histoire*》에서 중세 성인전을 중세 농업사를 위한 증거로 읽는 일종의 우회적 전략을 언급할 때 시사한 점이 바로 이러한 것입니다.

● 당신은 미술사가로서의 훈련을 받지 않았다고는 하지만, 피에로 델라 프란체스카, 티치아노, 장 푸케 등 미술과 관련하여 여러 편의 글을 썼지요. 당신은 이 분야의 어떤 점에 매력을 느낍니까? 전문적 미술사가라 할지라도 '보통의' 역사가가 볼 수 있는 어떤 것을 놓칠 수도 있다고 보십니까?

---

[35] Isaiah Berlin(1909~1997), *The Hedgehog and the Fox: An Essay on Tolstoy's View of History* (London: Weidenfeld & Nicolson, 1953; 2nd ed., 1967).

●● 그럴 수 있습니다. 전쟁은 너무 중대한 일이라 장군들에게만 맡겨둘 수 없다고 했다는 클레망소의 말을 당신도 알고 있겠지요. 이는 다른 영역에서도 똑같이 적용될 수 있는 말이라고 봅니다. 미술은 너무 중요한 일이라 미술사가에게만 맡겨둘 수 없다는 거지요(역사와 역사가에 대해서도 마찬가지겠지요). 난 단순히 그림에 관심이 있는 것이 아니에요. 그림을 사랑하죠. 난 정말로 그림을 사랑합니다. 실제로 나는 도서관에서 요청한 책이 올 동안 역사 잡지가 아니라 미술사 잡지를 읽고 있는 경우가 보통이에요. 내가 역사적 관점에서 그림에 접근하는 것은 사실이지만, 그림을 대하는 첫 반응은 어디까지나 시각적인 것이지요. 시각적 측면의 호기심이나 의문들을 역사적 의문으로 전환하려는 시도도 그 다음의 일입니다. 화가를 좋아하게 되는 것은 새로운 사람을 만나는 일처럼 나에게 중요한 경험이지요. 꽤 오래 전의 일인데요. 루벤스에 무지한 상태에서—그는 지금도 나에게 경이로운 존재로 보입니다—그가 위대한 화가라는 것을 깨닫게 되었을 때 느낀 전율은 지금도 생생합니다. 나는 새로운 장소, 작은 마을과 교회들을 찾아 이탈리아 이곳저곳을 돌아다니고 있었지요. 그때 난 죽을 때까지도 이탈리아 대부분을 여전히 잘 알지 못할 것이라는 이상한 기분이 들었어요. 그 모든 곳을 다 보려면 아마 서른 번 정도는 다시 살아야 될 겁니다. 하물며 이탈리아 바깥 세계는 또 어떻겠어요.

앞서 내가 오랫동안 완전히 격리된 기분을 느낀 적이 있다고 말했을 때 꼭 덧붙였어야 했을 말은, 바르부르크 연구소에서만은

"루벤스에 무지한 상태에서—그는 지금도 나에게 경이로운 존재로 보입니다—그가 위대한 화가라는 것을 깨닫게 되었을 때 느낀 전율은 지금도 생생합니다. 나는 새로운 장소, 작은 마을과 교회들을 찾아 이탈리아 이곳저곳을 돌아다니고 있었지요."

그림은 루벤스의 〈The Village Wedding〉(1640).

편안한 기분이었다는 겁니다. 나는 1960년대에 고전 전통의 연구를 위해—한 달 내내 그곳에서 《베난단티》 작업을 하기도 했지요—이 연구소에 자주 들렀는데요. 이것이 나의 지적 발전에 매우 중요한 역할을 했습니다. 하지만 시각적 증거는 아주 풍요로운 데가 있어서 우리는 그것을 여러 각도에서 볼 수 있어요. 그래서 시각적 증거에 대한 사회-역사적 접근방법과 감식가의 접근방법 사이의 간격 운운하는 것은—요즘 미국에서는 널리 퍼져있어요—어리석고 아주 좋지 않은 생각입니다. 난 예술품 감식에 매우 흥미를 느끼고 있어요. 사실 시각적 증거에는 일종의 역사적 진술로 바꿀 수 있는 요소가 있습니다. 감식가가 어떤 그림이 그 장소에서 그 시간에 혹은 그 사람에 의해 만들어졌다는 것을 입증한다고 할 때, 내가 언급한 간격이 단지 어리석은 생각일 뿐이라는 점은 분명하지요. 왜냐하면 감식이란 행위의 핵심에 놓여있는 것은 다름 아닌 기본적으로 역사적 진술이기 때문입니다. 수박을 그린 한 정물화가 어떤 초상화가의 그림임을 보여주는 것은, 이런 유의 기본적·구조적 유사성 뒤에 탐지 가능한 더 깊은 측면이 존재한다는 것을 의미하는 거지요. 되돌아보면, 형태학과 역사학 간의 관계는 나의 모든 연구를 관통하는 어떤 실마리 같은 것이 아닌가 싶습니다.

● 당신은 항상 자신을 마르크 블로크의 대단한 찬양자로 묘사해 왔습니다. 그가 '기원의 우상'이라 부른 것을 강력하게 비난했다는 점을 감안한다면, 2,000년 이상의 시간을 거슬러 올라가 마녀

연회의 기원을 찾으려 한 당신의 저작은 어떻게 변호할 수 있을까요? 이 경우 블로크와는 달리 기원의 문제가 잘못된 질문이 아니라는 뜻이었습니까?

●● 내가 볼 때 블로크의 비판이 겨냥한 것은 기원의 탐색이 아니었습니다. 그가 문제 삼았던 점은 기원에 대한 관심이 지나치게 연장되는 것이었어요. 달리 말해 그는 어떤 제도의 초기 단계에 대한 설명을, 그것이 지속되는 이유에 대한 설명으로 변형하려는 생각을 거부했던 거지요. 내가 블로크와 모순된다는 인상을 줄 수 있었던 것은, 아마 내가 레비스트로스에 관심이 많다는 사실 때문일 거에요. 그는 구조와 역사를 대립시키고 그중에서도 구조적 요소에 훨씬 더 비중을 둠으로써 블로크와 상치되는 데가 있었거든요. 하지만 사실 내가 《밤의 이야기》에서 의도했던 바는 구조와 역사라는 두 요소를 결합하여 그것들 간의 상호작용을 보여주려는 것이었어요. 그 목표를 완전히 이루지는 못했지만 말입니다. 나는 우선 한 사건—기독교도, 무슬림, 유대인이 연루된 이른바 1331년의 음모 사건—에서 출발했지요. 그리고는 좀더 넓은 시야에서 봄으로써 이 사건이 무엇을 가능하게 만들었던가를 보여주려 했어요. 그와 동시에 미시사와 거시사, 사건과 구조를 상호 보완하려는 생각을 하고 있었습니다. 네 개의 요소가 아주 복잡한 종류의 상호작용을 하게 되는 거지요. 이 점에서 성공적이었는지는 나도 모르겠어요. 내가 인정하는 것은 《밤의 이야기》가 지금까지 쓴 것 중에서 가장 야심적일 수 있다는 점입니다. 어쩌

면 지나치게 야심적이었을 수도 있어요. 하지만 거기에는 도전이 기다리고 있었고, 나는 그것에 맞서기로 작정했던 겁니다. 나는 이런 식의 도전을 바랍니다. 만약 내가 '베난단티'를 발견하는 행운을 가졌다고 해도, 그들의 존재를 가능한 한 충분히 이해하도록 만드는 것 또한 내 책무니까요.

● 당신의 저작들은 수많은 추종자를 낳았습니다. 하지만 비판하는 사람도 역시 많습니다. 이러한 비판이 당신의 생각을 발전시키고 다시 숙고하게 만드는 데 도움이 된 적은 있습니까?

●● 그럼요. 내부적 비판을 포함해 모든 것이 그렇습니다. 나는 '악마의 변호사'[남의 약점을 잡아 시비를 거는 사람—옮긴이] 전략에 일종의 매력을 느낍니다. 이미 나에게 내재해 있었지만 이탈로 칼비노와의 대화를 통해 더 강화된 점이지요. 적으로부터 배운다는 것, 자신의 가장 강력한 적은 바로 자신이라는 것은 나를 대단히 솔깃하게 하는 생각이에요. 그것이 어려운 일이기 때문이기도 하겠지만요(언제나 자기 탐닉의 위험성이 있거든요). 설사 어리석은 비판이라 할지라도 궁극적으로는 교훈을 주는 면이 있어요. 그것은 청중에 대한 어떤 점, 책을 읽는 맥락의 어떤 점을 말해주니까요. 건설적인 비판은 물론 좀 다르죠. 몇 년 전 내가 케임브리지 대학에서 했던 강연에 대해 존 엘리어트가 의견을 피력하면서 안토니오 데 게바라를 언급한 적이 있었는데요. 당시 나는 부끄럽지만 그의 저작에 대해 잘 몰랐어요. 게바라를 읽음으로써

30년 전 라 브뤼에르의 구절과 조우했던 이후 줄곧 잠자고 있던, 낯설게 하기에 대한 한 연구 계획을 마무리할 수 있었습니다[이는 아마 《나무눈》 제1장을 말하는 것으로 보인다─옮긴이].

● 존 엘리어트는 당신과 대화를 나누는 사람이기도 하지만, 《치즈와 구더기》가 과거의 파편화를 부추길 수 있다는 점을 지적한 주요 비판자 중 하나인데요. 이러한 비판에 대해 어떻게 생각하십니까?

●● 《치즈와 구더기》를 다룬 엘리어트의 서평은 아주 너그러운 것이었습니다. 그것은 책에 대한 관심을 끌게 해주었는데, 나는 그 점에서 그에게 감사하고 있습니다. 그의 태도는 뒤에 가서 좀 더 비판적으로 변했는데요. 그것은─내가 틀리지 않았다면─책 자체를 겨냥한 것이 아니라, 당신이 말했듯이 지금까지 종종 주변부적이었던 주제를 역사의 중심에 가져다 놓는 일에 그 책이 담당할 수도 있는 역할을 겨냥한 것이었어요. 나는 엘리어트의 말에 대답하지 않았습니다. 왜냐하면 미시사를 거시사에 대립시킨다는 생각은 정말로 말이 안 되는 것이니까요. 그것은 사회사를 정치사에 대립시킨다는 생각보다 더 말이 되지 않는 얘기에요. 얼마 전 누군가가 어느 쪽이 역사학에서 가장 전망이 좋은 분야인지 물었던 적이 있어요. 나는 이렇게 대답했죠. 정치사라고요. 그래요, 이런 형태의 역사가 씌어져야 한다고 믿기 때문이지요. 하지만 새로운 방식으로, 중심부와 주변부가 필연적으로 서

로를 함축하고 있다는 사실을 고려하면서 해야겠죠.

● 당신은 이른바 '아래로부터의 역사'가 너무 멀리 나아간 것으로 보십니까?

●● 내가 《치즈와 구더기》를 썼을 때, 알려지지 않은 사람들의 역사도 씌어질 수 있다—그리고 씌어져야 한다—는 점을 보여주는 것이 중요했습니다. 이러한 명제는 명백한 논쟁의 칼날을 가지고 있었어요. 하지만 연구 계획으로 볼 때 '아래로부터의 역사'는 충분치 못한 측면이 있습니다. 기록보관소는 알려지지 않은 사람들의 이야기로 가득 차 있지요. 문제는 왜 다른 이야기가 아닌 그 이야기를 택해야만 하는가, 왜 다른 기록이 아닌 이 기록을 택해야만 하는가에 있습니다. 한때 존경할 만했던 지적 프로그램이라 할지라도, 지지자들에게 자기 정당성의 느낌을 전달하면서부터는 쉽사리 상투적인 주장으로 변질될 수 있어요. 내가 정말로 싫어하는 것이 바로 이런 겁니다. '아래로부터의 역사'가 일종의 슬로건이 될 수도 있다는 생각은 불쾌할 뿐더러 재미없는 일이에요. 왜냐하면 이것이 의미하는 바가 어떤 정통적인 역사 접근방법이 다른 것으로 대체되는 것일 수 있기 때문이지요. 내가 그동안 상이한 주제들을 연구해 왔고, 또한 상이한 가정들로부터 출발해 온 이유 중 하나도 바로 이런 것입니다. 그래서 어떤 점에서는 내 책으로부터 연유한 모든 가능한 기대와 예상에 부응하지 않는 것이야말로 나 자신의 목표라고 말할 수 있을 거에요. 그렇

게 하지 않으면, 나는 일종의 상투적 주장 속에 갇힌 설교자로 변해버릴 수 있어요. 다시 말하지만, 이런 역할은 내가 끔찍이도 싫어하는 것이거든요.

● 마녀와 마법에 대해 연구하면서 당신은 역사 속의 여성을 다루지 않을 수 없었을 텐데요. 그럼에도 젠더의 관점에서 당신의 주제들을 논의하는 데 특별한 관심을 가지고 있지는 않은 것 같습니다. 왜 그런지 말해 주시겠습니까?

●● 그동안 젠더의 관점에서 쓴 글 중에는 분명히 좋은 것도 있고 그렇지 않은 것도 있었습니다. 이러한 흐름에 동참하는 데 내가 발이 좀 늦었습니다. 마법에 대한 연구를 시작했을 때 내게는 일종의 상투적 주장—그것은 진지한 연구에 기초하고 있지도 않은 것이었지요—에 대응해 보겠다는 생각이 있었습니다. 그러한 주장에 따르면, 마법 혐의로 피소되었거나 형을 받은 사람들이 대부분 여자들이었다는 것인데요. 나는 그 반대의 증거를 많이 찾았지요. 때로 나의 지적 대응 방식이 너무 빠르거나 가끔은 틀렸을 수도 있고, 종종 틀리기도 했을 겁니다. 하지만 또 다른 경우에는, 마치 나에게 던져진 도전을 서서히 소화라도 해야 하는 것처럼, 아주 느릴 수도 있겠지요. 앞서도 말했지만, 낯설게 하기를 다룬 내 글은 이처럼 지연된 반작용의 한 예입니다. 여성사에 대한 나의 반응은 다른 문제에요. 내가 역사에 대한 일종의 중립적 접근방법이라 간주했던 것이 사실은 남성의 접근방법이라는

점을 인식하는 데는 시간이 걸렸어요. 그것을 천천히 깨닫게 된 거죠. 때가 오면 이에 대해 무언가 쓸 수 있을 테지만, 그렇다고 다시 30년 동안을 마냥 기다릴 수만은 없겠죠. 낯설게 하기의 경우처럼 말입니다. 내 생각으로는, 실제로 지금 쓰고 있는 볼테르에 관한 글이 그에 대한 일종의 반응을 의미할 수도 있을 거에요. 비록 낯설고 우회적인 방법을 사용하긴 했지만요.

● 당신은 한때 당신이 쓴 《니코데모주의 *Il nicodemismo*》(1970)를 싫어한다고 고백한 적이 있지요. 그리고 비록 《치즈와 구더기》만큼 성공적이지는 않지만, 《베난단티》가 그보다 더 나은 저작이라는 얘기도 했습니다. 당신의 책 중에서 좋아하는 것은 무엇입니까?

●● 내가 제일 좋아하는 책은 가장 최근의 저작이라고 말할 수도 있을 것 같습니다만, 이는 일종의 즉각적인 대답에 지나지 않습니다. 나는 《베난단티》와 아주 깊이 연루되어 있는데요. 내 첫 저작인 만큼 모든 것이 그로부터 시작되었기 때문이지요. 언젠가 칼비노가 말했듯이 첫 책은 일종의 첫 몸짓이고, 이후에 행하는 모든 것은 그 최초 효과로부터 연유하는 것이겠지요. 체스 게임에서처럼 당신이 길을 열고자 하면 그것이 곧 최초의 압박이 되고, 그래서 더 이상 후퇴가 어렵게 됩니다. 앞서도 말했다시피, 그것이야말로 내 책에서 가장 도전적이고 스스로 격려되어 있다는 느낌을 주었던 점이라고 생각합니다. 내가 《니코데모주의》를

좋아하지 않는 이유는 아마도 내가 썼던 것들 중 가장 학문적인 책이기 때문일 겁니다. 그것은 당시 막 세상을 떠났던 칸티모리와 대화를 계속하는 하나의 방식이었고, 또한 내가 진짜 역사가라는 것을 자신에게 증명하는 한 방법이었습니다. 이제는 더 이상 그럴 필요가 없어졌어요. 어느덧 내가 진짜 역사가가 되어버려서 그렇거나, 혹은 더 이상 그것에 개의치 않아서 그렇거나, 하여튼 그렇게 됐어요. 이 책을 다시 찍자는 제의가 오면 항상 거절하고 있습니다만, 그렇다고 이 책을 완전히 거부하고 싶지는 않아요(그것의 연구 전략 속에는 내가 여전히 가깝게 느끼는 어떤 점이 있어요). 왜냐하면 만약 그 책을 거부하게 되면 어떤 장들이 잘못된 것인가를 설명하는 장문의 서문이 필요할 것이기 때문이지요.

오늘날 보기에 이상할 수도 있는 또 다른 책이 《인내심 시합 *Giochi di pazienza*》(1985)인데요. 이는 친구인 아드리아노 프로스페리와 함께 쓴 것으로, 16세기 종교 서적들을 다룬 우리의 공동 연구에 대한 이야기지요. 나는 에이나우디 출판사가 그것을 왜 다시 찍기로 했는지 정말로 알 수 없었습니다. 그것은 좀 복잡해서 쉽게 읽기 힘든 책이에요. 하지만 연구의 핵심은 아주 건전한 것이었어요. 이는 곧 출간될 아드리아노 프로스페리의 책에서 잘 나타나게 될 겁니다. 그는 수년간 이단으로 몰려 죽임을 당한 16세기 베네딕트회 수도사 조르조 시쿨로에 대해 연구해 왔거든요.[36] 한편 《인내심 시합》은 일종의 방법론적 선언서이기도 했어

---

[36] Adriano Prosperi, 《대작大作의 이단 *L'eresia del libro grande*》(Milano: Feltrinelli, 2000).

요. 나는 이 책에서 다루었던 주제 일부를 '징후'에 관한 내 글에서 발전시켰지요.

당신도 짐작하겠지만, 《치즈와 구더기》는 지금까지 나온 내 책들 가운데 가장 성공적이고 번역도 많이 된 경우입니다. 하지만 그것은 방앗간 주인 메노키오가 태어났던 프리울리의 마을 몬테레알레에서는 특이하게 받아들여졌어요. 몬테레알레 출신의 학교 교사이자 대단한 지적 활력을 가진 알도 콜론넬로—우리는 서로 아주 좋은 친구가 되었죠—가 연장자를 위한 센터를 설립한 뒤, 그 이름을 메노키오 센터라고 붙인 거에요. 최근 수년 동안 이 센터는 많은 학문 활동을 했는데요. 그중에는 메노키오 서거 500주년 기념 국제학술대회도 들어 있었습니다. 이 학술대회는 마을 교회에서 열렸지요. 교회에서 기념한 이단이라니, 이건 아무래도 잔다르크 이후 처음이 아닌가 하는 생각이 드는군요. 지금 몬테레알레에 가면 메노키오를 기리는 셔츠와 포스터를 살 수 있어요. 거기에는 재판 과정에서 나온 한 문장이 새겨져 있지요. "그는 새로운 세계를 찾고 있었다cercava uno mondo nuovo." 나는 또 몬테레알레의 명예시민이 되었지요. 내가 아주 자랑스럽게 생각하는 일입니다. 일련의 연쇄 반응을 통해 내 책은 프리울리 지방의 정체성을 재발견하는 과정의 일부가 되었어요. 이러한 일은 《베난단티》의 경우에도 일어났는데요. 나는 최근 프리울리 지방에 베난단티 일렉트로닉스라는 락 밴드가 있다는 것을 알았습니다. 《밤의 이야기》를 쓰면서 나는 이렇게 자문했어요. "큰 실패를 목표로 해야 하나, 아니면 작은 성공을 목표로 삼아야 하나?" 성공을 뜻하는 이탈리아 말 '수체쏘successo'는 동시에 성취를 의미하기도 합니다. 큰 성공이 최선이라는 것은 분명했습니다. 큰 실패는 차선이었고요. 그건 내 속에 있는 도박적인 요소였어요. 《밤의 이야기》가 내 책 중에서 최고인지 아닌지는 나도 잘 모르겠습니다. 하지만 일부 사적인 요소까지 포함하여 나의 모든 것을 투자한 책이라는 점은 확실합니다.

● 잭 구디에 따르면, 비교의 방법은 자연과학자들이 수행하는 실험과 동류로서, 역사학과 사회과학에서 사용하는 몇 안 되는 방법 중 하나입니다. 비교사적 접근방법이 과거의 이해에 매우 중요하다는 데 그와 같은 의견입니까?

●● 내 생각에 실험에 대한 유일한 대안이 비교사적 접근방법이라고 말한 사람은 마르크 블로크였습니다. 왜냐하면, 예컨대 하나의 실험으로서 종교운동을 시작한다는 건 불가능하거나 비도덕적일 것이기 때문이지요. 그토록 오래 전에 블로크가 한 논문—〈유럽 사회의 비교사를 위하여 Pour une histoire comparée des sociétés européennes〉[김응종, 《아날학파의 역사세계》(아카넷, 2001), pp.121~156에 한국어 역이 실려 있다—옮긴이]—에서 그려놓은 프로그램이 오늘날에도 여전히 생생하게 살아있으며, 소수지만 그러한 종류의 접근방법을 실제로 사용하는 사람들이 있다고 생각하니 놀랍습니다. 그래서 나는 명시적인 비교가 갖는 중요성에 전폭적으로 동의합니다. 반면 비교하지 않기가 오히려 불가능

하지요. 왜냐하면 마음이 작동하는 방식이 언제나 암묵적인 비교를 포함하고 있기 때문입니다. 과거에 대한 회상이 매일 매일의 경험 속에 끊임없이 개입된다는 것 자체가 언제나 비교를 의미하는 것이니까요.

그럼에도 예컨대 유럽 문명의 어떤 독특한 점이 한때 세계를 정복하게 만들었나─이것이 좋다는 뜻이 아닙니다. 하지만 사실은 부정할 수 없으니까요─를 이해하기 위하여 체계적인 비교를 수행하는 경우, 수많은 어려움에 부딪힐 수 있어요. 내 생각에는 그중에서도 가장 심각한 것이 무언의 가정들과 관계된 경우인데요. 왜냐하면 만약 우리가 상이한 문화들을 서로 비교하기 위해서는 그러한 가정들을 명시하지 않으면 안 될 텐데, 바로 이게 어렵다는 거에요. 어떤 점에서 역사가라면 누구나 과거에 대해 외국인인 셈이죠. 더욱이 우리의 문화와 매우 다른 문화, 예컨대 중국이나 아프리카 문화와 대면하게 될 때 우리는 훨씬 더 낯선 존재가 되지요. 모든 무언의 가정들은 마치 보이지 않는 잉크로 씌어져 있는 것처럼 이해하기가 훨씬 더 어렵게 된다는 겁니다.

● 당신은 이미, 역사가라는 직업상에서뿐만 아니라 모든 점에서 변두리에 있기를 원한다고 천명했습니다. 또한 마치 영화를 보러 가듯이 학생을 만나기 위해 당신 연구실로 간 일이 많다는 것을 인정하고 있습니다. 그렇다면 당신은 이 세계에서 구경꾼으로 살려고 하는 겁니까?

●● 영화를 보러 간다. 글쎄요. 오래 전, 아직도 영화가 재미있었을 당시엔 그렇게 말했죠(나이가 들어가면서 대부분의 영화에 싫증을 느끼고 있습니다). 하지만 학생에 대해서는 여전히 호기심을 느끼고 있어요. 당신의 질문에 대답하자면, 그렇습니다. 내 속에 살고 있는 악마의 변호사란 놈이 벌써부터 그렇게 하라고 하고 있어요. 나는 이런 위치가 가지는 지적 미덕과 잠재적 능력을 이해합니다. 또한 반 년은 로스앤젤레스에서, 반 년은 이탈리아에서 머물기 때문에 국외자가 될 가능성이 더 커졌죠. 하지만 이런 위치가 갖는 불리한 점, 즉 단순히 구경꾼은 도덕적으로 받아들여질 수 없다는 것도 압니다. 이상한 일이지만, 내가 매년 이탈리아와 미국을 번갈아 오가기 시작한 직후부터 나의 이런 성향을 꺾지 않으면 안 되었어요. 친구인 아드리아노 소프리의 재판 사건에 연루되었기 때문이죠. 그는 자신이 범하지도 않은 범죄로 막 유죄판결을 받은 상태였어요. 이것은 내가 역사가로서 현재 일어나고 있는 사건에 사적으로 개입한 유일한 경우였는데요. 내가 글을 쓰는 것이 어쩌면 효과가 있을지도 모른다고 생각했습니다만, 유감스럽게도 그렇지 않았습니다.

하지만 설사 구경꾼이 되는 것에 따르는 위험을 알고 있다손 치더라도, 참여하는 역사가가 된다는 생각에 그동안 나는 항상 회의적이었습니다. 단지 어떤 주제가 당시 중요하다는 이유만으로 연구 대상으로 삼는 것은 역사에 근시안적이고 협소한 접근방법을 택하는 것과 다를 바 없지요. 당신이 현재의 관심사와 완전히 동떨어진 것으로 간주하는 주제가 불과 이틀 후에는 앙가주망의 초점이 될 수도 있는 겁니다. 1969년 로마에 있을 땐데요. 당시 학생들은 미친 듯이 오직 한 가지 사건에만 관심을 두고 있었습니다. 바로 1920년 토리노에서 일어난 노동자들의 공장 점거 사건이었어요. 그들은 다른 어떤 것에 대해서도 생각할 수가 없었던 거지요. 당시 마법과 베난단티를 연구하던 나는 그들과 몇천 광년 떨어져 있었던 셈입니다. 그리고 어느 정도 시간이 지난 후—나는 언제나 이를 기억하기 좋아합니다—이탈리아의 거리에서는 군중집회가 열렸습니다. 페미니스트들이 이렇게 외치는 속에서 말이죠. "조심해라, 조심해라, 마녀들이 돌아왔다"

● 종종 역사학의 파편화가 운위되는 이 시대에, 모든 역사가를 뭉치게 할 어떤 길이 있다고 보십니까?

●● 많은 역사가들이 역사학의 파편화에 대해 불평한다는 것을 나도 알고 있습니다만, 난 그렇게 보지 않아요. 관점이 파편화되는 현상은 오히려 생산적인 데가 있다고 생각합니다. 역사학이란 결국 전前 패러다임적 학문 분야니까요. 쿤적인 의미에서나 적어도 쿤적인 의미 중 하나에서나 말입니다. 바꾸어 말해서 역사학은 보일 이전의 화학이든지, 혹은 유클리드 이전의 수학 같은 거에요. 즉, 역사학에는 강력한 통합 패러다임을 창조할 만한 갈릴레오나 뉴턴 같은 인물이 없었다는 거지요. 아마 앞으로도 없을 거에요. 이 말은 역사학이 언제나 전 갈릴레오적 혹은 전 뉴턴적 단계에 머물러 있을 가능성이 있다는 뜻입니다. 결과적으로 만약

우리가 전 세계를 대상으로 연구하는 어떤 역사가를 생각한다고 할 때, 이것 혹은 저것이 패러다임 안에 있는 것인지 역사학이란 학문 분야 밖에 있는 것인지 알 수가 없는 겁니다. 단지 소극적 패러다임의 관점에서 상황을 기술하게 될 뿐이니까요. 만약 누군가가 "신은 직접적으로 인간사에 개입하고 있다"는 식의 말을 한다면—중세 연대기들이 십자군에 대해 이런 식의 말을 하곤 했지요—자신을 역사학 바깥에 두게 되는 셈입니다. 하지만 이같이 극단적인 경우들을 제외한다면, 우리는 역사학 안에서 상충적인 언사를 포함하여 별별 이야기들을 다 할 수 있을 겁니다. 그래도 여전히 역사학 내에 있는 거지요. 이 학문 분야는 예컨대 물리학처럼 과학에 대해 말할 수 있는 것은 아니니까요.

결과적으로 어떤 역사적 주제가 얼마나 적절성이 있는가 하는 것은 금방 판별되지 않습니다. 나로서는 이 마지막 사항이 대단히 중요합니다. 나는 우리가 세계사는 물론 민족사의 경우에도 적절성에 대한 선험적 위계들을 사용해 왔다고 생각해요. 영국사를 예로 들어봅시다. 세계사에서 영국이 한 역할을 논한다는 것 속에는 어떤 사건들의 적절성에 대한 의미가 담겨 있습니다. 이는 예컨대 브라질이나 이탈리아는 19세기의 세계에서 내재적으로 주변부에 속했다는 것을 뜻하기도 하지요. 글쎄요. 이것이 이제 지나간 일이라는 것은 다행한 점이겠군요. 왜냐하면 그동안 적절성이 선험적으로 주어진 주제—프랑스혁명 같은 것—와 후천적으로 주어지는 주제, 즉 연구 결과에 의존하는 주제—말하자면 북부 이탈리아나 남부 브라질의 한 공동체에 대한 연구 같은 것—사이의 구분이 나타났기 때문이지요. 이는 결국 미시사가 지닌 함의들 중 하나입니다. 내가 아직 학생이었을 때는 무엇이 주제로 적절한가에 분명한 위계가 있었는데, 베난단티는 단지 눈에 띄고 재미있다는 것 외에 아무런 중요성도 없는 사람들로 간주되었습니다. 그래서 나는 그들에게 그 이상의 중요성이 있다는 점을 강조하지 않으면 안 되었어요.

나는 그 변화를 인류학이 역사학에 미친 영향과 관계있는 것으로 봅니다. 왜냐하면 인류학의 경우는—말러노프스키가 했을 법한 말인데요—어떤 연구 주제의 적절성이 이런저런 부족들의 적절성과 관계가 없기 때문이죠. 그보다는 인류학자가 제기하는 질의응답의 전반적인 질적 수준과 관계가 있지요. 방앗간 주인 메노키오에 대해 연구했을 때 나는 바로 이 문제와 마주쳤습니다. 그리고는 내가 왜 방앗간 주인을 연구하고 있는지, 왜 하필이면 그 특정한 방앗간 주인인지를 서론에서 정당화하지 않으면 안 되었습니다. 그래서 내 생각은, 프리울리 지방의 한 방앗간 주인을 연구하는 것이 왜 필요한지, 그 적절성을 다른 지방의 청중에게, 잠재적으로는 모든 사람에게 보여주겠다는 것이었어요. 이 예를 통해 전달할 수 있는 더 큰 문제들이 있었기 때문입니다. 지금이라면 더 이상 그런 식으로 내 책을 정당화하지 않을 거예요. (적어도 어느 정도까지는) 이미 전투에서 이겼다고 생각하기 때문이죠. 하지만 덧붙이고 싶은 말은 있어요. 주제의 적절성이 선험적으로 주어진 연구가 적절성이 후천적으로 주어지는 연구에 비해 더 낫다고 볼 수는 없다는 겁니다. 나는 단지 더 좋은 연구가 더 좋은 것이란 말만 하고 싶어요.

● 당신은 종종 망탈리테의 역사가로 묘사되고 있습니다. 스스로
는 그 접근방법을 비판해 왔는데도 말입니다. 당신은 개선된 형
태의 망탈리테사를 선호합니까? 아니면 그 접근방법 자체를 거
부하는 입장입니까? '사회적 상상세계imaginaire social' 라는 새로
운 역사가 당신의 비판에 답이 될 수 있습니까?

●● 나는 미시사를 포함해서 꼬리표 붙이기에는 관심이 없습니
다. 왜냐하면 그것은 쉽사리 슬로건으로 변하게 되니까요. 또한
사람들이 나를 미시사가나 망탈리테사가로 부른다고 해도 별로
개의치 않습니다. 하지만 나는 블로크의 《마법사 왕》 같은 책이
그런 유의 연구 영역을 열었다는 점은 분명하다고 봅니다. 물론
그가 그런 꼬리표를 쓰지는 않았지만요. 어쨌든 그는 그런 접근
방법을 다른 방법과의 대립물로 보지 않았고, 우리가 망탈리테사
로 부를 만한 것을 정치사와 연결시키는 데 성공하기까지 했지
요. 이건 중요한 사실입니다. '사회적 상상세계' 란 또 하나의 꼬
리표일 뿐이고, 그 자체가 별로 흥미로운 것도 아니에요. 진짜 문
제는 어떤 접근방법에 의해 제기되는 특수한 난점들뿐만 아니라
그것으로 인해 발생하는 결과죠.

● 당신은 자신의 경력에 대해 얘기하면서 무얼 찾을지도 모른 채
기록보관소에 갔다고 했는데요. 이는 곧 당신의 발견이 갖는 우

연적 성격과, 역사를 쓰는 당신의 방식에서 우연, 모험, 직관 등이 아주 중요하다는 점을 말하고 있습니다. 그런 주장이 통상적으로 학생들에게 가르치는 것과 조화되지 않고 모순적이라고는 생각지 않습니까? 그리고 그렇게 되면 사실 미래의 역사가들에게 가르칠 것이 많지 않다는 것에 대해서는 어떻게 생각하십니까?

●● 나는 우리 내부의 무언가를 촉발하거나 자극하는 우연적 사건들에 매료되어 있어요. 하지만 이 속에 비합리적이고 신비적인 어떤 것이 있다는 말은 아닙니다. 우리는 갖가지 임의적인 사건들에 노출된 채 그것들에 둘러싸여 있어요. 문제는 그중 어떤 사건에 반응할 것인가 하는 겁니다. 우리가 단지 사건의 수동적인 수령자만은 아니기 때문이지요. 이와 관련하여 우리의 삶은 어떤 범위—사실 아주 넓은데요—의 반작용에 스스로 노출되어 있는 상태에요. 그러한 범위에 든 것 중 오직 일부만이 현실이 되는 거지요. 바꾸어 말해서 우리는 다른 수많은 것들에 대해서도 반응할 수는 있지만, 실제로는 오직 그중 어떤 것에만 특정한 방식으로 반응하게 된다는 겁니다. 예컨대 내가 베난단티에 대한 자료를 발견한 것도 뚜렷한 목표 없이 어느 정도 임의적으로 연구를 진행하고 있을 때의 일이었어요. 하지만 난 그것이 주제로서 잠재적인 적절성이 있다고 보았는데요. 이는 말하자면, 내가 이미 그것에 개입되었고 그것과 상호작용을 일으켰기 때문이에요. 내 연구는 보통 어떤 번뜩임에서, 일종의 '아!' 하는 반응에서 시작

됩니다. 그리고는 이 '아!'를 발전시켜 문제를 찾는 거지요. 이것은 낯설게 하기에 대한 글에서 내가 강조한 관념과 연관될 수도 있는데요. 나는 여기서 프루스트로의 인용구—약간 다르게 인용되었지만—에서 시작하여, 역사는 결론에서 출발해 소급적으로 씌어져야 한다는 주장을 제시했습니다. 그래서 가장 중요하고도 어려운 것은 미지의 일, 예기치 않은 일에 스스로를 잠재적으로 열어놓아야 한다는 겁니다.

나는 학생들보다 더 나이가 들었고 나의 현 존재에 대한 배경의 일부가 된 더 많은 책들을 읽었기 때문에, 우연적 사건에 가능한 반응들이 그들과는 필연적으로 다르겠지요. 내가 말하는 '아!'는 내가 이미 읽었던 것들과 밀접한 관계가 있을 거라는 얘깁니다. 그것이 학생들의 배경은 아니니까요. 그래서 지금과 같은 역사가로서 내 안에는 결코 가르칠 수 없는 어떤 것이 있는 거지요. 사실 나는 학생들을 가르친다는 것은 일종의 불가능한 과제라고 생각해요. 하지만 그렇게들 가르치고 있죠. 내가 많은 사람들에게서 배워 왔다는 것을 압니다. 때로는 단지 몇 시간 정도, 아니 몇 분 정도밖에 만나지 않은 사람들에게서도 배울 때가 있어요. 그래서 생각인데, 나 또한 무언가를 다른 누군가에게 가르쳐왔지만, 어떤 점에서는 의심이 들어요. 내가 쓴 글보다 가르친 것에 대해 훨씬 더 많은 의심이 들어요. 결국 내가 틀렸을 수도 있겠지만, 만약 자기 탐닉이란 것을 피할 수만 있다면—그렇게 할 수 있기를 바라지만요—나는 내가 쓴 글에 대한 최고의 판관이 될 겁니다. 반면에 가르치는 일은 다른 사람과 연루되는 것이라서, 시험해 보기가 어렵습니다. 무언가를 가르친다는 것은 때로 말로는 명확하게 표현할 수 없는 과정입니다. 그것을 위한 유일한 길은 마치 요리의 경우처럼 실제로 보여주는 것일 테지요. 누가 요리 책만 보고 요리를 배울 수 있겠습니까? 대부분의 인간 행위가 그렇습니다만, 요리는 보고 연습하게 하면서 가르치는 것이죠. 내가 하는 것을 잘 봐라 하는 식으로 말이죠.

꽤 오래 전 나는 친구인 아드리아노 소프리와 인터뷰를 한 적이 있는데요. 그는 나에게 젊은 역사가에게 줄 만한 조언으로 무엇이 있겠느냐고 물었어요. 당시 나는 이렇게 대답했습니다. "소설을 많이 읽어라"고요. 내 말의 요점은, 젊은 역사가라면 내가 도덕적 상상력이라 부르는 것, 즉 우리로 하여금 인간에 대해, 자신과 타인에 대해 두루 생각하도록 만들어 주는 것을 계발해야 한다는 것이었어요. 이런 생각들은 우리가 다른 사람들과의 상호작용 속에서 배워 온 것에 기초하고 있지요. 그것도 아주 많이요. 나는 동화에서 현대 소설에 이르기까지 내가 읽었던 것에 대해 생각해 봅니다. 독서는 우리에게 인간의 갖가지 폭넓은 가능성을 열어 주지요. 만약 운 좋게도 도스토예프스키의 《죄와 벌》을 읽을 수 있다면, 라스콜리니코프와의 조우는 언제나 인간에 대한 우리의 사고방식에 영향을 미칠 겁니다. 그럼에도 나는 오늘날에도 과연 똑같은 대답을 해야 하나 망설이게 됩니다. 왜냐하면 픽션과 역사 간의 구분이 희미해진 지금의 경향에 나를 연루시키고 싶지 않기 때문이지요. 나는 여전히 소설 읽기를 좋아하고 또 많이 읽고 있습니다. 하지만 이런 경고는 하고 싶군요.

"소설을 읽어라. 하지만 역사와 픽션은 서로 구별되는 장르이며, 둘은 단지 일종의 경쟁과 상호 도전에 의해서만 연관될 뿐"이라고요.

● 언젠가 당신은 역사학이 의학이나 점술 같은 다른 분야와 함께 추론적 특성을 공유하고 있으며, 이 같은 특성 때문에 그러한 학문 분야들이 생산해내는 지식은 결국 순 이론적 성향을 띠게 된다고 말한 적이 있습니다. 하지만 동시에 그러한 분야들은 과학적이라는 말도 했지요. 이는 외견상 모순적으로 보일 수 있는데요. 당신은 이러한 생각을 계속 발전시킬 수 있습니까?

●● 문제는 지식의 과정이 매우 복잡하고, 일직선을 따르기보다는 오히려 역방향으로 움직임으로써 진전한다는 것입니다. 토론을 하고 때로는 투쟁도 불사하는 것이 중요하다는 점도 이 때문이지요. 그래서 내가 통찰력 쪽으로 방향을 잡았다는 것은 사실입니다. 하지만 역시 일종의 슬로건으로 변질될 우려가 있었기 때문에, 나는 그것을 다시 한번 복잡하게 만들기로 하고 입증과 증거의 문제에 초점을 맞추었던 겁니다(여기서 꼭 덧붙여 둘 사실은, 내가 역사에 대한 도덕적 · 정치적 함의들과 회의적 태도를 인식하는 즉시 이렇게 하지 않을 수 없다는 느낌을 받았다는 것입니다). 이것이야말로 잘못된 이미지를 수정하고 외부 세계의 제약들이 갖는 역할을 강조하는 길이었어요. 나는 지금도 왜 어떤 통찰력은 입증이나 반증이 가능한 반면, 어떤 통찰력은 증명 자체가 힘든지, 그

이유가 대단히 흥미롭습니다. 아드리아노 프로스페리와 내가 《인내심 시합》에서 자료조사의 경험 중 어떤 잘못된 길로 접어들었던가를 기술하려고 애쓴 것도 분명히 이 때문이에요. 어떤 특정한 전략, 접근방법, 추론이 작동하지 못하고 폐기되는 이유가 무엇인지를 논의한 겁니다.

입증이란 관념은 19세기 말 20세기 초에 매우 유행했던 반면, 지난 20년간에는 유행에서 거의 멀어져버렸습니다. 이는 역사가들이 점점 더 픽션과 역사가 서로 잘 구분되지 않는다는 생각에 끌리고, 무언가를 입증하는 일에 관심이 덜하게 되면서 나타난 것이지요. 이는 아주 좋지 않은 현상이었습니다. 지금은 입증의 관념이 다시 적절성을 획득하는 중이라고 봅니다. 그리고 내가 이러한 관심이 증대되는 데 할 수 있는 한 힘을 보태려고 애쓴다는 것도 분명한 사실이고요. 하지만 설사 입증에 관한 회의적인 태도가 해로운 것이라고 해도, 그것이 나타내는 도전은 중요하다고 할 수 있습니다. 왜냐하면 그것은 약간은 피상적인 대답 뒤에 진정한 질문이 숨겨져 있다는 점을 보여주었기 때문이지요. 바꾸어 말해서, 그것은 역사가가 진지하게 받아들여야만할 어떤 회의적인 문제가 존재한다는 것을 보여주고 있다는 겁니다.

내 태도를 이런 식으로 묘사하고 싶군요. 한편으로 나는 픽션과 역사를 가능한 한 분명하게 구분하고 싶습니다. 그리고 역사가란 어떤 상황에 처해진 사람들이며 지식 또한 언제나 상황 속의 지식일 뿐이라는 사실에도 불구하고, 사물에는 객관적인 측면이 존재

해서 그것이 입증 가능하며 또 상이한 가정들을 가진 사람들에게
도 받아들여질 수 있다는 것을 보여주고 싶어요. 결국 나는 과학
에 호소하고 있는 셈인데, 그래서 내 글 속에는 어떤 종류의 비인
격적인 성질이 존재하고 있지요. 그것은 픽션이 아닙니다. 많은
각주가 달린 글이죠. 이처럼 과학을 하나의 이상으로 간주하는 태
도 속에는 약간의 사적 의미랄까 연상이랄까 하는 것도 담겨 있어
요. 외할아버지 주세페 레비—어머니가 쓴 《친숙한 얘기 *Lessico
famigliare*》의 독자라면 그를 떠올릴 수 있을 겁니다—는 어린 시
절 나에게 큰 영향을 미친 분이었습니다. 그는 노벨상 후보로 거
명될 정도로 유명한 생물학자였어요. 그는 비록 상을 받지 못했지
만, 대신 제자 세 명이 노벨상을 받았죠. 정말 이례적인 일이지요.
그는 성격이 강하고 지성이 아주 뛰어난 인물이었는데요. 그에게
서 일종의 19세기적 과학 모델을 보고 있는 셈이에요. 그래서 모
렐리에 대해 글을 썼을 때, 내 마음 한구석에는 외할아버지의 모
습이 있었습니다.

지식은 입증 가능하다는 것, 그리고 게임의 규칙을 받아들일 준
비가 된 사람이라면 비록 유쾌하지 않은 진실이라 할지라도 누구
나 그것을 받아들여야만 한다는 것이 내가 프로이트에게서 배운
교훈입니다. 사람은 불쾌한 것, 심지어는 고통스러운 것과도 대
면하지 않으면 안 된다는 거지요.

● 메노키오에 대한 당신의 연구는 르 루아 라뒤리의 《몽타이유》,
내털리 데이비스의 《마르탱 게르의 귀향》과 함께 포스트모던적

역사 서술의 전통에 속한다는 찬사를 받아왔습니다. 당신은 이런 견해에 찬성하십니까?

●● 전혀 그렇지 않아요. 나는 앙커슈미트를 비롯한 여러 사람들이 이 저작들을 완전히 잘못 읽었다고 생각합니다. 나는 특히 미국에서, 《치즈와 구더기》나 '징후들'에 관한 내 글을 읽은 사람들이 나를 포스트모던 역사가로 간주한다는 사실을 알고 있습니다. 하지만 이런 꼬리표는 나에게 아주 이상하게 들려요. 나는 오히려 실증주의자와 포스트모더니스트 양자 모두가 나를 공격해 주었으면 하는 바람이 있어요. 실증주의자들은 나를 포스트모더니스트로, 또 포스트모더니스트들은 나를 실증주의자로 말입니다. 내가 그 둘의 중간에 있기 때문은 아니에요. 사실 난 그런 식의 중간적 입장이 불가능하다고 생각합니다. 진실은 중간에 있지 않아요. 문제의 해결책은, 반은 실증주의로 반은 회의주의로 병을 채운다고 해서 나오는 것이 아니거든요. 적어도 초기 단계라면 타협을 모색해서는 안 됩니다. 그 반대죠. 모순이 있더라도 가능한 데까지 밀고 나가서 그것의 잠재력이 충분히 발현되고 쌍방의 논증이 평가될 수 있어야 하는 거지요.

그런 식의 논쟁에는 수많은 문제가 수반되기 마련인데요. 예컨대 어떤 증거 조각은 어느 정도까지 사회적 실재와 관계되어 있는지, 어떻게 이를 평가할 수 있는지를 알아내는 문제가 그런 것이지요. 이런 관계는 실증주의자의 주장만큼 그렇게 분명하고 명료하지는 않아요. 어딘가에 썼던 적이 있습니다만, 나는 증거를 사회적 실재를 향해 열려 있는 일종의 창 같은 것으로 보지도 않고, 혹은 포스트모더니스트들이 말하듯이 우리로 하여금 증거 그 자체 너머에 있는 무언가를 보지 못하게 하는 가로막힌 벽 같은 것으로도 보지 않아요. 그것은 차라리 뒤틀린 유리잔 같은 것에 더 가깝죠. 문제는 유리잔이 어떤 식으로 뒤틀려 있나를 직시하는 거에요. 왜냐하면 이것이야말로 실재에 접근하는 유일한 길이니까요. 이 논쟁에 내재된 또 다른 문제는 '상황 속의 지식situated knowledge'—도나 해러웨이 식 표현을 사용하자면—에 관한 겁니다. 그것이 심각한 정치적 위험성을 내포하고 있기 때문이죠. 유대인, 흑인, 동성애자 등 사회의 각 집단들이 그들만의 특수한 가정들로부터 자신들의 역사를 쓰면서, 그 어떤 것도 입증하려 애쓰지않고 저 자신을 위해 저 자신에게만 말하는 것 말입니다. '상황 속의 지식'은 부인할 수 없는 것이겠지만, 의사소통과 이해를 가능하게 하기 위해서는 그것을 끝맺는 말로서가 아니라 단지 하나의 출발점으로서 받아들여야 할 뿐이라는 겁니다.

● 당신은 과거를 연구하는 일에서 우리의 문제에 대한 해결책을 요구하는 것은 피상적인 역사 접근방법일 뿐이라고 말해 왔습니다. 그렇다면 과거를 연구하는 일에 의미를 부여하는 길은 어떤 것일까요?

●● 상이한 문화들에 대한 인식을 넓히는 데 기여함으로써, 사람들이 서로 다를 수 있고 사실상 달랐으며 또 앞으로도 달라질 것

이라는 생각을 증진시킬 수 있습니다. 그를 통해 역사는 상상력의 경계들을 확장하고 과거와 현재에 대한 편협한 태도를 줄일 수 있지요. 이런 말은 우리도 종종 듣고 있어요. 하지만 학문적 연구가 주는 영향은 예측 불가능합니다.

앞서 말한 것에 대해 다른 예를 하나 들어 볼까요. 올해[1988년] 초, 나는 로마의 이단재판 기록보관소 공개 행사에 초청받은 적이 있습니다. 난 갈 수 없다고 답했지요. 그랬더니 바티칸의 한 기록보관소 사서가 전화를 해서, 내가 오지 않는 것은 정말로 애석한 일이라고 하더군요. 그의 설명인즉, 내가 이미 편지를 통해 그 행사에 기여했기 때문이라는 거에요. 사실 내가 갈 수 없는 사정이 있었던 그 행사에서 라칭어 추기경이 연설을 했는데, 내가 1979년 요한 바오로 2세의 교황 선출이 있은 후 어느 때쯤 교황에게 보낸 편지의 한 구절을 인용하고 있었던 겁니다. 나는 편지에서 대략 이런 식의 말을 한 것 같습니다. "저는 유대인 출신의 역사가고, 무신론자며, 오랫동안 이단재판을 연구해 오고 있습니다. 나는 당신이 이 이단재판 기록보관소를 공개해야 한다고 생각합니다. 왜냐하면 교회는 이런 방법을 통해 스스로 학자들의 판단에 맡기는 것이 두렵지 않으며, 이단재판과 같은 경우까지도 그러하다는 점을 입증할 수 있을 것이기 때문입니다." 이단재판 기록보관소를 공개하라는 한 유대인의 요구가 교황의 역사적 조치에 힘을 보탰다는 것은 확실합니다.

● 당신은 나름의 역사 이론이나 역사철학을 가지고 있습니까?

●● 만일 역사철학이 인류의 역사를 다시 요약하는 한 방식이라면, 나는 그것에 회의적입니다. 하지만 그동안 이 주제에 대한 글 한 편을 쓰겠다고 작정은 해왔어요. 다음과 같이 짧은 어린이 시를 모토로 삼아서 말이죠. "Questa è la storia della vacca Vittoria; morta la vacca finita la storia(이것은 암소 비토리아의 이야기/역사입니다. 암소는 죽고 이야기/역사는 끝납니다)." 이탈리아 어로 'storia'는 '이야기'와 '역사' 양자의 뜻을 다 가지고 있지요. 이것이 말하자면 나의 역사철학입니다. 인류는 사멸할 것이며, 가능한 한 오래 존속했으면 하고 바라겠지만 인간이 죽음을 피할 수 없음은 명백하다는 것 말입니다. 집단 자살이 가능하게 되었다는 사실, 역사의 종말이 임박해 있다는 사실은 인류사의 진정한 전환점을 보여주지요. 그러한 가능성이 우리의 역사 인식에 던지는 소급적 충격은 아직 역사가들에 의해 다루어지지 못했습니다. 그래서 나는 'storia della vacca Vittoria'를 레이몽 케노의 시 〈휴대용 소小 우주발생론 Petite cosmogonie portative〉에 대한 일종의 주석으로 이용할까 생각 중이에요. 케노는 인류사를 원숭이로부터 핵분열까지, 단 두 줄로 요약해 놓고 있거든요.

● 당신은 종종 프로이트의 저작들을 언급하고 있는데요. 이 연구들이 당신의 역사 접근방법에 중요한 실마리가 됩니까?

●● 그렇습니다. 그는 나에게 아주 큰 영향을 미쳤어요. 특히 이

론보다는 《일상생활의 정신병리학 *Zur Psychopathologie des Altagslebens*》을 통해 보고된 사례연구의 영향이 훨씬 더 컸죠. 분석적 프로이트는 나에게 대단히 흥미로운 존재입니다. 나는 그의 관념 중 두 가지가 각별히 중요하다고 생각해 왔습니다. 첫째, 진실은 아무리 고통스러운 것이라 해도 반드시 대면해야만 한다는 것. 둘째, 실증주의를 비합리적인 대상에 대한 개방성과 결합하는 것이 가능하다는 것. 사실 지적 문제에 대한 나의 접근방법은 합리적인 것과 비합리적인 것 사이의 긴장을 직시하여, 비합리적 행위 혹은 믿음을 합리적 관점에서 분석하려는 노력이라고 말할 수 있을 겁니다. 접근방법이 올바르면 내용도 바르다는 것, 즉 접근방법이란 그 내용과 맞아떨어져야 하며, 따라서 합리적 관점에서는 비합리적인 대상에 접근할 수 없다는 것을 당연시하는 경향이 있지요. 하지만 난 이런 생각에 찬성하지 않아요. 청년 시절 이후 내 목표는—너무 감정이 들어간 것으로 들릴 수 있겠지만—비합리적인 것의 합리성을 밝히는 것이었지요. 그래서 흉내 내기가 아니라 오히려 거리 두기가 열쇠인 거죠. 이를 거리와 결합된 감정적 개입이라고 불러도 좋겠지요.

● 마르크스주의와 관련해서 자신이 몸담은 상황을 규정짓는다면요?

●● 나는 학생 시절에 마르크스를 처음 읽었고 그의 저작들에 정말 끝없이 매료되었습니다. 당시는 누구나 그의 책을 읽었죠. 나

는 겸양을 위해서라도 나 자신을 마르크스주의자라고 부르지 않았습니다. 왜냐하면 그의 책에 무지한 처지에 스스로 마르크스주의자라 부른다는 게 허식일 것 같았거든요. 어쨌든 나는 언제나 마르크스주의 논쟁에는 너무 깊이 관여하지 않으려고 했어요. 이것을 후회하지는 않아요. 별로 재미도 없는 학적 구분에 빠지기 십상일 것 같았거든요. 그러나 내 연구가 조악하지만 일종의 마르크스주의적 가정들로부터 시작했다는 것을 부인하지는 않습니다. 그러한 가정들은 1960년대가 지닌 일반적 분위기의 한 부분이기도 했지요. 이후 이 덕분에 내가 견지했던 것은 이단재판관과 베난단티 간의 갈등이 갖는 중요성이었어요. 그것은 당시 그 문제를 연구하고 있었던 많은 학자들이 강조하던 믿음과는 다른 것이었습니다. 나는 그러한 재판들이, 믿음의 유포를 강조하는 시각을 포함해 상이한 관점에서도 연구될 수 있다는 점을 부인하지 않아요. 하지만 나에게는 그들의 믿음이 서로 다르다는 것—때로는 충돌하기도 한다는 것—을 강조하는 접근방법이 더 생산적으로 보입니다. 내가 만약 일종의 통합적 가설에서 출발했다면 아마 베난단티 재판에 아무 흥미도 느끼지 못하고 놓쳐버렸을 수도 있었다고 봅니다. 그것은 너무 작아서 그물에 걸리지 않는 물고기 같은 거지요. 그래서 갈등에 기초한 가설에서 출발했다는 것은 분명히 당시 내가 숨쉬고 있던 좌파적 분위기와 내가 지니고 있던 좌파적 태도에 관련된 선택이었습니다. 나는 그동안 마르크스로 되돌아가는 데 대해 생각해 왔는데요. 마르크스주의 자체가 사멸한 것처럼 보인다는 사실이야말로 그를 다시 읽게 되는

부가적 이유입니다.

● 당신의 정치관은 관찰자 쪽입니까 참여자 쪽입니까? 아드리아노 소프리에 대한 변호의 글을 썼다는 사실은 당신이 어떤 정치적 입장을 취했다는 것을 뜻합니까?

●● 나는 언제나 공산당에 표를 던졌습니다(그것이 존재하는 한 내내 그러겠지요). 하지만 공산당원이 된 적은 없었어요. 반면에 어머니는 종전 후 공산당에 가입했다가 다시 탈퇴했고, 일종의 무소속 의원으로 선출되었지요. 나는 공산당에 매력을 느꼈지만 항상 거리를 두고 있었어요. 그람시의 《옥중수고 Lettere del carcere》가 내게 엄청난 지적·정서적 충격을 안겨주기는 했지만요. 아드리아노 소프리에 대한 변호 말입니까? 《재판관과 역사가》가 그와의 우정과 관계된 책이라는 점을 꼭 말해 두어야겠군요. 그외 어떤 뜻이 있는 것처럼 말하고 싶지는 않아요. 설사 그 속에서 정치가 어떤 역할을 한다고 해도, 아주 작은 부분에 불과합니다. 나는 로타 콘티누아에 공감했지만, 만약 아드리아노 소프리가 친구가 아니고 무죄라는 확신이 없었다면 결코 그런 책을 쓰지는 않았을 겁니다. 소프리는 경찰관 루이지 칼라브레시를 살해했다는 혐의로 22년 형을 선고받았습니다. 그 책을 쓴 것은 단지 친구를 위해 내가 가진 전문 지식을 사용한 것에 지나지 않았습니다. 그건 고통스러운 작업이었어요. 나는 엄청난 양의 법정 기록을 읽었습니다. 그 기록들은 원칙적으로 누구에게나 접근 가능한 것이었지만,

실제로는 아무도 읽지 않는 것이었지요. 나는 대중들로 하여금 재판이 어떻게 진행되는가를 알 수 있도록 했어요. 입증의 문제에 대해서도 성찰했지요(이는 재판관과 역사가가 수렴되는 영역입니다). 그리고는 소프리에 대한 판결이 법적 오류이기 때문에 반드시 수정되어야 한다는 것을 논증했습니다. 하지만 유감스럽게도 그렇게 되지는 않았습니다.

● 당신은 푸코의 저작을 높게 평가하지 않을 뿐더러, 오히려 포퓰리스트라고 비난하기까지 했는데요. 왜 이런 비판을 하는지 설명해 주시겠어요?

●● 우선 나는 푸코의 추종자들보다는 그 자신이 훨씬 더 흥미롭습니다. 그 이유는 푸코의 비유를 설명으로 받아들이고 있기 때문이에요. 어리석은 태도죠. 이렇게까지 말하고 싶네요. 비유 '이전의' 푸코가 비유를 '가진' 푸코보다 훨씬 더 흥미롭다고요. 사실 2년 전에 간행된 한 얇은 책자가 나에게 깊은 인상을 주었습니다. 그건 그의 콜레주 드 프랑스 강의를 요약해 놓은 것이었어요. 이 책자는 훨씬 더 나은 푸코를 보여주고 있습니다. 푸코 추종자들의 통상적 허장성세가 없는 푸코 말이에요. 몇 종류의 푸코가 있는데, 이 중 하나는 아주 뛰어납니다. 하지만 그가 얼마나 독창적 사상가인가 하는 점에서는 과대평가되어 왔다는 것이 내 생각이에요. 그는 니체의 각주였어요. 독창적 사상가라고 꼽을 만한 사람은 결국 몇 안 되지요. 그가 지식의 새로운 영역을 발견

하고 약간의 도전적인 비유들을 제시했다는 점은 분명합니다. 권력의 미시물리학이 그중 하나지요. 그 연장선상에서 할 만한 연구가 아직도 많이 남아있다는 것은 확실합니다. 푸코도 하지 못했고, 그의 추종자들은 더욱더 하지 못했다는 것이 내 생각입니다만.

개인적으로 볼 때, 그는 아마 내가 만났던 사람 중에서 가장 공격적인 인물이었던 것 같습니다. 또한 광란적일 만큼 자기중심적이었고요. 그 덕분에 자신의 이미지를 파는 데는 대단히 효과적이었지만 말입니다. 언젠가 파리의 한 카페에서 E. P. 톰슨과 만났던 때가 생각나는군요. 우리가 왜 푸코 얘기를 시작했는지는 기억나지 않아요. 얘기 중에 톰슨이 무어라 했는데, 나는 그 말을 잘 알아들을 수 없어서 재차 무슨 말이냐고 물었어요. 그러자 그가 말했죠. "푸코는 허풍선이라고!" 난 정말로 깜짝 놀랐어요. 하지만 푸코에게 허풍선이 같은 점이 많다는 데는 찬성했죠. 물론 그게 다는 아니지만 말이에요. 짐작건대, 결국 그의 저작 중 많은 부분은 사라져버릴 겁니다. 특히 허황된 수사로 점철된 경우는 더 그렇겠죠. 하지만 남을 만한 흥미로운 점도 없진 않아요. 그의 추종자가 아닌 누군가가 푸코에 대해 진지하게 접근한다면 아주 참신한 결과가 나올 것이라고 말하는 이유도 이 때문입니다. 그에 관해 쓰레기 같은 글이 너무 많이 씌어졌어요. 사실 그에 대한 찬사라는 것도 결국은 그를 깎아내리는 결과가 될 뿐이에요. 누군가 푸코를 이 어리석은 우상화로부터 구해낼 수만 있다면 그보다 좋은 일도 없을 텐데 말이죠.

● 당신은 지난 10년간 미국에서 강의를 해왔고, 또 이러한 환경이 지적 생산성을 높이는 데 크게 도움이 된다고 생각해 왔지요. 이탈리아와 미국을 비교할 수 있게 하는 이러한 경험이 두 문화를 새로운 시각으로 보게 해주던가요?

●● 나는 원래 강력한 반미 정서를 가지고 있었고, 처음 미국에 왔을 때는 이 나라에 대해 아는 것이 아무 것도 없었습니다. 그냥 막연한 판박이 이미지와 가정들을 지니고 있었을 뿐이지요. 1970년대 초 비자를 받으려고 피렌체의 미국 영사관에 갔던 기억이 나는군요. 나는 거기서 처음으로 불타고 있지 않은 온전한 형태의 미국 국기를 보았습니다. 하지만 미국에 체류하면서 생각이 바뀌었어요. 나는 그곳에서 위대하고 비극적이며 대담한 사회 실험이 진행되고 있다는 느낌을 받았습니다. 이 실험 속에는 내가 싫어하는 것도 물론 있었지만, 그 규모의 장대함에 비해 우리의 전망이 너무 협소하다는 생각에서 너무 서둘러 예단하지는 말자고 마음먹었어요.

이탈리아와 미국을 비교하는 문제에 관해서는, 문화를 비교하기가 너무 어렵고 어떤 점에서는 불가능하다는 말을 하고 싶네요. 양자는 모든 점에서 다릅니다. 볼로냐는 보행자를 위한 도시지만, 로스앤젤레스에서는 길을 걷기가 힘들죠. 모든 것이 차를 위해 만들어져 있으니까요. 그 외에도 모든 것이 달라요. 텅 비어 있는 거대한 공간, 교육제도, 과거에 구체제를 가지고 있지 않았다는 것 등. 하지만 이탈리아와 독특하고 거대한 규모의 실험이

□ "이탈리아와 미국을 비교하는 문제에 관해서는, 문
화를 비교하기가 너무 어렵고 어떤 점에서는 불가능
하다는 말을 하고 싶네요. 양자는 모든 점에서 다릅
니다. 볼로냐는 보행자를 위한 도시지만, 로스앤젤
레스에서는 길을 걷기가 힘들죠. 모든 것이 차를 위
해 만들어져 있으니까요."
왼쪽 사진은 미국 로스앤젤레스, 오른쪽 사진은 이
탈리아 볼로냐.

진행 중인 미국 간에 수많은 차이점이 존재함에도, 그 속에는 현재 유럽인들이 갈수록 직면하지 않으면 안 되는 문제들을 제기하게 만드는 어떤 것이 있어요. 내가 지금 말하려는 것은 상이한 문화들 간의 공존과 갈등입니다. 이제는 우리의 문제가 되었죠. 물론 서로 규모가 다르기 때문에 상이한 대답이 요구되겠지요. 하지만 문제가 서로 비교 가능하다면, 우리는 미국으로부터 무언가를 배울 수 있습니다. 나는 미국에 도착하자마자 한 유명한 학자와 얘기를 나누었는데요. 내가 흑인 문제를 언급하자, 그는 그들이 처한 상황은 다른 이민자들의 상황과 비교 가능하다는 말을 하더군요. 흑인들은 단지 아일랜드계, 이탈리아계, 혹은 다른 인종 집단들과 같은 선상에 있을 뿐이고, 그래서 그들 역시 결국에는 아메리칸 파이의 한 조각을 가질 것이라는 거에요. 하지만 그는 틀렸어요. 흑인들에게 무슨 일이 일어나는지를 이해하고 그들의 상황이 다른 인종 집단들과 판이한 이유를 설명하려면, 노예제부터 시작해서 긴 안목으로 흑인들의 역사를 바라보지 않으면 안 되는 겁니다.

● 《나무눈》에 수록된 최근의 글 중 일부―신화를 하나의 거짓말로 보면서 그것을 정치적으로 이용하는 것에 대한 글이나, 교황의 실언이 보여주는 불관용적 전통의 이해에 관한 글 등―는 과거에 비해 좀더 비관적인 긴즈부르그를 보여주고 있는데요. 이런 인상에 동의하십니까?

●● 난 예전부터 이미 그렇다는 얘기를 들어왔어요. 만약 점점 더 비관적이 되고 있다면, 그건 나도 어쩔 수 없군요. 일이 더욱 악화되어 가고 있는지 어떤지, 혹은 그러한 것들을 명료한 눈으로 보고 있는지 어떤지는 나도 사실 잘 알 수 없습니다. 나이와 관계있는 것일 수도 있고요. 과거에 나는 현재에 대해 발언할 기회가 그리 많지 않았습니다. 아마 그래서 현재를 보는 관점이 예전에도 우울한 편이었고 지금도 여전히 그런 거겠지요. 로맹 롤랑[37]의 모토라는 게 있죠. 그는 그람시를 통해 이탈리아에서 유명해졌는데요. 그는 지성의 비관론과 의지의 낙관론을 피력했지요. 나는 이 모토를 좋아합니다. 왜냐하면 그것은 현실과 우리의 바람, 실제의 현실과 우리가 바라는 현실 간의 구별을 강조하기 때문이에요. 사실 이는 우리가 프로이트에게 배워야만 하는 생각으로 소급됩니다. 즉, 현실이 불쾌하더라도 우리는 그것과 대면해야만 한다는 것이지요. 그럼에도 우리의 두려움, 바람, 갈망들은 현실을 직시하는 것을 방해하는 경향이 있어요. 현실을 직시한다는 것은 성취하기 어려운 일입니다.

1998년 10월, 볼로냐에서

---

[37] Romain Rolland(1866~1944). 프랑스 소설가. 10권으로 된 소설 《장 크리스토프 *Jean-Christophe*》(1904~1912)의 저자.

I benandanti. Stregoneria e culti agrari tra Cinquecento e Seicento (Torino: Einaudi, 1966; 3ᵃ ediz. con un post-scriptum, 1972). 프랑스어, 독일어, 영어, 일본어, 네덜란드 어, 포르투갈 어, 스웨덴어, 한국어 역 [조한욱 옮김, 《마녀와 베난단티의 밤의 전투》(길, 2004)].

Il formaggio e i vermi. Il cosmo di un mugnaio del '500 (Torino: Einaudi, 1976). 프랑스어, 영어, 독일어, 일본어, 네덜란드 어, 포르투갈 어, 에스파냐 어, 스웨덴 어, 폴란드 어, 세르보-크로아티아 어, 헝가리어, 그리스 어, 터키 어, 루마니아 어, 알바니아 어, 에스토니아 어, 체코어, 한국어 역 [김정하·유제분 옮김, 《치즈와 구더기》(문학과지성사, 2001)].

Indagini su Piero: Il Battesimo, il ciclo di Arezzo, la Flagellazione di Urbino (Torino: Einaudi, 1981; 3ᵃ ediz. con una nuova prefazione, 1982). 영어, 프랑스 어, 독일어, 에스파냐 어, 포르투갈 어, 일본어 역.

Miti emblemi spie. Morfologia e storia (Torino: Einaudi, 1986). 프랑스어, 영어, 독일어, 에스파냐 어, 포르투갈 어, 네덜란드 어, 일본어, 스웨덴 어, 핀란드 어, 덴마크 어 역.

Storia notturna. Una decifrazione del Sabba (Torino: Einaudi, 1989). 영어, 프랑스 어, 독일어, 에스파냐 어, 포르투갈 어, 일본어,

스웨덴 어, 네덜란드 어, 루마니아 어, 노르웨이 어 역.

Il giudice e lo storico (Torino: Einaudi, 1991). 독일어, 일본어, 네덜
란드 어, 에스파냐 어, 프랑스 어, 영어 역.

"Just One Witness," in *Probing the Limits of Representation:
Nazism and the 'Final Solution' ,"* ed. Saul Friedlander
(Cambridge, Mass.: Harvard University Press, 1992), pp. 82~96,
350~355.

"Montaigne, Cannibals and Grottoes," *History and Anthropology* 6
(1993): 125~155.

Occhiacci di legno. Nove riflessioni sulla distanza (Milano:
Feltrinelli, 1998). 영어, 독일어, 에스파냐 어, 프랑스어, 포르투갈 어,
일본어 역.

History, Rhetoric, and Proof (Hanover & London: University Press
of New England, 1999). 이탈리아 어, 일본어, 독일어, 프랑스 어 역.

*No Island Is an Island: Four Glances at English Literature in a
World Perspective* (New York: Columbia University Press, 2000).
이탈리아 어 역.

Vittorio Foa & Carlo Ginzburg, *Un dialogo* (Milano: Feltrinelli,
2003).

Il filo e le tracce. Vero, falso, finto (Milano: Feltrinelli, 2006).

9

퀜틴 스키너Quentin Skinner

스키너는 매우 유쾌하고 정중하면서도 동시에 의례

함으로써 듣는 사람에게 깊은 인상을 심어 준다. 그의 생각들이 지닌 질서와 명료함은 ㅁ

제에서 벗어나지 않고 머뭇거리지도 않으며 일체의 문법적 실수도 없이 대단히 명료하ㅈ

다르지 않다는 느낌이 든다.

태도를 가지고, 탁월하고도 유려하며 열정적인 어조로 자신의 연구 주제에 대해 얘기

에 잘 정돈되어 있는 서류며 책이며 물건들을 그대로 반영하고 있는 것처럼 보인다. 주

을 듣노라면, 그의 역사 및 철학 저작들의 특징인 우아하고 투명한 산문 스타일과 거의

퀜틴 스키너(1941년생)는 1997년 이후 케임브리지 대학의 흠정 역사학 교수로 봉직해 왔다. 그는 1962년 21세의 나이에 시작하여 신속하고도 탁월한 경력을 닦아왔는데, 이 자리에 임명된 것은 절정기에 도달했음을 보여주는 것이다. 1978년 그는 방법론과 함께 넓게는 사상사, 좁게는 정치사 저술에 대한 기여를 인정받아 케임브리지 대학의 정치학 교수로 뽑혔다. 1960년대 후반에 쓴 초기 논문들은 그가 논쟁적이고 혁신적인 사상가임

을 보여주었고, 매우 긍정적인 평가에서부터 지극히 비판적인 시각에 이르기까지 다양한 반응들을 이끌어내었다. 혹자는 스키너의 '통치'가 1970년대에 시작되었다고 말할 지도 모르겠다. 당시 그는 르네상스의 정치사상에 대한 역사적 연구와 철학적·방법론적 고찰을 통해 풍부한 논쟁의 원동력을 제공하였고, 그 파장은 영미 세계 너머로까지 퍼져나갔다. 1978년 그는 《근대 정치사상의 토대 *The Foundations of Modern Political Thought*》를 펴내 울프슨 문학상을 받았는데, 이 저작은 스키너의 이름을 정치사상사 서술의 필수 인용 목록에 올려주었다. 이러한 위치는 이후 일련의 혁신적이고 도발적인 논문들이 던진 충격과 마키아벨리에 관한 소책자의 성공,

그리고 홉스에 관한 중요한 저작 《홉스 철학 속의 이성과 수사 *Reason and Rhetoric in the Philosophy of Hobbes*》 덕분에 더욱 강화되었다. 그는 지금 여러 권으로 된 《정치의 비전 *Visions of Politics*》을 낸다는 야심 찬 계획을 추진 중이다[이 책은 2002년 케임브리지 대학출판부에서 3권으로 간행되었다—옮긴이].

정치 이론에 대한 고전 텍스트를 다룰 때, 종래의 연구는 그 것을 마치 영원한 지혜의 전달 수단인 것처럼 간주하는 데 반해, 스키너의 의도는 그 텍스트를 둘러싼 컨텍스트라는 측면에서 접근하려는 것이다. 이 때의 컨텍스트란 사회적 컨텍스트가 아니라—하지만 이러한 것이 그의 분석에서 제외되지는 않는다—지적·정치적 컨텍스트를 의미한다. 그의 연구 목표를 요약하면, 《군주론》이나 《리바이어던 *Leviathan*》 같은 고전의 저자들이 어떤 의도로 책을 썼는가를 알아내려는 시도라고 말할 수 있을 것이다. 바꾸어 말하면, 그는 이러한 텍스트를 행위로—혹은 스키너가 오스틴의 전통을 따라 그렇게 부르듯이 '언화행위=화행話行speech acts'으로—간주함으로써, 마키아벨리와 홉스의 저작들을 그들이 몸담았던 시대의 정치 논쟁에 대한 개입으로 이해하려는 것이다. 이러한 견해는 영향력 있는 학술지 《관념사학보》의 창립자인 아서 러브조이와 그의 추종자들이 제기한 식의 관념사와는 대조적이다. 그런 유의 역사는 '단위 개념unit-ideas'을 따로 떼어낸 다음 몇 세기간의 흔적을 추적하여, 예컨대 19세기에 이르기까지 존재의 대연쇄라는 플라톤적 관념의 변형물들을 찾아냄으로써, 계속해

퀜틴 스키너는 방법론과 함께 넓게는 사상사, 좁게는 정치사 저
술에 대한 탁월한 능력을 보여주고 있는 역사가다. 특히 홉스,
로크, 마키아벨리 등의 연구를 통한 르네상스의 정치사상에 대
한 고찰은 역사학계에 풍부한 원동력을 제공하였다.
그림은 왼쪽부터 차례로 마키아벨리, 홉스, 모어 .

서 세계에 대한 합리적 설명을 모색하려는 것이었다. 스키너를 비롯하여 존 던, 리처드 터크, 존 포칵 등의 학자들은 그러한 형태의 역사가 시대착오성을 범했다고 비판하면서, 홉스나 로크와 같은 사상가들이 어떤 언어를 통하여 17세기라는 그들 자신의 시대에만 특수하게 적용되는 문제들을 다루었다는 것을 보여주려고 한다.

스키너가 영국 학계의 위계에서 높은 지위에 임명된 데는 뛰어난 지적 능력 외에도 진정한 '케임브리지 맨'으로 불릴 수 있다는 사실이 작용했음을 부인할 수 없다. 그가 최근에 케임브리지 대학의 부총장보로 임명된 것도 아마 같은 맥락에서 설명될 수 있을 것이다. 스키너는 1959년 카이어스 칼리지의 학생으로 케임브리지와 인연을 맺어 3년 뒤 크라이스트 칼리지 펠로로서 자신의 학문적 경력을 시작하였다. 따라서 그는 이 유서 깊은 대학의 정신과 규칙을 떠받칠 만한 인물로 간주되고 있다. 이처럼 케임브리지 대학과 뗄 수 없는 관계에 있기 때문에, 동료 중 어떤 사람은 그가 이 대학 도시에서 겪는 생활의 어떤 측면들을 그린 추리물—유감스럽게도 그다지 뛰어난 것은 아니다—의 주인공의 모델이 되었을 것이라고까지 생각할 정도였다.

스키너는, 새로운 자리에 수반되는 행정 업무도 보아야 하고 또한 잘 알려진 것처럼 그를 둘러싼 수많은 학생들에게 각별한 관심을 쏟아야 하는 처지임에도, 이 인터뷰를 위해 몇 시간을 기꺼이 할애해 주었다. 그는 크라이스트 칼리지에 있는 자신의 스위트룸 중 한 방에서 오랫동안 자신의 저작, 비판자들, 방법론, 관심사, 마르크스주의에 대한 견해, 자유의 관념, 현 역사 서술의 흐름 등에 대해 얘기해 주었다.

스키너는 매우 유쾌하고 정중하면서도 동시에 의례적이고 진지한 태도를 가지고, 탁월하고도 유려하며 열정적인 어조로 자신의 연구 주제에 대해 얘기함으로써 듣는 사람에게 깊은 인상을 심어 준다. 그의 생각들이 지닌 질서와 명료함은 마치 자신의 방에 잘 정돈되어 있는 서류며 책이며 물건들을 그대로 반영하고 있는 것처럼 보인다. 주제에서 벗어나지 않고 머뭇거리지도 않으며 일체의 문법적 실수도 없이 대단히 명료하게 흘러가는 말을 듣노라면, 그의 역사 및 철학 저작들의 특징인 우아하고 투명한 산문 스타일과 거의 다르지 않다는 느낌이 든다. 그의 동료는 스키너의 놀라울 정도로 유창한 언변을 그의 해석 이론의 핵심 개념 중 하나와 비교했다. "스키너는 말을 할 때, 마치 강력하고 고도로 효율적인 '언어 행위'를 산출하도록 프로그래밍된 컴퓨터 같은 인상을 준다니까요!"

● 마리아 루시아 팔라레스–버크　　　당신은 어떻게 해서 정치사 상사가가 되었습니까?

●● 퀜틴 스키너　　　학창 시절 훌륭한 선생님을 만났지요. 그는 영국 정치 이론의 고전적인 저작 몇 권을 읽도록 해 나를 이 길로 이끌었습니다. 그 선생님은 젊은 시절의 나에게 엄청난 영향을 주었고, 처음으로 이 주제를 향한 열정에 불을 댕긴 분이었어요. 내가 그 당시 읽었던 책들이 지금도 또렷이 생각납니다. 그 중 하나가 토머스 모어의 《유토피아 Utopia》였는데요. 우리는 학교 시험을 보기 위해 그 책을 읽었어요. 다른 책으로는 홉스의 《리바이어던》이 있었는데, 선생님은 우리 모두가 반드시 이 책을 읽어야만 한다고 주장했지요. 나는 지금도 학창 시절 읽었던 책들을 그대로 가지고 있고, 이후 내내 이 책들에 대해 글을 쓰거나 강의를 해왔습니다.

이렇게 좋은 출발을 한 뒤, 케임브리지 대학 학생 시절에 들었던 몇몇 뛰어난 강의들이 내 관심을 더욱 촉진시켜 주었습니다. 나는 특히 두 사람의 영향을 크게 받았는데요. 그중 한 분이 존 버로우였어요. 그는 당시 크라이스트 칼리지의 리서치 펠로로 있었는데—현재는 옥스퍼드 대학 지성사 교수로 있습니다—학부 시절에 가장 재미있는 강의를 해주었습니다. 하지만 내가 연구 주제를 어떻게 다루어왔는가 하는 관점에서 볼 때 훨씬 더 중요했던 분은 피터 라슬렛이었어요. 나는 폭넓고 통찰력이 번뜩이는 그의 강의에 깊은 인상을 받았습니다. 그가 편집한 로크의 《통치에 관한 두 논고 *Two Treatises of Government*)도 역시 그랬고요. 이 편집본은 내가 학부 학생일 때 간행되었는데, 지금도 여전히 나의 관심사인 근대 텍스트학의 위대한 저작 중 하나로 남아 있습니다. 존 버로우가 내게 로크에 대한 글을 써야 할 것이라고 말하던 기억이 납니다. 라슬렛의 새 편집본이 그 주제에 새로운 기준을 마련했을 뿐만 아니라 새로운 접근방법을 제시했기 때문이라는 것이었어요.

나는 그 편집본에 실린 라슬렛의 서문을 찬찬히 읽어나갔는데요. 당시 내가 그 내용에 얼마나 압도되었는지 생각납니다. 그 글은 많은 측면에서 대단한 것이었어요. 첫째, 그건 내가 보기에 이례적이다 싶을 정도로 우아함과 명료함을 두루 갖춘 아름다운 영국식 산문이었습니다. 특히 내가 당시 읽고 있었던, 주요 역사가라고 할 만한 인물들의 어떤 글과 비교해 봐도 뛰어났어요. 둘째, 새 편집본은 라슬렛이 로크에 대해 수많은 발견을 했다는 것을 보여주었습니다. 나는 방법론적 측면에서 그러한 발견들에 흥미를 느꼈어요. 로크의 《통치에 관한 두 논고》는 늘 1688년 영국혁명을 정당화하고 균형 잡힌 의회적 헌정의 확립을 축하하는 것으로만 간주되어 왔습니다. 라슬렛은 그 저작이 사실은 간행되기 10년 전에 씌어졌다는 것, 혁명에 대한 어떤 종류의 정당화도 아니었다는 것, 그리고 찰스 2세 통치하의 절대주의가 상승하는 분위기에서 생산되었다는 것을 입증했습니다. 각별히 내게 중요했던 것은 텍스트를 그것이 씌어진 환경과 떼어놓고 생각해서는 안된다는 라슬렛의 주장이었어요. 로크의 저작에 담긴 의미를 이해하기 위해 그것이 씌어진 컨텍스트를 살피는 것이 얼마나 중요한가를 보여주었던 겁니다. 《통치에 관한 두 논고》는 명예혁명에 대한 축하로 받아들여졌고, 자유주의의 위대한 저작인 동시에 영국 헌정주의의 기초적 텍스트가 되었지요. 그렇지만 이러한 점들 중 어느 것도 그 저작의 역사적 정체성이 아니었습니다. 그것들은 로크가 원래 그 책을 쓰고 있었을 때 생각하던 것과 아무런 관계도 없었다는 거지요.

● 당신이 역사가의 삶을 선택하는 데 가정과 유년 시절의 경험이 어떤 특별한 역할을 했다고 보십니까?

●● 그렇지는 않습니다. 그 점에 대해 생각해 봤는데요. 그러한 것들이 나의 학문적 발전에 직접적인 영향을 미쳤다고는 전혀 생각지 않아요. 어머니가 대학에서 영문학을 전공하고 결혼 전에는 학교 교사로 있었다는 것은 사실입니다. 내가 초년 시절에 많은 독서를 한 것도 어머니 덕분이고요. 하지만 어린 시절의 경험이 지금 얘기와 관련되어 있다고 해도, 그것이 영국에서 드문 일은 아니었습니다. 사실 난 나이가 꽤 들 때까지도 부모님과 함께 살지 않았어요. 왜냐하면 아버지가 나이지리아 식민정부 관리라 부부가 함께 아프리카에 살았으니까요. 난 그곳에서 태어나지도 않았고, 아프리카에 발도 들여본 적이 없었습니다. 심지어는 방학 때도 가지 않았어요. 영국 식민국British Colonial Service은 어린 아이들이 아프리카에 가는 것을 탐탁지 않게 생각했지요. 의학적

측면에서 볼 때 그곳은 여전히 위험한 지역이었고, 게다가 학교도 없었거든요. 적어도 영국인이 인정할 만한 그런 종류의 학교는 없었다는 얘기겠지요. 부모님은 아버지가 한 번씩 그곳을 떠날 때에 맞춰 영국에 돌아오곤 했습니다. 그것도 2년에 한 번꼴이었습니다만. 그래서 나는 이모를 보호자로 해서 살았어요. 일곱 살이 되어 기숙학교—베드퍼드 스쿨이었지요—에 갈 때까지는 그랬지요. 이후에도 방학 때는 이모와 같이 지냈습니다.

좀더 뒤에 나에게 어느 정도 영향을 준 사람은 아마 숙모가 아닌가 하는데요. 그녀는 맨체스터 인근에서 의사로 있었지요. 숙모는 능력이 뛰어난 분이었고 특히 역사책을 탐독했어요. 그래서 집에 역사책이 가득했죠. 그녀는 또한 영국의 훌륭한 시골집들을 답사하는 것을 좋아했는데, 나를 종종 함께 데리고 갔어요. 이렇게 일찍부터 안내 답사에 나선 것을 생각하면 나는 아마도 사회사가가 되었어야 했을 겁니다. 더비셔 주 차츠워쓰에 있는 데본셔 공작의 저택에 갔던 일이 아직도 기억에 남습니다. 맨체스터에서 동남쪽으로 약 50마일 떨어진 곳이에요. 종전 직후라 아직도 휘발유 배급이 시행되고 있을 때였습니다(그녀는 의사라 특별 배당분이 나왔어요). 그로부터 40년 뒤에 내가 차츠워쓰에서 연구로 많은 시간을 보낼 줄은 꿈에도 생각지 않았지요. 그곳에는 홉스가 죽은 후 그의 기록보관소가 만들어져 있거든요.

하지만 초년기의 생활을 생각해 볼 때, 나에게 직접적으로 큰 영향을 미친 사람은 앞서 얘기했듯이 학교 선생님인 존 에어였습니다. 아직도 한번씩 만나 뵙고 있어요. 내가 케임브리지 입학 장학금 시험을 보도록 열성적으로 애쓴 분도 바로 그 선생님이었어요. 내가 장학금을 받을 수 있다고 믿으신 거죠. 이 제도는 이미 오래 전에 폐지되었습니다만, 당시는 그것을 받는 것이 대단한 명예로 여겨질 때였어요. 내가 다니던 학교에서 이 시험을 치러 가게 된 학생들에게는 모두 반나절의 자유시간이 허용되었습니다. 아버지가 은퇴하신 후 베드퍼드에 집을 마련했기 때문에, 이 때까지 나는 부모님과 함께 살고 있었어요. 그래서 베드퍼드 스쿨에서 기숙을 그만두고 통학을 하고 있었죠. 내가 케임브리지에 시험을 보러 갈 때, 선친이 곤빌 앤드 카이우스 칼리지에다 좀 무례한 편지를 썼던 일이 기억나는군요. 형은 이미 그곳에서 의학을 배우고 있었죠. 아버지는 편지에서 이렇게 말했어요. "이 애형을 카이우스에 보낸 것은 그곳이 의대로 유명한 곳이기 때문입니다. 그런데 동생은 역사를 공부하고 싶답니다. 카이우스가 역사로도 이름난 곳입니까?" 난 대학에서 보낸 답장에 깊은 인상을 받았습니다. 입학처의 개인지도교수가 쓴 두 줄짜리 편지에는 이렇게 씌어져 있었어요. "카이우스는 어떤 방면에서도 최고의 대학입니다." 그것은 아주 듣기 좋은 말이었고, 나는 장학금 시험을 보러 카이우스로 갔지요. 그리고 결국 그것을 받았습니다.

● 당신은 언젠가 비판자들이 당신을 가리켜 관념론자, 유물론자, 실증주의자, 상대주의자, 호고가好古家, 역사주의자로 부르고, 심지어는 단순한 방법론 학자에 지나지 않는다고까지 말하는 데 당혹감을 느낀다고 한 적이 있었습니다. 그러면 당신은 자신을 어

떻게 묘사할 작정입니까?

●● 쉽지 않은 일이군요. 이 꼬리표들 중 그래도 나에게 거부감
이 적은 것은 상대주의자란 말이 아닌가 합니다. 물론 그것이 개
념적 상대주의자를 뜻하지만 않는다면 말이에요. 내가 그 경우가
아닌 건 분명하거든요. 즉, 나는 어떤 특정 시간에 진실을 견지할
정도로 합리적이라면 그것이 무엇이든지 진실의 개념과 동등하
다고 볼 수 있다고는 믿지 않아요. 하지만 나는 역사가라면 누구
나 일종의 온건한 상대주의로 기우는 경향이 있다고 생각합니다.
내 말은, 자신의 문화와는 믿음과 관습이 상이한 다른 문화를 이
해하려는 데 관심이 있는 역사가라면 이미 온건한 상대주의를 포
용하고 있다는 뜻입니다. 그들은 자신들의 계획을 광의의 의미에
서 번역의 일종이라고 보지요. 즉, 그들은 어떤 다른 문화를 받아
들인 뒤, 그 문화의 여러 측면들을 차이점도 동시에 살리는 방식
으로 번역하려고 애쓰는 겁니다.

다른 꼬리표를 볼까요. 나는 늘 철학의 관념론 전통에 아주 관심
이 많았습니다. 내가 숭배하는 사람들 중 많은 경우가 영국 철학
의 반실증주의적·관념론적 전통을 이어받고 있었기 때문이지
요. 사실 내가 역사가로서의 작업에서 이론 면으로 가장 직접적
인 영향을 받았다고 생각하는 저술가 중 하나는 R. G. 콜링우드
였습니다. 그래서 만약 그가 관념론자라면 그것은 내가 거부하려
는 꼬리표는 아니지요. 하지만 나 자신에게 붙이고 싶은 꼬리표
는 내가 케임브리지 대학 출판부의 한 총서를 편집할 때 생각해

낸 이름입니다. 바로 '컨텍스트 속의 관념들Ideas in Context' 이죠. 이는 내가 관심을 가지고 있는 일종의 지성사를 표현하는 이름이면서 실제의 서술에 적용하려는 것이기도 하지요. 만약 스스로 뭐라고 묘사해야만 한다면, 상호텍스트적이고 컨텍스트적인 접근방법을 사용하는 역사가라고 하는 것이 좋다고 생각합니다.

● 로버트 단턴은 자신의 역사 연구 중 많은 부분이 '역사가의 꿈', 즉 역사가가 발견하기만을 기다리고 있는 사료의 보물창고 속으로 걸어 들어가는 커다란 행운 덕분이었다고 고백한 적이 있습니다. 그의 경우, 이는 18세기 스위스 최대 규모였던 뇌샤텔 출판사의 기록보관소에 쌓여 있던 미발굴 자료들을 찾아낸 것인데요. 이와 비슷한 일이 당신에게도 일어난 적이 있습니까?

●● 난 그런 행운을 누리지는 못했습니다. 하지만 사실상 나를 촉발케 한 것에 대해서는 또렷이 기억할 수 있어요. 여기서 다시 피터 라슬렛—그는 내가 대학원생일 때 첫 지도교수였어요—으로 돌아가서, 1960년대 초의 학문적 경력이란 것이 지금과는 얼마나 놀랄 정도로 달랐는지 얘기할 필요가 있습니다. 왜냐하면 그때는 이미—라슬렛의 유명한 책 제목을 따서 말하자면— '우리가 잃어버린 세계' 기 때문이죠. 내가 속한 세대는 박사학위를 받기 전에도, 심지어는 그것을 아예 받지 않아도 대학에서 종신 교수직에 임명될 수 있다는 희망이 있었습니다. 나는 1962년에 대학을 졸업했는데요. 당시 내가 다니던 카이우스 칼리지는 학부 시험 성

적에 따라 리서치 펠로십에 누군가를 뽑을 수 있는 권한이 있었어요. 대학에서는 나를 뽑기로 결정했죠. 그래서 나는 선임을 정당화할 어떤 학문적 연구도 하지 않은 채 학부 학생에서 펠로로 직행했습니다. 하지만 난 실제로는 그 펠로십을 받지 않게 되었는데요. 왜냐하면 그 해 여름 늦게 전무후무할 정도로 이례적인 일이 나에게 발생했기 때문입니다. 크라이스트 칼리지의 주요 역사 교수들 중에는 17세기사가로 이름을 날렸던 존 케년이 있었는데, 그가 갑자기 헐 대학의 교수직을 맡아 단시간 내에 크라이스트를 떠나게 되었어요. 카이우스에서 나를 지도한 닐 맥켄드릭—지금은 대학 학장으로 있습니다만—이 써Sir 잭 플럼에게 나를 추천한 것이 바로 이때입니다. 플럼은 당시 대학에서 가장 성공적이었던 역사 교수들 중 하나였어요. 그렇게 해서 나는 21세의 나이에 크라이스트 대학의 강사로 임명됨과 동시에 역사연구부 소장보가 되었습니다. 어떤 점에서 그것은 신바람나는 출발이었고, 당분간 내가 맡은 크고 도전적인 일에 몰두했지요. 나는 역사학쪽 학부의 입학 업무를 도와주고, 수많은 대학 시험들을 주관하며, 일주일에 열다섯 시간을 강의하는 등 매우 바빴습니다. 이러다 보니 내 연구를 하기가 어려운 상황이었어요.

이때 피터 라슬렛이 내 경력에 또 한번 중요한 역할을 하게 되었습니다. 그는 내게 일어난 일이 겉으로는 괜찮게 보일지 몰라도 실제로는 지적 생활에 아주 좋지 않다는 것을 알았죠. 나는 박사 학위를 하지 않았기 때문에 공식적인 지도교수가 없었는데, 그런 연유로 그가 보여준 관심과 대학 강의실이며 그의 집에서 나누었던 끝없는 대화는 당시 나에게 대단히 가치 있는 것이었습니다. 그가 편집한 로크의 새로운 판본에 대해 얘기를 나누면서, 그가 그 저작에서 성취한 것에 관해 이상한 생각을 가지고 있는 게 아닌가 하는 느낌을 받았던 기억이 납니다. 그는 이렇게 말했죠. 많은 주석가들이 홉스와 로크를 체계적인 정치 이론가로 함께 묶어서 말하곤 하는데, 자신은 로크가 모든 지식을 과학적으로 체계화하려고 한 사상가라는 평가를 받아들일 수 없고, 그래서 홉스의 《리바이어던》과 달리 로크의 《통치에 관한 두 논고》는 단지 '특정한 경우의 산물'일 뿐이라는 것을 보여주려 했다는 거에요. 하지만 그는 여전히 홉스에 대해서는 역사적 컨텍스트와 별개로 높이 평가받을 만한 정치 체계의 저자라고 생각하는 것처럼 보였어요.

그런데 문제는 내가 라슬렛의 책을 볼 때, 그가 믿고 있는 것처럼 보이는 바와는 반대로, '다른 어떤' 철학적 텍스트에 대해서도 그가 한 것과 유사한 연구가 가능하다는 확신이 든다는 것이었습니다. 라슬렛이 로크에 대해 한 것을 나는 홉스에 대해 해보겠다고 작정한 것도 그때였어요. 물론 아직 그 일을 제대로 하지 못했지요. 방대한 작업이니까요. 하지만 라슬렛은 내가 연구를 진행하는 데 많은 도움이 되었습니다. 특히 그는 홉스를 정치적 컨텍스트에 관련시킬 만한 필사본 자료가 있는지 모르니까 차츠워쯔에 한번 가보라고 조언해 주기도 했어요. 사실 나의 초기 간행물들은 라슬렛의 조언을 진지하게 받아들인 데 따른 것이었습니다. 놀라운 것은 그동안 차츠워쓰에 가서 그 자료들을 찾아보고 그런 질문을 한 사람이 거의 없었다는 사실이었어요. 나는 스스로 홉스의 미간행 서한들을 활용한 최초의 학자 중 하나라고 생각해요. 그리고 내가 쓴 가장 초기의 논문 중 하나는 바로 그 자료의 중요성에 관한 것이었지요. 그것은 내가 홉스 사상의 이념적 컨텍스트를 설정하는 데는 별로 도움이 되지 않았습니다만, 그 덕분에 홉스가 몸담았던 지적 전통을 약간이나마 이해하기 시작했어요. 홉스가 이른바 '배제의 위기Exclusion Crisis'[1678년에서 1681년 사이, 찰스 2세가 후사 없이 죽고 나면 가톨릭교도이던 동생 요크 공—후의 제임스 2세—이 뒤를 이을 것이라는 소문으로 인해 발생한 전국적 히스테리 현상. 샤프츠베리를 비롯한 휘그당 귀족들이 요크 공을 왕위 계승에서 배제하자는 법안을 냄으로써 위기는 더욱 고조되었다—옮긴이]로 불리는 특정한 정치적 위기에 관해 의견을 피력한 짧막한 필사본과 마주치게 된 것도 역시 이때였습니다. 그는 자신이 죽은 그 해에 이 글을 썼지요. 그것은 나에게 매우 흥미로운 자료였어요. 왜냐하면 한 위대한 정치 이론가가 당시 의회에서 진행 중이던 어떤 일에 자신의 견해를 밝히는 모습을 보여주었기 때문입니다.

그래서 나는 세 가지의 커다란 행운을 가지고 경력을 시작했다고 말하고 싶군요. 그 하나는 라슬렛이 준 탁월한 조언의 덕을 보았다는 것입니다. 다른 하나는 내가 철학이 아니라 역사 교수로 경력을 시작했다는 것이에요. 철학부에서는 그런 종류의 컨텍스트와 관련된 의문에 아무런 관심도 없었을 테니까요. 난 내가 무엇보다도 그것에 매료되었다는 것을 재빨리 알아차렸죠. 하지만 제일 큰 행운은, 이것이야말로 내가 되돌아가려는 요점인데요, 나의 동년배 학자들에게 있었습니다. 왜냐하면 나는 1960년대에 영국 고등교육이 엄청나게 확대되는 과정에서 나와 마찬가지로 수혜를 받았던 일단의 뛰어난 젊은 학자 집단과 동시에 연구를 시작했기 때문입니다.

● 어떤 텍스트의 '역사적 정체성'을 되살리기 위해 당신이 저자의 의도에 부여한 중요성을 감안한다면, 선언서 격인 1969년의 논문 〈사상사에서의 의미와 이해 Meaning and Understanding in the History of Ideas〉를 썼을 때 당신이 가졌던 의도는 무엇이라고 말할 수 있습니까? 당신의 다른 저작들도 모두 동일한 문제에 대한 반응이었나요?

●● 물론 그렇습니다. 나는 역사가로서 행한 내 작업들이 언제나 그 초기의 논문이 가리킨 방향으로 가려 했다고 생각합니다. 그것이 일종의 선언서라는 점은 당신이 옳게 본 겁니다. 그것은 충격을 주고 자극하기 위해 씌어진 것이었고, 또 그것에 성공했습니다. 나의 목표는 지성사에 대한 두 가지 주류적 접근방법에 도전하려는 것이었기 때문에 그 논문을 간행하는 데 큰 어려움을 겪었다는 것은 별로 놀랄 일이 못 됩니다. 그 글은 몇 군데의 학술지에서 거절되다가 결국 《역사와 이론 History and Theory》에 실리게 되었죠. 그것은 많은 부분 그 시대의 산물이며 대단히 논쟁적인 글이었어요. 지금이라면 그런 글을 다시는 쓰지 않을 겁니

다. 그렇다고 내가 싸움을 걸었던 두 접근방법이 이제는 거의 사용되고 있지 않아서는 결코 아닙니다. 이 중 한 접근방법은 플라톤, 홉스, 흄, 혹은 헤겔 등의 철학적 저작들을 마치 일종의 영원한 현재 속에 부유하고 있는 것처럼 다루었지요. 내 목표는 단지 주제에 상이하게 접근해야 한다고 말하는 것에 그치지 않고, 누구도 순수한 텍스트 분석만으로는 그것을 적절히 이해할 수 없다는 점을 보여주려는 것이었습니다. 나는 마키아벨리의 《군주론》을 한 예증으로 삼아서, 수많은 철학적 텍스트 속에는 그냥 읽기만 해서는 결코 이해할 수 없는 다수의 중요한 것들이 존재한다는 점을 보여주려고 노력했어요. 특히 그러한 텍스트들이 무엇을 '행하고 있는지', 즉 상이한 관점을 풍자하고 있는지, 반박하고 있는지, 조소하고 있는지, 무시하고 있는지 등을 결코 이해하지 못할 거라는 거지요. 나는 홉스에 관한 최근의 책에서 여전히 같은 방향으로 가고 있습니다. 그런 형태의 질문에 답하려고 애쓰면서 말이죠.

나의 선언서가 겨냥한 두 번째 목표는 마르크스주의적 전통의 지성사였습니다. 그것은 당시로서는 매우 중요한 흐름이었고, 특히 1962년 C. B. 맥퍼슨이 17세기 정치 이론에 대한 마르크스주의적 해석서인 《소유적 개인주의의 정치 이론 *The Political Theory of Possessive Individualism*》을 간행한 이후에는 더 그랬어요. 그 책은 나를 엄청나게 휘저어 놓았습니다. 나는 그것이 뛰어난 저작이며, 홉스와 로크의 책에 관한 대단히 통찰력 있는 사고방식이라고 생각했어요. 하지만 동시에 그들의 사상을 자신들이 몸담았던 사회의 심층적인 사회적·경제적 구조들의 반영으로 보는 데는 심각한 오류가 있다는 생각도 했지요. 나는 그런 식의 생각을 결코 좋아하지 않았어요. 지금에 와서는 내가 좋아하지 않았던 부분을 선언서 속에서 잘 설명하지 못했다는 느낌이 들기도 하지만 말입니다. 내가 원했던 것은, 그러한 텍스트를 이해하는 길은 곧 그들의 사상을 둘러싸고 있었던 사회적 컨텍스트가 아니라 지적 컨텍스트를 찾아내는 것임을 논증하는 것이었습니다.

● 당신은 마르크스주의를 총괄적으로 거부하는 것인가요? 혹은 마르크스나 추종자들의 저작이 어떤 가치를 가지고 있다고 보는 건가요?

●● 간단히 대답하자면, 나는 결코 마르크스주의를 총괄적으로 거부하지 않으며, 나아가서 마르크스주의가 사회철학으로서 그토록 불신을 받게 된 것이야말로 현대 사회 이론의 불행한 특징이라고 생각합니다. 이 주제의 중요성을 감안해서 좀 길게 얘기하고 싶군요.

마르크스주의가 세 측면에서 나에게 가치 있고 중요한 것이었다는 점을 지적하면서 얘기를 시작하고 싶어요. 첫 번째는 방법론적 층위에서입니다. 우리 모두는 지금 마르크스주의의 기본 가정들 중 하나, 즉 사회적 존재는 의식을 결정한다는 것을 내면화한 것으로 보입니다. 어느 누구도 이제는 그러한 가정을 어떤 층위에서 어떤 정도로 상정함이 없이 역사를 쓰려 하지는 않을 겁니다. 물론 그러한 결정의 정확한 정도와 층위가 무엇이냐고 묻는다면 문제는 있습니다. 하지만 누구도 그러한 결정이 완전하다고 생각하는 사람은 없다고 봅니다. 그 문제에 대해서는 잠시 후에 말씀드리죠. 두 번째 측면은 마르크스주의가 우리에게 남긴 일종의 사회 진단과―그리고 진단적 어휘와―관계가 있는데요. 마르ㆍ크스주의가 사회적 관계들에 대한 귀중한 어휘를 우리에게 부여했다는 점은 결코 부인할 수 없지요. 오늘날 각별히 마르크스주의에서 연유하는 수많은 설명적 개념들―예컨대 소외나 착취 같은 것이죠―을 이해하지 못하고서 사회적 세계를 탐색할 수 있을 것이라고 생각하는 사람은 없을 겁니다. 이러한 인식을 통해 우리는 세 번째 측면에 이르게 됩니다. 그것은 비록 아이러니지만, 마르크스의 예언 중 일부가 지금보다 더 명확해진 적도 없다는 것이지요. 사회철학으로서의 마르크스주의가 광범위하게 불신되기에 이른 바로 이 순간에 말입니다. 마르크스가 전 지구적 규모에서 생각하지 않았다는 점은 확실합니다. 하지만 자본주의 세계가 제3세계에 대해 갖는 관계는―전자는 더욱 부유해지는 반면 후자는 전자에 진 빚으로 인해 더욱 빈곤해지는―내가 보기에 다가오는 세기에 매우 심각한 문제로 대두할 것 같습니다.

이와 함께, 나는 스스로 반마르크스주의자라고 말하기보다는 분명히 비마르크스주의자로 생각한다는 점을 꼭 지적해야 할 것 같군요. 여기에는 두 가지 이유가 있습니다. 앞서 언급했듯이, 나는 1960년대의 논쟁적인 글들 속에서 마르크스주의에 대단히 비판적이었지요. 당시는 맥퍼슨이나 크리스토퍼 힐 같은 사람들의 저작 때문에 마르크스주의적 접근방법의 영향력이 아주 클 때였어요. 내가 가장 반대한 교의 중 하나는 마르크스의 이데올로기 이론이었습니다. 즉, 사람들의 믿음은 사회적 환경의 인과적 산물로서뿐 아니라 단순한 부대 현상으로 설명될 수 있다는 것이지요. 당시 내가 특히 바라던 것 중 하나는 이러한 관념이 오류임을 입증하는 것이었는데, 나는 이를 다음과 같은 방식으로 실현했다고 생각합니다. 이데올로기적 구조들이 지닌 기본 목적 중 하나는 사회적 장치들을 정당화하거나 혹은 탈정당화하는 것이죠. 그러나 만약 이것이 진실이라면, 사회적 장치들에 변화를 주려고 하거나 변화의 도덕적 가치에 대한 논쟁에서 사람들을 자신들의 편에 서도록 하는 어떤 집단의 역량은, 그 자체로 그러한 장치들을 비판하는 데 이용될 수 있는 도덕적 어휘들에 접근 가능한가의 여부에 달려 있을 것입니다. 그래요, 그런 도덕적 어휘들은 우리에 '의해서' 주어지는 것이 아니라 우리 '에게' 주어지는 거지요. 바꾸어 말해서 만약 그러한 것들이 규범적 힘을 가지고 있다면, 이는 그 어휘들이 역사 속에 간직되어 오면서 결과적으로 인정할 만한 논쟁의 무기로 이용 가능하기 때문일 것입니다. 하지만 그런 한에서, 스스로 사회를 개혁하고 변화시키는 것을 통해 우리가 할 수 있는 일은, 어느 정도까지 우리가 제안한 변화의 프로그램을 이미 존재하고 있는 도덕적 어휘들 중 하나에 맞출 수 있는가에 달려 있을 겁니다. 왜냐하면 만약 사람들이 개혁의 계획들이 곧 도덕적 계획임을 인정할 수 없다면, 그것을 결코 포용하지 않을 것이기 때문이지요. 내가 강조하려는 점은 어떤 사회적 관습 속에서 당신이 할 수 있는 것은 그것에 대해 어떤 도덕적 기술記述들을 부여할 수 있는가에 달려 있다는 것입니다. 만약 그렇다고 한다면, 마르크스주의적 이데올로기 이론이 틀렸다는 것은 명백해지지요. 왜냐하면 이러한 기술들은 어떤 다른 과정들의 부대 현상이나 인과적 산물도 아니며, 오히려 그 반대로 사회 변화의 인과적 조건들 사이에 위치해야만 할 것이기 때문입니다.

내가 비마르크스주의자가 된 다른 주요 이유는 마르크스주의의 실증주의적 측면과 관계가 있습니다. 그것은 내가 1970년대에 점점 인식하게 된 약점이지요. 당시 나는 프린스턴 대학의 고등연구원에서 연구하고 있었는데요. 그곳에서 클리퍼드 기어츠와 토머스 쿤의 동료가 되는 놀라운 행운을 얻게 되었어요(내 연구실 바로 옆이 쿤의 연구실이었습니다). 그들은 나로 하여금 마르크스가 살던 때는 진정한 의식과 허위의식에 대해 얘기할 수 있을 만큼 단순한 세계였다는 사실이 지닌 중요성을 깨닫게 하는 데 일조했습니다. 어떤 구성물의 본성 속에서 의식의 존재가 더 잘 파악되는 좀더 포스트모던적인 문화에서는―내가 프린스턴에서 경험한 그런 종류의 문화―마르크스주의가 사회적 세계를 바라보는 아주 조악한 방법인 것처럼 보이기 시작하는 거지요. 하지만 더욱 흥미롭게 보이는 문제는 상이한 구성물들과 어떻게 협상하는가에 관한 것이었습니다. 왜냐하면 그 구성물들은 각기 자신을 위해 무언가 말할 것이 있을 수 있기 때문이지요. 그래서 역사학이나 인류학의 과제는 곧 상이한 구성물들을 그 내부로부터 이해하려고 노력함으로써 그것이 지닌 합리성이 정당하다는 것을 입증

"나는 결코 마르크스주의를 총괄적으로 거부하지
않으며, 나아가서 마르크스주의가 사회철학으로서
그토록 불신을 받게 된 것이야말로 현대 사회 이론
의 불행한 특징이라고 생각합니다."
그림은 마르크스.

하는 것이 될 겁니다. 하지만 아주 강력한 진위의 이분법을 내장한 마르크스주의는 그런 종류의 접근방법을 사실상 허용치 않습니다. 나는 가능한 한 우리 선조들의 합리성을 옹호하려는 열망이야말로 역사가라면 누구나 채택 '해야만 하는' 접근방법이라는 말을 하고 싶군요.

끝으로, 서양 세계의 다른 많은 사람들과 마찬가지로, 나는 여전히 자본주의의 오류가 무엇인가에 대한 마르크스의 진단에는 고귀한 어떤 점이 존재한다는 견해를 갖고 있다고 주장하고 싶어요. 사람들 대부분의 번영을 가져오는 데 자본주의가 가장 효율적인 수단이라는 점을 우리가 발견했다는 것은 사실입니다. 하지만 지금까지 다른 어떤 경제 체제도 그런 정도의 경이로운 공적을 성취한 적이 없다는 사실 때문에, 그러한 체제를 영위하는 데는 커다란 인간적 희생이 따른다는 사실을 외면해서는 안 됩니다. 단지 그것이 다른 경제 체제보다 더 효율적이기 때문에 아무런 희생도 없는 것 같은 태도를 취해야 할 이유는 없다고 봅니다. 공산주의에 대한 불신이 자본주의에 불신할 만한 것이 아무 것도 없다는 뜻은 아니지요. 마르크스주의가 그러한 불공정성에 대한 매우 흥미로운 사고방식을 대변하는 것만큼이나 자본주의는 반대로 매우 불공정한 체제를 대변하고 있는 거지요.

● 당신이 실천한 형태의 지성사는 그동안 '정치사상사 서술의 혁명'으로 묘사되어 왔습니다. 그것이 정말로 얼마나 혁명적이라 생각하십니까?

●● 비트겐슈타인은 자신의 저작 《철학적 탐구 *Philosophical Investigations*》의 제사題詞에서 어떤 진보라도 보는 것만큼 중요하지는 않다는 말을 하고 있지요. 나도 내 세대의 일부 학자들이 지성사 서술 방법을 바꾸었다고는 생각합니다만, 우리가 그런 생각들을 어디에서 얻어왔는지는 당신도 쉽게 알 수 있을 겁니다. 내가 무슨 혁명을 이루었다고는 결코 생각지 않습니다. 다만 일반적으로 기술되고 있는 것과는 조금 다른 방식으로 지성사를 쓰기 시작했을 뿐이에요. 반면 내가 깊은 영향을 받은 사람들은 쉽게 기억해 낼 수 있지요. 왜냐하면 내가 취한 입장을 그들이 이미 이론화했거나 혹은 그들의 실제 연구가 나에게 귀감이 되었기 때문입니다. 물론 내가 처음 연구를 시작했을 무렵에는 이런 사람들이 극소수였다는 것은 사실입니다. 1950년대에는 찬사를 보낼 만한 저작이라는 게 정말 적었죠. 하지만 내 기억으로 네 사람의 이름은 아무런 의문의 여지가 없이 떠오르는데요. 그중 둘은 이미 언급했던 인물들이지만, 나머지 둘은 앞의 두 사람보다 더 중요하다고는 할 수 없어도 적어도 나의 발전 과정에서는 중요한 역할을 했습니다.

시간 순으로 보면, 제일 앞의 사람이 콜링우드입니다. 내 은사였던 존 에어는 학창 시절에 그의 《자서전 *Autobiography*》을 읽도록 했어요. 내가 처음으로 연구라는 것을 시작했을 때 다시 읽었던 것도 바로 그 책이었어요. 생각해 보면, 1960년대 초에 존 패스모어가 콜링우드의 역사철학에 관한 좋은 책을 펴냈는데, 당시는 여기에 고무되었던 것 같아요. 나는 콜링우드의 핵심 사상—그것은 원래 자신의 미학에서 나온 것이었어요—에 완전히 사로잡혔습니다. 그에 따르면, 모든 예술 작품은—철학과 문학의 저작들을 포함해서—의도적 대상이며, 따라서 그것을 이해하기 위해서는 그 저변의 목적을 발견하고 이해해야 한다는 것이었어요. 이목적이란 것은 결코 표면적으로 드러나도록 씌어지는 법이 없지만, 그것을 발견하는 일이야말로 해석학적 작업의 일부라는 것입니다. 이러한 접근방법은 우리를 표면으로부터 목적을 향해 이끌어 감으로써, 우리가 추구하는 이해에 도달하기 위해서는 인접한 컨텍스트를 살펴볼 필요가 있다는 점을 일러주었습니다. 처음 연구를 시작했을 때 나에게 그토록 강력한 인상을 심어준 생각이 바로 이것이었어요. 이는 혁명이라고 주장되었던 것이 사실 그렇게 혁명적이지는 않았다는 점을 보여주고 있습니다. 그에 대한 이론적 연구가 이미 되어 있었으니까요.

이미 얘기했듯이, 다음 순서는 라슬렛입니다. 하지만 그의 이름과 함께 친구인 존 던의 이름을 세 번째로 들 필요가 있습니다. 그 역시 라슬렛의 제자였고 나와 동년배로서 같이 케임브리지 대학을 다녔지요. 우리가 연구에 뛰어 들었을 때, 나는 홉스를 존은 로크를 주제로 잡았어요. 그는 나보다 훨씬 더 진척이 빨랐기 때문에 1969년에 로크의 정치 이론에 대한 의심할 바 없이 고전적인 연구서를 펴냈습니다. 방법론적 측면에서 당시 이 책은 모범이 되는 것이었고, 지금도 여전히 그러합니다. 그는 그 한 해 전인 1968년에 고전적인 논문 〈사상사의 정체성 The Identity of the History of Ideas〉을 발표했는데, 이는 자신의 책에서 구현될 접근방법을 이론화한 것이었지요. 난 그 논문과 책이 정말로 주제를 어떻게 다루어야 하는지를 보여준다는 느낌을 받았어요. 당시 나는 종종 존과 만나 우리 연구에 대해, 주제를 어떻게 다루어야 하는가에 대해, 무엇이 우리가 물어야 할 흥미로운 질문인가에 대해, 어떤 책이 훌륭하고 또 어떤 책이 형편없는가에 대해 끝없이 얘기를 나누곤 했습니다. 존은 언제나 자신감이 넘쳤고, 제거해버려야 할 쓰레기들이 얼마나 많이 널려 있는가를 힘주어 말하곤 했지요. 무엇보다도 그로부터 많은 것을 배웠다고 생각합니다.

네 번째의 이름은 존 포칵입니다. 내가 그를 만난 것은 1960년대 후반 무렵이었어요. 그때까지는 몇 번 서로 편지만 주고받았죠. 학부 시절 그의 책을 처음 읽었을 때, 나는 마치 콜링우드가 실제로 역사책을 쓴 것 같다는 느낌을 받았습니다. 나는 그의 《고대 헌정과 봉건법 *The Ancient Constitution and the Feudal Law*》(1957)에 압도되었지요. 특히 그 책의 상호 텍스트적 성격과 함께, 하나의 관념의 역사가 아니라 관념들을 사용하고 논증을 통해 작동케 만든 사람들의 역사를 쓴 방식에 놀랐어요. 그것은 내가 학부 시절에 읽었던 책 중 가장 흥미로운 것이었어요. 지금에 와서는 그렇게 흥분하기에는 다소 건조한 책으로 보입니다만, 어쨌든 이는 그때 내가 당시로서는 통상적이지 않았던 종류의 지성사에 관심을 가지고 있었다는 것을 보여줍니다.

● 당신의 저작들은 영국과 해외에 수많은 추종자들을 낳았을 뿐 아니라, 동시에 당신이 말하듯이 "골치가 아플 만큼 많은 수의"

비판자들도 양산했지요. 당신의 생각을 발전시키는 데 이러한 비판들이 얼마나 중요한 역할을 했습니까?

●● 나의 철학적 연구에 관한 비판 중에서, 해석 이론에 대한 내 입장을 광범위하게 재고하도록 만들었던 경우가 한번 있었습니다. 내 저작들에 대해 제임스 털리가 편집한 《의미와 컨텍스트 *Meaning and Context*》에서 이 특수한 문제에 초점을 맞춘 비판자들이 너무 많았기 때문에, 나는 해석에 대한 관점을 좀더 주의 깊게 만들어 갔어야 했다는 사실을 알 수 있었지요.

그 문제는 순수하게 철학적인 것이었습니다만, 역사를 쓰는 나에게는 엄청난 중요성을 지니고 있었습니다. 그것은 이런 정도로 요약할 수 있을 것 같습니다. 내가 했듯이, 저자의 의도성과 텍스트의 해석 간의 관계에 대한 물음 속에는 우리가 반드시 구분해야만 하는 어떤 중요한 측면이 존재한다는 것입니다. 이러한 구분은 한편으로는 저자가 말하려고 의도했을 수도 있는 것에 대한 질문들 간에 이루어지며, 다른 한편으로는 저자가 자신이 말했던 것을 말하는 행위를 통해 의도했거나 혹은 의미했을 수도 있는 것에 대한 질문들 간에 이루어집니다. 이러한 두 쌍의 질문들은 서로 완전히 다른 논제임에도, 포스트모던적 비평가들은 종종 그들을 혼동하거나, 나 같은 사람이 의도성에 대해 얘기하면 그것을 내가 방금 분리한 두 의미 중 첫 번째 의미로 얘기한 것이 틀림없다고 짐작해 버립니다. 내 저작들에 대한 포스트모던적 비판이 그렇게도 많은 이유가 바로 여기에 있어요. 그들은 저자라고 해서 반드시 텍스트에 최상의 권위를 가지는 것은 아니라는 것, 텍스트의 의미는 공공의 문제로서 저자가 원래 의도했을 수도 있는 것과 분리 가능하다는 것, 우리는 모든 발화에 내재된 다의적 특성을 지적한 데리다의 말을 경청해야 한다는 것 등을 강조했습니다. 나는 이와 같은 것에 의심을 품은 적도 없을 뿐더러, 이 논제들과 관련해서는 꽤 포스트모던적 관점을 가지고 있어요. 따라서 내 저작에 대한 비판자들 모두가 사실은 내가 변호한 적도 없는 입장을 공격해 왔던 셈이지요. 내가 변호했던 것은 그것과는 완전히 다른 입장이에요. 내가 관심을 두는 의도성은 의미에 관한 것이 아니라 언화행위에 관한 것이거든요. 즉, 나는 특정한 텍스트를 쓰는 행위의 의미일 수도 있었던 것을 복원하는 데 관심이 있는 겁니다.

결과적으로 나는 최근 간행된 《홉스 철학 속의 이성과 수사》에서 해석에 대한 내 논증을 방금 언급한 비판으로부터 보호하는 방식으로 새롭게 공식화하여 제시하려고 했습니다. 책에서 주로 제기하려는 문제는, 홉스가 여러 저작에서 의미하고 있는 바가 무엇인가가 아니라 이런 글을 씀으로써 그는 무엇을 '하고 있는가', 혹은 '의미했을' 수도 있는 바는 무엇이었던가 하는 것입니다. 나는 홉스가 시민학civil science에 관한 르네상스적 관념의 핵심이었던 웅변과 논증 간의 관계에 대한 특정한 이해에 의문을 제기하고, 그것을 비판하고 불신하며 뛰어넘으려 했다고 주장함으로써 나 자신의 질문에 답하려 했지요. 이 책에서 내가 적용하려 노력한 이 접근방법은 의도성의 두 가지 개념 간에 존재하는 구분의 성격을 고찰했던 이전의 시도보다 좀더 명료한 개념에 기초하고 있어요. 이 경우 비판자들은 내가 그러한 구분을 새로이 공식화하는 데 큰 도움을 주었고, 그리하여 내가 어느 지점에서 포스트모더니스트들과 논점을 달리 하는지를 분명히 알 수 있게 되었습니다.

● 홉스의 이성과 수사를 다룬 당신의 책은 루소를 '병病 속의 치료약'을 발견한 사상가로 본 장 스타로빈스키의 해석과 비슷한 데가 있는 것 같습니다[Jean Starobinski, *Jean-Jacques Rousseau, la transparence et l'obstacle*(Paris: Plon, 1957)—옮긴이]. 당신은 이러한 해석이 홉스와 수사의 기술에도 적용 가능하다고 생각하십니까?

●● 이런 식의 비교를 생각해 본 적은 없습니다만, 양자 간의 유사성 비교는 적절한 면이 '있다'고 봅니다. 엘리자베스 시대의 영국에서 학교를 다녔던 사람들이면 누구나 그랬듯이, 홉스도 수사학적 전통 속에서 교육을 받았지요. 하지만 1630년대에 이르러 그는 극적인 심경 변화를 겪게 됩니다. 처음으로 신과학에 깊은 관심을 가지게 되면서 갈릴레오와 마렝 메르센[Marin Mersenne(1588~1648). 프랑스의 수학자로 데카르트의 친구이자 제자. 갈릴레오와 데카르트를 비난하는 교회에 맞서 그들을 옹호함—옮긴이] 같은 과학자들을 만났을 때지요. 그는 물리에 관한 과학 분야의 방법들을 모든 형태의 인간 탐구에도 적용할 수 있지 않을까

하는 생각에 끌리게 됩니다. 스스로 《시민론 *De cive*》이라 부른 시민학에 대한 그의 첫 저작은 바로 이러한 시도를 반영하고 있는 것이지요. 그는 자신의 시민학을 닫혀진 연역 체계로 만들기 위해, 먼저 정의를 한 뒤 이어서 논리적·물질적 함의를 전개하는 방식을 택했어요. 홉스는 《시민론》 머리말에서 가능한 한 반수사학적 스타일로 글을 쓸 것이라며, 그런 종류의 과학을 어떻게 저술해야 하는가에 대한 글쓰기의 문제를 명확히 제기했습니다. 그는 비록 자신이 최상의 정치 체계에 대한 진실에 도달했다고 믿어의심치 않았지만, 다른 사람들을 설득하는 데는 실패했다는 것을 깨닫게 되었지요. 그래서 그는 시민학에서 설득의 기법을 사용할수 있는가 라는 의문에 직면하는 겁니다.

스타로빈스키에 대한 언급을 생각해 볼 때, 그의 방법은 정말로 적용 가능하다고 봅니다. 왜냐하면 나는 홉스의 《리바이어던》이야말로 병을 치료의 일부로 만들어버리는 방식을 통해 자신의 문제에 답하려는 시도라고 생각하기 때문입니다. 홉스는 근본적으로 플라톤이 수사학을 혐오한 것과 동일한 이유로 그것을 싫어하고 있는 겁니다. 그것은 이성이 아니라 감정에 호소하고, 가르치기보다는 설득하려는 욕심이 앞선다는 거지요. 그럼에도 그는 자신의 메시지가 사람들의 마음에 들도록 하기 위해서 설득의 방법들, 특히 조롱의 방법을 쓰기까지 하고 있습니다. 자신이 이성의대의라고 생각하는 것을 뒷받침하여 사람들 앞에 내놓겠다는 식이죠. 나는 비록 홉스의 《리바이어던》이 피에르 가상디[Pierre Gassandi(1592~1655). 프랑스의 과학자, 수학자, 철학자. 아리스토텔레스와 데카르트 철학을 비판하고 경험적 방법을 옹호. 에피쿠로스 철학을 되살림—옮긴이], 메르센, 그리고 무엇보다도 데카르트 저작들의 연장선상에 있기는 하지만, 그럼에도 나는 그것을 몽테뉴와 라블레를 비롯한 르네상스기의 여러 위대한 풍자 작가의 저작들과 한데 묶을 수도 있다는 느낌을 갖고 있는데요. 그 이유가 바로 여기에 있습니다.

● 당신의 저작 대부분은 냉소적 현실주의자로 유명한 두 정치 저술가 마키아벨리와 홉스에 집중되어 있는데요. 로크나 루소처럼 좀더 이상주의적 경향의 사상가보다 그들에게 더 끌리는 이유가 있습니까?

●● 그 질문은 나도 그동안 많이 생각해 본 것입니다. 내가 그들을 선택한 데는 실질적 이유뿐 아니라 방법론상의 이유도 있다는 말을 하고 싶군요. 실질적 측면은 역사가로서 내가 개인적으로 매력을 느끼지 않는 인물, 즉 감정적인 유사성을 많이 느끼지 않는 인물에 대한 글을 쓰는 데 흥미를 갖게 되었다는 것입니다. 내 성향에 거스르는 철학 체계들과 씨름하는 것을 즐기는 것 같아요. 이는 내가 평상시의 지적 생활에서 취하고자 하는 태도와 대체로 같습니다. 예컨대 난 《이코노미스트 The Economist》지를 구독하고 있는데요. 그것에 실린 정치 기사는 읽을 때마다 피가 솟구치는 기분이에요. 그런데도 계속해서 구독하는 이유는 비단 지금 일어난 사건들에 최상의 정보를 제공해 주는 잡지이기 때문만

"나는 홉스의 《리바이어던》 이야말로 병을 치료의 일부로 만들어버리는 방식을 통해 자신의 문제에 답하려는 시도라고 생각하기 때문입니다. 홉스는 근본적으로 플라톤이 수사학을 혐오한 것과 동일한 이유로 그것을 싫어하고 있는 겁니다."
그림은 토머스 홉스의 《리바이어던》(1651) 표지.

은 아니에요. 또 다른 이유는 《가디언》 지만을 읽을 때보다 얻는 게 더 많기 때문입니다. 나는 《가디언》의 논조에 너무 쉽사리 동조하는 편이거든요.

방법론상의 이유를 말하자면, 내 생각에는 그것이 학자로서의 동기 부여에 아주 깊숙이 작용하고 있다고 봅니다. 그 계기는 라슬렛과 로크를 다룬 그의 책에 대해 많은 얘기를 나눴을 때로 소급하는데요. 앞서도 말했지만, 그가 성취한 바에 대한 라슬렛 자신의 견해는 나를 아주 놀라게 만들었습니다. 그는 자신이 정치사상에 관련된 고전적 논고의 경전에서 로크의 《통치에 관한 두 논고》를 빼버리도록 했다고 생각했지요. 하지만 그는 여전히 그런 논고들로 이루어진 경전이 존재할 뿐만 아니라, 적어도 이들은 그것이 몸담았던 시대와 상관없이 이해 가능하며, 그런 패러다임적 논고의 예가 바로 홉스의 《리바이어던》이라고 생각하는 것처럼 보였습니다. 하지만 나는 라슬렛의 저작에 크게 영향을 받았으면서도, 정치 이론에 대한 어떤 책이든 그 당시의 정치적 컨텍스트에 의해 동기 부여를 받지 않은 경우는 없으며, 그런 컨텍스트가 어떤 것인지를 반드시 밝혀낼 필요가 있다고 생각했지요. 그래서 틀림없이 존경하는 은사에 대한 공격이 될 수도 있는 행동이었지만, 나는 홉스의 《리바이어던》을 둘러싼, 그리고 그 저술의 이유가 된 이데올로기적 컨텍스트를 밝히려는 작업을 시작했던 겁니다. 나는 결국 홉스의 《리바이어던》이 찰스 1세의 처형과 크롬웰 혁명의 성공 직후에 제기되었던, 정치적 의무에 대한 긴급한 의문에 답하기 위해 씌어졌다는 점을 입증하는 데 성공했다고 믿고 있습니다. 그 의문이란, 어떤 정부가 비록 통치의 권리를 가지고 있지 못하다고 해도 그것에 복종해야만 하는가 하는 것이었지요. 홉스는 그러한 의문을 제기한 뒤, 의무에 대한 의문을 권리에 대한 의문과 분리하는 대신 우리가 현재 효과적으로 보호받고 있는가라는 의문과 연결하는 방식을 통해 의도적으로 중재적인 성격의 대답을 내놓고 있습니다.

● 당신은 《자유주의 이전의 자유 *Liberty Before Liberalism*》에서, 역사가란 "자신의 재능이 허용하는 한 아주 진지한 태도로 과거에 대해 쓰고자" 노력해야 한다는 말을 하고 있는데요. 이러한 주장은 무언가 구체적인 것을 겨냥하고 있는 듯한 느낌을 주는군요. 당신 자신이 말했던 것과 같은 글을 쓰면서 스스로 의도했던 바가 무엇인지, 스키너적 방식으로 설명해 주시겠습니까?

●● 그럼요. 나는 그 말이 일부 동료들에게 공격적으로 비칠 수 있기 때문에 구체적으로 밝히지 않으려고 했지만, 물론 그것이 겨냥하는 바는 있었습니다. 그 말의 배후에 있는 것에 대해 한마디 하고자 합니다. 물론 내가 그런 말을 한 데는 나나 다른 역사가들 대부분이 진지하게 글을 쓴다는 것은 쉽지 않다는 사실을 현실주의 정신에 입각하여 다시 확인하려는 의도도 일부 있었어요. 하지만 동시에 나는 여기나 미국의 역사학자들 사이에 매우 광범위하게 퍼져 있는 믿음을 비판하려는 의도 역시 가지고 있었습니다. 나에게는 그러한 믿음이 역사가가 되는 것에 대한 소명

의 진지함을 깎아내릴 위험성을 갖고 있다고 생각되었지요. 문제의 믿음이란 것은 다음과 같이 요약될 수 있을 거에요. 전문 역사가가 오직 같은 학문 영역 내의 동료들 하고만 얘기를 나누는 것으로는 충분치 않을뿐더러, 나아가서 잘못된 일일 수도 있다는 겁니다. 자신들이 행하는 진지한 연구를 더 넓은 층의 독자들에게까지 도달하는 것으로 보아야 한다는 거지요. 이런 믿음의 결과, 일부 역사가들은 전문 독자를 위한 것이 아니라 여가로 약간의 역사 읽기를 즐기는 사람들을 위한 책을 쓰고, 일반적·문화적 성격의 잡지에 서평과 논문을 싣는 데에 많은 시간을 할애하고 있는 실정입니다.

이러한 견해가 우리의 직업이 지니는 진지함의 가치를 깎아내린다고 말할 때, 내가 염두에 두고 있는 것은 예컨대 F. W. 메이틀란드 같이 역사적 정신으로 진지한 이론적 문제들을 제기했던 위대한 역사가들의 저작입니다. 한 세기 전 국가 개념과 법인 이론을 다룬 그의 명민한 글들은 지금도 여전히 읽을 만한 가치가 있을 정도로 뛰어나며, 진정으로 철학적인 역사를 쓰는 것이 얼마나 심오하며 문화적인 중요성을 지니는가를 입증하고 있지요. 이에 대해서는 종종 역사가의 일에 관한 지나친 엘리트주의적 관점이라는 반대가 있는 것도 사실이에요. 하지만 나에게는 이러한 식의 반대가 완전히 잘못된 것이라는 생각이 듭니다. 막스 베버와 같은 위대한 역사가의 저작을 잠깐 성찰해 본다면 그 이유를 금방 알 수 있지요. 그의 저작들—거의 모든 중요 언어로 번역되었고, 글을 쓴지 한 세기가 지난 지금도 여전히 읽히고 있는—은 사회구조와 사회변화에 대한 우리의 이해에 근본적인 의문들을 제기하고 있습니다. 당신이 베버만큼 재능이 있다면 독자는 넘쳐날 것입니다. 만약 베버가 '더 넓은 층의 독자'를 겨냥하여 독일사에 관한 교과서를 썼다면, 자신의 재능을 오용한 것일 뿐 아니라 결국 지금만큼의 넓은 독자층에도 도달치 못했을 것이라는 점은 아이러니죠. 역사가가 해야 하는 것에 대한 나의 비전이 좀 엄격하게 보일 수도 있다는 것을 알고 있어요. 특히 내가 우리의 주장을 같은 전문 역사가 동료들에게 제기해야 한다고 생각하는 점에서 그럴 테지요. 그러나 내가 주장하고 싶은 바는, 그 자체가 잠재적으로 거대한 독자층이라는 것입니다. 케이쓰 토머스가 편집한 탁월한 총서인 '과거의 대가들Past Masters'을 생각해 보세요. 그중 일부는 20개 이상의 언어로 번역될 정도였어요. 이를 생각하면 그 독자층이 얼마나 넓은지 알 수 있을 겁니다.

● 마키아벨리를 지적·정치적 컨텍스트 속에서 연구하려는 당신의 새로운 접근방법이 그에게 가해진 이중성과 부도덕성에 관련한 오명을 씻어내는 데 도움이 된 점이 있습니까?

●● 내 접근방법이 여러 측면에서 도움이 되었으면 하고 바랍니다. 1970년대 초 내가 처음으로 마키아벨리에 대해 글을 쓰기 시작했을 때에는, 그가 정치를 도덕으로부터 완전히 분리했다는 것이 정설이었어요. 특히 이탈리아 학계에서 그랬죠. 이 견해에 따르면, 마키아벨리는 기독교 도덕에 대한 현실주의 비평가이거나

혹은 반 기독교적이고 부도덕한 인물로 보였습니다. 후자의 견해는 미국의 역사 서술에서 매우 중요하게 되었지요. 특히 레오 스트라우스와 그 추종자들은, 스트라우스의 말을 빌리자면 마키아벨리를 '악의 교사'로 보았어요. 내가 의도했던 것은 마키아벨리에 대한 그러한 견해가 매우 잘못된 것임을 보여주는 것이었습니다. 첫째, 그가 기독교 모럴리스트가 아니었다는 점이 곧 부도덕한 인물임을 말하는 것은 아닙니다. 16세기 이탈리아에서 좋은 교육을 받은 사람들이 기독교 도덕만을 유일무이한 형태의 도덕으로 알고 있었던 것은 결코 아니지요. 마키아벨리가 흠뻑 빠진 온전한 로마적 전통의 도덕철학도 당시 존재하고 있었으니까요. 그는 살루스티우스, 리비우스, 키케로를 암송할 정도였고, 그들의 저작에서 '비르투virtù'에 대한 특정한 경해를 찾을 수 있었습니다. 이 비르투라는 말을 '버츄virtue'라고 번역해서는 안 됩니다. 그것은 군주로 하여금 목표를 이룰 수 있도록 하는, 즉 신민들에게는 안전을 자신에게는 명예와 영광을 가져다줄 수 있는 하나의 수단으로 보아야 합니다.

마키아벨리에 대해 흥미롭다고 본 두 번째 점은, 그가 고전적 모럴리스트인 동시에 고전적·르네상스적 도덕철학에 대한 가장 심오한 비평가라는 것이었습니다. 그의 동시대 휴머니스트들에 따르면, 통치자들의 목표를 이룰 수 있게 해주는 실제의 품성들은 자비로움, 관대함, 정의로움 등의 군주적 덕성이었지요. 마키아벨리는 오히려 이러한 가치들을 반박하면서, 사람의 행동이 본질적으로 선한가 악한가를 고려하지 않은 채, 필요성의 명령에 따른 행동을 서슴지 않는 것이야말로 정치지도자로 하여금 시민적 영광과 위대함이라는 목표를 성취할 수 있도록 해주는 것임을 주장합니다. 마키아벨리의 정치 이론은 부도덕한 사람은커녕 오히려 새로운 도덕적 주장을 천명하고 있는 거지요. 즉, 휴머니스트적 가치는 그들의 주장과는 달리 영광과 위대함으로 가는 길이 아니라 반대로 파멸로 향하는 길이라는 겁니다. 마키아벨리에 따르면, 이 어둠의 세계에서 성공하기를 바란다면, 가능한 한 선한 일을 하되 필요시에는 악한 일도 마다해서는 안 된다는 것입니다. 바로 거기에 군주의 진정한 비르투가 존재하고 있는 거지요.

● 당신은 "역사가의 일이란 기록하는 천사가 되는 것이지 목을 매다는 재판관이 되는 것이 아니다"라고 주장해 왔습니다. 하지만 역사적 문제에서 중립을 유지하는 것이 항상 옳은 것인가요? 게다가 그것이 가능한 건가요?

●● 내가 한 말은 일종의 낙관적 구분이죠. 한편에서 볼 때, 역사가의 과제는 과거를 그 자체의 관점에서 다시 포착해 내려고 노력하는 것이라는 의미에서 기록하는 천사의 일이지요. 예컨대 마키아벨리의 경우, 내가 하려 했던 것은 그를 그 자신의 지적 배경 안에서 봄으로써 어떤 종류의 논쟁에 참여하고 있었는지, 그의 저작이 어떤 종류의 개입을 시도한 것인지, 우리는 그가 취한 입장에 대해 어떤 종류의 역사적 이해에 도달할 수 있는 것인지를 발견하는 것입니다.

하지만 다른 한편에서 볼 때, 나는 어떤 부류의 학자들에 비판적입니다. 그들은 연구하고자 하는 문제들을 고를 때, 우리가 지금 여기에 있다는 사실이 중요할 수도 있다는 생각을 전혀 하지 않기 때문이에요. 바꾸어 말해서, 나는 지금 우리가 중요하게 생각하는 가치들이 학자로서의 동기 부여 차원에서 반드시 표현되어야 한다고 봅니다. 하지만 일단 연구 주제가 선택되고 난 다음에는 가능한 한 단순히 학자로서 행동하지 않으면 안 됩니다. 서두에 내가 낙관적인 구분을 한 것이라는 말을 했지요. 고백하지만, 나는 우리의 동기 부여가 실제의 일과 완전히 분리될 수 있는지 의심스럽습니다. 왜냐하면 우리가 실제로 하는 일은 언제나 어떤 방법으로 산출되는 어떤 것들을 가지려는 욕망에 물들어 있기 때문이지요. 그럼에도 역사가의 의무는 가능한 한 그것을 최소화하는 겁니다. 그렇지 않으면 역사 연구는 적절한 의미에서 학문이되지 못하고 단지 이데올로기에 머물고 말겠지요.

1980년대 미국에서 엄청난 논쟁을 야기했던 한 사례가 있습니다. 이 사례를 보면, 그것대로의 난점들과 함께 내가 지금 말하려는 바를 이해할 수 있을 겁니다. 에이브러햄이라는 한 젊은 학자가 있었는데, 일부 비평가에게 그의 접근방법이 자본주의에 적대적인 것으로 비쳤어요. 그는 대기업이 바이마르 공화국의 몰락에 주요한 역할을 했다는 주장을 내놓았죠. 그러자 비판자들은 그가 자신의 테제를 견지하려면 수많은 문서를 위조해야 할 것이라고 주장했어요. 물론 나는 여기서 어떤 편에 서 있지는 않습니다. 그리고 에이브러햄에게는 지지자들도 많았어요. 난 다만 내가 구분

지으려하는 것의 한 예로 이 사례를 들고 있는 겁니다. 물론 가장 중요한 것은 어떻게 해서 민주주의적 제도들이 잠식되어 폭정으로 바뀌었는가를 이해하는 것입니다. 그래서 만약 그처럼 큰 재난을 가져온 사건을 탐구하려는 것이 에이브러햄의 연구 동기였다면, 그건 분명히 명예로울 뿐만 아니라 도덕적으로도 중요한 동기였을 겁니다. 하지만 일단 기록보관소에 들어간 뒤에는, 이미 내려져 있는 판단이 아니라 오직 가설로만 무장하지 않으면 안 됩니다. 일부 비평가들이 말하는 것처럼 이 역사가가 마르크스주의자였기 때문에 대기업을 비난하려 한 것이라면, 그건 일종의 '학자적 양심에 대한 배반'이었던 셈이죠. 우리의 동기는 결코 문서가 말하는 것과 떨어져서는 안 됩니다. 물론 문서가 사실을 말해준다고 주장하는 실증주의자처럼 얘기할 수는 없겠지요. 우리는 결코 모든 사실들을 다 알릴 수는 없기 때문에 항상 어떤 사실을 골라야만 하는데, 이렇게 골라낸 사실들도 일면적이라는 것은 어쩔 수 없는 일입니다. 그럼에도 문서는 우리를 제약하지요. 그것들이 우리에게 말하려는 것과 말하려 하지 않는 것이 있는 법이거든요.

● 당신은 《자유주의 이전의 자유》에서 지성사가의 과제는 어떠한 열광이나 비분에서 벗어나 독자로 하여금 스스로 판단할 여지를 남겨두는 것이라고 주장한 바 있지요. 그럼에도 당신은 자유에 대한 공화주의적 이상—인민의 의무에 대한 강조와 함께—을 이기심과 개인적 권리 추구에 매몰된 "현대의 개인적 자유주의

libertarian의 형태"보다는 나은 것으로 판단함으로써, 당신 자신의 규칙을 깨뜨린 것으로 보이는데요. 이 경우, 독자로서의 스키너와 역사가로서의 스키너가 뒤섞여버렸다는 데 동의하십니까?

●● 앞서 내가 옹호했던 동기와 실천 간의 구분이 여기서 깨뜨려졌을 수도 있다는 점을 인정하지 않을 수 없군요. 하지만 나 자신의 옹호를 위해 하고 싶은 말은, 역사가가 과제를 수행하는 방식의 측면에서 내가 흥미를 갖는 또 다른 구분이 존재한다는 것입니다. 한편으로 볼 때, 역사가들은 발굴을 통해 과거의 특정한 가치들을 발견해내려는 동기를 가지고 있을 수 있겠지요. 다른 한편에서 볼 때, 그들은 단순히 일종의 중립적 혹은 학문적 탐구─이러한 것이 가능한 한─를 하고 있을 수도 있습니다. 그러한 탐구 과정에서 그들은 시간이 지나면서 잊혀졌거나 지리멸렬하게 되어버린 것으로 보이는 어떤 사상체계들과 조우하게 될 수도 있겠죠.

정말로 나 자신의 경우는 두 번째 범주에 속한다고 믿고 있습니다. 나는 마키아벨리의 저작을 이해하기 위한 배경으로써 르네상스 초 공화주의의 발전에 대해 연구했는데요. 나는 이를 매우 중립적인 학문적 탐구의 일환으로 생각하고 있었어요. 이러한 탐구 과정에서 르네상스 도덕 이론, 특히 마키아벨리의 《리비우스 논고 *Discorsi*》에서 잘 표출되고 있는 자유의 역설들에 대한 설명과 마주치게 되었지요. 여기서 역설이란 자유를 봉사의 산물이라고 얘기하는 것을 말합니다. 처음에 나는 이러한 역설들을 이해하는 데만 관심이 있었어요. 하지만 곧 그것들과 사랑에 빠졌고, 그것들이 오늘날에도 충분히 적용 가능한 일종의 모형을 보여주고 있다는 느낌을 갖게 되었지요. 그래서 나는 자유와 시민권을 다룬 글을 쓰기 시작했습니다. 왜냐하면 오직 권리와 이익의 관념만을 좇고 있는 독자들에게 완전히 상이한 모형을 보여주려는 생각에 불탔기 때문이에요. 이 새로운 모형에서는 의무의 관념이 우선되었고, 시민들은 자신을 단순한 통치의 소비자로 보지 않도록 되어 있었지요. 말하자면 내 글은 일종의 복구復舊의 에세이였습니다. 나는 한때 우리 자신의 전통으로부터 나왔다가 그만 시야에서 놓쳐버린, 개인적 자유에 대한 하나의 사고방식을 다시 소개하려 한 것이지요. 달리 말해, 현재 우리가 진행하고 있는 논쟁 속에서 시민권에 대한 잃어버린 이론 하나에 대해 글을 썼던 것입니다. 역사가를 다양한 의미와 잃어버린 전통을 발굴하는 고고학자로 보는 푸코적 이미지가 나에게 중요한 이유도 바로 여기에 있어요.

● 당신은 자유주의 전통에서 잊혀져버린 신로마적 자유의 전통을 되살리려는 과제에 몰입해 왔습니다. 그러한 개념을 되살리는 것이 자유 이론에 대한 현재의 논쟁에 어떤 기여를 할 수 있는 건가요?

●● 나는 그러한 전통이 우리가 고전적 자유주의와 논쟁하는 장을 마련하는 데 일조할 것이라 믿습니다. 왜냐하면 그것은 개인

이 시민적 결사 내에서 자유를 박탈당했다고 주장할 수도 있는 상황에 관해 완전히 상이한 이야기를 하고 있기 때문입니다. 시민의 자유와 국가 권력 간의 관계에 대한 논쟁이 고전적 자유주의의 영미적 전통 속에서 어떻게 전개되어 왔는지를 생각해 보세요. 이 전통에서는 개인의 자유가 국가 강제력의 관점에서 분석되고 있는데, 주류 견해는 강제력이 작을수록 자유가 많아진다는 것이지요. 그것은 곧 통치 방식의 형태는 별로 중요치 않다는 것을 말해 줍니다. 왜냐하면 자유에 문제되는 것은 누가 강제하는가가 아니라 얼마만큼 강제하는가 하는 것이기 때문입니다. 이렇게 되면 최선의 통치를 하는 사람이 곧 최악의 통치를 하는 사람이라는 견해에 이를 수도 있어요.

자유와 국가 간의 관계에 대한 이러한 구도를 뒷받침하는 토대는 인식 가능한 정치적 의제議題가 될 수 있어요. 그것은 강력하면서도 경쟁력이 있기 때문이지요. 나는 신로마적 자유관을 발굴해 내 고전적 자유주의가 우리에게 아주 협소한 의미의 조건들, 즉 우리가 자유롭지 않다고 적절히 주장할 수 있는 조건들을 부여해 주었다는 것을 입증하려 했습니다. 정부는 시민들이 원하는 것을 하도록 하기 위해 그들을 강제해서는 안 될 것입니다. 사람들이 권력자의 선의에 의지하게 되면 어떤 방식으로 행동하는 것이 위험하다는 감각을 내면화할 것이고, 따라서 그런 식으로는 행동하지 않게 될 것입니다. 그것은 만약 그렇게 하면 어떤 나쁜 일이 일어날 것임을 알아서가 아니라, 무언가 나쁜 일이 일어날지도 모르며 혹은 실제 일어날 수도 있다는 것을 알기 때문입니다. 그것은 단지 그들이 의지하는 사람들이 지닌 자의적 권력 때문이지요. 나는 이러한 신로마적 통찰을 논쟁화하는 것이 우리가 자유의 이름으로 자유 국가에 대한 좀더 폭넓고 정당화가 가능한 주장을 제시하는 데 도움이 될 수도 있을 것이라고 봅니다.

초기의 자유주의 이론가들이 자신들과 경쟁적 위치에 있던 신로마적 견해의 이렇듯 도전적인 힘을 인지하고 있었고, 그래서 그것을 일관성이 없고 위험한 것으로 주변화시키려 했다는 점은 상당히 중요합니다. 사실, 영어권 정치 이론에서 고전적 자유주의가 주도권을 잡고 성공한 이야기는 일부 신로마적 자유 이론의 불신에 관한 이야기이기도 합니다. 내가 지금 쓰고 있는 책이 바로 이러한 역사적 발전에 관한 것입니다.

● 당신의 역사 쓰기 방식을 잘 예증하는 한 논문[말미의 주요 저작 첫 번째 항목을 볼 것—옮긴이]에서, 당신은 왕립학회가 원래는 학문과 연구의 중심이 아니라 그 반대로 홉스를 제외한 젠틀맨의 클럽이었음을—왜냐하면 그는 사교적으로 부적절한 인물이었기 때문에, 혹은 당신의 말대로 '클럽을 재미없게 만드는 자a club bore'였기 때문에—보여주었습니다. 그런 독창적인 해석을 내놓게 된 연유는 무엇인가요?

●● 이 논문은 내가 홉스에 대해 썼던 글 중에서도 뭐랄까 신데렐라같은 존재라서, 당신이 이렇게 얘기해 주니 정말 기쁘군요. 사실 그 논문은 강력한 비판을 받았습니다. 왕립학회가 식별 가

능한 지적 연구 계획을 제대로 갖고 있지 않았다는 것은 사실이
지만, 내가 그 정도를 너무 과장해서 강조했다고 생각했기 때문
이지요. 내가 그런 해석에 이르게 된 데는 무엇보다도 토머스 쿤
의 저작이 미친 영향이 컸다고 생각합니다. 특히 우리는 결코 우
리 자신의 사회 및 제도와 관습들을 이해하기 위해 사용하는 패
러다임을 과거의 사회에 적용해서는 안 된다는 주장이 그렇습니
다. 1960년대 중반 쿤의 《과학혁명의 구조 *The Structure of
Scientific Revolution*》를 처음 읽었을 때, 특히 갈릴레오와 피사 대
학의 교수들 사이에 벌어진 논쟁에 대한 대목에서, 엄청난 감명
을 받았던 것이 기억나는군요. 쿤에 따르면, 망원경의 사용을 둘
러싼 그 논쟁은 사실적 정보와는 거의 무관한, 천체를 바라보는
두 가지 상이한 패러다임 간에 일어난 이론적 논쟁이었습니다.
왕립학회의 초창기를 연구하면서 나는 그때까지 그것에 대해 글
을 쓴 대부분의 사람들이 현대의 왕립학회를 마음속에 담고 있었
다는 것을 깨달았어요. 반면 나는 그것을 오직 전문 지식만이 입
회의 기준이 되는 경쟁적인 전문 학회로 보았지요. 이러한 견해
에 따르면, 홉스는 적절한 의미의 과학자가 아니었기 때문에 회
원이 될 수 없었을 겁니다. 하지만—비록 그 기관이 내내 같은 이
름을 가지고 있었다 하더라도—홉스가 살았던 시대에는 매우 상
이한 종류의 기관이었을 것이라는 생각이 불현듯 머릿속에 떠올
랐어요. 하지만 최종적으로 홉스가 배제된 사적 이유에 대한 나
름의 결론에 이르게 된 것은 그의 편지들을 검토한 뒤였습니다.
이 자료는 원칙상 홉스가 학회 회원이 되는 것을 막을 만한 사유

는 아무 것도 없었다는 것을 보여주었어요. 그는 다른 회원들이 품고 있었던 사적 적대감 때문에 어느 시점에서 배제되었습니다. 나중에 학회에 들어오라는 초청이 있었지만, 그는 앞서의 적대감 때문에 그것을 거부했지요. 나는 내 해석이 관련 증거에 의해 뒷받침된 최상의 해석 중 하나라고 생각했습니다.

● 당신이 제시한 언어적 컨텍스트의 관념은 프랑스 아날학파 역사가들이 사용하고 있는 망탈리테의 관념과 어떤 차이가 있습니까?

●● 많이 다르죠. 내 경우는 훨씬 더 온건한 관념이니까요. 예컨대 블로크와 페브르는 정신세계 전체에 관심을 가지고 있었지요. 상이한 각 시대의 사람들이 지닌 전체적인 '세계관' 같은 것 말입니다. 난 결코 그런 정도로 넓은 범위에서 연구해 보겠다는 자신감을 가진 적도 없고, 르네상스의 정신세계에 대해 스스로 자문한 적도 없었습니다. 사실 그런 제목을 가진 책을 보더라도, 과연 그것을 읽을 것인지 확신이 서지 않아요. 비록 블로크와 페브르가 뛰어난 책들을 썼던 위대한 역사가이기는 하지만, 나로서는 학생들에게 망탈리테를 연구해 보라고 권유하고 싶지는 않습니다. 믿음들 전체의 조화에 대해 묻는다는 것이 나에게는 아무래도 연구 단위를 잘못 잡은 것으로 보입니다. 내가 언어적 관례와 믿음과 관습들에 대해 얘기하는 것은 개별 텍스트를 이해하는 데 관심이 있기 때문이에요. 만약 당신이 나처럼 마키아벨리의 《리

비우스 논고)에서 전개되고 있는 것과 같은 공화주의적 자유 이론에 관심이 있다고 합시다. 당신은 우선 그러한 이론과 텍스트에 의미를 부여하는 컨텍스트를 식별해내야 할 것입니다. 이런 질문을 해야 되겠죠. 이러한 견해는 어디에서 연유하는가? 어떤 종류의 이론이 제기되고 있는가? 그것은 무엇을 불신하고 무엇을 지지하는가? 이 모든 질문들이 우리를 정신적인 세계로 인도한다는 것은 분명하지만, 그럼에도 그것은 르네상스 정치 이론과 그 원천인 고대 로마라는 특수한 정신세계일 뿐이지요.

나는 근본적으로 언어적 컨텍스트에 흥미를 갖고 있습니다. 즉, 내가 기본적으로 관심을 갖게 된 특정 텍스트의 어휘와 편견, 구성과 주제들을 이해할 수 있도록 해주는 텍스트라면 어느 것에나 흥미가 있다는 것이지요. 나의 저작들은 모두 어떤 한 텍스트에 대한 이해가 어떻게, 어느 정도로 그것과 다른 텍스트들과의 관계를 이해할 수 있도록 해주는 전제 조건인가 하는 문제를 다룬 것입니다. 그러나 내가 비록 그러한 지적 컨텍스트에 초점을 맞추고 있다 하더라도, 동시에 그 누구도 정치적 진공 속에서 정치이론을 쓰지는 않는다는 점을 항상 전제하고 있습니다. 만약 아무도 그런 종류의 담론에 참여할 만한 정치적 동기를 가지고 있지 않았다면, 어떤 정치적 담론도 존재하지 못했을 겁니다. 예컨대 《리바이어던》과 같은 텍스트가 씌어진 사회의 정치에 대해서는 항상 무언가 얘기할 거리가 있게 마련이지요. 그것이 응답하려 했던 질문들이 당시의 어떤 정치적 문제들에서 나온 것인가에 대한 얘기가 언제나 있다는 거지요. 그래서 내 책들은 으레 처음에는 약간 초보적인 정치사로 시작하다가, 이어서 수많은 상호 텍스트적 자료들로 가득 차는 경향을 띱니다. 간단히 말해서, 내가 관심을 갖는 해석학적 과제는 망탈리테사가의 야심적인 목표에 비하면 훨씬 더 온건한 것이라는 거지요.

● 당신의 지적 접근방법에서는 이른바 '저급 저작들'이 중요하게 다루어지는 것처럼 보이는데요. 당신은 역사가들에게, 마이네케의 말처럼 "범상한 인물들이 쓴 망각된 문헌들의 무덤" 속으로 들어가라고 조언할 겁니까?

●● 글쎄요. 난 이런 면에서 보면 정말로 전통적인 지성사가입니다. 내가 관심을 두는 설명적 컨텍스트의 종류에 대해 얘기할 때—여기서 설명적이라 함은 인과적 설명을 한다는 의미에서가 아니라 텍스트의 의미를 밝힌다는 의미에서입니다—나는 탐구할 가치가 있는 어떤 텍스트들의 묶음이 있을 거라고 가정하지요. 여기서 '텍스트'라고 말할 때, 나는 그 용어가 가질 수 있는 가장 넓은 의미를 염두에 두고 있어요. 그래서 문학과 철학에 관한 저작들뿐 아니라 건물, 음악과 미술 작품 등도 모두 해석 대상의 텍스트가 되는 거죠. 하지만 이렇게 말했다고 해서, 우리가 언제나 망각된 텍스트들의 무덤 속으로 들어가야 한다는 주장을 지지할 마음은 추호도 없습니다. 왜냐하면 그것이 잊혀진 데는 그럴 만한 이유가 있었을 테니까요. 내가 그러한 무덤에 관심을 두는—나는 사실 소규모의 흥미 없는 텍스트들을 읽는 데 많은 시간을

보냅니다—유일한 이유는 중요성에 의문을 제기할 수 없는 다른 텍스트들을 새로이 조명할 수 있을 것이라는 희망 때문입니다.

● 당신은 역사철학과 문화사의 목표, 강조점, 방법들을 따라 구분 짓고, 지성사를 이 둘 사이에 비정批正한 패스모어의 견해에 동의하십니까?

●● 패스모어는 《역사와 이론》에 실린 한 논문에서 그런 주장을 했지요. 하지만 나는 이 견해에 전혀 동의하지 않습니다. 앞서 언급했듯이 그것이 처음 나왔을 때 매우 깊은 인상을 받기는 했지만 말입니다. 그 이유는, 나의 접근방법과는 대조적으로, 패스모어가 주로 자신이 연구하는 신념들의 진리—내용에 관심을 두고 있기 때문이지요. 반면에 나는 내가 검토하는 이론의 진위에는 별로 흥미를 느끼지 않습니다. 나의 관심사는 그러한 이론들을 발생케 하고 그런 식의 이론으로 만든 상황과 내적 일관성, 다른 텍스트와의 관계 등을 이해하는 데 있어요. 나는 이 단계에서 관련 이론들에 '동의' 할 생각이 있는지의 여부를 스스로 자문하지는 않아요.

이 견해에 따르면, 철학사를 지성사나 문화사와 구별케 하는 어떤 점은 존재하지 않습니다. 왜냐하면 그러한 역사들은 모두 우리가 동일한 종류의 질문을 하려는 텍스트들을 다루고 있기 때문이지요. 즉, 각각의 문화 속에서 그 텍스트들은 무엇을 하고 있으며, 그 동기는 무엇이고 특성은 어떠하며, 그 역할은 무엇인가 등이 그런 질문입니다. 이러한 의미에서 나는 패스모어보다는 약간 더 포스트모더니스트에 가깝다고 생각합니다. 왜냐하면 나는 사료의 형태를 엄격하게 구분 짓지 않기 때문이에요. 그렇다고 해서, 내가 데리다 식으로 텍스트의 관념을 확장하여 그 속에 모든 것을 포함시키는 정도는 아닙니다. 나는 텍스트의 관념을 그보다는 좀 덜 비유적인 어떤 것으로 정하고 싶거든요. 하지만 나는, 철학적 텍스트 역시 문학적 구성물이며, 따라서 우리가 항상 문학적 텍스트에 제기해 온 것과 동일한 범위의 질문들이 철학적 텍스트에도 제기될 만한 가치가 있다는 데리다의 주장에는 상당히 공감하고 있습니다.

● 역사가의 목표는 사건의 내부를 관통하고 그것이 표현하는 사상을 탐지하는 것이기 때문에, "모든 역사가 사상사"라는 것이 콜링우드의 주장이지요. 만약 그렇다면, 지성사의 독특성은 어떤 것인가요?

●● 콜링우드가 과거의 사상들을 재연해야 한다고 말하는 이유는 인간 행동이 믿음과 욕망들의 형태로 표출되는 인간 사고의 산물이라고 생각하기 때문입니다. 물론 옳은 말이죠. 그럼에도 인간 행동은 사실 수많은 종류의 역사에서 주제가 아닙니다. 명백한 사실이지만, 그것은 사회사 혹은 경제사의 주제가 아니에요. 그런 유의 역사가들은 행동이 아니라 과정에, 사건이 아니라 통계적 사실에 더 관심을 갖는 경향이 있어요. 이런저런 종류의

역사에서 인간 행동의 관념이 차지하는 중요성은 훨씬 덜한 게 사실이니까요.

따라서 콜링우드의 명제는 극단적 과장인 셈입니다. 그러나 지성사에 관한 한, 내가 보기에 그 주장은 매우 시사적입니다. 어떤 점에서는 그 결과가 그를 놀라게 할 수도 있었을 것입니다. 이 점에 대해 설명하면 이렇습니다. 콜링우드가 모든 역사는 사상사라고 말했을 때, 나는 그가 마음속으로 텍스트의 의도된 의미를 포착하는 데 대한 관념과 사람들의 사상을 재사고하는 데 대한 관념을 연관시키고 있었던 게 아닌가 하고 생각합니다. 이미 언급했듯이, 나는 이러한 것이 복잡한 철학적 텍스트를 해석하는 사람의 과제라고 말하고 싶지는 않아요. 나는 저자와 전거의 관계를 묻고자 하는, 그리고 어떤 텍스트가 그 저자가 의도하지 않았을 수도 있는 모든 종류의 의미들을 가질 수 있다고 말하려는 포스트모더니스트가 되는 것으로 충분합니다. 하지만 이와는 다른 또 하나의 계획은 저자가 말했던 것을 말함으로써 의도했을 수도 있는 것을 발견하려는 것입니다. 이 경우 흥미로운 것은 내가 앞서 언화행위라고 불렀던 것이에요. 이 말의 뜻은, 모든 언화는 의미를 가지지만 동시에 행위이기도 하다는 것이죠. 만약 당신이 간단한 발화를 한다고 칩시다. "그쪽 얼음은 아주 얇아요" 같은 것 말입니다. 이 말은 의미뿐 아니라 힘도 가지고 있어요. 이 경우에는 스케이트 타는 사람에게 경고하는 힘인 셈이죠. 그래서 콜링우드의 말에서 매우 시사적인 점은, 만약 모든 언화가 동시에 행위이기도 하다면, 우리는 말이나 글과는 다른 종류의 자유로운 행위들을 설명하는 데 적합한 기준과 동일한 것을 말과 글의 해석에 적용하려 할 것이라는 것입니다. 이는 동기와 의도성, 기타 등등에 대해 묻는 것을 뜻하지요. 하지만 그것은 저자가 한 말의 의도된 의미에 대한 질문으로서가 아닙니다. 그보다는 오히려 그 말들을 글로 쓰는 행위가 뜻했을 수도 있는 것이 무엇인가에 대한 질문으로서죠.

● 당신은 우리의 지적 유산에서 연속적인 것보다는 불연속적인 것을 연구하는 편이 더 낫다는 말을 하고 있습니다. 그러나 연속적인 것을 연구하지 않은 상태에서 불연속적인 것을 어떻게 연구할 수 있습니까? 둘은 서로를 규정하는 것으로 보이는데 말입니다.

●● 그 말은 내가 최근에 펴낸 소책자 《자유주의 이전의 자유》에 나오는 말인데요. 그건 사실 부주의한 말이었어요. 나는 불연속적인 것을 발견하려고 과거의 어떤 일화를 탐구하는 것이 학자의 동기가 되어서는 안 된다는 데 동의합니다. 다음과 같이 요약하는 것이 내가 진정으로 말하려는 것을 가장 잘 보여줄 겁니다. 어떤 역사가가 시간적으로 멀리 떨어져 있는 상이한 담론 공동체 내의 상이한 이론들을 연구할 때면, 일반적으로 두 가지 대조적인 상황과 조우하게 될 것이라고 봅니다. 한편으로 분명히 우리의 먼 조상과 우리 자신 간의 개념적 연속물들을 발견하게 되겠죠. 이는 자유, 권리, 권위, 의무 등과 같이 연원이 오랜 개념들에 해당하는 경우일 겁니다. 하지만 다른 한편으로 이러한 개념들이

한데 모여 이론을 형성하는 방식은 서로 엄청나게 다를 수 있어요. 다시 한번 억압의 부재로서의 자유라는 친숙한 관념을 예로 생각해 봅시다. 근대의 자유주의 전통은 억압으로 간주될 수 있는 모든 것을 어떤 개인이나 집단이 다른 개인에게 가하는 실제의 강제라고 주장하지요. 그보다 더 이전의 한 전통은 억압의 개념을 달리 해석하였는데, 만약 개인이 타인의 선의에 의존하는 조건하에 살고 있다면 그 역시 억압되고 있는 것이라고 주장했습니다. 우리가 여기서 발견하는 것은, 비록 두 사상 학파가 자유 개념을 분명히 얘기하고 있음에도 양자는 어떤 특정한 행위자가 자유로운가 아닌가의 여부를 묻는 질문에 대해 수많은 사례에서 의견을 달리할 것이라는 점입니다. 그것이야말로 진정으로 연속성 내의 불연속성인 것으로, 나는 이러한 일이 철학사에서 매우 흔하게 일어난다고 생각합니다. 개념의 적용에서 일어나는 불연속성과 개념들을 표현하기 위해 사용되는 용어들 저변에 깔린 의미들의 연속성이 함께 존재한다는 거지요.

● 당신은 지성사가 어떤 교훈도 주지 못하며, 과거에 대한 연구로부터 우리의 문제들에 대한 해결책을 요구하는 것은 "방법론적 오류일 뿐 아니라 동시에 도덕적 실수"라고까지 주장한 바 있습니다. 그렇다면 과거에 대한 연구는 어떤 식으로 의미를 가지게 되는 건가요?

●● 이 말은 나의 초기 논문에서 인용한 것인데요. 그것은 단지

과장적 언명이었을 뿐 아니라 내가 최근에 제시하려 애쓴 주장과도 모순되는 것으로 보일 수 있습니다. 그럼에도 나는 여전히 그런 생각을 견지하고 있으며, 그것에 대해 좀더 부언하고 싶습니다. 지성사가로서의 내 경력 전체를 통해 볼 때, 나에게는 지성사에 관한 글을 쓰는 최선의 길은 다른 모든 종류의 인간 행위를 다루는 역사가의 전통적인 방법에 따르는 것, 즉 문제가 되는 행위의 의미 혹은 목적을 그것에 참여한 사람들의 관점에서 다시 포착하려고 노력하는 것으로 보입니다. 그런데 이는 지성사의 목적이 우리 문화 전체에서 소수의 텍스트들을 모아 우리에게 무언가 영속적인 가치를 부여하는 위대한 텍스트라는 꼬리표를 다는 것이라는 믿음과는 아주 다른 것이지요. 사실 1960년대에 내가 처음 글을 쓰기 시작할 무렵에는 그러한 것이 그 문제에 관한 지배적 견해였습니다. 그래서 과거를 우리 자신의 관점에서 접근하지 않으려 했던 나는 정치 이론의 연구를 단순히 호고가적인 소일거리쯤으로 바꾸어놓으려 한다는 비난을 받았습니다.

그럼에도 나는 결코 내가 쓰고 있었던 역사에 어떤 종류의 도덕적 사항이나 목적도 존재하지 않았다고는 생각지 않는다는 점을 반드시 강조하고 싶습니다. 오히려 그 반대죠. 나는 언제나, 만약 과거의 이론을 그 자체의 관점에서 재구성할 수만 있다면, 그렇게 해서 그것이 우리에게 얼마나 낯설며 동시에 얼마나 연속적인지 조명해 볼 수 있다고 한다면, 우리는 아마 우리 자신의 지적 유산이 어떠한 것인지, 또한 현재의 우리와 어떤 관계를 맺고 있는 것인지에 대해 좀더 풍부한 감각을 획득할 수 있을 것입니다.

과거를 연구하는 데 대한 도덕적 관심은 그것이 연속적인 것들보다 불연속적인 것들을 아마도 훨씬 더 쉽게 드러낼 수 있을 것이라는 사실로부터 연유하는 것이지요. 불연속적인 것들은 단지 우리에게 스스로를 드러내 보이고 있을 뿐이에요. 왜 우리의 유산들 중 어떤 것은 주도권을 가지게 되었고 또 어떤 것은 변방으로 밀려나게 되었는지, 그람시가 우리 시대의 주도적 이데올로기들이라고 지칭하고 있는 것 너머에 존재하는 이유—이데올로기적인 경우가 대부분이지만—를 밝히는 것은 역사가 가르칠 수 있는 하나의 중요한 길입니다.

● 당신의 책 《근대 정치사상의 토대》의 제목은 마치 목적론적 접근방법을 천명하고 있는 것처럼 보입니다. 당신이 주장해 온 텍스트의 컨텍스트적 메시지와 책 제목에서 보이는 미래지향적 메시지를 어떻게 조화시킬 작정이십니까?

●● 토대라는 비유는 내재적으로 목적론적이지요. 그래서 책 속에 지금 나를 곤란하게 만들고 있는 어떤 목적론을 구축해 놓고 있는 셈입니다. 지금이라면 그런 식으로 쓰지는 않을 거에요. 나는 그 책에서, 세속적이자 중립적·보편적 의미를 가진 국가 관념이 어떤 경로로 봉건적·가톨릭적 유럽의 붕괴로부터 출현했는지, 그에 대한 이야기를 하려 했습니다. 이는 알다시피 국가 형성에 대한 막스 베버의 관념에 의해 제시되었던 의제지요. 그 책은 1960년대 말에서 1970년대 초에 걸쳐 구상되고 집필된 만큼, 그

시대의 의제에 기초하고 있었다는 점은 의심의 여지가 없습니다. 나는 우리가 얘기하곤 했던 1969년 '선언서'의 분위기 속에서 그 책을 쓰려고 했어요. 그것을 그 이론의 실천으로 간주하면서 말입니다. 하지만 사람들은 그 책이 내 이론의 허용치보다 훨씬 더 미래지향적이라는 점을 지적했습니다.

내 입장을 옹호하자면 이렇게 말할 수 있을 것 같군요. 당시 내 관심사였던 변화의 복잡다단한 과정을 감안한다면, 비록 내가 약간은 목적론적 서술을 했다 하더라도 그것이 아주 잘못된 정도는 아니라고 말입니다. 하지만 신스콜라주의적 전통 전체에 대해 지나치게 선택적인 방식으로 썼다는 것이 지금에 와서 보면 내 책의 가장 큰 약점이라는 것은 인정합니다. 나는 당시 엄청난 중요성을 가진 자연법 전통에 대해 관심을 쏟고 있었기 때문에, 관련 텍스트들을 내 이야기에 이용하기 위해 그냥 보이는 대로 끌어다 썼는데요. 그러다 보니 그 텍스트들이 자체로 핵심적인 매우 다른 이야기를 하고 있었다는 점을 잊어버렸어요. 특히 제국과 전쟁의 윤리에 관한 이야기가 그런 것이죠. 나는 그 텍스트들을 그것들의 이야기가 아닌 내 이야기 속에 끌어넣었고, 바로 그만큼 내 책은 내 자신의 원칙을 위배한 셈입니다.

그러나 나는 그 책이 기본적 수준에서는 나의 원칙에 부응했다고 생각합니다. 근대 초 정치 이론의 주요 텍스트들을 적절한 지적 컨텍스트 내에 배치하여 그 본연의 의미를 가장 잘 이해할 수 있도록 하겠다는 원칙 말이에요. 그리고 그것은 내가 줄곧 주장해 왔던 반 텍스트주의적인 동시에 친상호 텍스트주의적인 방법론의 기초였기 때문에, 내 원칙을 위배한 면보다 예증한 면이 훨씬 더 크다고 생각합니다.

● 당신은 유럽 정치사상을 전공하고 있지요. 이런 선택은 정치사상이 본질적으로 유럽의 성취라는 믿음에서 연유하는 건가요?

●● 이 문제에 대해서는 나도 많은 생각을 해왔습니다. 그리고 30대 말 내가 왜 미국에 계속 머물지 않고—나는 그때까지 수년간 그곳에 살면서 연구 중이었습니다—유럽으로 되돌아올 작정을 했는지, 그에 대한 설명도 일부는 지금 내가 하려는 대답에 기초하고 있습니다. 나는 유럽적 전통이 어떤 모범적인 성취를 보여준다고는 추호도 생각지 않아요. 또한 나는 그것이 현재 우리가 보고 있는 것 중 가장 흥미로운 전통이라고 주장할 만큼 충분한 학식을 가진 위치에 있지도 않고요. 나는 우리가 유교의 운명이나 인도의 신비적인 종교들, 혹은 미국 정치사상사를 연구해야 한다는 것을 알고 있습니다. 하지만 특히 미국에서 연구하는 동안 깨닫게 된 것은 내가 스스로 생각했던 것보다 훨씬 더 지역적 관심을 가진 지방사가라는 점입니다. 나는 자신을 사로잡고 있는 문제들이 본질적으로 유럽의 르네상스와 종교개혁, 절대주의의 출현과 그것에 대한 도전, 더 일반적으로는 초기 근대성의 문화와 고전고대 세계 간의 관계 등이라는 것을 인정하지 않으면 안 됩니다. 내가 가진 의문들은 15~17세기 유럽에 대한 것이기 때문에 서구 유럽과 고전고대의 언어들에 적어도 어느 정도는 이해

력을 갖추어야 합니다. 지금 나는 그러한 것들이 매우 중요한 의문들이라고 믿고 있습니다. 왜냐하면 바로 그러한 일들로 인해 그 시대의 예술과 문학과 철학이 현재에도 여전히 커다란 인간적 중요성을 지니고 있기 때문이지요. 하지만 그것들 역시 지역 차원의 의문들이라는 것은 분명한 사실입니다.

여기서 인정해야 할 점은 어떤 면에서 문화적 상대주의의 문제가 존재한다는 것입니다. 프랑스나 이탈리아 그 외 다른 서구 유럽에서 강의할 때, 나는 편협한 의미에서 지방사가라는 느낌을 갖지는 않아요. 이 모든 국가들이 영국과 마찬가지로 내가 관심을 가지고 있는 다양한 역사 운동들에 깊은 영향을 받아 만들어졌기 때문이지요. 물론 내가 주로 유럽의 백인 남성들에 대해 가르치고 있다는 것은 사실입니다. 하지만 이미 죽은 유럽 백인 남성들에 대해 가르치고 있는 건 아니에요. 왜냐하면 이들은 중요한 의미에서 내 강의를 듣는 사람들—물론 그들 역시 유럽인들입니다만—에게는 여전히 살아있는 사람들이니까요. 하지만 내가 미국이나 중국, 혹은 오스트레일리아에서 강의할 때면, 나는 훨씬 더 신경이 쓰입니다. 내가 알고 있는 문화적 전통들이 모두 동일한 방식으로 사람들의 삶을 이루는 알맹이의 일부가 되지는 않지요. 나는 그런 사람들이 유럽 문화의 발전에 관심을 가져야 하는 데 대해 별다른 이유가 없든지, 혹은 아예 이유라는 것 자체가 없을 수도 있다는 것에 동의할 충분한 준비가 되어 있습니다.

● 로버트 단턴은 모든 것이 담론이자 구성물이라고 생각하는 역

사적 경향에 대해 우려하면서, 역사가는 강도와 살인과 강간 사건들을 보도하는 기자로 훈련받는 데서 경력을 시작해야 할 것이라고 말한 바 있습니다. 이는 사실에 대한 존중심을 배우는 한 방법이 될 수 있겠지요. 예컨대 만약 기자가 살인자의 이름을 잘못 보도하게 되면 소송을 당할 수도 있을 테니까요. 장래의 역사가 지망생에게 유사한 조언을 한다면 어떤 게 있겠습니까?

●● 글쎄요. 나는 밥 단턴이 여기서 좀 과장된 어조로 말하고 있다고 생각해요. 왜냐하면 사실적 정보에 대한 존중심을 배우기 위해서라면 반드시 기자가 될 필요는 없을 것이니까요. 필요한 존중심을 배우는 방법에는 다른 것도 얼마든지 많을 겁니다. 나는 만약 우리가 요즘 밥 자신이 점점 더 기울고 있는 종류의 역사를 쓴다면, 강간과 살인을 보도하는 데 집중하는 것이 귀중한 훈련이 될 것이라는 점은 의심의 여지가 없다는 것을 알 수 있습니다. 하지만 나로서는 그런 종류의 역사에 흥미를 느껴 본 적이 한 번도 없으며, 그래서 일상생활에서 물의를 빚는 비극적 사건들을 보도하는 기자가 되는 것이 어떻게 해서 더 나은 지성사가가 되는 데 도움이 되는 길인지 알지 못합니다.
나는 지성사가의 길을 시작하는 데 관심이 있는 사람들에게 우리 자신의 세대가 낳은 위대한 지성사가들의 모범적인 연구를 읽으라고 조언하고자 합니다. 왜냐하면 1960년대와 1970년대의 언어적 전환은 문화사와 문화인류학 상의 몇몇 주요 저작들을 산출했기 때문이지요. 나는 지식을 갈구하는 내 학생들에게 학교를 떠나서 기자가 되라고 얘기하고 싶지는 않아요. 그보다는 미셸 푸코나 클리퍼드 기어츠, 혹은 존 포칵과 같은 저술가들을 읽으라는 권유를 하고 싶습니다. 그 이유는 무엇보다도 이들이 이례적으로 독창적인 연구자들이기 때문이고, 둘째로 자신의 연구를 명료하게 이론화 하고 있기 때문입니다.

역사가에 요구되는 사항은 아주 많습니다. 왜냐하면 밥 단턴이 올바르게 얘기하고 있듯이, 인내심을 가지고 사실을 따라가야 하기 때문이지요. 하지만 물론 기자와는 달리, 역사가는 상상력과 이론적 기술을 두루 갖춘 사람이어야만 합니다. 예컨대 푸코가 그러한 기술을 아주 이례적일 정도로 발전시킨 인물이지요. 그렇다고 해서 정확성과 상상력의 중간을 택하라는 것은 아닙니다. 역사 문제가 단지 사실들을 제대로 파악하는 것만으로 이루어지지는 않는다는 점을 강조하려는 것이지요. 역사의 또 다른 문제는 우리가 새롭고, 중요하고, 정말로 상상력이 풍부한 질문들—기존의 사실들을 새로운 방식으로 보게 만들 수 있는—을 제기해야 한다는 겁니다.

● 당신은 학부 시절 이후 내내 케임브리지 대학에 있었고, 아마도 흠정교수라는 명망 높은 직위에서 은퇴할 때까지도 여기에 머물러 있을 것 같군요. 이런 생활이 자칫하면 지적으로 편향된 태도를 갖게 할 위험이 있지 않을까요?

●● 물론 심각한 위험이 있을 수 있겠지요. 나는 내가 케임브리

지나 프린스턴이 아닌, 아주 중요한 다른 지적 중심지에서 연구할 수 있는 행운을 가졌더라면 굉장히 도움이 되었을 것이라고 생각합니다. 내가 프린스턴에서 보낸 4년간은 대단히 좋았고, 그것은 특히 클리퍼드 기어츠나 앨버트 허쉬먼, 토머스 쿤을 가장 친한 동료로 삼을 수 있는 특권 때문이었어요. 비록 그들이 분명한 선생과 학생의 관계에서 나를 가르치려 한 적은 없었지만, 내가 프린스턴에서 돌아왔을 때는 생각이 이전과는 많이 달라져 있었다는 것을 솔직히 인정하지 않을 수 없습니다. 나아가서 나는 스스로 한 가지 특별하고도 아주 큰 변화가 있었음을 알게 되었지요. 프린스턴에 처음 갔을 때만 해도, 나는 일종의 문화를 가로지르는 합리성 관념이 사회적 설명의 한 요소라는 강한 믿음을 가지고 있었습니다. 나는 우리가 외국 문화 속의 어떤 믿음을 가정할 때, 사람들이 그러한 믿음을 견지하는 것이 합리적인지 아닌지를 묻는 게 흥미로운 질문이라고 생각했어요. 만약 그것이 합리성이 덜한 것으로 생각된다면, 다음에는 아주 인과적인 질문을 해야 할 필요가 있겠죠. 즉 과연 무엇이 사람들로 하여금 그러한 특정 믿음을 견지해서는 안 된다는 것을 알지 못하게 하고 있는가를 물어야 한다는 겁니다. 나는 이 문제를 두고 쿤이나 기어츠, 특히 리처드 로티와 얘기를 나누었어요. 당시는 로티가 아직 프린스턴 대학에 있을 때였고, 그의 생각 또한 나에게 아주 큰 영향을 주었지요. 이들과 얘기를 나눈 뒤, 나는 누군가가 믿고 있는 것이 과연 합리적인가 하는 문제는 주로 그들이 믿고 있는 다른 것들에 의거하고 있으며, 우리가 증거나 사실이라고 부르는 어떤 것과는 전혀 직접적인 관련이 없다는 것을 느끼게 되었습니다. 이제 당신이 믿고 있는 것이 합리적이라는 것이 내가 믿고 있는 것이 합리적이라는 것과는 다를 수 있다는 데 내재된 함의는 나에게 대단한 해방감을 주었습니다. 그러한 깨달음은 나를 일종의 온건한 문화 상대주의자로 변모시켰고, 그래서 나는 지금 지성사가라면 누구나 그렇게 될 필요가 있다고 생각하는 거지요.

나는 프린스턴에 이처럼 오래 머문 것과는 별개로, 좀더 짧은 시간 동안 다른 곳들을 방문하기도 했습니다. 특히 오스트레일리아와 프랑스—나는 그곳의 콜레주 드 프랑스에서 '초빙교수'로서 마지막 시간을 보냈지요—에 갔던 적이 있습니다. 비록 앞서보다는 좀더 명확치 않은 방식으로 이루어지기는 했지만 이러한 방문의 기회들은, 나에게 대단한 만족과 해방감을 느끼도록 해 주었어요. 그래서 나는, 내가 만약 더욱더 넓은 지역을 여행하여 전통이 아주 상이한 학자들에게서 무언가를 배울 기회를 가졌더라면, 그에 따른 이점을 누렸을 텐데 하고 말하지 않을 수 없군요.

반면에 나는 항상 이곳 케임브리지에 근거지를 만들고 싶은 아주 강력한 지적 이유들을 가지고 있었습니다. 물론 가정상의 이유도 있었고요. 내 배우자도 케임브리지에서 가르치고 있고, 이 도시도 아이들이 자라기에는 그만인 곳이었지요. 지적 이유라고 한다면 이곳 역사학 교수진이 규모가 크고 자신감에 차 있으며 뛰어난 학자들을 가지고 있는 데다가, 연구하기에는 최상의 지적 공동체가 되어주고 있기 때문이에요. 케임브리지 대학의 학생들—요즘은 점점 더 세계 각국 출신들로 채워지고 있습니다만—역시 훌륭합니다. 최근에는 더욱더 그들에게서 배우는 것이 많아지고 있어요. 특히 내가 가르치는 특기할 만한 재능을 가진 박사과정 학생들이 그래요. 제임스 털리나 리처드 터크처럼, 그들 중 일부는 이미 정말로 큰 인물이 된 지 오랩니다.

이거 말이 점점 자기만족적으로 들리기 시작하는군요. 물론 나는 한 지적 공동체에서 자신의 생을 보내게 되면 얻는 것만큼이나 잃는 것도 많다는 데 동의합니다. 나는 케임브리지에 계속 머물며 얻는 것뿐 아니라 잃는 것에 대해서도 인식하고 있습니다. 하지만 갑자기 변덕이 나서 다른 데로 가버릴지도 몰라요.

● 당신의 관심 분야 책 중에서 자신이 썼더라면 하는 것이 있습니까?

●● 로크에 관해 피터 라슬렛이 편집한 책은 주요 정치 이론서의 비판본은 어떻게 만들어지는지, 그것을 모범적으로 보여주는 사례이고, 일찍이 1971년에 간행되어 학계를 놀라게 한 케이쓰 토머스의 《종교와 마법의 쇠퇴》는 사회사는 물론 지성사의 걸작이지요. 존 포칵의 《마키아벨리안 모멘트 *The Machiavellian Moment*》 역시 걸작으로 꼽히는 연구로서, 내 저술에 직접적으로 영향을 주었습니다. 이들은 내가 하려는 것과 같은 주제를 연구하고 있지만, 나보다도 더 훌륭하게 해내고 있는 사람들입니다.

그들은 나보다 학식이 더 뛰어나고, 무엇보다도 상상력이 더 풍부합니다. 내가 그들처럼만 할 수 있다면 정말 좋을 텐데요.

1998년 3월과 4월, 케임브리지에서

"Thomas Hobbes and the Nature of the Early Royal Society," *Historical Journal* 12 (1969): 217~39.

"Meaning and Understanding in the History of Ideas," *History and Theory* 8 (1969): 3~53.

The Foundations of Modern Political Thought, 2 vols. (Cambridge: Cambridge University Press, 1978). 에스파냐 어, 이탈리아 어, 포르투갈 어, 프랑스 어, 한국어 역 [박동천 옮김, 《근대 정치사상의 토대 1》(한길사, 2004). 총 2권 중 1권 르네상스 편만 번역].

Machiavelli (Oxford: Oxford University Press, 1981). 체코 어, 프랑스 어, 독일어, 히브리 어, 헝가리 어, 인도네시아 어, 이탈리아 어, 일본어, 포르투갈 어, 에스파냐 어, 스웨덴어, 한국어 역 [신현승 옮김, 《마키아벨리》(시공사, 2001)].

Quentin Skinner, ed., *The Return of Grand Theory in the Human Sciences* (Cambridge: Cambridge University Press, 1985). 일본어, 포르투갈 어, 에스파냐 어, 터키 어, 한국어 역 [이광래 외 옮김, 《현대 사상의 대이동: 거대이론에의 복귀》(강원대학교출판부, 1989)].

Meaning and Context: Quentin Skinner and His Critics, ed. James Tully (Cambridge: Polity Press, 1988). 일본어, 한국어 역 [유종선 옮김, 《의미 와 콘텍스트》(아르케, 1999)].

"Modernity and Disenchantment: Some Historical Reflections," in *Philosophy in an Age of Pluralism, ed. James Tully* (Cambridge: Cambridge University Press, 1994), pp. 37~48.

"From Hume's Intentions to Deconstruction and Back," *Journal of Political Philosophy 4* (1996): 142~154.

Reason and Rhetoric in the Philosophy of Hobbes (New York: Cambridge University Press, 1996). 포르투갈 어 역.

Liberty before Liberalism (Cambridge: Cambridge University Press, 1998). 프랑스 어, 이탈리아 어. 일본어 역.

Machiavelli: A Very Short Introduction (Oxford: Oxford University Press, 2000). 독일어 역.

Visions of Politics. 3 vols. (Cambridge: Cambridge University Press, 2002).

찾아보기

탐史
현대 역사학의 거장 9인의 고백과 대화

● 2007년 2월 1일 초판 1쇄 인쇄
● 2007년 2월 9일 초판 1쇄 발행
● 글쓴이   마리아 루시아 G. 팔라레스-버크
● 옮긴이   곽차섭
● 펴낸이   박혜숙
● 책임편집   신상미
● 영업 및 제작   양선미
● 인쇄   백왕인쇄
● 제본   정민제본
● 펴낸곳   도서출판 푸른역사
                 우 110-040 서울시 종로구 통의동 82
                 전화: 02)720 - 8921(편집부) 02)720 - 8920(영업부)
                 팩스: 02)720 - 9887
                 E-Mail: bhistory@hanmail.net
                 등록: 1997년 2월 14일 제13-483호

ISBN   978-89-91510-39-5   03900

· 잘못 만들어진 책은 교환해드립니다.